SÜDWESTDEUTSCHE PERSÖNLICHKEITEN

OTTO KLEINKNECHT

»IM STURM DER ZEITEN«

AUS DEN ERINNERUNGEN EINES
WÜRTTEMBERGISCHEN STAATSANWALTS
1929 BIS 1949

Herausgegeben vom
Haus der Geschichte Baden-Württemberg
in Zusammenarbeit mit Walter J. Elser

INHALT

THOMAS SCHNABEL

VORWORT

Das Haus der Geschichte Baden-Württemberg veröffentlicht in unregelmäßigen Abständen Erinnerungen von Menschen aus Baden, Württemberg oder Hohenzollern, die in der Öffentlichkeit weniger bekannt sind, aber viel zum Verständnis der Entwicklungen im Südwesten beitragen können. Dabei sind wir darauf angewiesen, dass uns diese Erinnerungen anvertraut werden.

Die Rolle der Justiz im Südwesten in der ersten Hälfte des 20. Jahrhunderts bedarf vor allem in seinem württembergischen Teil noch der intensiven wissenschaftlichen Erforschung. Ausführliche Erinnerungen gibt es kaum, wenn überhaupt, dann von verfolgten und vertriebenen jüdischen Juristen wie zum Beispiel von Hugo Marx, der 1965 seinen Werdegang als jüdischer Staatsanwalt und Richter in Baden vor 1933 schilderte.

Deshalb sind die Erinnerungen von Otto Kleinknecht umso wichtiger. Er trat nach hervorragendem Examen noch in der Weimarer Republik in den württembergischen Justizdienst ein, amtierte in der Zeit des Nationalsozialismus schließlich als Staatsanwalt beim Sondergericht Stuttgart und konnte seine Juristenlaufbahn, nach einer kurzen Unterbrechung 1945/46, bis zu seiner Pensionierung fortsetzen.

Otto Kleinknecht hat wohl während vieler Jahrzehnte Tagebücher geführt, die allerdings nicht mehr existieren. Nach seiner Pensionierung verfasste er dann mit Hilfe dieser Tagebücher seine Erinnerungen. Da er kinderlos starb, hat er diese Aufzeichnungen seinem Pfarrer und Vertrauten, Walter J. Elser, ehemals katholischer Pfarrer und Dekan in Stuttgart, testamentarisch übergeben. Pfarrer Elser hat sich der großen

Mühe unterzogen, die historisch relevanten Passagen aus den Erinnerungen herauszuarbeiten. Diesen historischen Teil der Autobiographie hat er dem Haus der Geschichte Baden-Württemberg zur Publikation zur Verfügung gestellt und seine eigenen Erinnerungen an Otto Kleinknecht für diesen Band aufgeschrieben. Dafür danken wir ihm sehr.

Da die Erinnerungen von Otto Kleinknecht sehr viel umfangreicher sind, als die hier vorgelegten Teile, planen wir, die Zeit des 1. Weltkrieges und der Anfänge der Weimarer Republik in einem eigenen Band herauszugeben.

Dr. Irene Pill hat sich mit großem Engagement und Erfolg der zeitaufwendigen redaktionellen Betreuung des Bandes angenommen. Anja Harms hat daraus wieder einmal ein schönes Buch gemacht und Thomas Kärcher hat zusammen mit Karen Sauter dankenswerterweise die Register erstellt.

Wir hoffen, dass diese nicht unkritische Reflexion über die eigene Verstrickung in eine Unrechtsjustiz mit all ihren zeitgebundenen Urteilen die Beschäftigung mit der südwestdeutschen Justiz vor, während und nach der Herrschaft des Nationalsozialismus anregen und zu notwendigen Diskussionen führen wird.

Prof. Dr. Thomas Schnabel
Leiter des Hauses der Geschichte Baden-Württemberg

WALTER J. ELSER

EINFÜHRUNG

Im Nachlass von Otto Kleinknecht befinden sich 2000 DIN-A4-Seiten, mit Schreibmaschine eng beschriebene Blätter, in denen er eigene Tagebuchaufzeichnungen und Erinnerungen zu seinen „Lebensbeschreibungen" zusammengefasst hat. Diese Aufzeichnungen gehen inhaltlich weit über das persönliche und familiäre Leben hinaus, daher ist die neutrale Bezeichnung „Lebenserinnerungen" angemessener, insbesondere deshalb, weil sie eben auch politische, gesellschaftliche, kulturelle, geistesgeschichtliche und geschichtsphilosophische Ereignisse und Betrachtungen beinhalten. Die Tagebuchaufzeichnungen selbst konnten bislang nicht gefunden werden.

Es existieren von Otto Kleinknecht ebenfalls Aufzeichnungen zur Geschichte der Stadt Marbach am Neckar. Er erwähnte einmal, dass er vorhatte, diese Geschichte auszuarbeiten, dann aber davon Abstand genommen habe. Die bis dahin erarbeiteten Aufzeichnungen hat er testamentarisch dem Archiv der Stadt Marbach zukommen lassen. Seine „Lebenserinnerungen" vermachte er testamentarisch mir.

Die hier zusammengestellten Aufzeichnungen sind Teile des Gesamtwerks „Lebenserinnerungen". Inhaltlich sind diese Lebenserinnerungen sehr weit gefasst. Familiäres und verwandtschaftliches Geschehen nehmen neben persönlichen Lebensereignissen einen breiten Raum ein. Von allgemeinem Interesse aber dürften seine geschichtsphilosophischen Betrachtungen, die Beschreibungen der politischen Ereignisse der Jahre 1914 bis 1949 bzw. 1965 und 1973/1981 sowie seine beruflichen Erfahrungen und Tätigkeiten als Staatsanwalt bei den Staatsanwaltschaften in Stuttgart und Heilbronn sowie beim Sondergericht in Stuttgart sein.

Das Leben von Otto Kleinknecht

Otto Kleinknecht ist gebürtiger Stuttgarter. Seine Vorfahren, sowohl väterlicher- wie auch mütterlicherseits, stammten aus Marbach und dessen näherer Umgebung. Die Familie hatte in Marbach einigen Grundbesitz.

Im Zusammenhang mit der Erstellung seines „Ariernachweises" erforschte Otto Kleinknecht seine genealogische Herkunft. Diese Nachforschungen ergaben, dass seine Vorfahren, bis zurück in die Zeit des Dreißigjährigen Krieges, in der Stadt Marbach und Region lebten. Sein Großvater Wilhelm Kleinknecht war ein uneheliches Kind, das nach damaligem Recht den Familiennamen des Kindsvaters erhielt. So kam er zu dem Namen Kleinknecht. Großvater Wilhelm war ein aufgewecktes und lernbegieriges Kind. Nach dem Abschluss der Schule ging Wilhelm zu einem Geometer in Marbach in die Lehre. Als Autodidakt vertiefte er sich in die Lehrsätze der Geometrie und Mathematik und brachte es dabei zu einem beachtlichen Kenntnisstand. In der Märzbewegung 1848 schloss sich Wilhelm Kleinknecht den badischen Freischärlern an und kam auch nach Frankfurt am Main. Dort begegnete er einer guten Bekannten aus Marbach, die in einem aristokratischen Haus angestellt war. Diese heiratete er im Jahr 1850.

Inzwischen war Wilhelm Kleinknecht im ganzen Oberamt Marbach als fähiger Mathematiker bekannt geworden und bekleidete eine Stellung als Geometer bei der Stadt Marbach. An der Lateinschule in Marbach übte er außerdem einen Lehrauftrag für Rechnen und Geometrie aus, dazuhin wurde er Zehntrechner. So war er zu einem beachtlichen Ansehen in der Stadt gekommen und wurde für viele Jahre in den Gemeinderat gewählt. Seine Familie zählte fünf Töchter und zwei Söhne. In reiferen Jahren war aus dem ehemals revolutionär gestimmten jungen Mann ein Vertreter des national-liberalen Standpunkts einer preußisch-kleindeutschen Lösung geworden.

Der älteste Sohn Wilhelm Kleinknechts namens Otto, der Vater unseres Otto Kleinknecht, besuchte in Marbach die Lateinschule und wurde ebenfalls Geometer. Nach der Lehre ging er in Stuttgart auf die Baugewerkschule und legte dort die Geometerprüfung sowie das Wasserbau- und Kulturtechnikerexamen ab. Seine berufliche Tätigkeit begann er beim Bau einer Straße entlang der Murr bei Höpfigheim. Danach war er Feldmesser in Mosbach und Kulturinspektor in Kassel. Nach der Rückkehr begann er ein landwirtschaftliches Studium an der Hochschule Hohenheim. Im Anschluss daran arbeitete er als Feldmesser im Elsass und dann als Revisionsgeometer in Stuttgart. Im Alter von 33 Jahren heiratete er im November 1892 die 20-jährige Emma Stängle, die aus einer Unternehmerfamilie in Marbach stammte. Das neuvermählte Ehepaar nahm seinen Wohnsitz zunächst in Stuttgart, einige Zeit später wurde von den Eltern Kleinknecht in Marbach ein neues Haus gebaut und später bezogen. Nach neun Jahren Ehe wurde das lang ersehnte Kind Otto Karl Kleinknecht geboren. Die Verbindung mit den Großeltern und der weiteren Verwandtschaft in Marbach wurde aber an zahlreichen Wochenenden und später in den Schulferien regelmäßig gepflegt. So war Otto zwar in Stuttgart geboren, hatte jedoch zeitlebens eine starke emotionale Bindung an Marbach und wurde nach dem Krieg im ererbten Haus seiner Eltern wieder wohnhaft.

Allerdings waren Otto Kleinknechts persönliche Erfahrungen mit dem Gemeinderat der Stadt Marbach zwiespältig, insbesondere deshalb, weil man zweimal den Versuch einer Zwangsenteignung von Grundstücken der Familie anstrebte. Trotzdem orientierte sich Kleinknecht in seinen reiferen Jahren beruflich am Amtsgericht Marbach und beendete dort die juristische Laufbahn als Oberamtsrichter.

Seine Kindheit und Jugend erlebte Otto also, mit Ausnahme der Ferienzeiten, in Stuttgart. Da er von Kindesbeinen an häufig gesundheitliche Probleme hatte, wurde er, wie er selbst einmal sagte, sehr verwöhnt. Wenn seine Mutter mit ihm spazieren ging, durfte er in keinem Sandkasten spielen, und wenn andere Kinder auf ihn zukamen, entfernte sich die

Mutter mit ihm, damit er keiner möglichen Ansteckungsgefahr ausgesetzt war. So blieb ihm in seiner frühen Kindheit im Wesentlichen der Kontakt mit seinen Eltern und mit den Kindern seiner engeren Verwandtschaft in Marbach. Dem aufgeweckten und neugierigen Jungen ergaben sich so begrenzte Erfahrungen mit Menschen bei Besuchen und beim Blick aus dem Fenster in der Stitzenburgstraße in Stuttgart. In seinen „Lebenserinnerungen" kann er viele Jahre später noch Ereignisse und Menschen beschreiben, die er in der Kindheit beobachtet hat.

Mit der Einschulung in die Elementarschule in einem Gebäude hinter der Wilhelmsrealschule in Stuttgart wurde der Lebensraum für das „Ottole" nun wesentlich erweitert. Nach der Aufnahme in das Realgymnasium im Jahre 1911 fand er dann auch seinen Freund Edi Krüger, dem er über lange Jahre in Freundschaft verbunden blieb. Im Sommer 1917 erreichte Otto das „Einjährige". Rückwirkend musste er sagen: „Gleich einem Alpdruck lasteten die Mathematikstunden auf meiner Jugendzeit." Gleichzeitig kann er aber feststellen, dass er in dieser Zeit, also im Alter von 15, 16 Jahren, eine „poetische Schöpferlust" hatte und Gedichte in allen Versmaßen schrieb, die im Unterricht behandelt worden waren. Zu dieser schöpferischen poetischen Lust gehörten dann auch Erzählungen, die er selbst erdacht hat. Außerdem hat er sich in dieser Zeit auf die Lektüre von Goethes Faust, 1. Teil, gestürzt. Angeregt durch den Deutschlehrer, Professor Dierlamm, fand er zur Literaturgeschichte und zu geistesgeschichtlichen Betrachtungen einen besonderen Zugang, die ihn faszinierten und die sein gesamtes Beobachten, Denken und Deuten in seinem weiteren Leben bestimmt haben.

Die Jahre der Pubertät führten ihn zu einer neuen Stufe bewusster Wahrnehmung. Er setzte sich in seinen Überlegungen mit seinen Lehrern auseinander, fragte nach dem Sinn des Unterrichtsstoffes und geriet dann im Jahr 1917 in eine jugendlich depressive Stimmung. Im Mai desselben Jahres begann er mit seinen täglichen Aufzeichnungen und führte neun Jahre lang täglich Tagebuch. Nach diesen neun Jahren

setzte er seine Aufzeichnungen in lockerer Weise fort. In der Zeit der
nationalsozialistischen Herrschaft wurden die Niederschriebe seltener,
da er befürchtete, sie könnten bei einer überraschenden Hausdurchsu-
chung der Gestapo in die Hände fallen.

Im Juni 1920 bestand er die Matura. Der Familienrat befasste sich
nun mit den Überlegungen zum richtigen Studiengang. Otto hätte gerne
Neuphilologie studiert. Dieses Fach war aber bereits stark frequentiert
und bot keine guten beruflichen Aussichten. Otto selbst tendierte auch
zum Journalismus, doch dies fand kein großes Gefallen im Familienrat.
Am Ende wurde es das Studium der Jurisprudenz.

Otto musste sich nun in Tübingen nach einer Bleibe umsehen und
das bedeutete für ihn den Abschied aus der familiären Versorgung und
Geborgenheit. Zugleich war es für ihn ein gewaltiger Schritt in ein
selbstständiges Leben. Nach seiner Entscheidung, der Studentenverbindung Rothenburg beizutreten, gelang es ihm, sich in das gesellschaftliche Umfeld der Theologen des Tübinger Stiftes einzuleben. Dadurch
lernte er viele Theologen, Professoren, Pfarrer und Akademiker, die zu
diesem Umfeld gehörten, persönlich kennen. Er nahm am studentischen
Leben seiner Verbindung intensiv teil und konnte sich nach einer gewissen Zeit des Eingewöhnens auch selbst aktiv an der Gestaltung des
Lebens in der Verbindung einbringen.

In den ersten Semestern seines Studiums belegte er neben Jura eine
ganze Reihe von Vorlesungen an anderen Fakultäten. In der Verbindung
Rothenburg wurde dann die Einführung des „Dax" vorgenommen.
Dabei ging es um kleine Zirkel der Verbindungsmitglieder, die sich auf
privater Ebene regelmäßig trafen, um sich mit aktuellen Themen der
Zeit zu befassen. Solch ein „Dax" fand auch im Hause Kleinknecht in
Tübingen statt. Inzwischen war Ottos Vater verstorben. Die Mutter mie-
tete in Tübingen eine große Wohnung und Mutter und Sohn waren wie-
der vereint. In dieser Wohnung war Mutter Kleinknecht dann die
Gastgeberin für den „Dax". Für Otto selbst bedeutete die gemeinsame

Unterkunft mit der Mutter eine angenehme Bequemlichkeit. Freilich hatte er sich inzwischen soweit emanzipiert, dass er in der Gestaltung seines Lebens, seiner Beziehungen und Freundschaften frei entscheiden konnte. Die Mutter hat das souverän akzeptiert.

Otto war nun tief im Umfeld seiner evangelischen Freunde, insbesondere auch der „Stiftler", integriert. Jedoch beschäftigten ihn schon seit geraumer Zeit theologische Fragen. Dies führte dazu, dass er sich immer mehr der katholischen Kirche zuneigte. In vielen Jahren rang er um eine Entscheidung, die ihm dabei inneren Frieden bringen konnte. Es bereitete ihm aber auch erhebliche Sorgen, als er sich, nach einer längeren Zeit der persönlichen Vorbereitung, Ende 1928 zur Konversion in die römisch-katholische Kirche entschloss. Auf Anraten und Vermittlung seines geistlichen Begleiters und einer guten Bekannten war er im Sommer 1928 für drei Wochen in das Benediktinerkloster Neresheim gegangen, um zu einer letzten Gewissheit zu kommen. Dort vollzog er dann im Dezember 1928 in einer gottesdienstlichen Feier die Konversion. Von der Beziehung zu dieser guten Bekannten versprach er sich allerdings mehr. Er sah in ihr eine Partnerin für das Leben und eine gute Begleitung für seinen Glauben. Die Erkenntnis, dass dies nicht möglich ist, war für ihn eine überaus schmerzliche Erfahrung. Dazu kamen dann noch seine Befürchtungen, durch seine Konversion im weiteren Verwandten-, Bekannten- und Kollegenkreis einen Image- und Beziehungsverlust zu erleiden. Es verwunderte ihn später sehr, dass dies nicht eintrat.

Am 31. August 1933 heiratete Otto Kleinknecht in Reichenstein (Schlesien) seine Frau Gertrud Assmann. Sie war bei der Behörde sein „Schreibfräulein" gewesen. Gertrud Assmann war eine ruhige, sehr zurückhaltende, stilvolle Frau, die mit ihm die Freude am Reisen und Wandern teilte. Da sie katholisch war, konnte sie ihm auch in dieser Hinsicht eine gute Ehepartnerin sein. Die Ehe der beiden blieb zu ihrem beiderseitigen Bedauern kinderlos.

Ende 1924 hatte Otto Kleinknecht in Tübingen sein Jura-Examen mit der Note II b oben abgelegt. Während seiner Referendarzeit war er in Tübingen und Stuttgart tätig. Das zweite Staatsexamen absolvierte er im Dezember 1927 mit dem 3. Platz. Es folgten Tätigkeiten als Assessor beim Zivil- und Strafreferat des Amtsgerichts Stuttgart. Im Frühjahr 1930 wurde er Staatsanwalt und im Sommer 1941 Staatsanwalt beim Referat der Abteilung 1 der Anklagebehörde beim Sondergericht Stuttgart, das für den ganzen Gau Württemberg zuständig war. Das Ende der Tätigkeit des Sondergerichts Stuttgart erfolgte recht abrupt mit der sich annähernden Kriegsfront und dessen Verlegung nach Ravensburg. Dieser Verlegung des Sondergerichts Stuttgart nach Ravensburg entging Kleinknecht durch eine schwere Bronchitis, die er sich bei einer Dienstfahrt nach Ellwangen zugezogen hatte und die ihn auf längere Zeit belastete. Im Hinblick auf die Geschehnisse, die den Kollegen des Sondergerichts in Ravensburg widerfuhren, bezeichnete er seine Erkrankung später als einen „Glücksfall". Dort hatten die Angehörigen des Sondergerichts nach Kriegsende von den ehemaligen Gefangenen Schlimmes zu erleiden.

Die Wiederaufnahme der Gerichtsbarkeit nach dem 2. Weltkrieg war nicht einfach, da es wenige Juristen gab, die keine Parteimitglieder gewesen waren. Es folgte eine kurze Tätigkeit von Kleinknecht bei der Staatsanwaltschaft in Stuttgart bis zur Entlassung als Parteigenosse. Ab Juni 1946 war er zunächst „Juristischer Hilfsarbeiter" und dann Staatsanwalt bei der Staatsanwaltschaft in Heilbronn. 1948 schloss sich die Beschäftigung als Amtsgerichtsrat und dann als Oberamtsrichter in Marbach am Neckar an.

Nach seiner Entnazifizierung hatte Otto Kleinknecht offensichtlich mit der Hoffnung auf eine höhere Karrierestufe abgeschlossen. Seine Tätigkeit als Oberamtsrichter in Marbach brachte ihm, nach all den Belastungen politischer und psychischer Art, Ruhe und Frieden in seinem

Amt und in seinen Alltag. Er war wohl auch, durch all die Sorgen und Ängste, die ihn über ein Jahrzehnt bedrängt hatten, ein wenig müde geworden. Dazu kam, dass er nicht der Typ Jurist war, der es verstand, sich in der Hierarchie der Juristen empor zu empfehlen oder empor zu kämpfen.

Er wohnte mit seiner Ehefrau Gertrud in dem Städtchen Marbach, mit dem er ja aus familiärer Herkunft verbunden war, in dem er als Oberamtsrichter zu einem gewissen Ansehen gekommen war und in dem er sich wohl und geborgen fühlte. Dort verbrachte er auch seinen Ruhestand.

Sehr schmerzhaft war für Kleinknecht der Tod seiner lieben Frau. Von ihr war er sozusagen rundum versorgt gewesen. Er tat sich nach ihrem Tod überaus schwer, mit allen Fragen und Notwendigkeiten eines ordentlich geführten Haushalts zurechtzukommen. Dieses Alltagsproblem konnte durch Frau Ilse Hertler gelöst werden, die ihm bis zuletzt eine gute Betreuerin war. Seine letzte Ruhestätte fand er auf dem Friedhof in Marbach bei der dortigen Alexanderkirche, die er als spätgotisches Bauwerk besonders geschätzt hatte.

Abfassung und Niederschrift der Lebenserinnerungen

In der Zeit seines Ruhestands verfasste Otto Kleinknecht seine oben bereits angeführten „Lebensbeschreibungen", wie er sie selbst nannte. Es waren aber wohl seine Tagebuchaufzeichnungen, die er einmal erwähnte und von denen er sagte, dass er sie jetzt noch habe, denen er jedoch auch eine Fülle an Erinnerungen und seine eigenen Gedanken hinzufügte, die dann letztlich zu diesem umfänglichen Werk führten. Ich erinnere mich noch gut an das stundenlange Klappern seiner Schreibmaschine, wenn er an warmen Sommertagen bei geöffnetem Fenster daran arbeitete. Dann konnte es sein, dass er bei unserer nächsten Begegnung eines der Themen ansprach, das ihn aus seiner Lebensgeschichte noch beschäftigte. Das konnten theologische Fragen sein, insbesondere im Anschluss

an die Texte des II. Vatikanums, das konnten aber vor allem geschichtsphilosophische Überlegungen sein, die ihn, im Zusammenhang mit den
aktuellen politischen und gesellschaftlichen Vorgängen, bei der Niederschrift seiner Lebensbeschreibungen beschäftigten.

In den Darlegungen über die Neubesetzungen von Stellen bei der
Justiz in Stuttgart weist Kleinknecht immer wieder auf die Bedeutung
des konfessionellen Hintergrunds der Bewerber hin; später wird es dann
der parteipolitische Hintergrund. Er spricht in diesem Zusammenhang
auch von der gesellschaftlichen Verfremdung der Kirchen durch den
„Konfessionalismus" und von der Schwächung des politischen Einflusses der christlichen Kirchen, die damit einherging.

In seinen Niederschriften über die Tätigkeit in der Nazizeit be-
schreibt er immer wieder seine Ängste und Gewissensbelastungen
durch Vorgaben und Weisungen übergeordneter Stellen und durch den
Sicherheitsdienst, der in offener oder verborgener Nähe stets gegen-
wärtig war. Der psychische Druck durch die Ideologie und Brutalität
des nationalsozialistischen Systems war täglich vorhanden. Bei Widerspruch waren Karriere und Existenz schnell aufs Höchste bedroht. Ge-
gebenenfalls konnte dies auch zur gerichtlichen Verfolgung und Verurteilung führen. Diese von Ängsten und konkreten Sorgen gezeichnete
berufliche Zeit war für Otto Kleinknecht eine enorme psychische Belastung. Er stand dem Nationalsozialismus von Anfang an kritisch und
ablehnend gegenüber, hatte aber doch nicht die Entschlusskraft, sich
vom Einfluss und von den Forderungen der Partei ganz fernzuhalten.

In seiner beruflichen Situation als Staatsanwalt war er sehr darauf
bedacht, nicht zu stark unter den Druck einer politisch gesteuerten Justiz zu kommen. Dies gelang ihm weitgehend. Gerade bei seiner Versetzung zum Sondergericht war ihm wichtig, dass er nicht in die Abteilungen kam, in denen politische Argumente die bestimmenden Ansätze
der Anklage werden konnten. So war es ihm eher recht, dass er zur Anklagebehörde im Kriegswirtschaftsdezernat abgeordnet wurde. Dies gab

ihm auch eine gewisse Sicherheit für seine UK-Stellung, die für ihn bedeutete, dass er nicht zum Heeresdienst eingezogen oder gar an die Front geschickt wurde.

Mit der Veröffentlichung seiner Aufzeichnungen, insbesondere aus seiner Tätigkeit beim Sondergericht in Stuttgart, sollen Einblicke in die Arbeits- und Verfahrensweise dieser Behörde gegeben werden. Dabei kommen gleichzeitig zahlreiche Interna von Kollegen, von parteipolitischer Einflussnahme, von der Arbeitsatmosphäre und von Ängsten zur Sprache.

Dass Kleinknecht als Staatsanwalt nicht einfach ein willfähriger Mitarbeiter des politischen Systems war, zeigt sein Verhalten bei Ermittlungen zu dem Einsturz der im Bau befindlichen Autobahnbrücke bei Ditzingen, Kreis Leonberg. Dazu sollte er im Führerhauptquartier in Berlin über den Stand seiner Ermittlungen vortragen, denn in Berlin war die Vermutung von Sabotage aufgekommen. Durch die Hinzuziehung eines anerkannten Fachmannes als Gutachter konnte diese Vermutung entkräftet werden, was für die Bauleitung eine große Erleichterung war.

In einer Strafsache gegen das Württembergische Königshaus in Altshausen konnte Kleinknecht durch eine Information und Anfrage an das Auswärtige Amt eine Anklage gegen den Chef des Hauses abwenden.

Noch entscheidender war gegen Kriegsende die Verschleppung der Ermittlungen in einer Anklage, die vor den Volksgerichtshof in Berlin kommen sollte und bei der wegen eines Kriegswirtschaftsverbrechens im Sinne der Rüstungsschutzverordnung die Verhängung der Todesstrafe drohte.

Von besonderem Interesse sind dann auch die Aufzeichnungen zu den Prozessen in der Zeit nach dem Kriegsende und die Beschreibung der Entnazifizierungsverfahren. Zu seiner Tätigkeit als Oberamtsrichter in Marbach gibt es keine weiteren Aufzeichnungen, die von speziellem Interesse sein könnten.

Angesichts einer solchen Fülle von Informationen, wie sie in den Lebenserinnerungen vorliegen, liegt die Frage nahe, warum ein Mann sich diesen beachtlichen Mühen unterzieht und ein derartiges Werk verfasst. Die Antwort darauf kann sicherlich unterschiedlich ausfallen. Ich denke, es war für Otto Kleinknecht eine Form der Auseinandersetzung mit all den Begebenheiten, die sein Leben tangiert haben: im Bereich der Verwandtschaft, in der Schul- und Studienzeit, in der großen Politik und erst recht in der Zeit seiner beruflichen Tätigkeiten. Es fällt auf, wie genau er Personen beobachtet und dann beurteilt. In seiner Selbstreflexion zeigt er ein hohes Maß an Aufrichtigkeit. Im großen Geschehen der Politik sucht er die Ursachen in Entwicklungen und Zusammenhängen über Jahrhunderte hinweg. Das Persönlichkeitsbild, das mir bleibt, ist jedenfalls ein Mann, der sein Leben auf das Fundament einer Wahrheit stellen wollte, mit der er in gutem Gewissen leben konnte. Wie sehr das einem Menschen gelingen kann, entzieht sich unserem eigenen Urteil.

Nach Vollendung der Niederschrift seiner Lebenserinnerungen war für Otto Kleinknecht die drängende Frage, was nun damit geschehen solle. Er hat diese Frage mir gegenüber angesprochen, fand aber keine Lösung. Ich war überrascht, vom Testamentsvollstrecker zu hören, dass er die Lebenserinnerungen mir zugedacht hat. Ich denke, Otto Kleinknecht kam zu dieser Entscheidung, weil er mit mir über viele Aspekte seines Lebens und seiner Niederschriften gesprochen hat. In diesem Sinne weiß ich mich auch verpflichtet, mit großer Sorgfalt, Korrektheit und mit Respekt gegenüber seiner Person, diese Veröffentlichung vorzunehmen.

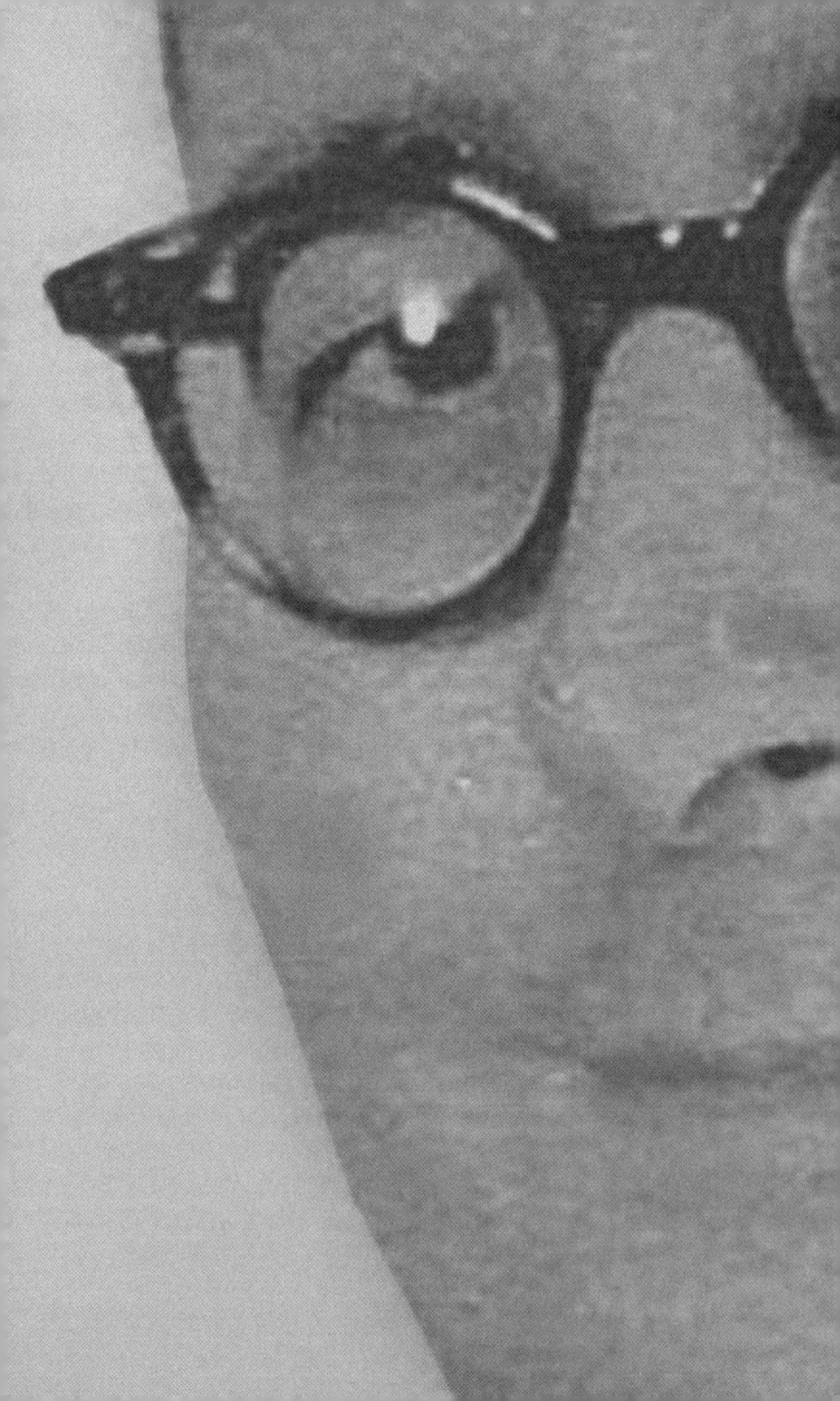

OTTO KLEINKNECHT

»IM STURM DER ZEITEN« –

AUS DEN ERINNERUNGEN EINES WÜRTTEMBERGISCHEN STAATSANWALTS 1929 BIS 1949

I. ALS ASSESSOR UND STAATSANWALT
IN STUTTGART 1929 BIS 1939[1]

Otto Kleinknecht begann seine juristische Laufbahn
als Referendar zunächst in Tübingen und dann in Stuttgart.
Nach dem zweiten Staatsexamen wurde er Assessor
beim Zivilreferat des Amtsgerichts in Stuttgart und
dann Staatsanwalt.

„Kunden" aus der Altstadt

Am 1. Juni 1929 wurde ich in ein Zivilreferat und einen Monat später an ein Strafreferat beim Amtsgericht Stuttgart versetzt, wo ich dann ein ganzes Jahr blieb. Diese Tätigkeit befriedigte mich. Weniger erfreulich waren hingegen die Menschen, welche das Objekt meiner Tätigkeit bildeten, nämlich vorzugsweise Kreise der Stuttgarter Altstadt, Dirnen und Zuhälter. Die noch relativ günstigen wirtschaftlichen Verhältnisse in Württemberg bewirkten damals einen starken Zuzug von Dirnen, besonders aus dem Bayerischen, nach Stuttgart. Dieses Strandgut der Menschheit erregte mein Mitleid. Oft waren es Dienstmädchen, die aus ganz ländlichen, meist katholischen Gegenden in die Großstadt gekommen und irgendwelchen unverantwortlichen Elementen zum Opfer gefallen waren. Vom gleisnerischen Licht einer ihnen bis dahin noch so unbekannten Welt wurden sie angezogen und taumelten hinein wie der Falter in die verderbliche Flamme. Schon nach verhältnismäßig kurzer Zeit tauchten dann diese bedauernswerten Wesen, denen nicht selten die Dummheit zum Verhängnis wurde, als menschliche Wracks vor den Schranken des Gerichts auf. Es scheint mir, daß auch die Kirche einen Fehler machte, indem sie in rein katholischen Gegenden das Volk gleichsam unter eine Glasglocke setzte, so daß die jungen Leute für das Leben in der modernen Welt nicht gerüstet waren. Nicht gering ist unter den Dirnen die Zahl der Frauen, welche sich [...] in der bürgerlichen Gesellschaft nicht halten können und deshalb auf den Weg der Prostitution gelangen. Bei den meisten werden es freilich Arbeitsscheu, Vergnügungssucht und Putzsucht sein, welche sie dahin führen. Die Abschaffung der Bordelle, die im Zug der Revolution des Jahres 1918 unter Berufung auf die Ideale der Menschlichkeit durchgeführt worden war, hatte nach meinem Eindruck auch manche üblen Folgen nach sich gezogen. Nicht bloß, daß sie die Grenzen der Prostitution in der Gesellschaft verwischte, die Prostituierten selbst gerieten nun, da jede Kontrolle fehlte, um so mehr in die Hände von Zuhältern, welche ich für die minderwertigsten aller Kriminellen halte.

Noch steht mir das Bild einer schon älteren Dirne vor Augen, die in Stuttgart weithin unter dem Namen Miss Richerson bekannt war. Obwohl sie sich mit grellen Farben aufgeschminkt hatte, fand sie offenbar keine Freier mehr und litt bitterste Not. Ihre Mißerfolge waren wohl weniger auf ihr Alter als auf die Traurigkeit zurückzuführen, welche in ihrer ganzen Erscheinung und sogar in ihrem erzwungenen Lächeln zum Ausdruck kam. Schließlich konnte man sie an Hochsommertagen in ihrem Pelzmantel unter den Königsbaukolonnaden auf und nieder flanieren sehen, weil sie kein Kleid mehr besaß, das sie, ohne von einem Mantel bedeckt, hätte zeigen können. Eines morgens zog man sie aus dem Anlagensee heraus, in dem sie sich ertränkt hatte.[2] [V/286 f.]

Der „abquittierte" Pelzmantel

Im übrigen galt damals ein Pelzmantel, den sich sonst nur gut betuchte Damen anschaffen konnten, als ein unentbehrliches Kleidungsstück jeder „besseren" Dirne. Einmal hatte ich eine solche, die aus Regensburg zugewandert war, zu vernehmen, weil ihr vorgeworfen wurde, sie habe sich einen derartigen Mantel in ihrem früheren Wohnort in einem Pelzgeschäft erschwindelt. Sie erschien und trug ostentativ den besagten Pelzmantel. Als ich ihr die Beschuldigung vorhielt, erklärte sie entrüstet: „Aber erlauben Sie mal! Den Pelzmantel habe ich doch auf Gegenrechnung gekauft." Und zugleich wies sie mir einen Zettel vor, auf welchem der Inhaber des Geschäfts für jeden Besuch bei ihr fein

säuberlich eine Rate abquittiert hatte, so daß der ganze Kaufpreis be-
glichen war. Dies alles war geschehen, solange sich seine Ehefrau auf
Reisen befunden hatte. Als sie nach ihrer Rückkehr den Pelzmantel ver-
mißte, brachte der Gatte faule Ausflüchte vor, was zur Folge hatte, daß
sie bei der Polizei gegen die „Dame", die nun vor mir stand, Strafan-
zeige wegen Betrug erstattete. [V/287 f.]

Das Perlenkollier der „alten Jungfer"

Auch sonst machte ich in meinem Strafreferat Erfahrungen, die, wie
ich glaube, mir in meinem späteren Amt als Staatsanwalt und als
Richter recht nützlich waren. So hatte ich einmal auf Ersuchen des
Amtsgerichts Köln einen Mann zu vernehmen, der in Stuttgart in Untersuchungshaft saß und angeklagt war, in Köln einer alten Jungfer ein
wertvolles Perlenkollier gestohlen zu haben. Die alte Jungfer hatte angegeben, der betreffende Mann habe in ihrer Wohnung Malerarbeiten
ausgeführt. Kurz bevor er damit angefangen habe, sei das Schmuck-
stück noch vorhanden gewesen; nach seinem Weggehen habe es gefehlt.
In der Zwischenzeit sei niemand als der Angeklagte in ihre Wohnung
gekommen. Dieser war schon zweimal wegen Diebstahl vorbestraft.
Bei den Akten befand sich ein Protokoll über die polizeiliche Vernehmung des Angeklagten, in dem es hieß: „Nach hartnäckigem Leugnen
erklärt der Beschuldigte: Ich gebe nun zu, das Perlenkollier entwendet
zu haben. Ich habe es nachher an einen Unbekannten verkauft und das
Geld verbraucht." Als ich dem Angeklagten die Beschuldigung vorhielt,
leugnete er die Tat aufs neue. Ich fragte ihn, wie er dann dazu gekommen sei, bei der Polizei die Tat einzugestehen. Darauf sagte er: Der ver-
nehmende Polizeibeamte habe ihm versprochen, daß er nicht in Haft
genommen werde, wenn er ein Geständnis ablege. Ich nahm seine Aus-
sage zu Protokoll, war aber innerlich fest davon überzeugt, daß er mich
angelogen und daß er den Diebstahl wirklich begangen habe. Nach einigen Tagen wurde ich vom Amtsgericht Köln telegrafisch ersucht, den

Angeklagten auf freien Fuß zu setzen. Aus den nachgesandten Akten ersah ich, daß inzwischen die alte Jungfer wieder bei der Polizei erschienen war und angegeben hatte, daß sie das Perlenkollier gefunden habe; sie habe es verlegt gehabt. Aus solchen Vorkommnissen lernte ich, wie wohl begründet der alte Grundsatz des Strafrechts ist: In dubio pro reo. Außerdem fand ich in Zukunft Veranlassung, polizeilichen Protokollen mit einigem Mißtrauen zu begegnen. [V/288]

Erfahrungen mit Strafverteidigern

In jener Zeit ging mir die Problematik des Berufs des Rechtsanwalts auf. Gerade einem jungen Richter gegenüber neigten die Rechtsanwälte dazu, sich recht viel herauszunehmen. Ohne Zweifel spielt die Anwaltschaft bei der Rechtsfindung eine unentbehrliche Rolle. Es ist ihre Aufgabe, das Recht des einzelnen zu vertreten und zwar sowohl gegenüber dem Recht des Staates als auch gegenüber den Rechten anderer einzelner. In der Würde des einzelnen wurzelt das Ethos des Anwaltsberufs. Freilich kann ein Rechtsanwalt in seinem Beruf leicht ins Unmoralische abgleiten, wenn er sich gegen klingende Münze für den Schein des Rechts einsetzt, obwohl er innerlich überzeugt ist, daß es nur ein Schein ist. Die größte Praxis als Strafverteidiger hatte in jener Zeit in Stuttgart Rechtsanwalt Christlieb, was er aber wohl hauptsächlich seiner schönen, sonoren Stimme zu verdanken hatte. Vielbeschäftigte Anwälte kommen leicht in die Versuchung, etwas salopp zu werden. So gab es damals in Stuttgart einen Rechtsanwalt namens Blaich, der an sich ein tüchtiger Mann war. Dieser erhielt in einem Zivilprozeß von seiner Partei einen so ausgezeichneten Instruktionsschriftsatz, daß er der Ansicht war, er könne denselben vollinhaltlich als Anwaltsschriftsatz an das Gericht weitergeben. Er wies deshalb seine Angestellte an, das Schriftstück abzutippen und unterzeichnete es dann unbesehen. Leider hatte aber seine Partei an den Schluß ihres Schreibens noch die Bemerkung angefügt: „Da ich über keinerlei Rechtskenntnisse verfüge, muß ich die

Beurteilung des Falles Ihnen überlassen." Diese Bemerkung hatte die Angestellte in aller Harmlosigkeit auch mit abgeschrieben. Darunter stand nun „Rechtsanwalt gez. Blaich". Und so ging das Schreiben an das Gericht zum Gaudium aller Stuttgarter Richter und Rechtsanwälte.

Unter der Stuttgarter Rechtsanwaltschaft gab es damals noch ziemlich viele jüdische Büros, seriöse und weniger seriöse – wie bei den christlichen –, wohl mehr von der letzteren Sorte. Einer dieser jüdischen Rechtsanwälte war Siegfried Merzbacher. Derselbe hat etwas später in Stuttgart in der politischen Organisation „Reichsbanner" eine gewisse Rolle gespielt. Als ich erst wenige Tage in meinem Strafreferat war, sollte ich denselben vernehmen und zwar als Zeugen. Er hatte mit einem Auto irgendwo in Norddeutschland eine Verkehrsübertretung begangen und war deshalb mit einer Polizeistrafverfügung bestraft worden, gegen welche er Antrag auf gerichtliche Entscheidung stellte mit der Begründung, daß, als die Übertretung begangen wurde, nicht er am Steuer seines Wagens gesessen habe, sondern ein Freund von ihm, dessen Namen er nicht angebe. Er selbst sei allerdings danebengesessen. Darauf stellte der norddeutsche Staatsanwalt das Verfahren gegen Merzbacher ein und leitete ein solches gegen Unbekannt ein, in welchem er mich ersuchte, den Rechtsanwalt Merzbacher als Zeugen unter Eid darüber zu vernehmen, wer jener Freund am Steuer gewesen sei. Als Merzbacher auf meine Vorladung erschien, meinte er, die Vernehmung werde wohl schnell zu Ende sein, da sein Freund ihm in der anhängigen Sache bereits ein Mandat erteilt habe; er mache von seinem Zeugnisverweigerungsrecht als Rechtsanwalt Gebrauch. Als ich ihn darauf belehrte, daß das Zeugnisverweigerungsrecht des Rechtsanwalts sich nur auf solche Tatsachen beziehe, welche der Rechtsanwalt auf Grund seines Mandats erfahre, daß er aber von seinem Freund in dieser Sache ohne Zweifel noch kein Mandat gehabt habe, als derselbe neben ihm am Steuer saß, hielt Merzbacher diese Ansicht zunächst für unsagbar lächerlich. Da ich jedoch meiner Sache sicher war, erklärte ich ihm, daß ich ihn leider in Haft nehmen müsse, wenn er weiter sein Zeugnis verweigere. Darauf gab Merzbacher die Erklärung ab, daß er nichts dagegen einzuwenden habe, wenn unterstellt werde, daß er selbst am Steuer gesessen sei, womit ich mich begnügte. Gegen seine Verurteilung soll Merzbacher dann, wie ich hörte, Revision eingelegt haben und dieselbe damit begründet haben, daß ihm in der Hauptverhandlung das letzte Wort zwar als Verteidiger, nicht aber als Angeklagter erteilt worden sei. Der Staatsanwalt habe darauf in seiner Gegenerklärung ironisch ausgeführt: Wenn man schon diese Trennung zwischen Verteidiger und Angeklagtenrolle durchführen wolle, so vermisse er in den Akten eine Vollmacht des Angeklagten auf den Verteidiger.

Von der antisemitischen Hetze jener Zeit nicht unberührt, war ich geneigt, das Verhalten des Rechtsanwalts Merzbacher als eine typisch jüdische Rabulistik anzusehen. Sicher zu unrecht. Immerhin möchte ich auch heute[3] noch behaupten, daß der Verkehr mit vielen jüdischen Rechtsanwälten besondere Schwierigkeiten in sich barg, die ihren Grund wohl darin hatten, daß sich diese Rechtsanwälte durch eine gesellschaftliche Kluft von den anderen Juristen getrennt fühlten. Die Lage der Juden machte sie reizbar. Irgend etwas Verbindendes, das sonst vorhanden war, fehlte im Verkehr mit ihnen. So kam es, daß man auf beiden Seiten voreinander auf der Hut war.

Ein solches gespanntes Verhältnis trat in viel krasserer Form im Verkehr mit den wenigen kommunistischen Rechtsanwälten, die es damals in Stuttgart gab und unter denen sich keine Juden befanden, in Erscheinung. Zwar galt dies wohl nicht bei dem bekanntesten unter ihnen, dem Rechtsanwalt v. Bagnato, einem älteren Herrn mit starkem Hängebauch und näselnder Stimme, der eher einen gemütlichen Eindruck machte. Es wurde von ihm erzählt, daß er sogar vor dem Reichsgericht in breitestem Schwäbisch plädierte, so daß die hohen Herren Reichsgerichtsräte von seinem Plädoyer überhaupt nichts verstanden. Um so mehr galt das Gesagte aber von dem jungen, schwarzhaarigen Rechtsanwalt Pahl, der aus guter Stuttgarter Bürgerfamilie stammte und sich nach der Revolution von 1918 als Jüngling der extremen Linken angeschlossen hatte. Ich kannte ihn vom Studium her, mußte allerdings die Erfahrung machen, daß das, was ich im privaten, vertraulichen Gespräch zu ihm gesagt hatte, mir nachher von ihm in der öffentlichen Verhandlung in den bösartigsten Wendungen vorgehalten wurde.

Schließlich ist mir unter den damaligen Stuttgarter Rechtsanwälten auch noch der spätere badisch-württembergische Ministerpräsident Maier als ein feister, blonder Herr mit hoher Fistelstimme in Erinnerung geblieben. [V/288-291]

Eine Episode, die mit Rosen beginnt

Während ich Assessor beim Amtsgericht Stuttgart war, begann eine seltsame Episode. Am Vormittag nach einer meiner ersten Strafsitzungen, die sehr umfangreich war, brachte mir der Gerichtsdiener einen wunderbaren Rosenstrauß und ein Buch des damals bekannten Gerichtsberichters Sling[4], „Richter und Gerichtete". Beides habe ihm am Eingang des Gerichts eine Dame, die ihren Namen verschwiegen habe, für mich übergeben. Nachdem ich den Strauß in einer Vase auf meinen Tisch hatte stellen lassen, klingelte das Telefon. Eine weibliche Stimme meldete sich und fragte, ob ich Freude an Rosen habe. Dies bejahte ich, indem ich anfügte, noch mehr würde es mich freuen, die liebenswürdige Spenderin selbst kennenzulernen. Da wurde das Telefon auf der anderen Seite schon wieder abgehängt. Ich versuchte, mir die verschiedenen weiblichen Personen, die ich am vorausgegangenen Tag vernommen hatte, zu vergegenwärtigen. Keine war darunter, die nach meiner Ansicht als diejenige in Betracht kommen konnte, von der ich die Geschenke erhalten hatte. Wochen gingen darüber hin und die Rosen waren längst verwelkt. Ich dachte nicht mehr an das kleine Intermezzo.

Da bat mich ein Assessor, der den gleichen Namen wie ich trug, um eine vertrauliche Aussprache. Weil dieser Assessor von kleiner Gestalt war, hatten ihn einst die Studenten in Tübingen zur Unterscheidung von mir den Minimalknecht geheißen. Bei besagter Aussprache teilte mir derselbe mit, daß er in kurzen Zeitabständen anonyme Liebesbriefe erhalte und daß er zu der Überzeugung gekommen sei, daß nicht er, sondern ich der wirkliche Adressat dieser Briefe sein müsse. Da ich ebenfalls meine Unzuständigkeit erklärte, entstand ein sogenannter negativer Kompetenzkonflikt. In der Folgezeit kamen die Briefe aber an mich und nach ihrem Inhalt konnte ich schließlich nicht mehr im Zweifel darüber sein, daß in den Briefen ich angeschrieben wurde und daß die Schreiberin jene Dame war, die mir die Rosen hatte überbringen lassen. Dieselbe zeigt sich in den Briefen über meine Lebensweise aufs beste unterrichtet. Übrigens mußte sie eine Frau von beachtlichem Bildungsstand sein. An Weihnachten erhielt ich von der Schreiberin ein schönes, geschmackvoll eingebundenes Buch.

Allmählich wurde mir die Sache unheimlich, denn aus den Briefen, die mit Anna unterschrieben waren, ersah ich, daß von dieser mein Tun und Lassen aufs genaueste beobachtet wurde. Ich fühlte mich geradezu auf Schritt und Tritt von einer Person ausspioniert, die für mich in ein undurchdringliches Dunkel gehüllt blieb. Selbst in Marbach fand ich Blumensträußchen vor unserer Glastüre, die unzweifelhaft von ihr herrührten. Schließlich mußte ich aus ihren Briefen entnehmen, daß sie sogar über Vorgänge, die sich in meinen Strafsitzungen abspielten, unterrichtet war.

Die Angelegenheit wurde immer mysteriöser. Es war schon in der zweiten Hälfte des folgenden Winters. Ich hatte damals einen anstelligen Referendar mit rotblondem Haar (er ist später Senatspräsident beim Verwaltungsgericht geworden). Den weihte ich in die Geschichte ein und bat ihn, sein Augenmerk darauf zu richten, ob sich bei meinen Sitzungen im Sitzungssaal oder in der Nähe desselben eine Dame aufhalte, die verdächtig erscheine, die Schreiberin der anonymen Briefe zu sein. Diesem Auftrag kam er mit Feuereifer nach. Als ich mich an einem

Abend, nachdem die Sitzung spät zu Ende gegangen war, in meine Kanzlei begeben hatte, stürzte der Referendar herein: „Ich habe sie gesehen! Ich habe sie gesehen!" Dann erzählte er mir, daß er im Gang vor dem Sitzungssaal an einem Fenster, durch das man über einen Lichthof in den beleuchteten Saal und direkt auf den Richtertisch schauen konnte, eine Dame habe stehen sehen. Als er in die Nähe derselben gekommen sei, habe sie den Kragen ihres Mantels hochgeschlagen und sich abgewendet, um ihr Gesicht zu verbergen. Dann sei sie eilends davongelaufen. Während er sprach, läutete das Telefon und ich hörte die bekannte Frauenstimme: „Es ist nicht schön von Ihnen, daß Sie mich von dem roten Jüngling beobachten lassen." Und schon wurde wieder abgehängt.

Kurz hernach befand ich mich einmal eines Abends nach Einbruch der Dunkelheit auf dem Heimweg. Ich ging wie gewöhnlich den einsamen Fußweg, der sich zwischen alten Gartenmauern zur Alexanderstraße hinaufwindet. Da bemerkte ich, daß mir eine Frauengestalt folgte. Nach der Beschreibung, welche mir mein Referendar gegeben hatte, war ich überzeugt, daß dies Anna, die Briefschreiberin, war. Ich ging langsamer, so daß sich der Abstand zwischen uns verringerte. Als sie ganz nahe herangekommen war, machte ich plötzlich ein oder zwei Schritte rückwärts und hielt sie am Arm fest. Sie gab sich zunächst den Anschein, als wolle sie sich mir entwinden. Dann aber blieb sie stehen und es kam zu einer Aussprache. Sie erzählte mir, daß sie die Ehefrau eines bekannten Schauspielers am Landestheater sei. Ihre Ehe sei nicht glücklich. Zu jener Strafsitzung im Sommer habe sie Bekannte begleitet, die wegen eines Verkehrsunfalls als Zeugen vernommen worden seien. Sie sei unter den Zuhörern im Saal gesessen. Dabei habe sie mich zum ersten Mal gesehen. Ihre Gedanken seien nicht mehr von mir losgekommen. In der Folgezeit habe eine innere Unruhe sie dazu getrieben, mich nicht aus den Augen zu lassen und mir möglichst nahe zu sein, jedoch ohne sich zu erkennen zu geben. Darin habe sie eine Befriedigung gefühlt. Ich hegte nicht die Absicht, mich in ein weiteres Abenteuer einzulassen, das mir angesichts der Persönlichkeit, um die es sich hier handelte, nicht unbedenklich erschien. Ich weiß nicht mehr, was ich auf ihr Geständnis hin zu ihr sagte. Jedenfalls gelang es mir, eine beruhigende Wirkung auf sie auszuüben.

Trotzdem setzte sie ihre Schreiberei fort, obwohl ich keinen einzigen ihrer Briefe beantwortete. Es kam noch zu der einen oder anderen Aussprache mit ihr. Sie ließ erst davon ab, als ich ihr schließlich bei einer solchen eröffnete, daß ich mich mit meiner jetzigen Frau verloben werde. [V/291-293]

Im Frühjahr 1930 war im Staatsanzeiger eine Staatsanwaltsstelle bei der Staatsanwaltschaft Stuttgart ausgeschrieben. Auf sie meldete ich mich und erhielt sie auch. So wurde ich mit noch nicht ganz 29 Jahren ständiger Staatsanwalt und damit war eine sehr wichtige Weiche für meine künftige Lebensbahn gestellt. An sich hätte ich das Amt eines Strafrichters vorgezogen. Aber ich wollte in Stuttgart bleiben, weil ich hoffte, dort meine Konversion besser verbergen zu können, und in Stuttgart gab es um jene Zeit gerade keine für mich in Betracht kommende Strafrichterstelle. Ein guter Jurist sehnt sich zwar im allgemeinen danach, seine Künste im Zivilrecht zu bewähren. Daß diese Sehnsucht bei mir nicht vorhanden war, mag anzeigen, daß ich trotz meines guten Examens eben doch kein solcher war. Gleichermaßen mißfiel mir, daß dem Zivilrichter bei seiner Aufgabe, die Wahrheit zu finden und zu erkennen, Schranken gesetzt sind, weil er darauf angewiesen ist, welche Tatsachen und Beweise ihm von den Parteien angeboten werden. Zudem war ich bereits durch meine bisherige Tätigkeit auf das kriminalistische Geleise gedrängt worden. Jedenfalls wollte ich so bald wie möglich ständig werden, nicht bloß der größeren Sicherheit wegen, die ich durchaus zu schätzen wußte, sondern auch deshalb, weil ich diese für erforderlich hielt, um eine meinem Examen entsprechende Laufbahn zu machen, welchen Ehrgeiz ich damals noch nicht aufgegeben hatte.
[V/294 f.]

Personalveränderungen mit konfessionellem Hintergrund

So kam ich abermals zu meiner alten Behörde und bezog mein altes Zimmer im 3. Stock des Hauses der Ulrichstraße. Sonst traten aber um jene Zeit bei dieser Behörde tiefgreifende Veränderungen ein. Bucher war, wie damals in Württemberg üblich, vom Personalchef beim Justizministerium zum Generalstaatsanwalt befördert worden, starb aber, noch ehe er dieses Amt tatsächlich antreten konnte. Bei diesen hohen Ämtern hielt man sehr auf die konfessionelle Parität und deshalb trat an seine Stelle nun wieder ein protestantischer Generalstaatsanwalt namens Heintzeler, ein untersetzter, schmächtiger Mann, nicht gerade geeignet, seine Behörde imponierend zu repräsentieren, wenn auch vielleicht immer noch besser als der bäuerisch-plumpe Bucher. Der neue Generalstaatsanwalt war ein ziemlich farbloser Herr. Im übrigen legte man auf Repräsentation im alten Württemberg wenig Wert.

Fast gleichzeitig wie seinen Glaubensgenossen Bucher raffte den Oberstaatsanwalt Frank ein plötzlicher Tod hinweg. Sein Nachfolger wurde Tafel, der bisher den Vorsitz beim Schöffengericht geführt hatte. Auch Tafel war Protestant, gehörte aber nicht der theologisch-pietistisch ausgerichteten „Ehrbarkeit" des Landes an, mit deren Vertretern sonst gern die hohen Beamtenstellen besetzt wurden. Vielmehr war er ein Mann liberaler Observanz, dabei von scharfem Verstand. Er besaß ein großes Privatvermögen, so daß er seines Lebensunterhalts wegen es überhaupt nicht notwendig gehabt hätte, einem Broterwerb nachzugehen. Er war mit dem Stuttgarter Verlag Kohlhammer und auch sonst mit der Großindustrie versippt. Diese Position verlieh Tafel, der von hoher Gestalt war, ein sehr ausgeprägtes Selbstgefühl. Sein Amt als Oberstaatsanwalt schien er mehr zum Zeitvertreib zu verwalten, denn manchmal war er ein oder zwei Wochen lang nicht in seiner Kanzlei zu sehen, obwohl er keinen Urlaub hatte. Trotzdem lief alles wie am Schnürchen. Seine Autorität bei den Untergebenen war groß. Mit betonter Nonchalance schritt er durch die Straßen. Begegnete ihm dann ein junger Staatsanwalt und zog dieser tief den Hut, so mußte Tafel schon besonders guter Laune sein, wenn er den Gruß überhaupt erwiderte. Einmal trug ihm ein bereits verheirateter Assessor vor, daß es ihm daran gelegen wäre, bald ständig zu werden, um ein besseres Gehalt zu bekommen; es falle ihm schwer, seine Familie zu unterhalten, und leider seien weder er noch seine Frau mit Glücksgütern gesegnet. „Da hätten sie eben bei der Wahl Ihrer Frau Gemahlin vorsichtiger sein sollen", entgegnete Tafel. Solche Äußerungen wurden übel vermerkt, doch niemand wagte, aufzumucken. Da Tafel seine Referenten im allgemeinen ungeschoren ließ, waren sie trotz allem mit ihm als Vorgesetztem im Grunde ganz zufrieden.

Der alte Cuhorst[5] ging bald darauf in Pension. Der dienstälteste Abteilungsvorstand, der den Titel Oberstaatsanwalt erhielt, hieß Bacmeister. Er war ursprünglich aktiver Offizier und im 1. Weltkrieg dem Stab des Herzogs Albrecht, des damaligen württembergischen Thronfolgers, zugeteilt gewesen, von dessen Qualitäten als Heerführer er große Stücke hielt. Bacmeister war der Typ des korrekten Beamten. Sein Interesse war aber mehr der Vogelkunde als der Juristerei zugewandt und als Ornithologe hat er sich ohne Zweifel größere Lorbeeren geholt als bei seiner Tätigkeit als Staatsanwalt. [V/295 f.]

Menschliche Schwächen, Amouren und Junggesellen

Ich war dem Ersten Staatsanwalt Autenrieth unterstellt, der als Anklagevertreter durch große Beredsamkeit glänzte. In seinem Gesicht und in seiner fülligen Gestalt kam eine starke Sinnlichkeit zum Ausdruck. „Seine Stärke ist seine Schwäche", sagte einmal der pfiffige Geschäftsleiter, Oberrechnungsrat Ruoff, mit vertraulichem Augenzwinkern zu mir, wobei anzumerken ist, daß Ruoff ebenfalls ein alter Sünder war. Den 1. Weltkrieg hatte Autenrieth als Kriegsgerichtsrat in Gent angenehm verbracht. In den ersten Nachkriegsjahren zirkulierte eine viel gelesene Schrift „Etappe Gent"[6], in welcher Autenrieth und seine damaligen amourösen Abenteuer im Mittelpunkt standen. Wenn er darin auch unter einem Pseudonym auftrat, so wußte bei der Staatsanwaltschaft doch jedermann, wer damit gemeint war. Tatsächlich ist diese Schwäche für das weibliche Geschlecht dem begabten Mann schließlich zum Verhängnis geworden. In unserer Behörde setzte er sich mit wahrer Hingabe für das weibliche Schreibpersonal ein, ohne daß in dieser Hinsicht etwas Unziemliches vorgefallen zu sein scheint. Mir selbst fiel auf, daß, wenn sich in meinem Referat einmal ein Verfahren wegen eines Sittlichkeitsverbrechens recht pikant ausgewachsen hatte, Autenrieth sich erbot, angesichts meiner Überlastung die Bearbeitung des Falles selbst zu übernehmen, während ich sonst bei ihm diese zarte Rücksichtnahme auf meine Arbeitskraft nicht feststellen konnte. Schließlich verliebte er sich in eine Dirne, welche er in einem Gerichtsverfahren, in dem er die Anklage vertrat, kennengelernt hatte, und zwar in solchem Maße, daß er in Eifersucht gegen ihren Zuhälter entbrannte. Der Dirne wurde zuletzt die Liebe des Ersten Staatsanwalts lästig und eines Tags übersandte sie den ganzen Pack Liebesbriefe, den sie von ihm erhalten hatte, an das Justizministerium. Nun blieb Autenrieth nichts übrig, als schleunigst um seine Pensionierung nachzusuchen. Sein Verhalten war um so unbegreiflicher, als Autenrieth damals ein schon im vorgerückten Alter stehender Familienvater war, dessen beide Söhne ausgerechnet evangelische Theologie studierten.

Ebenfalls wegen einer Dirne, die er unter ähnlichen Umständen kennenlernte, mußte ein anderer, noch jüngerer Staatsanwalt seinen Dienst liquidieren: Herr von Reinhardt, welcher einer bekannten württembergischen Offiziersfamilie entstammte. Er heiratete nämlich diese Dame. Dabei ist zu sagen, daß – abgesehen von diesem Fall – das Privatleben dieses blaß und vornehm aussehenden Mannes keinerlei Anstoß erregt hatte. Er muß aber, trotz seiner guten Umgangsformen, ein krankhaft reizbarer Mann gewesen sein. Bei allzu großem Arbeitsanfall verlor er völlig die Nerven. Der gutmütige Wachtmeister, der den Einlauf brachte, erzählte mir, daß, wenn er dem Herrn Staatsanwalt von Reinhardt einen besonders großen Aktenstoß auf den Tisch lege, er sich schleunigst zur Deckung hinter die Türe zurückziehen müsse, da er sonst zu erwarten habe, daß ihm der ganze Plunder an den Kopf geworfen werde. Oft waren die Akten, wenn sie aus dem Zimmer von Reinhardt kamen, sehr beschmutzt. Er stopfte sie nämlich manchmal in den Ofen, allerdings nur, wenn darin kein Feuer brannte, aus dem er sie dann nach Abflauen seiner Aufregung mit Hilfe seiner Schreibkraft mühsam wieder herauszog.

Unter ähnlichen Schwächen wie Autenrieth litt auch ein flotter, junger Staatsanwalt namens Hagedorn. An Begabung und beruflicher Tüchtigkeit konnte er sich mit ersterem nicht vergleichen. Zudem war er faul. Aber er kompensierte diese Mängel durch eine seltene Frechheit. Gewandt und dreist zog er sich aus allen Affären, was ihm wohl deshalb so glückte, weil er nie mit dem Herzen dabei war. Trotzdem stand er um jene Zeit im Mittelpunkt einer Angelegenheit, die in der württembergischen Justiz hohe Wellen schlug. In diesem Fall war nicht er der Schuldige, sondern der Oberstaatsanwalt Elwert von Heilbronn, ein Junggeselle, über dessen Privatleben die tollsten Gerüchte im Umlauf waren. Nun kann sich ein Oberstaatsanwalt, wenn er das Talent dazu hat, in seinem Amt einigermaßen bequem einrichten. Und Elwert hatte offenbar dieses Talent. So fand er die Zeit, einen Roman zu schreiben, den er „Mechtildis"[7] betitelte, einen Schundroman übelster Sorte. Der Held dieses Romans war ein Staatsanwalt Hagedorn, der an eine Frauenstrafanstalt abgeordnet worden war, wo er sich in eine gefangene Dirne namens Mechtildis verliebte, was zu spannenden Verwicklungen und schließlich dazu führte, daß sich der Held eine Kugel in den Kopf schoß. Die Verhältnisse waren so geschildert, daß jeder Eingeweihte in der Strafanstalt das württembergische Frauengefängnis Gotteszell, wohin mein Kollege Hagedorn einmal eine Zeitlang in den Strafvollzug abgeordnet worden war, erkennen konnte. Das Justizministerium, das auf Elwert nicht gut zu sprechen war, bedeutete Hagedorn, daß er die von dem Oberstaatsanwalt in dessen Roman erhobenen Verdächtigungen nicht auf sich sitzen lassen könne und so war Hagedorn – nicht gerade zu seinem Vergnügen – genötigt, eine Privatklage gegen Elwert zu erheben. Dieser behauptete, daß er keine Ahnung von der Existenz eines Stuttgarter Staatsanwalts Hagedorn gehabt habe, sondern nur einen wohlklingenden Namen für seinen Romanhelden habe wählen wollen, was nicht sehr glaubhaft erschien, da Hagedorns Frau die Tochter eines Heilbronner Weinhändlers war, in dessen Haus ausgerechnet der Oberstaatsanwalt Elwert als Mieter wohnte. Jedenfalls mußte im Zusammenhang mit allen diesen Dingen auch Elwert in Pension gehen.

Auffallend groß war zur Zeit der Weimarer Republik unter den Richtern und Staatsanwälten die Zahl der Junggesellen. Einer derselben war Staatsanwalt Siegel, welcher zwar – soweit sich dies feststellen ließ – ein ziemlich keusches Leben führte, der sich aber um so mehr dem Alkohol ergab. Dies mag mit der Grund dafür gewesen sein, daß er immer ein bißchen mit seinem Eierkopf wackelte, obwohl er noch keineswegs in hohem Alter stand. Er galt als Original, weil er todernst und mit großem Stimmaufwand lächerliche Dinge zu sagen pflegte, wie sie sonst von niemandem zu hören waren. Mit dem gleichen Stimmaufwand hielt er seine Anklagereden, die sich im übrigen durch lakonische Kürze auszeichneten. Als er einmal an einem Sonntagabend von einem Ausflug in alkoholisiertem Zustand nach Hause fuhr und der Zug erhebliche Verspätung hatte, schrie er auf einer größeren Station mit mächtiger Lautstärke zum Wagenfenster hinaus: „So etwas kann nur in dieser Sch… republik passieren. Das waren noch andere Zeiten, als die weißen Dragoner[8] die Königsstraße hinunterritten!" Dies hörte ein Kollege, der zufällig in der Nähe war, und derselbe machte sich am anderen Morgen einen Spaß daraus, Siegel zu prophezeien, daß nun ein Verfahren auf Grund des Gesetzes zum Schutz der Republik gegen ihn eingeleitet werde. Dadurch geriet der gute Siegel in große Schwulstitäten, denn er war in nüchternem Zustand alles andere als ein mutiger Mann. Er hätte sich wohl keine Sorgen zu machen brauchen, denn die Weimarer Republik zeigte sich gegen Beschimpfungen ihrer Staatsform bis zum Selbstmord tolerant. Im übrigen entsprang besagte Äußerung nur dem Alkohol und der bramarbasierenden Wesensart Siegels, nicht etwa einer politischen Überzeugung, denn alles, was mit Politik zusammenhing, war ihm, soweit er nicht persönlich betroffen wurde, gänzlich wurst.

Ein anderer Junggeselle war Staatsanwalt Föhr, der weder die Schwächen Autenrieths noch die Schwächen Siegels teilte, sondern ein höchst tugendsames Leben führte und mit Bienenfleiß seinen Berufspflichten oblag. Trotzdem war es ein Fehlgriff, gerade diesen Mann zu einem Staatsanwalt zu machen, denn er war eine gehemmte Persönlichkeit, was sich besonders beim Sprechen zeigte. So pflegte er seine Plädoyers schriftlich zu entwerfen, weshalb es nicht verwunderlich war, daß in seiner Kanzlei noch bis tief in die Nacht hinein Licht brannte. Mir fiel einmal ein derartiger Entwurf in die Hände. Er war so exakt ausgearbeitet, daß sogar die übliche einleitende Anrede „Hohes Gericht" schriftlich festgehalten war. Wenn dann in der Hauptverhandlung Angeklagte oder Zeugen etwas aussagten, was nach den Akten nicht zu erwarten war, so geriet Föhr natürlich in die schrecklichste Konfusion. Einmal saß ich im Sitzungssaal und wartete auf den Aufruf meines Falls, während Föhr im vorausgehenden Fall die Anklage vertrat. Es handelte sich um zwei Angeklagte. Föhr erhob sich und begann: „Der …" (Angeklagte wollte er sagen). Da fiel ihm ein, daß er eine Mehrheit von Angeklagten vor sich hatte. Er setzte von neuem an: „Die ..." Und nun kam auch schon eine Stimme aus dem Zuhörerraum: „Das ..."

Ein weiterer Junggeselle war Wizinger, der aus dem Elsaß stammte, ein Schöngeist. In seinem Urlaub pflegte er nach Korsika zu reisen, für das er eine geradezu monomane Vorliebe hegte. Nachdem das 3. Reich angebrochen war, starb er an einem Gehirntumor, der sich lange vorher durch geistige Absonderlichkeiten angekündigt hatte. So wies er mich einmal auf die Feuerbacher Heide hin, auf die man durchs Fenster seiner Kanzlei zwischen zwei Dächern hinüberschauen konnte: „Dort sehen Sie die blauen Kämme der Vogesen!", erklärte er mit großem Pathos. Schließlich mußte man ihn aus den seltsamsten Verstecken herausholen, weil er in dem Wahn lebte, von Goebbels verfolgt zu werden.

Als sich die nationalsozialistischen Steuergesetze ungünstig auf die Junggesellen auszuwirken begannen, entschloß sich noch einer nach dem anderen von ihnen, sich unter das Joch der Ehe zu beugen. Auch Siegel und Föhr taten dies. Während sich Föhr eine ältliche Jungfrau erkor, welche nun wohl in der Hauptsache die Rolle einer Gouvernante zu spielen hatte, fiel die Wahl Siegels auf ein nicht weniger reifes Mädchen, das ausgerechnet in einem Verkaufsständchen Milch verkaufte.

Es gäbe jedoch ein falsches Bild der damaligen Staatsanwaltschaft Stuttgart, wenn man sie ausschließlich nach den vorgeführten Porträts von Staatsanwälten beurteilen würde. Neben ihnen gab es eine stattliche Anzahl tüchtiger, kenntnisreicher und strebsamer Anklagevertreter, von denen eben nur deshalb, weil sie sich weniger anfällig gegen menschliche Schwächen und Absonderlichkeiten zeigten, nichts Amüsantes zu berichten ist. Leider war es aber so, daß es meist diese lobenswerten Herren waren, die im 3. Reich dem neuen Staat ebenso kenntnisreich, tüchtig und strebsam dienten, wie sie dem alten gedient hatten, und daß sie dann in exponierte Stellungen aufrückten und zu Fall kamen. Im übrigen habe ich die Bemerkung gemacht, daß die Staatsanwaltschaft eine Behörde ist, in die man verhältnismäßig leicht Leute abschieben kann, deren Wirken etwa als Amtsrichter sich sehr schnell unerträglich auf den Geschäftsgang auswirken würde. Hier kann man sie unbemerkt mitschleppen, wenn nur genügend andere brauchbare Staatsanwälte zur Verfügung stehen, die in der Hauptsache das mit zu leisten haben, was eigentlich jene zu leisten hätten. Leider werden beide Kategorien gleich besoldet. [V/296-300]

Jugendstaatsanwalt für verschiedene Amtsgerichtsbezirke

Ich war nun Jugendstaatsanwalt für die Amtsgerichtsbezirke Ludwigsburg, Leonberg, Böblingen, Cannstatt und Waiblingen und hatte außerdem sämtliche Strafsachen des Amtsgerichtsbezirks Ludwigsburg zu bearbeiten. Daß ich dieses Dezernat erhielt, hatte seine besondere Bewandtnis. Mein Vorgänger war nämlich, obwohl er sonst ein ruhiger Mann war, mit dem Amtsgerichtsdirektor Ulshöfer von Ludwigsburg in eine solche Dauerfehde geraten, daß fast jede Jugendgerichtsverhandlung damit endete, daß beide Herren gegeneinander Dienstbeschwerden erhoben. Da mir der Ruf eines friedfertigen Menschen vorausging, wurde mir das Referat meines Vorgängers übertragen, obwohl man hätte zweifeln können, ob ich als junger, unverheirateter Mann gerade zum Jugendstaatsanwalt geeignet sei.

Ulshöfer war alt und leberkrank; er hätte sich eigentlich schon längst pensionieren lassen müssen, hing aber zäh an seinem Richterstuhl. Er empfing mich so liebenswürdig, als ihm dies möglich war, da er den Eindruck erwecken wollte, daß nur sein Gegner an den fortgesetzten Streitigkeiten schuld gewesen sei, indem er sich nun mit dessen Nachfolger gut stellte. Es scheint aber, daß für Ulshöfer noch ein weiterer Grund vorlag, mir huldvoll zu begegnen. Offenbar wäre ich ihm als Schwiegersohn willkommen gewesen. Er hatte nämlich eine Tochter, die er gern an den Mann gebracht hätte. So lud er mich nun zu Veranstaltungen der Ludwigsburger Museumsgesellschaft, deren Vorstand er war, ein. Wie man hörte, soll der Hauptzweck dieser Gesellschaft damals gewesen sein, standesgemäße Ehen zwischen den Söhnen und Töchtern ihrer Mitglieder zu stiften. Als ich seine Einladung ablehnte, verdüsterten sich in Ludwigsburg zusehends die Beziehungen zwischen Richter und Staatsanwalt. Ehe es aber zu einem wirklichen Zusammenstoß kam, wurde Ulshöfer eines Tages in seiner Kanzlei von einer plötzlichen Schwäche befallen. Zwei Justizwachtmeister mußten ihn aus dem

Stuhl heben und ihn in seine Wohnung, die über den Diensträumen lag, hinauftragen und nach ein oder zwei Tagen war er tot. Mit seinem Nachfolger, der wenige Jahre vor der Pensionierung stand, gestaltete sich die Zusammenarbeit reibungslos.

Dies war auch hinsichtlich des damaligen Strafrichters in Ludwigsburg, Freiherr von Wöllwart, der Fall, obwohl es sich bei ihm um einen übernervösen Herrn handelte, der infolge seiner Erregbarkeit in den Verhandlungen oft etwas lächerlich wirkte, zumal er mit einem Sprachfehler behaftet war. Zur Zeit des Kaiserreiches hatte das Amtsgericht Ludwigsburg den Ruf eines Feudalgerichts gehabt, weil Verwandte von Offizieren, die dort bei den gelben Ulanen dienten und meist dem Adel angehörten, sich gern an dieses Gericht versetzen ließen. Dieser Ruf hatte indes einen gewissen Beigeschmack, weil jene vornehmen Herren nicht gesonnen waren, sich im Justizdienst aufzureiben, sondern in der Garnisonsstadt ihr Leben genießen wollten. Wöllwart war das letzte Überbleibsel dieser feudalen Vorkriegsepoche beim Amtsgericht Ludwigsburg. Man konnte ihm aber nicht nachsagen, daß er sich bei der Erledigung seiner Amtsgeschäfte lässig gezeigt habe. Vielmehr arbeitete er schnell und mit Eifer, wenn auch etwas oberflächlich. In weiten Kreisen galt er – wohl wegen seines Adels – als sturer Reaktionär. Als dann jedoch die Herrschaft Hitlers begann, trat er mannhafter auf als die meisten seiner Amtsgenossen.

Im allgemeinen hatte ich nur unbedeutende Fälle zu bearbeiten. Die Jugendsachen befriedigten mich. Bei ihnen war die Möglichkeit, in menschlicher Weise fördernd auf die Angeklagten einzuwirken, in ganz anderem Maß gegeben als in Verfahren gegen Erwachsene. Allerdings war das damalige Jugendstrafverfahren recht schwerfällig, weil man zu jeder Hauptverhandlung zwei Jugendschöffen beiziehen mußte, auch wenn es sich nur um eine lächerliche Übertretung handelte. Die Jugendgerichtshilfe war noch nicht so verbürokratisiert wie später und wurde von ehrenamtlichen Lehrern und Pfarrern wahrgenommen. Was diesen

Leuten an spezifischer Ausbildung abging, das ersetzten sie durch Erfahrung, Neigung und Liebe, welcher die Freiwilligkeit und Unentgeltlichkeit ihres Dienstes entsprang. [V/300 f.]

Die Weltwirtschaftskrise 1929/30

Die aufkommende Weltwirtschaftskrise mit ihren Folgen führte zu großem Unmut in der Bevölkerung, insbesondere durch die damit einhergehende hohe Arbeitslosigkeit. Bei der Justiz machte sich das an einer deutlichen Zunahme der Diebstahlsdelikte und Betrügereien bemerkbar. Selbst Rechtsanwälte kamen mit ihren knapp gewordenen Einkünften im Zusammenhang mit ihrem gewohnten Lebensstandard nicht mehr zurecht. Politisch führten die Verhältnisse zur Radikalisierung rechter und linker Gruppen. Bei allen wirtschaftlichen Nöten ging es den Beamten noch am besten.

In den letzten vier bis fünf Jahren war es den Deutschen im Vergleich zu den vorausgegangenen neun Jahren gut gegangen. Die Wirtschaft blühte. Daß es eine Scheinblüte war, gegründet auf kurzfristige Auslandskredite, merkte der einzelne nicht. Man hörte damals das Wort vom „Deutschen Wunder". Dem Volk geht es nicht anders als dem Individuum. Solange es keine Schmerzen hat, fühlt es sich leidlich gesund, mag auch irgendwo im Verborgenen ein tödlicher Keim sitzen. Klagen über kleine Übel gehören in solchen angenehmen Zeiten zum Wohlbefinden; man nimmt sie selbst nicht ernst. Was das Politische anbetraf, so glich freilich auch in diesen Zeiten die Weimarer Republik einem ziemlich bresthaften Gefährt. Doch immerhin, es bewegte sich fort, obgleich ächzend und holprig. Man schimpfte über die politischen Zustände, stellte aber ihre Besserung jenen ehrgeizigen Männern anheim, welche sich die Politik zum Beruf gemacht haben. Von ihnen hielt man nicht viel. Im übrigen wandte der einzelne seine Interessen und Energien seinen privaten Angelegenheiten zu. Daneben gab es indessen auch damals schon nicht wenige, die einen alten Groll in sich trugen und lautstark eine radikale Umwälzung aller Dinge predigten. Solange es den meisten gut ging, konnten jedoch die Umtriebe dieser Leute das Bild des öffentlichen Lebens nicht entscheidend beeinflussen. Dies wurde bald anders.

Schon im Jahr 1929 zeigten sich ernste Anzeichen dafür, daß die Wirtschaftskonjunktur rückläufig wurde. Bei uns in Württemberg war dies dank der ausgewogenen sozialen Struktur des Landes noch nicht so deutlich zu bemerken. Im Jahr 1930 aber brach die Wirtschaftskrise mit voller Macht herein. Und damit wurde mehr und mehr das private Leben in den Bannkreis der Politik hineingezogen. Im Frühjahr fiel die große Koalition auseinander. Diejenigen Kräfte, auf denen das Gebäude der Weimarer Republik ruhte, erklärten gegenüber den Schwierigkeiten, die sich jetzt auftürmten, ihren Bankerott. Brüning, vom Reichspräsidenten Hindenburg gestützt, ergriff das Ruder des Staats. Gewiß war es die Macht des Bürgertums, die hinter der neuen Regierung stand. Aber die Sozialdemokraten hatten kein Recht, sich darüber zu beklagen, denn sie hatten sich ja selbst ausgeschaltet. Allzusehr hatten sie ihre Anhänger dadurch zusammenzuhalten versucht, daß sie den Neid und die Begehrlichkeit des kleinen Mannes aufstachelten und ihn mit abgrundtiefem Mißtrauen gegen andere Volkskreise erfüllten. Nun, da eine Regierung nur noch Opfer verlangen konnte, fehlte ihnen die innere Kraft, die Massen an den Staat und an die demokratische Idee zu binden. Allein das katholische Zentrum hatte noch diese Kraft; aber leider waren die Katholiken in Deutschland eine Minderheit. Was sich als demokratisches Bürgertum politisch etabliert hatte und sich jetzt „Staatspartei" nannte, löste sich in ein Nichts auf, denn das deutsche Bürgertum als solches hatte noch nie ein inneres Verhältnis zur Republik von Weimar gehabt, sondern diesen Staat lediglich als das kleinere Übel hingenommen. In der jetzigen Situation gab es überhaupt keinen anderen Ausweg als das Regierungssystem Brünings, wenn man sich nicht sogleich in ein Abenteuer stürzen wollte. Der Staat als neutrale

Ordnungsmacht mußte in die Schranken treten und das Notwendige tun. Und Brüning war dazu entschlossen.

Was meine Wenigkeit anbetrifft, so waren – wie bei den meisten meiner Generation – die Eindrücke, welche die Jahre 1918 und 1919 hinterlassen hatten, auch in der ganzen Folgezeit für meine politische Einstellung bestimmend geworden. Und diese Erlebnisse waren niederdrückend gewesen. Im Mittelpunkt aller politischen Erwägungen stand für mich unverrückt die Angst vor dem Bolschewismus, der alles, was mir teuer und heilig war, mit Vernichtung bedrohte. Es ist mir nicht bewußt, daß die Sorge um meinen Besitz und um meine soziale Stellung dabei eine wesentliche Rolle gespielt hätte. Dazu war ich ein viel zu weltfremder Idealist. Gegen eine geschichtlich gewachsene Demokratie etwa nach Schweizer Muster hätte ich nichts einzuwenden gehabt, zumal eine solche Tendenz bei uns im Schwabenland bodenständig war. Ich hätte sie jedenfalls einer Diktatur weit vorgezogen. Aber die Intellektuellen, die sich als die geistigen Vertreter unserer Demokratie in der Literatur und besonders im Berliner Journalismus gebärdeten, stießen mich ab. Alle Werte, um die sich die abendländische Kultur kristallisierte, wurden von ihnen angenagt. Wer diese Kultur liebte, dem konnte ihr Wirken nur zersetzend erscheinen. Auch was die Zustände in der Weimarer Republik anbetraf, war ihre Kritik niederreißend. Wer ihnen Glauben schenkte, der mußte schließlich zu der Überzeugung gelangen, daß in unserem Staat und in unserer Gesellschaft alles faul und oberfaul sei und radikal umgestürzt werden müsse. Ich hielt diese Leute für Wegbereiter des Kommunismus, auch wenn sie sich zur Demokratie und zur Freiheit bekannten. In Wirklichkeit haben sie dem Nationalsozialismus den Weg gebahnt, mochten sie gegen ihn noch so sehr vom Leder ziehen. Sie säten den Wind des Nihilismus und ernteten den Sturm des größten Nihilisten. Indem sie in breiten Massen unseres Volkes die Bindung an die traditionellen Werte unserer Kultur untergruben, schufen sie einen Flugsand, der unter den gegebenen Verhältnissen von einem großen Demagogen leicht bewegt und gelenkt werden konnte. Jetzt, als dies geschah, zeterten diese armseligen Schreiberlinge angesichts des nahenden Ungewitters. Den Massen konnten sie nicht imponieren. Weithin hatten sie im Volk die geistigen Bastionen zu Fall gebracht. Das protestantische Bürgertum aber, das – wenn auch nicht so ungebrochen wie der katholische Volksteil – an den alten Kulturtraditionen hing, hatten sie schockiert und noch weiter vom demokratischen Staat hinweggetrieben.

Ich selbst war meiner ganzen Veranlagung nach ein konservativer Mensch. Meine politische Heimat wäre etwa auf dem rechten Zentrumsflügel gewesen. Dies war gleichermaßen die Einstellung der „Schöneren Zukunft"9, von welcher Zeitschrift ich mich fortlaufend belehren ließ. Ich nahm es aber dem Zentrum übel, daß es mit den Demokraten und den Sozialdemokraten zusammenging und dadurch einen antimarxistischen Block in Deutschland verhinderte. So kam es, daß ich öfters den Deutschnationalen meine Stimme gab. Freilich auch an ihnen mißfiel mir vieles, vor allem ihre Abhängigkeit vom Großkapital, ihr protestantisch-preußischer Einschlag und überhaupt ihr kleindeutscher Nationalismus. Doch ihr Antimarxismus empfahl sie mir trotz aller dieser Schönheitsfehler. [V/310-312]

Eine „zarte" Vision des Chronisten von Europa

Solange ich im Frühjahr 1927 als Referendar bei einem Rechtsanwalt in Stuttgart weilte, hatte ich dort im Saal des Kunstgebäudes einmal einen Vortrag des Paneuropäers Coudenhove-Kalergi10 gehört. Seine Ansichten kamen den meinigen sehr entgegen. Den europäischen Nationalismus hielt ich für überlebt. Die moderne Zeit forderte einen Zusammenschluß in kontinentalem Rahmen, wenn Europa die ihm zukommende Bedeutung behalten sollte. Als aber Briand und Stresemann eine deutsch-französische Annäherung anbahnten, ohne die es ja zu keinem Zusammenschluß Europas kommen kann, stand ich dieser Sache doch recht kühl gegenüber, weil mir die Kontrahenten auf beiden Seiten nicht behagten. Überhaupt überwog mein Interesse an der Innenpolitik immer das an der Außenpolitik. [V/312]

Zunehmende politische Kräfte von „rechts"

Nachdem Hugenberg die Führung der Deutschnationalen an sich gerissen hatte, neigten meine Sympathien eine Zeitlang den sogenannten Volkskonservativen zu, welche sich aus diesem Anlaß von ihrer alten Partei abgesplittert hatten. Denn in Hugenberg sah ich all das verkörpert, was ich an den Deutschnationalen mißbilligte. Ich habe in jenen Jahren einmal diesen fuchsgesichtigen, kleinen Mann in einer Wahlversammlung in der Schwabenhalle in Stuttgart sprechen hören und konnte ihn dabei gut beobachten, weil ich mir einen Platz in den vordersten Reihen gesichert hatte. Er hat keinen bedeutenden Eindruck auf mich gemacht.

Die Nationalsozialisten nahm ich nicht recht ernst. Ich meinte, daß diese Partei von Hintermännern gelenkt würde, die den Deutschnationalen nahe stünden. Diese selbst als eine dem Großkapital, besonders den Großagrariern, hörige Honoratiorenpartei war ja nicht geeignet, große Massen in Bewegung zu bringen, was in einer Demokratie notwendig ist, um die Macht zu erringen. Nun hatte man in Hitler einen genialen Propagandisten gefunden, der sich auf dieses Geschäft vortrefflich verstand. Er war in meinen Augen nur der Trommler. Die gescheiten Leute würden im entscheidenden Augenblick schon dafür sorgen, daß dieser Mann keinen Schaden anrichten konnte. Vielleicht war es auf solche Weise möglich, einen Teil der Arbeiterschaft den Klauen des Marxismus zu entreißen. Hatten doch die Nationalsozialisten ausgerechnet in den früheren roten Hochburgen Thüringen und Sachsen ihre größten Erfolge! Unter diesem Blickwinkel erschienen sie mir gar nicht so unerwünscht. Daß hinter den verschwommenen Phrasen, mit denen diese Leute auf das Volk einhämmerten, eine eigene

Staatskonzeption und der zielbewußte Wille zum radikalen Umsturz stehen würden, schien mir nicht vorstellbar.

Als mich unter dem Regime Papen einmal ein Kollege besorgt fragte, was wohl geschehen würde, wenn die Nazis an die Macht kämen, antwortete ich: „Im Grunde wird sich wohl nicht viel ändern; sie werden viel Wasser in ihren Wein gießen müssen." Ich komplizierte [sic] die staatlichen Dinge mehr, als sie es verdienten. In meinem Bildungsdünkel überschätzte ich die Macht des Geistes in der Politik und unterschätzte die untergründige Dämonie eines Adolf Hitler sowie die Kraft der von ihm entfachten Bewegung. Dabei ging es mir nicht anders als vielen meinesgleichen. [V/313]

„Weimar" vor dem Ende –
Mangel an Kompromissbereitschaft der politischen Parteien
Bei der Beurteilung der politischen Einstellung des einzelnen Deutschen in jenen Jahren darf jedoch nicht vergessen werden, daß die parlamentarische Demokratie, wie sie die Weimarer Verfassung vorsah, sich seit dem Jahre 1930 totgelaufen hatte, was heute geflissentlich verschwiegen wird. Es lag vor aller Augen, daß diese Regierungsweise bankerott war. Die Frage ging nicht mehr dahin, ob das bisherige System erhalten werden könnte, sondern dahin, was an seine Stelle treten sollte. Man kann ja schließlich einem Volk die Demokratie nicht aufzwingen, wenn jede Wahl zeigt, daß es nicht demokratisch regiert werden will. Der Parlamentarismus setzt die Kompromißbereitschaft der verschiedenen Richtungen voraus. Die Sozialdemokratie war zu einem echten Kompromiß mit dem Bürgertum nicht bereit, da sie befürchten mußte, daß ihr in diesem Fall die auf den Klassenkampf dressierten Arbeiter zu den Kommunisten davonlaufen würden. Daran ist die große Koalition im Jahr 1930 zerbrochen. Die Führer der Sozialdemokratie tolerierten das Regierungssystem Brünings, weil ihnen gar nichts anderes übrigblieb, wenn sie sich nicht selbst vernichten wollten. Tatsäch-

lich übernahmen sie auf diese Weise eine Mitverantwortung für die Regierung, von der sie sich nach außen hin zu drücken versuchten. Dadurch gerieten sie in eine schiefe Situation. Ein Stamm von alten Anhängern hielt ihnen zwar die Treue, ihre Kraft war aber gelähmt. Der Fehler lag wohl in einer von vornherein verfehlten Grundkonzeption. Die Sozialdemokratie war – zwar nicht in der Praxis, jedoch ihrer Theorie nach – immer noch eine marxistische Arbeiterpartei. Deshalb kam sie für alle anderen Gesellschaftskreise nicht in Betracht. Diesen galt sie als die eigentliche Trägerin der Weimarer Republik und wurde nun für deren außenpolitisches und innenpolitisches Scheitern verantwortlich gemacht.

Immer noch wäre die autoritäre Regierung eines vom Reichspräsidenten und von der Reichswehr gestützten Bürgerblocks möglich gewesen. Bei allem, was man gegen eine solche einwenden mag, wäre sie der Hitlerdiktatur bei weitem vorzuziehen gewesen. Sie hätte aber eine wirkliche Einigung zwischen den Deutschnationalen und dem Zentrum vorausgesetzt. Einer solchen stand die tiefe konfessionelle Kluft im deutschen Volk entgegen. Die Katholiken sahen in den Deutschnationalen – und zwar mit Recht – vor allem die politische Vertretung des protestantischen Preußentums. Die Erinnerung an Bismarcks Kulturkampf machte sie mißtrauisch. Auch war der soziale Gedanke in den deutschen Katholizismus viel tiefer eingedrungen als in das protestantische Bürgertum. Trotzdem wären wohl die maßgebenden Zentrumsführer, obgleich schweren Herzens, bereit gewesen, mit den Deutschnationalen zusammenzugehen, wie das in Württemberg praktiziert wurde, um Hitler von der Macht fernzuhalten.

Aber im Reich dachten die Deutschnationalen unter der Führung Hugenbergs nicht daran. Sie gingen jetzt aufs Ganze. Ihr Ziel war nicht nur, die Sozialdemokratie zu zerschmettern, damit die Industriekapitäne wieder allein Herr im Hause seien. Politisch mindestens ebenso stark fiel bei ihnen der entschlossene Wille ins Gewicht, den deutschen Katholizismus in den Winkel zu drängen, und dieses Bestreben entsprach auch durchaus dem Willen der Mehrheit ihrer Wähler. Jetzt schien die Gelegenheit geboten, die schönen alten Zustände wieder herbeizuführen, schöner und vollkommener, als sie je vor 1914 gewesen waren.

Von besonderer Bedeutung wurde dabei, daß die Evangelische Kirche ihr Kirchenvolk seit langem mit dem Glauben erfüllt hatte, daß die Seele des deutschen Wesens, an dem einmal die Welt genesen sollte, das deutsche Luthertum sei. Dadurch erhielt der Nationalismus bei den deutschen Protestanten eine geradezu religiöse Weihe.

Was den Nationalsozialismus anbetraf, so war Hugenberg über ihn offenbar in dem gleichen Irrtum befangen wie ich selbst, was aber bei einem Mann, der sich zum Staatslenker berufen fühlt, doch weniger verzeihlich sein dürfte. In den Nationalsozialisten erblickte er, wenn auch mit einigem Unbehagen, eine willkommene Hilfstruppe.

Dafür, daß ich mich damals zur Rechten und nicht zum Zentrum hielt, war im Grund doch mehr als alle politischen Überlegungen das Ressentiment maßgebend, welches mein Erlebnis mit M. B.[11] zurückgelassen hatte. Ich gönnte persönlich jenen Gesellschaftskreisen, denen sie angehörte, eine Niederlage. Auch die antisemitische Welle, welche Deutschland überflutete, hatte auf mich abgefärbt, besonders deshalb, weil ich unter den mir verhaßten Literaten so viele Juden sah. Eine Zurückdrängung des jüdischen Einflusses in Deutschland auf kulturellem und politischem Gebiet schien mir durchaus wünschenswert. An so entsetzliche Maßnahmen, wie sie Hitler dann tatsächlich durchführte, dachte ich nicht im entferntesten. Was Hitler in dieser Hinsicht in Versammlungen aussprach, hielt ich für bloße Rhetorik und für leere Phrasen. [V/313-315]

Hitler und seine Partei sind im „Aufwind"

Hitler und seine Partei erregten wieder Aufmerksamkeit. In Vortragsveranstaltungen wurden von Sonderlingen wirre Ideen über die Schwundgeldtheorie, über eine nordische Urreligion und über die arische Abstammung von Jesus vorgetragen.

Die wirtschaftliche Situation verschlechterte sich im Jahr 1930 weiter und die Arbeitslosigkeit stieg rapide an. Vor Gericht häuften sich Diebstahlsdelikte und selbst Rechtsanwälte gerieten in die Schuldenfalle.

An allem war nach der Meinung des Volkes das parlamentarisch-demokratische System schuld. Hitler wußte diese Stimmung für sich zu nützen.

Es war vielleicht noch im Jahr 1929, als einmal Fritz Kochendörfer seinen Onkel Karl Nesch[12] in Marbach besuchte und bei dieser Gelegenheit auch zu uns kam, da er uns ja von Tübingen her kannte. Kochendörfer hatte nach langer Ausdehnung seiner Studienzeit schließlich das medizinische Staatsexamen abgelegt und sich als praktischer Arzt in Ditzingen nahe bei Korntal, wo seine Eltern wohnten, niedergelassen. Die Bevölkerung der Umgegend nannte ihn wegen seiner radikalen Redensarten das „Kommunistendokterle". Tatsächlich schloß er sich aber den Nationalsozialisten an und warf mit den stärksten Schlagworten, die bei denselben im Gebrauch waren, um sich. Kochendörfer legte meiner Mutter eine „Illustrierte" vor, in der Hitler abgebildet war. „Dies ist der Mann, der Deutschland aus dem Dreck ziehen wird!", erklärte er. Es war das erste Hitlerbild, das meine Mutter zu Gesicht bekam. Nachdem Kochendörfer weggegangen war, sagte sie zu mir: „Du, dieser Hitler gefällt mir nicht; der sieht geradezu widerwärtig aus." Bei dieser Ansicht blieb sie auch allezeit. Als allmählich etwas vom Werdegang des Naziführers durchsickerte, äußerte sie sich: „Der hat ja nie etwas Rechtes gelernt und nie einen richtigen Beruf ausgeübt. So einem Kerl hätte mein Vater keine 5 Mark geliehen." Im übrigen war es in unseren

Augen keine Empfehlung für eine Sache, wenn sich gerade Kochendörfer für sie einsetzte.

Es mag wohl im Jahr 1930 gewesen sein, als ich eine persönliche Einladung zu einer Versammlung der NSDAP im Gasthof Charlottenhof in Stuttgart erhielt. Ich beschloß, hinzugehen, weil ich mich durch eigenen Augenschein über eine Bewegung informieren wollte, mit der nach ihren Wahlerfolgen in der deutschen Innenpolitik immerhin zu rechnen war. Dazuhin sprach in dieser Versammlung der evangelische Stadtpfarrer Ettwein von Cannstatt, der ein Bundesbruder von mir war und für die Nazis agitierte. Mein Freund Weber riet mir ab: Es könnte vom Justizministerium übel vermerkt werden, wenn man uns in der Versammlung einer solchen Partei sehe; das könnte unserer Laufbahn schaden. Ich ging aber trotzdem hin. Es handelte sich ja bei den Nazis um eine legal zugelassene Partei und ich konnte mir nicht vorstellen, daß es mir Schaden bringen könnte, wenn ich auf die verfassungsmäßig garantierten Grundrechte der Versammlungs- und Redefreiheit pochte; diese Rechte wollte ich mir nicht verkümmern lassen. So ging ich allein. Der mäßig große Gasthaussaal war keineswegs überfüllt. Ettwein, welcher die Versammlung mit ausgestreckter Hand und mit „Heil Hitler!" begrüßte, hielt seine Rede und beantwortete einige an ihn gestellte Fragen, die sich vor allem auf die Stellung des Nationalsozialismus zu den Kirchen bezogen. Ich weiß nur noch, daß das, was er über das Verhältnis seiner Partei zur katholischen Kirche ausführte, mich nicht befriedigte. Alles, was er ohne rhetorischen Schwung vortrug, blieb in unverbindlichen Phrasen stecken. Am Schluß setzte sich eine ältliche Dame ans Klavier und klapperte das Deutschlandlied und das Horst-Wessel-Lied herunter. Letzteres hörte ich an jenem Abend zum ersten Mal. Die Versammlung sang stehend mit. Ähnliche Zeremonien waren damals aber auch in anderen Parteitreffen Mode. Der Gesamteindruck von dieser Veranstaltung, der ersten Nazi-Versammlung, die ich besuchte, auf mich war negativ. Nach diesem Auftritt war ich noch mehr

als bisher geneigt, die Nazis für harmlose Leute zu halten, welche nach
der Art von Sektenpredigern nur auf ein Publikum von unterdurch-
schnittlichem Niveau eine gewisse Wirkung auszuüben vermögen.
Diese Wirkung aber hielt ich im Grunde nicht für schlecht. Ich wunderte
mich nur, daß die demokratische Presse eine Erscheinung wie diese Partei durch eine so gewaltige Gegenpropaganda – wie es mir schien –
über Gebühr aufwertete.

Es gab ja damals allerlei Wirrköpfe, die Anhänger um sich scharten.
Ich erinnere an einen Mann namens Gesell[13], der die Schwundgeldtheorie vertrat und um diese Theorie herum eine Art Weltanschauung aufbaute. Bei der Staatsanwaltschaft Stuttgart warb ein älteres, mickriges
Männchen, das sonst in der Registratur verstaubte Akten verwaltete, fanatisch für diese Sache. Was Feder, der damalige Wirtschaftsexperte
der NSDAP, an verworrenen nationalökonomischen Ideen von sich gab,
stand auf nicht viel höherer Stufe. Ich erinnere an Herman Wirth[14], welcher mit blühender Phantasie die Wissenschaft von der Vorgeschichte
durchstreifte und in Kritzeleien auf Steinen die unumstößlichen Zeugnisse für eine nordische Urreligion entdeckt zu haben glaubte. Die Ura-
Linda-Chronik wurde von vielen für ein ebenso bedeutsames histori-
sches Dokument gehalten wie die Protokolle der Weisen von Zion[15].
Ich erinnere auch an Dinter[16], der als Ergebnis seiner Forschungen verkündete, daß Jesus nicht ein Jude, sondern ein Arier gewesen sei, was
von manchen harmlosen Gemütern als eine befreiende Offenbarung mit
Beifall aufgenommen wurde. Daß solche Propheten sich einen Namen
machen konnten, ist ein Anzeichen dafür, daß das deutsche Volk auch
geistig führerlos war. Wie alles Offizielle war ebenso die anerkannte
Wissenschaft in Mißkredit geraten; man ging lieber zu einem Kurpfu-
scher als zu einem Mediziner.

Im Lauf des Jahres 1930 verschlechterten sich die wirtschaftlichen
Verhältnisse in beängstigender Weise, wenn auch die Zustände in Württemberg immer noch um einige Grade besser blieben als in anderen

Reichsteilen. Die Geschäftsleute und die Handwerker klagten über das Schrumpfen ihres Absatzes. Gut renommierte Industrieunternehmungen machten Pleite. Die immer größer werdenden Defizite in den Kassen des Reiches, der Länder und der Gemeinden führten zu Alarmrufen der Verantwortlichen. Im Volk schimpfte man über die leichtsinnige Ausgabenwirtschaft in den vergangenen Jahren und bedachte nicht, daß es ja meist auch die eigenen Interessengruppen gewesen waren, die hohe Anforderungen an die öffentlichen Kassen gestellt hatten, solange es gut ging. Am schlimmsten war das rapide Anschwellen der Zahl der Arbeitslosen, welches wiederum durch die steigenden Fürsorgelasten schwer auf die Finanzen der öffentlichen Hand drückte. Hatte man in der Zeit der guten Konjunktur in den Gemeinden auf eine stärkere Industrialisierung gedrängt, so machte man jetzt den Bürgermeistern zum Vorwurf, daß sie diesem Drängen nachgegeben und viele Arbeiter in die Gemeinden gezogen hatten, die nun als Arbeitslose unterstützt werden mußten.

In meinem Referat bei der Staatsanwaltschaft spiegelte sich der wirtschaftliche Niedergang in der Vermehrung der kleinen Diebstähle und Betrügereien. Besonders im Schwang waren die schwindelhaften Darlehensvermittlungsbüros, die wie Pilze aus der Erde schossen. Wer auf sie hereinfiel, mußte Gebühren im voraus bezahlen und war sein Geld los, ohne das versprochene Darlehen zu erhalten. Die Verhältnisse hatten sich seit der Inflation vor sieben Jahren in ihr Gegenteil verkehrt. Jetzt war das Geld rar und kostbar. Den Festbesoldeten, die noch in Arbeit standen, besonders den Beamten, ging es gut; auch ich spürte nichts von der Not. Da diese Gruppe aber nur einen kleinen Teil des Volkes ausmachte, wuchs in dessen überwiegender Mehrheit der Neid auf die Beamten.

Im Zusammenhang mit der wirtschaftlichen Entwicklung stand eine Serie von Strafverfahren gegen Rechtsanwälte, die vor den Stuttgarter Gerichten in jener Zeit abrollten. Meist handelte es sich um Büros, die einen guten Ruf genossen hatten. Diese Leute hatten zur Zeit der günstigen Konjunktur recht schön verdient. Jetzt, da es der Industrie schlecht ging, schrumpften ihre Einnahmen entsprechend, ja noch mehr als die der Unternehmer. Indessen aber hatten diese Rechtsanwälte und ihre Ehefrauen sich dem Lebensstil der Industriellen, welche von ihnen vertreten und beraten wurden und mit denen sie in engem gesellschaftlichem Kontakt standen, angepaßt. Es ist für jeden schwer, einen erreichten Lebensstandard zurückzuschrauben. So erlagen sie der Versuchung, sich an den Geldern ihrer Klienten zu vergreifen. Juden befanden sich nicht unter diesen kriminell gewordenen Rechtsanwälten.

Der Niedergang unseres Wirtschaftslebens war die Folge einer Weltwirtschaftskrise. Auch den Amerikanern ging es in diesen Jahren kaum besser. Aber davon nahm das deutsche Volk keine Notiz. An allem gab man nur der parlamentarisch-demokratischen Regierung, dem „System", der Weimarer Republik, die Schuld. Sie war aus der Niederlage geboren worden, unter ihr hatte man die bürgerkriegsähnlichen Zustände und die Hungerjahre nach dem 1. Weltkrieg und die Inflation erlebt. Und nun zeigte es sich, daß die kurze Zeit der Blüte nichts als ein Schwindel gewesen war.

Von vornherein hatten lediglich kleine Kreise wirklich mit dem Herzen auf der Seite des neuen Staates gestanden. Eigentlich nur die Juden – so schien es – hatten von ihm profitiert. Die Arbeiter hatten auf den Sozialismus gehofft, jetzt mußten sie feststellen, daß sie in einer durchaus kapitalistischen Gesellschaft lebten. Was nützten ihnen der Acht-Stundentag und die sonstigen mäßigen Vorteile, welche ihnen die Sozialdemokratie und die Gewerkschaften erstritten hatten, wenn sie nun arbeitslos auf der Straße lagen? Wenn sie trotzdem weiter sozialdemokratisch wählten, so taten sie es, weil sie in der Parteiorganisation heimisch geworden waren, allerdings ohne Begeisterung, beinahe mit einem schlechten Gewissen. Und viele, besonders Jüngere, wandten sich der extremen Linken zu, wie das Anschwellen der kommunistischen Stimmen bei den Wahlen bewies. Aber auch der Kommunismus übte auf manche Arbeiter nicht mehr die alte Zugkraft aus. Er war nicht mehr eine Utopie, sondern zur Realität geworden; was man von Sowjetrußland hörte, klang nicht allzu verlockend.

Der Nationalsozialismus hatte die ernüchternde Entwicklung von der Utopie zur Realität noch nicht durchgemacht. Sollte man es nun nicht einmal mit etwas ganz Neuem versuchen? Auch die Nationalsozialisten wetterten gegen den Kapitalismus. Zudem hatte man erlebt, wie ohnmächtig die internationalen Bindungen gegenüber dem robusten Nationalismus der europäischen Völker waren. So gelangen Hitler allmählich auch Einbrüche in die Reihen der Arbeiterschaft, obgleich zunächst keine sehr tiefen.

Noch viel größer waren seine Erfolge beim protestantischen Bürgertum. Das Bismarckreich krankte an vielen politischen Mängeln, aber eines hatte es trefflich zuwege gebracht: dem Volk ein kleindeutschpreußisches Geschichtsbild aufzusuggerieren [sic]. Dieses Geschichtsbild blieb in den Köpfen haften, auch nachdem das Bismarckreich zusammengebrochen war. Die Weimarer Republik tat nichts dagegen und konnte nichts dagegen tun, weil ihr, die weder aus einer echten Revolution hervorgegangen war, noch an eine Tradition anknüpfen konnte, eine eigene historische Konzeption fehlte. Die alten Professoren und Lehrer lehrten weiter, wie sie es vordem getan hatten, und die protestantische Geistlichkeit tat ihr Bestes hinzu, um diese Sicht der deutschen Dinge zu fördern, die ihren eigenen politischen Interessen zu entsprechen schien.

So kam es, daß sich der Durchschnittsdeutsche das nationale Leben nur im Rahmen eines Staates vorstellen konnte, in welchem die Werte, die – der Theorie nach – im Bismarckreich gegolten hatten, weiter in Geltung blieben. Irgendwie mußte das neue Deutsche Reich, von dem man träumte, dem alten Preußen gleichen. Fridericus Rex, Preußens Gloria, Militärmärsche und Paraden gehörten dazu, ebenso wie Disziplin, Kompromißlosigkeit und Verachtung von Menschen anderer Art und anderer Denkrichtung. Solche Gefühlskomplexe standen dahinter, wenn man einen ans Lächerliche grenzenden Kampf für die Farben Schwarz-weiß-rot und gegen die Farben Schwarz-rot-gold führte. Das Hängen breiter Volksschichten an dem preußisch-kleindeutschen Geschichtsbild war latent immer wirksam und hat während der ganzen Weimarer Zeit die Rechte stark erhalten. Jetzt aber, da das Bestehende völlig in Frage gestellt wurde, loderten diese Gefühle hell auf. Strebte nicht Hitler mit größerem Schwung als die Deutschnationalen eine Erneuerung und Vollendung des Preußentums an, in dem die deutschen Bürger das ideale deutsche Wesen erblickten? Und er tat es, ohne den Ballast von feudalen Ansprüchen und Standesvorurteilen mitzuschleppen, von denen die Massen natürlich nichts mehr wissen wollten. Jedenfalls nutzte der österreichische Gefreite diese Meinung, die so viele Leute von seiner Bewegung hatten, aus. Und vielleicht meinte er es sogar ehrlich, weil er selbst der Faszination durch das Preußentum erlegen war. Ja, vielleicht war der Nationalsozialismus wirklich das Preußentum in seiner letzten und extremsten Übersteigerung. Wohl nicht umsonst gab Hitler seiner SS-Garde die alten Preußenfarben weiß-schwarz.

Das Bild, das sich ein Volk von seiner Geschichte macht, ist politisch von größter Wirksamkeit. Das preußisch-kleindeutsche Geschichtsbild brauchte eigentlich nicht propagiert zu werden; es saß ohnehin fest in den Hirnen und Herzen der meisten Deutschen und hatte die Erinnerung an das ältere, universale Reich ganz verdrängt. Selbst Leute, welche das Zentrum oder die Sozialdemokratie zu wählen pflegten, waren von ihm beeinflußt. Wenn die Deutschnationalen trotzdem Propaganda machten, so ging dieselbe dahin, dem deutschen Bürger bewußt zu machen, daß die Weimarer Republik zu den Idealen, die er in seinem Herzen trug, in einem unerträglichen Gegensatz stehe. Und die Mittel, die Hugenberg für diese Propaganda zur Verfügung standen, waren nicht gering. Unterstand doch ein großer Teil der deutschen Presse und ein noch größerer des deutschen Filmwesens seiner Lenkung. Damals, als es noch kein Fernsehen gab, war das Kino ein überaus wichtiges Instrument der Meinungsbildung. [V/315-318]

Literaten begleiten den „Aufwind"

Um jene Zeit las ich Hans Grimms „Volk ohne Raum"[17], welches Buch – von der nationalen Welle, die das deutsche Volk erfaßt hatte, getragen – zu einem Bestseller geworden war. Die These, welche in diesem Roman verfochten wurde, nämlich, daß das deutsche Volk bei der Verteilung der Erde im Vergleich zu anderen europäischen Nationen zu kurz gekommen sei, konnte nicht bestritten werden. Der Raum, welcher den Deutschen zur Verfügung stand, war ihrer Aktivität und Vitalität nicht angemessen. Ich selbst fühlte allezeit bedrückend die Enge unserer Verhältnisse. Aber konnten wir eigentlich den anderen einen Vorwurf daraus machen, daß wir uns infolge der konfessionellen Querelen, welche die Reformation entzündet hatte, gegenseitig die Köpfe einschlugen, während jene dort zugriffen, wo etwas zu holen war? Man kann die geschichtliche Entwicklung nicht rückgängig machen. Verpaßte Gelegenheiten kehren nicht wieder.

Kein anderes literarisches Produkt wurde aber damals so in den politischen Streit hineingezogen wie Remarques[18] „Im Westen nichts Neues". Das Buch lieh ich mir von einem Kollegen aus. Ich fand diese knappe, illusionslose Schilderung des Kriegsgeschehens weit besser als das ausgewalzte, gefühlsüberladene Werk Grimms. Es war mir nicht verständlich, warum die Rechtsparteien um dieses Buch einen solchen Tumult entfachten. Auf meine politische Einstellung hatte allerdings auch diese Lektüre keinen Einfluß.

Stärker wirkte auf mich die Rassenkunde Günthers[19]. Es schien mir, als ob auf diesem Gebiet die Wissenschaft tatsächlich etwas nachzuholen habe. Schon in meinem Beruf machte ich immer wieder die Beob-

achtung, wie stark sich die Erbanlagen auf das Tun der Menschen auswirken. Wenn auch alle Menschen – vom höchsten, vom religiösen
Standpunkt aus betrachtet – gleichwertig sein mögen, so sind sie doch,
wie der Augenschein lehrt, nicht gleichartig. An dieser offenkundigen
Tatsache sieht die moderne Demokratie geflissentlich vorbei. Ich schloß
daraus, daß sie von geheimen Mächten gelenkt werde, denen diese
Wahrheit unbequem ist und die ein Interesse daran haben, daß die bunte
Vielgestalt des Lebens auf dieser Erde in einen grauen Zivilisationsbrei
verwandelt werde. Andererseits fand ich es lächerlich, die Rasse zum
höchsten Prinzip zu erheben, da damit das geistige Wesen des Menschen geleugnet und der Mensch praktisch dem Tier gleichgestellt wird.
Natur und Geist sind die beiden Pole, zwischen denen sich der bunte
Lichtbogen der menschlichen Kultur spannt.

Es mag wohl schon im Jahr 1932 gewesen sein, als ich mir im Stuttgarter Schauspielhaus einen Schwank ansah, der betitelt war „Hasenklein kann nichts dafür"[20]. Der Name des Verfassers ist mir entfallen.
In diesem Stück wurden das Parteienwesen und der Parlamentarismus
auf lustigste Weise verspottet. Entsprechend stürmisch war der Applaus,
in den ich gern einstimmte. Jedenfalls ersieht man, daß der Kampf
gegen die Weimarer Republik nicht nur auf den Straßen und in Wahl-
versammlungen, sondern auch auf der ganzen geistigen Front geführt
wurde. [V/319 f.]

Richter und Staatsanwälte halten sich parteipolitisch zurück
Was meine Kollegen anbetraf, so hielten sie sich im allgemeinen von
der Parteipolitik fern. Man beschuldigt heute gern die Richter und
Staatsanwälte der Weimarer Republik in Bausch und Bogen einer un-
demokratischen, reaktionären Gesinnung. Soweit die Württembergische
Justiz in Frage steht, wohl kaum mit Recht. Dem alten Württemberg
gab seit Jahrhunderten das theologisch-bürgerliche Element das eigentliche Gepräge. Diese Kreise blieben im Land auch noch herrschend,

nachdem in der napoleonischen Zeit weite Gebiete mit anderen Traditionen an Altwürttemberg angeschlossen worden waren. Soweit sie protestantisch waren, verschmolz ihre Honoratiorenschicht schnell mit der heimischen Ehrbarkeit. Diese wurzelte im evangelischen Pfarrhaus. Söhne, Schwiegersöhne und Brüder von evangelischen Geistlichen sowie Angehörige Tübinger Stiftsverbindungen besetzten in großer Zahl die höheren Beamtenstellen. Diejenigen, die aus anderen sozialen Schichten in solche Stellen aufstiegen, kamen gegen diese kompakte Masse, welche durch viele verwandtschaftliche und gesellschaftliche Beziehungen zusammengehalten wurde, nicht auf und konnten jedenfalls keine maßgebende Rolle spielen. Im wesentlichen hatten sich diese Zustände, wenn auch etwas abgeschwächt, zur Zeit der Weimarer Republik noch erhalten. Natürlich gab es unter den höheren Beamten gleichfalls Katholiken. Sie wurden aber, soweit sie nicht in ausgesprochen katholischen Gegenden amtierten, mehr oder weniger als Fremdkörper empfunden, was diese Katholiken dazu bewog, sich politisch um so mehr an das Zentrum zu halten.

Jedoch zeichneten sich auch die katholischen Gebiete des Oberlandes mit ihren zahlreichen ehemaligen Reichsstädten und den einst Vorderösterreichischen Landen seit alters durch eine gemütliche bürgerliche Geistesart aus. Der hier in größerer Zahl vertretene hohe Adel machte sich bis zum Zusammenbruch der Monarchie nur bei Hof und politisch durch seine Repräsentation in der 2. Kammer der württembergischen Landstände bemerkbar.

Gewiß hatten die höheren Beamten Württembergs ihr Standesbewußtsein. Aber die Klassen- und Standesunterschiede wurden hier nicht so schroff hervorgekehrt wie in Preußen. Es vertrug sich mit diesem Standesbewußtsein ohne weiteres, daß der einzelne demokratisch wählte. So verhehlte zum Beispiel mein Bundesbruder Weber nicht seine Vorliebe für die demokratische Partei, was er sicher nicht getan hätte, wenn er hätte befürchten müssen, daß dies seinem gesellschaftlichen Ansehen nachteilig wäre. Nur der Marxismus kam nicht in Betracht. Soviel ich erfahren konnte, hatte der Nationalsozialismus unter den Stuttgarter Juristen vor 1933 lediglich einen einzigen Anhänger, der sich offen zu ihm bekannte, nämlich den jungen Cuhorst[21], welcher Amtsrichter beim Amtsgericht war und nachmals der Vorsitzende des Stuttgarter Sondergerichts geworden ist. Die politische Bahn, die er einschlug, war – wie bei vielen andern – nur die geradlinige Fortsetzung der deutschnationalen Tradition seiner Familie.

Eine ebenso singuläre Erscheinung wie Cuhorst war unter den Stuttgarter Richtern und Staatsanwälten der Amtsrichter Fritz Bauer[22], ein Jude, von dem man wußte, daß er der Sozialdemokratischen Partei angehörte und auf deren linkem Flügel stand. Dieser Mann, der heute als Generalstaatsanwalt in Frankfurt am Main gar sehr im Licht der Öffentlichkeit steht, war mit heftigen Ressentiments gegen die bestehende Gesellschaftsordnung geladen. Cuhorst und Bauer hatten ihre Kanzleien ausgerechnet nebeneinander. „Eine Brandmauer ist dazwischen", pflegte Cuhorst zu sagen. Bauer war mit Kurt Schumacher befreundet, welcher damals Redakteur bei der Stuttgarter „Tagwacht"[23] war. An warmen Nachmittagen konnte man beide fast regelmäßig im Garten des Schloßgartenhotels miteinander ihren Kaffee trinken sehen und man munkelte, daß Bauer bei dieser Gelegenheit das böse marxistische Blatt mit Nachrichten aus der Stuttgarter Justiz versehe. [V/320 f.]

Staatliche Notverordnungen

Um die staatlichen Finanzen zu sanieren, wurden durch Brüningsche Notverordnungen den Beamten Gehaltsabzüge gemacht. Diese Maßnahmen waren durchaus berechtigt. Die Einkünfte so gut wie aller andern Berufsstände waren – zum Teil katastrophal – abgesunken. Dagegen hatte sich die wirtschaftliche Lage der fest besoldeten Beamten infolge des Rückgangs der Preise sogar noch verbessert. Die angeordneten Abzüge waren nicht hoch. Trotz derselben mußten die Beamten, die in festen Stellungen standen und von Arbeitslosigkeit nicht bedroht waren, immer noch für eine von der Entwicklung begünstigte Gruppe gehalten werden. Dies änderte aber nichts an der Tatsache, daß gerade diese Maßnahme auch bei den höheren Beamten, von denen auf Grund ihres Bildungsstands eine bessere Einsicht und Haltung hätte erwartet werden dürfen, eine Welle des Ärgers und des Unmuts hervorrief. Ich zweifle nicht, daß nur wegen dieser Abzüge mancher höhere Beamte, dessen Geistesweite zu der Würde seines Amtes in einem Mißverhältnis stand, von nun an nationalsozialistisch wählte. [V/321]

Anhänger Hitlers

War auch die nationalsozialistische Propaganda bei den Juristen, die in Amt und Würden standen, im ganzen von geringer Wirkung, so erlag ihr doch die akademische Jugend in weitestem Umfang. Es kann nicht verschwiegen werden, daß besonders die Studenten in ihrer großen Mehrheit schon früh zu begeisterten Anhängern der Bewegung Adolf Hitlers wurden. Das Korporationsstudententum hatte im Bismarckreich seine eigentümliche Ausprägung erhalten und sich mit nationalistischem Geist in kleindeutsch-preußischem Sinn erfüllt. Daran hatte die Revolution von 1918, zu welcher dieses Studententum von vornherein in schärfster Opposition stand, nichts geändert. In der Weimarer Republik hatte sich diese Gesinnung nur noch verfestigt und radikalisiert. Die Korporationen verfügten an den deutschen Universitäten über die meisten Studenten. Sie stellten fest organisierte Kaders dar und die schlagenden Verbindungen gaben bei ihnen den Ton an. Nun stießen, soweit die politische Zielsetzung in Betracht kam, auch viele, die aus der Jugendbewegung herkamen, zu ihnen. Geister wie Nietzsche, Spengler[24] und die Propheten der sogenannten konservativen Revolution trieben sie in diese Richtung, noch mehr freilich die außenpolitischen Mißerfolge der Republik und deren innenpolitische Zerrüttung. Der Umstand, daß die akademische Jugend vorwiegend aus Volksschichten kam, die ihre altererbten Vermögen in der Inflation verloren hatten, und die unerfreuliche wirtschaftliche Lage der meisten Studenten sowie deren schlechte Zukunftsaussichten machten sie antikapitalistischen Tendenzen geneigt. Jedenfalls pflegen Studenten zu allen Zeiten propagandistischen Schlagworten besonders leicht zum Opfer zu fallen. Sie leben in einem theoretischen Bereich und sind von der Realität des sozialen Lebens weitgehend abgeschirmt. Die Jugend anderer Volksklassen, die im gleichen Alter bereits in einem Beruf steht, verfügt im Vergleich zu jenen über eine größere Weltkenntnis; sie weiß mehr davon, wie es in der Welt wirklich zugeht, und ist deshalb oft politisch reifer. Dazu kommt die Einbildung des Studenten auf sein theoretisches Wissen. Er fühlt sich zum Führer des Volkes berufen, obwohl er, was die Lebenserfahrung anbelangt, noch ziemlich in den Windeln liegt. Aus diesen Gründen ist die Einmischung von Studenten in die Politik meist unheilvoll. Das gleiche gilt übrigens bis zu einem gewissen Grad auch von den Angehörigen mancher Berufe, deren Aufgabe es ist, theoretisches Wissen zu vermitteln, und deren Träger nicht unmittelbar mit der sozialen Wirklichkeit konfrontiert werden. Ich denke dabei vor allem an Lehrer und Pfarrer.

Die Jugend wollte damals etwas Neues und Revolutionäres und war sich dabei nicht bewußt, wie sehr sie von Idealen zehrte, die man ihr anerzogen hatte. Die jungen Menschen wollten ihrer eigenen Einsicht folgen und merkten dabei nicht, daß das, was sie einsahen, ihnen von geschickten Demagogen aufgeschwätzt wurde. Vielleicht hatte man sie in den vergangenen Jahrzehnten, in der Blütezeit der Jugendbewegung, allzusehr umschmeichelt und sie allzusehr von dem Eigenwert der Jugend und von der Überlegenheit dieses Eigenwerts überzeugt. Die Weisheit des Alters galt nichts bei ihnen. Die Alten erschienen ihnen viel zu zahm und schlapp. Dies mag wohl allezeit die Meinung junger Leute sein. Aber damals konnte sich diese Einstellung ungehemmt auswirken. Nur Hitler, so schien es ihnen, brachte den nötigen Schwung mit, um das, was im Grund auch die Alten für richtig hielten, tatsächlich herbeizuführen. Man hatte die ewige Leisetreterei satt. Die Umwelt, in der diese Jugend lebte, war gewiß nicht erhebend. Alles war grau, sorgenvoll und niederdrückend und wurde es immer mehr. Die Jugend verachtete diese Welt, in der nur gerechnet und gemarktet wurde und in der doch alle Rechnungen immer mit einem Defizit abschlossen. Sie litt darunter, daß das deutsche Volk in sich so gespalten, von Interessengruppen hin- und hergerissen, so desintegriert war. Der Drang der jungen Menschen, sich an etwas Großes hinzugeben, lag brach. Man wollte in dem ewigen Grau wieder leuchtende Farben sehen, die Manifestation einer geordneten Kraft, die fähig war, das Zerfallende zu einer großen Einheit zusammenzubinden. Die Katholiken fanden dies alles in ihrer Kirche. Aber aufs Ganze gesehen steckten die Katholiken in Deutschland – trotz Brüning, Bolz und anderen Politikern – im Ghetto. Die andern suchten nach einem Ersatz. Und ihnen boten sich Fahnen, Uniformen, zum Faschistengruß erhobene Arme, Trommeln, Marschmusik und Aufmärsche mit dem rhythmisch donnernden Tritt von Tausenden an, dazu die rollenden Kaskaden aufpeitschender Hetzreden.

Im Sommer 1930 nahm ich am 50. Stiftungsfest meiner Verbindung[25] in Tübingen teil. Als ich noch Student war, hatte man an jedem Stiftungsfest auf dem Verbindungshaus stillschweigend die rot-weiß gestreifte Flagge unserer Gesellschaft – „Badehose" nannten wir sie respektlos – aufgezogen. Nun wunderte ich mich darüber, daß man sich inzwischen ein feierliches Zeremoniell der Flaggenhissung ausgedacht hatte.

Was ich vorstehend über die akademische Jugend gesagt habe, gilt weitgehend für die damalige Jugend überhaupt. Im allgemeinen schlossen sich aber die jungen Leute aus anderen Volksschichten massenhaft erst nach Beginn der Wirtschaftskrise, dann allerdings sehr schnell und mit nicht geringerer Begeisterung, dem Nationalsozialismus an. Und als die Zeiten immer schlechter wurden, folgten, wenn auch etwas zögernd, die Männer und Frauen der älteren Generation. Als die Arbeitslosigkeit schon weit fortgeschritten war, pflegte ich in einem Gasthof am gleichen Tisch mit einem jungen Angestellten, der ein Vetter meines Freunds Eduard Krüger war, mein Mittagessen einzunehmen. Dieser Tischgenosse war ein einfacher Mensch von recht mäßigem Bildungsgrad. Derselbe zeigte sich der neuen Bewegung durchaus abgeneigt; er haßte sie geradezu. Offenbar hielt er sich zur Sozialdemokratie. Da war auf einmal nach einem Gespräch mit einem Nationalsozialisten, von einem Tag auf den andern, aus einem Saulus ein Paulus geworden. Und von diesem Augenblick an gehörte er unentwegt zu den getreuesten Gefolgsleuten Adolf Hitlers, der kein persönliches Opfer für die Bewegung scheute.

Die geeignetsten Objekte für die massive Propaganda der Nationalsozialisten waren verständlicherweise die Halbgebildeten, die für gewisse allgemeine Ideen zugänglich, aber im kritischen Denken nicht geschult sind. Den kleinen selbständigen Geschäftsleuten, deren Einkommen immer schmäler wurde, sprachen die Nationalsozialisten ganz aus dem Herzen, wenn sie die Börsenjuden und die jüdischen Warenhäuser für alles Übel verantwortlich machten. Auch den Angestellten, die bereits arbeitslos oder von Arbeitslosigkeit bedroht waren, drangen die radikalen Schlagworte der Nazis angenehm in den Ohren.

Bei meiner Behörde fand der Nationalsozialismus bei den Unterbeamten, meist ehemaligen Militäranwärtern, viele Anhänger, aber auch bei den Beamten des gehobenen Dienstes, den Obersekretären, Inspektoren und Rechnungsräten. Ihnen gefiel vor allem, daß hier einmal ein Mann zur Führung drängte, der nicht zu den Akademikern gehörte, denen man mit tiefen Neidkomplexen gegenüberstand.

Wenn viele kleinere Leute, die ihrer sozialen Lage nach unbedenklich marxistisch hätten wählen können, sich nun statt dessen den Nationalsozialisten zuwandten, so spielte dabei eine Rolle, daß die Inflation zwar das gesellschaftliche Gefüge des deutschen Volkes schwer

erschüttert hatte, daß jedoch im Bewußtsein und in der Wertung der
Menschen das überlieferte Gesellschaftsbild im wesentlichen intakt geblieben war. Wenn man nicht Industriearbeiter war, wollte man nicht
zu dieser Klasse gehören. Man wollte kein Proletarier sein, wenn man
auch tatsächlich einer war. So fühlte man sich von der Doktrin des Marxismus nicht angesprochen. Der Handwerker oder der kleine Geschäftsmann wollte seinen Betrieb, auch wenn er beinahe pleite war, nicht
sozialisieren lassen, sondern ihn erhalten und ihn wieder zur Blüte bringen. Das Bekenntnis zum Marxismus kam einem Eingeständnis des eigenen gesellschaftlichen Fiaskos gleich. Den Nationalsozialismus
dagegen hielt man für durchaus gesellschaftsfähig.

Auffallend mag erscheinen, daß in den protestantischen Gebieten
Württembergs, also in einem Land der Kleinbauern, ja der landwirtschaftlichen Zwergbetriebe, die Bauern während der ganzen Zeit der
Weimarer Republik auf seiten der Reaktion standen. Sie waren hierzu-
lande das stärkste und sicherste Wahlstimmenreservoir der Deutschnationalen. Zum Teil stammte die Animosität der Landwirte gegen die
Sozialdemokratie aus den ersten Jahren der Republik. Damals, in der
Zeit der Lebensmittelnot, war es den Bauern gut, den Arbeitern freilich
schlecht gegangen. Die Bauern bekamen die Mißgunst der Arbeiter zu
spüren und, da in Württemberg in den Dörfern beide Berufsstände eng
zusammenlebten, fraß sich der gegenseitige Groll um so tiefer in die
Herzen ein. Auch nach Kriegsende noch mußte, um die notdürftigste
Nahrung für die städtische Bevölkerung sicherzustellen, die Zwangswirtschaft aufrechterhalten werden. Der Bauer mag es aber am wenigsten leiden, daß er über die mühsam erworbenen Früchte seines Fleißes
nicht frei verfügen darf. Die Regierung, welche diese den Landwirten
so widerwärtigen Maßnahmen anordnete, stand damals unter der maßgebenden Führung der Sozialdemokraten. Aber ganz abgesehen von
solchem Ärger, der nachwirkt! Tatsächlich konnten die Bauern nur beim
Zentrum und bei den Deutschnationalen mit einem Verständnis für ihre

Belange rechnen; die andern Parteien waren durchaus auf die Interessen und die Denkungsart der städtischen Bevölkerung eingestellt. In ihnen konnte das Landvolk keine politische Heimat finden. Am wenigsten bei den Marxisten. War der württembergische Kleinbauer im Grunde auch ein armer, geplagter Kerl, so hing er doch sehr an seinem bescheidenen Eigentum. So wählten die protestantischen württembergischen Kleinbauern brav ihren deutschnationalen Bauernbund. In den letzten Jahren der Republik machten dann viele von ihnen die allgemeine Entwicklung von den Deutschnationalen zu den Nationalsozialisten mit, die gewissermaßen in der Natur der Sache lag, zumal die Bauern durch das Sinken der Preise von der Wirtschaftskrise betroffen und dadurch radikalisiert wurden. [V/322-325]

Der Umschwung der Meinungen

Der Umbruch der öffentlichen Meinung kam in den Septemberwahlen 1930 mit einem Schlag erschreckend zum Ausdruck. Die Nationalsozialisten steigerten ihre Reichstagsmandate von zwölf auf 107 und auch die Kommunisten vermehrten die ihrigen von 54 auf 77. Die Mitte war entscheidend geschwächt. Offenbar hatten Brüning und die Führer der sogenannten Weimarer Parteien ihre Ohren nicht am Herzen des Volkes gehabt, sonst hätten sie es nicht zu dieser Wahl kommen lassen. Nichts hatte es Brüning genützt, daß es im Sommer endlich erreicht worden war, das Rheinland von der Besatzung zu befreien – ein nationaler Erfolg, der stark in die Augen zu springen schien, der aber auf jeden Fall zu spät kam. Schon hatten sich viele Deutsche innerlich endgültig von der Weimarer Republik abgewandt. Die Erfolge derselben interessierten sie nicht mehr. Das „System" sollte verschwinden; sie wollten eine radikale Veränderung der politischen Zustände. Trotz der lauten nationalistischen Begleitmusik, welche die Rechtsparteien machten, bewegten den Mann auf der Straße doch viel mehr Fragen der Innenpolitik. Es waren andere Dinge, die ihm auf den Nägeln brannten, als die Besatzung des Rheinlands. Man kann zwar nicht sagen, daß Brüning in den Massen des Volkes besonders verhaßt gewesen wäre. In seiner sachlichen, nüchternen Art war er aber auch nicht dazu geschaffen, sich Popularität zu erringen. Dies war bei der Mehrheit der Deutschen im Reich einem katholischen Politiker ohnehin nicht möglich. Jetzt war es offenkundig, daß in Deutschland nicht mehr parlamentarisch, sondern nur noch autoritär mit Hilfe von Notverordnungen regiert werden konnte. Eines gewissen Rückhalts in breiteren Volksschichten bedurfte auch eine solche Regierungsweise. Sie erhielt einen solchen durch die Autorität Hindenburgs. Hinter ihm stand die Reichswehr, also die reale Macht, und ihm vertrauten sehr viele, mochten sie sonst politisch denken wie sie wollten. Er erschien ihnen als eine Gestalt von mythischer Größe, erhaben über allen Parteien und Gruppeninteressen, als ein wahrer pater patriae. Dazuhin war er ein überzeugter protestantischer Christ, was nicht wenig in die Waagschale fiel. [V/325]

Der Plan einer Zollunion mit Österreich

Einige Unruhe brachte im Frühjahr 1931 der gescheiterte Plan Brünings, mit Österreich zu einer Zollunion zu kommen. Man sah darin eine Vorstufe des Anschlusses Österreichs an das Reich. Ich selbst war von solchen Plänen begeistert. Man würde sich aber täuschen, wenn man glaubte, daß dies der allgemeinen Volksmeinung entsprochen hätte. Für fast alle Protestanten bedeutete der Gedanke des Anschlusses Österreichs nur einen Alpdruck. Dies war zu jener Zeit sicher auch bei Hitler und den Nationalsozialisten der Fall, da der österreichische Katholizismus ja eine wesentliche Stärkung der demokratischen Kräfte im Reich dargestellt hätte. Ein mir gut bekannter, fanatischer junger Nazi, mit dem ich damals über die Frage des „Anschlusses" sprach, sagte zu mir: „Stets davon reden, aber nie daran denken!" Man strebte nicht einen Zusammenschluß mit Österreich an, sondern die Unterwerfung dieses Landes unter die klein-deutsch-preußische [sic] Idee. [V/325]

Die württembergischen Oberämter

Fast noch mehr als die großen politischen Probleme bewegte mich im Jahr 1931 eine Zeitlang eine Frage von ganz lokaler Bedeutung. Ein Gutachten des Reichssparkommissars empfahl die Auflösung der kleinen württembergischen Oberämter, unter die auch das Oberamt Marbach gefallen wäre. Eine Aufhebung des Marbacher Oberamts! Kam dies nicht einer geistigen Zerstörung meines Heimatstädtchens gleich? Gehörten nicht die zahlreichen kleinen Oberamtsstädtchen in Württemberg, in denen der Staat seinen Bürgern so menschlich nahe kam, zu dem, was die Eigenart unseres Landes prägte?

Es gelang mir, durch die Vermittlung meines Bundesbruders Arnold Weller einen – wie mir schien – tief fundierten Artikel gegen die Aufhebung der kleinen Oberämter anonym in der Süddeutschen Zeitung zu veröffentlichen. Meine Aufregung erwies sich als unnötig. Kaum war besagtes Gutachten in der Öffentlichkeit bekanntgeworden, so fing in den betroffenen Städtchen und Bezirken die Volkswut zu kochen an. Bolz wäre zwar, wie ich bei unserer Stammtischrunde erkennen konnte, keineswegs abgeneigt gewesen, der Empfehlung des Sparkommissars Rechnung zu tragen. In Wahrheit wäre diese Maßnahme auch fällig gewesen, da die bisherigen Kreise wegen ihrer Kleinheit und ihrer geringen Finanzkraft den modernen Verwaltungsaufgaben nicht mehr gewachsen waren. Aber die betroffenen Kreise waren Hochburgen des Zentrums und des Bauernbundes, auf welche Parteien sich die damalige württembergische Regierung vornehmlich stützte. War nicht schon vor Jahren die württembergische Regierung Hieber an dieser Frage gescheitert! Und hatte man jetzt nicht ohnehin genügend andere politische Schwierigkeiten! So mußte Bolz seine private Meinung politischen Zweckmäßigkeiten opfern. Der Plan der Aufhebung der kleinen Oberämter verschwand rasch wieder von der Bildfläche. [V/325 f.]

Die Wirtschaftskrise und die Arbeitslosigkeit

Während des Aufenthalts bei meinen Verwandten[26] stellte ich fest, daß auch dort die Heilsbotschaft des Nationalsozialismus Eingang gefunden hatte. Vor allem war es eine noch jüngere, stattliche Dame, eine Auslandsdeutsche, die eben auf Besuch in ihrer alten Heimat weilte und die sich beim Tischgespräch nicht genug tun konnte, um Adolf Hitler als den kommenden großen Führer des deutschen Volkes zu feiern.

Die kritische Lage, in der sich unser Vaterland befand, kam den meisten erst voll zum Bewußtsein, als am 13. Juli 1931 die großen Banken mit einem Schlag ihre Schalter für einige Tage schlossen, weil sie nicht mehr in der Lage waren, die geforderten Auszahlungen zu leisten. Eine Art Panik ergriff weite Volksschichten und man kann sagen, daß von diesem Tag an die Reaktionen des Volkes auf die politischen Geschehnisse die normalen Bahnen verlassen haben.

Die Arbeitslosigkeit griff immer bedrohlicher um sich. Man fragt sich, ob Brüning nicht zu inflatorischen Maßnahmen seine Zuflucht hätte nehmen sollen, um ihr zu begegnen. Man vergißt dabei aber, wie tief der Schock, den die große Inflation zu Anfang der Zwanziger Jahre hervorgerufen hatte, damals dem deutschen Volk noch in den Gliedern saß. So blieb nichts anderes übrig, als der wirtschaftlichen Restriktion weiter ihren Lauf zu lassen, um die Währung nicht zu gefährden, und in allen staatlichen Behörden und Betrieben Einsparungen vorzunehmen, um die Budgets im Gleichgewicht zu halten, was natürlich zu einem weiteren Anwachsen der Arbeitslosigkeit und des Unmuts in der Bevölkerung führte.

An den Glastüren klingelten fortgesetzt die Bettler und Hausierer. Auf den Straßen lungerten die Arbeitslosen mit bösen Gesichtern herum. Sie hatten Zeit und Lust, sich den zahlreichen politischen Demonstrationszügen und Protestmärschen anzuschließen. Sie hatten auch Zeit und Lust, sich in die SA und in die kommunistischen Kampfverbände eingliedern zu lassen. Dadurch konnten sie sich gewisse materielle Vorteile verschaffen, Kost, Verpflegung, dazu einen kleinen Sold. Wichtiger war aber, daß sie dadurch ihrem leeren Leben wieder einen Inhalt zu geben vermochten. Die Natur unserer Zonen verwehrt den Menschen den Genuß eines heiteren Müßiggangs, wie ihn die Bewohner südlicher Länder kennen. Der Winter mit Kälte, Nässe und Dunkelheit steht vor der Türe. Und auch in den besseren Jahreszeiten ist ein so betriebsames Volk wie die Deutschen für ein müßiges Leben nicht geschaffen. [V/327]

Bolz unterstützt Brüning trotz Spannungen zwischen Reichs- und Landesregierung

Bolz suchte seinen Partei- und Glaubensgenossen Brüning nach Kräften zu unterstützen. Er war der Überzeugung, daß der von Brüning und der Reichsregierung eingeschlagene Weg nicht nur der beste, sondern auch der einzig mögliche sei, um schließlich aus der Krise herauszuführen. Dabei blieben freilich auch jetzt die Spannungen zwischen der Reichsregierung und den Landesregierungen nicht aus. Diese Spannungen bildeten während der ganzen Zeit der Weimarer Republik ein wesentliches Moment der innenpolitischen Entwicklung. War den Ländern in der Verfassung nur eine geringe Rolle zugedacht, so standen in jener Zeit, als die deutsche Bevölkerung noch nicht durch den Krieg, den Nationalsozialismus und vor allem durch die Vertreibung der Ostdeutschen durcheinandergewirbelt worden war, hinter den Ländern doch noch recht reale Substanzen von erheblichem politischem Gewicht. Seiner Gesinnung nach war Bolz durchaus Föderalist, wenn auch mit Maß. Dies entsprach der Haltung des überwiegend noch recht bodenständigen Bürgertums unseres Landes. Wurzelte hier auch der Föderalismus weitaus nicht so tief wie in Bayern, so war es doch, obwohl man politisch in kleindeutschen Kategorien dachte, aus uralten Instinkten heraus von jeher üblich, über die Preußen und die Norddeutschen zu schimpfen. Bei den rechtsgerichteten Kreisen gab es freilich dafür zudem ganz andere Motive: Preußen wurde immer noch von der Weimarer Koalition regiert. Dazu kam, daß Württemberg, so unerfreulich die Lage auch hier war, im Vergleich zu anderen Teilen des Reiches als eine Oase in der wirtschaftlichen Wüste und als eine staatliche Ordnungszelle galt. Man ärgerte sich darüber, daß die bescheidenen Überschüsse, die unsere Staatskasse selbst jetzt noch erzielte und die man dem besonderen Fleiß und der besonderen Sparsamkeit der Württemberger zuschrieb, zugunsten anderer notleidender Länder abgeführt werden mußten. [V/327 f.]

Verschränkte Wählerschaft bei der Reichspräsidentenwahl 1931

Wie absurd inzwischen die Situation in Deutschland geworden war, zeigte am besten die Reichspräsidentenwahl im April 1931. Hindenburg wurde von denjenigen gewählt, die ihm innerlich ferne standen, während seine Geistesverwandten dem österreichischen Gefreiten ihre Stimme gaben. Solche taktischen Verschränkungen zeitigen keine haltbaren Früchte. Es dauert meist nicht lange, bis sich die Schwerkraft der tiefer gegründeten Realitäten durchsetzt. Schon im Juni ließ Hindenburg den treuen Brüning fallen und berief eine Regierung nach seinem Geschmack. Diese Tat wird auch durch die Senilität des alten Mannes nicht hinreichend entschuldigt. Das deutsche Volk brachte Hindenburg ein Vertrauen entgegen, das den Qualitäten dieser Persönlichkeit als Feldherr, als Staatslenker und auch als Charakter nicht entsprach. Der Plan Brünings, die bankerotten Güter preußischer Junker in Ostdeutschland aufzulösen, um auf ihnen Arbeitslose aus Westdeutschland anzusiedeln und durch dieses Siedlungswerk zugleich der Wirtschaft eine belebende Spritze zu geben, war der Anlaß, daß Hindenburg seinem Reichskanzler das Vertrauen entzog.

Am Tag nach dem Sturz Brünings sagte ein scharf deutschnational eingestellter Amtsrichter in Ludwigsburg zu mir: „Das hätte Brüning so gepaßt, rheinische Katholiken wie Wanzen in das alte Preußen hineinzusetzen!" Und ich glaube, daß er mit diesem konfessionellen Aspekt, zwar nicht gerade in dem speziellen Punkt, aber im allgemeinen, das erfaßt hat, was damals tatsächlich für das Schicksal Deutschlands entscheidend wurde. An der Abneigung und dem Mißtrauen des deutschen Protestantismus gegen den Katholizismus scheiterten letzten Endes alle Bemühungen, Hitler von der Macht fernzuhalten. [V/328]

Eine stabile Regierungsmehrheit war nicht mehr möglich

Eine Koalitionsregierung mit den Sozialdemokraten war im Reich nicht mehr möglich. Eine solche hätte auch dem Volkswillen nicht entsprochen, denn alle Wahlen zeigten klar, daß die Mehrheit nicht mehr von Sozialdemokraten regiert werden wollte. Die Sozialdemokraten hatten sich von der marxistischen Doktrin nicht gelöst und wollten sich von ihr nicht lösen. Im Kern dieser Theorie stand aber die Lehre vom Klassenkampf. Es war schließlich den Bürgern nicht zu verdenken, daß sie eine Partei ablehnten, welche – wenigstens in der Theorie – ihnen als Klassenfeinden den Kampf bis aufs Messer ansagte. Ohne Zuzug aus dem Bürgertum konnte bei der gegebenen gesellschaftlichen Schichtung die Sozialdemokratie auf demokratischem Weg nicht zur Macht gelangen. Man hatte nicht vergessen, daß der Kommunismus aus der Sozialdemokratie hervorgegangen war und daß im Grunde beide Parteien der gleichen Weltanschauung anhingen. Die Angst vor dem Kommunismus saß aber dem Bürgertum seit den Spartakusrevolten der Jahre 1918/19 im Nacken. Und diese Angst wurde durch das Anwachsen der kommunistischen Stimmen und durch die Krawalle, welche die Kommunisten fortgesetzt inszenierten, aufs stärkste geschürt. Ihnen gegenüber erschienen die Nationalsozialisten verhältnismäßig harmlos, ja sogar als Bundesgenossen. Nach ihrer Propaganda und ihrer Anhängerschaft schien es so, als sei von ihnen ein radikaler Umsturz der Gesellschaftsordnung nicht zu befürchten. Was sie dann später wirklich taten, lag noch im Schoß der Zukunft verborgen. Schließlich hatten es die Sozialdemokraten durch ihre antimilitaristische Einstellung auch mit der Reichswehr gründlich verdorben. Die Bildung einer Reichsregierung unter maßgebendem Einfluß der Sozialdemokratie hätte vermutlich ein alsbaldiges Abschwenken der Reichswehr zu den Nationalsozialisten zur Folge gehabt. Die Reichswehr aber war der reale Machtfaktor im Staat, auf den letztlich alles ankam.

Wenn ein Volk unzurechnungsfähig geworden ist, muß ihm wenigstens vorübergehend ein Vormund bestellt werden. Dann ist die formale Demokratie am Ende. In dieser Lage befand sich das deutsche Volk in den Jahren 1930 bis 1933. Nur einer autoritären Führung wäre es noch möglich gewesen, den Staat über den vorliegenden Notstand hinwegzubringen und eine so undurchsichtige, nach der absoluten Herrschaft strebende Persönlichkeit wie Hitler von der Macht auszuschalten. Es muß jedoch nochmals betont werden, daß auch eine autoritäre Regierung lediglich dann gesunde Zustände herstellen kann, wenn sie von der wenigstens latenten Zustimmung breiter Volksschichten getragen wird. Eine solche Grundlage hätten der auf die Macht der Reichswehr gestützte Reichspräsident und sein Reichskanzler immer noch finden können, wenn das protestantische und das katholische Bürgertum politisch einträchtig zusammengewirkt hätten. Dies scheiterte an dem antikatholischen Affekt des deutschen Protestantismus, aus dem vor allem die Deutschnationalen ihre Kraft sogen. So blieb es bei einem labilen Zustand, der ehrgeizigen Politikern ein günstiges Feld für Intrigen, Adolf Hitler aber die Gelegenheit zur Machtergreifung bot. Die erste Frucht dieses Zustands war die Kanzlerschaft des „Herrenreiters" von Papen. [V/328 f.]

Von Papen wird Reichskanzler

Es war bezeichnend für die Lage in Deutschland, daß die Berufung Papens zum Reichskanzler und sein „Kabinett der Barone", in dem sich für jedermann sichtbar die nackte Reaktion darstellte, die Wähler keineswegs zur Linken trieb. Ich selbst hatte gefühlsmäßig eine Schwäche für die Aristokratie; sie entstammte meiner Abneigung gegen die formlose Masse, welche sich jeder höheren Kultur entzieht. Mein Verstand sagte mir jedoch, daß die Regierung der Barone einen Anachronismus darstellte.

Ich sah Papen einmal, als er der Stuttgarter Regierung einen Besuch abstattete. Zufällig befand ich mich gerade auf dem Bahnsteig des Hauptbahnhofs, auf dem der Staatspräsident Bolz seine Gäste – ich weiß nicht mehr – begrüßte oder verabschiedete. Bolz trug eine schwarze Melone und zeigte ein ernstes und mißvergnügtes Gesicht. Jedenfalls sah er intelligenter aus als der himmellange Herr von Papen mit seinen buschigen Brauen und seinem gestutzten Bärtchen auf der Oberlippe. Ich konnte mir schwer vorstellen, daß dieser Mann, der bis dahin so gut wie unbekannt gewesen war, zum Retter Deutschlands berufen sein sollte. Dagegen erhielt ich von dem Innenminister von Gayl, der sich in seiner Begleitung befand, einem Herrn mit geistig durchgebildeten Gesichtszügen, den besten Eindruck. [V/329]

Das Tauziehen um die Macht zwischen Deutschnationalen, Nationalsozialisten und der Reichswehr

Es hätte damals durchaus im Interesse der Demokratie gelegen, sie für einige Zeit zu sistieren, eine Schonzeit einzulegen, um das Volk zu Ruhe und Besinnung kommen zu lassen. Statt dessen hetzte man die Demokratie durch fortgesetzte Wahlen zu Tode. Seit dem Sturz Brünings ging es in Deutschland im wesentlichen um ein Tauziehen zwischen den Deutschnationalen, den Nationalsozialisten und der Reichswehr um die Macht, wobei der senile Reichspräsident eine passive Rolle spielte. Papen führte dabei natürlich in erster Linie seine eigene Sache, daneben aber auch die der Deutschnationalen, denen die Dynamik der nationalsozialistischen Bewegung allmählich doch recht bedrohlich erschien. Daran, einen entschiedenen Kampf gegen die Nationalsozialisten zu führen, waren die Deutschnationalen schon durch die weithin gemeinsame Ideologie gehindert, mehr noch als früher aus dem gleichen Grund die Sozialdemokraten in der Führung eines solchen Kampfes gegen die Kommunisten gehemmt worden waren. Die gemäßigtere Partei mußte eben immer fürchten, ihre Anhänger an die radikalere zu verlieren, was jetzt den Deutschnationalen tatsächlich in großem Umfang widerfuhr. Diese hatten allerdings noch andere Eisen im Feuer als Wählerstimmen. Auch die Reichswehr wurde schon dadurch gehindert, den Nationalsozialisten mit Entschiedenheit entgegenzutreten, daß viele jüngere Offiziere dem Nationalsozialismus zuneigten.

Der größte Schlag, der Papen gelang, war die staatsstreichähnliche Beseitigung der rötlichen Braun-Severing-Regierung, die bis dahin in Preußen vegetiert hatte, und die Unterstellung Preußens unter die jetzt schwarz-weiß-rote Reichsregierung. Damit fiel eine reife Frucht vom Baum. Von vornherein war die Erhaltung Preußens im Rahmen der Weimarer Republik innerlich nicht begründet gewesen. Preußens historische Rolle war mit dem Sturz der Monarchie im Jahre 1918 zu Ende gegangen. Man konservierte einen Leichnam, der das innenpolitische Leben in Deutschland verpestete, nicht weil Preußens augenblickliche Regierung eine linke war, sondern weil Preußen als ein einheitlicher staatlicher Organismus überhaupt noch existierte. Mit der preußischen Regierung fiel die letzte brüchige Stütze des „Systems". Dasselbe hat im Jahr 1932 ebensowenige Verteidiger gefunden wie die Monarchie im Jahr 1918. Das Volk nahm diesen Vorgang, der eine historische Epoche abschloß, kaum zur Kenntnis. [V/329 f.]

Der Versuch einer „schwäbischen Razzia" in Berlin

Das schwarz-rot-goldene System in Preußen war in den vergangenen Jahren das Ziel wütender Angriffe der Rechten gewesen. Korruptions- und Schieberprozesse, wie zum Beispiel das Strafverfahren gegen Barmat und Kutisker[27], wurden in ihrer Presse groß aufgebauscht. Daß in dem von der Linken regierten Preußen wirklich nicht alles in bester Ordnung war, schienen mir die Erfahrungen zu bestätigen, die damals ein junger Kollege von mir, ein Katholik und treuer Anhänger des Zentrums (er ist heute Landgerichtspräsident von Konstanz), gemacht hat. Derselbe führte ein Ermittlungsverfahren gegen einen Ostjuden namens Hersch-Mersch, dem vorgeworfen wurde, daß er durch Vermittlung eines reichen jüdischen Geschäftsmannes in Berlin Juwelen, die gestohlen worden waren, absetzen ließ. Das Ersuchen des jungen Staatsanwalts an die Berliner Polizei, welche unter der Leitung eines jüdischen Polizeipräsidenten stand, bei dem Berliner Geschäftsmann, auf dem der schwere Verdacht der Hehlerei lastete, eine Durchsuchung vorzunehmen, wurde abgelehnt. Darauf entschloß sich der schneidige württembergische Staatsanwalt dazu, mit einigen Stuttgarter Polizeibeamten nach Berlin zu fahren und dort die Durchsuchung selbst vorzunehmen. Dies wurde offenbar durch die preußischen Regierungsstellen verhindert. Formell war eine württembergische Staatsanwaltschaft zu solchen Maßnahmen in Berlin auch nicht zuständig. Am nächsten Tag aber wurde in allen demokratischen Zeitungen des Reiches über den Fauxpas des Stuttgarter Staatsanwalts unter der Schlagzeilenüberschrift „Ein Schwabenstreich" berichtet. Über die Hintergründe dieses Schwabenstreichs schwiegen sich die Zeitungen freilich aus. [V/330 f.]

Großer Empfang für einen „Kriegsgefangenen"

Auf der Heimfahrt[28] hatte ich in Karlsruhe eine Weile Aufenthalt. Militärische Musik rief mich auf den Bahnhofsplatz hinaus. Dort wurde feierlich ein Mann empfangen, der – wie die Zeitungen berichtet hatten – seit dem Ende des 1. Weltkrieges von den Franzosen in den Kasematten einer marokkanischen Festung gefangengehalten, jetzt aber freigelassen worden sei. Vorstände von Kriegervereinen in Fräcken, mit Zylindern auf den Köpfen und umgehängten Schärpen, rannten geschäftig umher. Weißgekleidete Ehrenjungfrauen streuten Blumen, als der

Erwartete, ein kleines Männlein mit pfiffig grinsendem Gesicht, zum Bahnhof herausgeführt wurde. Man stülpte ihm einen riesigen Lorbeerkranz über den Kopf, so daß er aussah wie ein antikes Opferlamm. Die Blechmusik schmetterte einen schneidigen Tusch, während er zur bereitgestellten Droschke geleitet wurde. Hüte wurden geschwenkt, Hochrufe ertönten. Wenige Tage später stellte es sich jedoch heraus, daß besagter Mann ein Schwindler war, der die Geschichte von seiner Gefangenschaft frei erfunden hatte. [V/334]

Hitler spricht in Stuttgart und es gibt wieder Wahlen

Durch den Hexensabbat von Wahlen in den Jahren 1931/32, deren Vorbereitungen immer mehr bürgerkriegsähnlichen Charakter annahmen, wollte Papen die Nationalsozialisten zermürben, während diese sie brauchten, um das Volk in Erregung zu halten, obwohl es ihnen aus Mangel an Geld schwer genug fiel, sie durchzuhalten. Vor einer dieser Wahlen habe ich einmal eine Wahlversammlung der Nationalsozialisten in der riesigen Schwabenhalle an der Neckarstraße in Stuttgart besucht, in welcher Hitler selbst sprach. Ich wollte mir einen persönlichen Eindruck von dem Mann verschaffen, der inzwischen zum mächtigsten Volkstribunen Deutschlands emporgestiegen war.

Schon der Weg zum Versammlungsort war erregend. Die lange, breite Neckarstraße gefüllt von Menschen! Eine Menge grünuniformierter Polizisten, um die Ordnung aufrechtzuerhalten! Marschierende SA-Kolonnen, die wegen des gerade bestehenden Uniformverbots einheitlich weiße Hemden trugen! Lastkraftwagen voll von SA-Leuten! Dann die dicht besetzte Halle, mit schwarz-weiß-roten Spruchbändern und Hakenkreuzzeichen ausgeschlagen! Da die Halle bei weitem nicht alle Zudrängenden fassen konnte, war daneben ein großes Zelt aufgeschlagen, in welches die Rede übertragen wurde. Die zum Saalschutz in strammer militärischer Ordnung aufmarschierten SA-Männer! Auf einem Podium ein Wald von Hakenkreuzstandarten! Dies alles war nicht nur Theater, sondern manifestierte die Wucht einer gewaltigen, wohlorganisierten Bewegung.

Hitler ließ auf sich warten. Indessen schmetterten die Kapellen der SA einen Militärmarsch nach dem andern. Die Spannung der Harrenden stieg. Jeder spürte die Erregung, die durch den mächtigen Raum vibrierte. Und dann erschien er, von brausenden Heilrufen umfangen. Zwei Stunden lang peitschte seine Stimme, bald heiser, bald grollend, die Nerven der Massen. Mich selbst beeindruckte er wenig. Nur auf die Gefühle, nicht auf den Intellekt vermochte er zu wirken. Ich verglich den Inhalt seiner Rede mit der ganzen Aufmachung und fand den Inhalt dünn und banal: Seine Gegner hätten das deutsche Volk gespalten; man sehe, was dabei herausgekommen sei. Er wolle das in Klassen, Konfessionen und Interessentengruppen [sic] auseinandergerissene deutsche Volk wieder zu einer starken Nation einen. Dagegen war nun freilich nichts einzuwenden.

Mein Bundesbruder, Oberlandesgerichtsrat Haid, ein biederer Mann und gewiß kein Revolutionär, besuchte die Versammlung ebenfalls. Er sagte nachher zu mir: „Was dieser Mann will, ist doch gut. Es ist nicht recht, daß ihn seine Gegner so schmähen und ihm schlechte Motive unterschieben." Auch ich dachte: Vielleicht ist er doch der Trommler für eine gute Sache. Aber dabei beschlich mich zugleich ein unheimliches Gefühl. Der Inhalt seiner Rede war harmlos. Der Mann und seine Bewegung schienen es nicht zu sein. In der Folgezeit wählte ich wieder das Zentrum.

An den Wahlsonntagen hielt ich mich immer in Marbach auf. Wenn es Abend geworden war, kam dann regelmäßig Baurat Klotz mit seiner ganzen Familie zu uns. Gemeinsam hörten wir die Wahlergebnisse am Rundfunk. Die drei Söhne von Klotz waren von den Nazis hell begeistert. Es war so etwas wie ein sportliches Interesse dabei, wenn sie das Anwachsen der nationalsozialistischen Stimmen bejubelten. Auch ihr Vater zeigte sich sehr befriedigt davon. Der Erfolg ist ein Gewicht, das

weitere Erfolge nach sich zieht, denn jedermann hält sich gern zu den
Erfolgreichen. [V/334 f.]

Politische Zusammenstöße kommen vor Gericht –
Bedauernswerte Polizisten

Bei der Staatsanwaltschaft wurden Delikte wie Aufruhr und Landfrie-
densbruch, die in ruhigen Zeiten zu den großen Seltenheiten gehören,
zum täglichen Brot. Eine Notverordnung Papens, durch welche auf das
Mitsichführen von Waffen bei öffentlichen Umzügen, wozu auch
Schlagringe, Knüppel und stehende Messer zählten, schwere Gefäng-
nisstrafen angedroht wurden, erlangte große Bedeutung für die Praxis
der Gerichte.

Bei den politischen Zusammenstößen, die sich laufend aneinander-
reihten, waren meist die Kommunisten die Angreifer. Eine primitive re-
volutionäre Romantik herrschte bei ihnen, während die Nazis sich
disziplinierter zeigten und taktisch klüger operierten. Hitler wollte ja
den Anschein der Legalität wahren. Vor Gericht machten die Nazis
meist einen weit besseren Eindruck als ihre kommunistischen Gegner,
welche für die Straßenschlachten hauptsächlich das Lumpenproletariat
mobilisierten. Ihre Führer waren Funktionäre, deren Fanatismus dem
der nationalsozialistischen nichts nachgab. Sie waren für ihr Auftreten
vor Gericht besonders geschult und so gelang es ihnen oft, sich durch
fadenscheinige Ausflüchte, welche niemand ernst nahm, die aber doch
nicht sicher zu widerlegen waren, den Maschen des Gesetzes zu entziehen, während die Nationalsozialisten in vielen Fällen ein offenes Geständnis ablegten und dann entsprechend verurteilt werden mußten. Ich
kann mich an eine Reihe von Strafverfahren erinnern, die diesen Ausgang nahmen.

Das Auftreten der Nationalsozialisten war propagandistisch sehr
wirksam; es machte Eindruck, wie sie für ihre Sache eintraten, auch
wenn sie schwere Opfer bringen mußten. Sie erschienen den Zuhörern

als die besseren Elemente; sie strahlten eine größere Überzeugungskraft aus. Selbst das Gerechtigkeitsgefühl wurde bei denen, die diese Verhandlungen miterlebten, auf die Seite der Nationalsozialisten gedrängt. Und die Gerichtssäle waren von Zuhörern zum Bersten voll, besonders in der kälteren Jahreszeit, in welcher sie von den Arbeitslosen als Wärmestuben benützt wurden. Wenn ich dann nachher die Gerichtsberichte über meine Verhandlungen in den Zeitungen las, wunderte ich mich, mit welcher Unverfrorenheit die Berichterstatter – je nach ihrer Parteirichtung – die Wahrheit auf den Kopf stellten. Zentren des Kommunismus im Ludwigsburger Bezirk waren Bissingen/Enz, Benningen und Kornwestheim; jedoch traten im letzteren Ort auch die Nazis stark in Erscheinung.

Besonders zu bedauern waren die Polizisten, welche die Ordnung aufrechterhalten sollten, denen aber der Rückhalt an einer starken Obrigkeit fehlte. Nicht weil Deutschland ein Polizeistaat war, gelangte Hitler zur Macht, sondern weil die Polizei zu schwach war. Die Bevölkerung müßte den Eindruck erhalten, als herrsche die Straße und nicht der Staat, dessen erste Aufgabe es doch ist, die Ordnung und den inneren Frieden zu wahren. Es ist nicht ungefährlich, wenn heute viele Journalisten meinen, sie müßten bei jedem Zusammenstoß der Polizei mit dem Publikum im Interesse der Rechtssicherheit Partei gegen die Polizei ergreifen. Auch ein demokratischer Staat ist ohne eine starke Polizei zur Ohnmacht verurteilt. Dabei wird meist vergessen, daß es sich nachher vom grünen Tisch aus gut raten läßt, daß aber der Polizist, wenn er im Kampfgewühl steckt, das Wagnis der Tat auf sich nehmen muß. Wenn die Polizeibeamten bei jedem schneidigen Durchgreifen eine disziplinäre Rüge oder noch Schlimmeres zu gewärtigen haben, so gehen sie eben den Konflikten aus dem Weg und dies entspricht sicher nicht der Aufgabe der Polizei.

Einmal vertrat ich die Anklage in einer Verhandlung wegen einer großen Straßenschlacht in Kornwestheim. Ein Polizist, der versucht hatte, die streitenden Parteien zu trennen, trug dabei einen schweren Schädelbruch davon. Nach dem polizeilichen Protokoll schien es eindeutig zu sein, daß von einem Kommunisten der verhängnisvolle Schlag geführt worden war. In der Hauptverhandlung wollte sich aber keiner der Polizisten, auch der Verletzte selbst nicht, als Zeuge an die Vorfälle genau erinnern. So endigte das Verfahren mit einem Freispruch. Nachher fragte ich den Verletzten, warum er und seine Kameraden in der Verhandlung so umgefallen seien. Er sagte: „Herr Staatsanwalt, haben Sie nicht gesehen, daß der Zuhörerraum von Kornwestheimer Kommunisten besetzt war? Sie können von uns nicht verlangen, daß wir den Ast absägen, auf dem wir sitzen." Der Kornwestheimer Gemeinderat hatte damals eine starke rote Mehrheit. So weit war es mit dem Terror auf der Straße gekommen, noch bevor Hitler die Macht übernahm.

Die kasernierte staatliche Polizei war freilich bei uns in Württemberg noch besser auf Draht. Es gab in jenen Jahren eine Zeit, in der nicht genehmigte politische Ansammlungen auf öffentlichen Straßen und Plätzen verboten waren. Trotzdem mußte ich, wenn mich allabendlich nach Eintritt der Dunkelheit mein Heimweg über den Stuttgarter Marktplatz führte, feststellen, daß sich dort große Menschenhaufen um Männer drängten, die politische Hetzreden hielten. Eines Abends erschienen aber plötzlich zwei Lastkraftwagen mit Schupoleuten. Kaum hielten die Wagen, so sprangen die Polizisten ab und schwärmten, mit Gummiknüppeln bewaffnet, über den Platz, um denselben zu säubern. Ich stand auf dem Bürgersteig und wollte das interessante Schauspiel in Ruhe betrachten. Da hatte ich auch schon einen Schlag mit einem Gummiknüppel über den Rücken. Und ich meine, der Polizist, der diesen Schlag führte, habe recht getan. [V/336-338]

Was erhofften die Menschen von Hitler?

Der einfache Mann erhoffte von Hitler, daß dieser dem unfruchtbaren Parteigezänk ein Ende mache, daß er im Staat wieder Ordnung schaffe, daß er die kommunistische Gefahr abwende, daß er die Wirtschaft ankurble und vor allem, daß er die Arbeitslosigkeit beseitige. Was Hitler außerdem noch gegen die Juden predigte, erschien den meisten recht uninteressant. [V/338 f.]

Dienstreisen nach Leonberg – Eine Hochburg der Nationalsozialisten

Wenn ich mit der Eisenbahn von Stuttgart nach Leonberg fuhr, um dort beim Amtsgericht in Jugendgerichtsverhandlungen die Anklage zu vertreten, so fuhr öfters im gleichen Coupé Mergenthaler mit, einer der Führer der Nationalsozialisten in Württemberg, der nun, nachdem die Nazis auch im Landtag die stärkste Partei geworden waren, als Landtagspräsident fungierte. Er war früher Mathematiklehrer am Gymnasium in Schwäbisch Hall gewesen und einer seiner ehemaligen Schüler hat mir bezeugt, daß er ein guter Lehrer gewesen sei. Jetzt wohnte er in Korntal. Er machte auf mich den Eindruck eines Studienrats, der von der Wichtigkeit der Rolle, die er nun zu spielen hatte, außerordentlich überzeugt war. Aus seinen humorlosen Gesichtszügen war zu schließen, daß sich sein Geist auf durchaus eingleisigen Bahnen bewegte.

Meine Dienstreisen nach Leonberg stellten für mich immer eine angenehme Abwechslung in dem sonst oft recht anstrengenden Dienstbetrieb der Staatsanwaltschaft dar. An die kurzen und wenig aufregenden Jugendgerichtssitzungen schloß sich regelmäßig ein Zusammensein mit dem jovialen Amtsgerichtsrat Schiemer und mit Dr. Lutz im Schwarzen Adler an, jenem hohen, alten Gebäude, in welchem einst im Mittelalter der erste württembergische Landtag getagt haben soll. Lutz, der mit mir zusammen in Tübingen Referendar gewesen war, hatte in Leonberg ein Rechtsanwaltsbüro eröffnet.

In Leonberg hatte der Nationalsozialismus bereits viel mehr Boden gewonnen als zum Beispiel in Marbach, obwohl sich diese beiden Oberamtsstädtchen in ihrer sozialen Struktur sonst sehr ähnlich waren. Man konnte Leonberg geradezu als eine „Hochburg der nationalsozialistischen Bewegung" bezeichnen.

Daß es dazu kam, war nicht zum wenigsten den dort wirkenden Rechtsanwälten zuzuschreiben. Für Lutz als einen begeisterten ehemaligen Waffenstudenten war es anscheinend eine selbstverständliche Ehrensache, sich der Gefolgschaft Adolf Hitlers einzureihen. Eine noch viel bedeutendere Rolle spielten Glück und Jonathan Schmid, welche ebenfalls in Leonberg eine gemeinsame Rechtsanwaltspraxis betrieben. Schmid ist nach der Machtergreifung Hitlers württembergischer Innenminister geworden; Glück stand während des 3. Reiches als Führer des „Rechtswahrerbundes" an der Spitze der württembergischen Juristen.

Auch diese beiden Herren fanden sich hin und wieder bei unserer feucht-fröhlichen Runde im Schwarzen Adler ein, desgleichen ein in ihrem Büro beschäftigter Referendar mit aufgeschwemmtem Biergesicht, der politisch im gleichen Fahrwasser segelte. Alle diese „alten Kämpfer"[29] zeigten sich dabei als so gemütliche Gesellen, daß man schon aus Sympathie für sie in der alkoholgeschwängerten Atmosphäre leicht selbst dem Nationalsozialismus hätte verfallen können. Auf der Heimfahrt nach Stuttgart verflog aber dann bei mir schnell wieder der Dunst, welcher in der Runde froher Zecher meinen Geist zu vernebeln drohte. [V/341 f.]

Hitlers „Mein Kampf"

Es war schon spät im Jahr 1932, als ich mir Hitlers „Mein Kampf" kaufte. Ganz durchgelesen habe ich das Buch nicht, weil es mich nicht fesselte. Nur geblättert habe ich in ihm und mir einige kleinere Abschnitte daraus zu Gemüte geführt. Man hat behauptet, der aufmerksame Leser habe in diesem Buch schon alles finden können, was Hitler nachher tatsächlich ausgeführt hat. Das ist heute leicht zu sagen, nachdem die Geschichte einen schrecklichen Kommentar dazu geschrieben hat. Aber damals! Es war das Buch eines politischen Agitators, das dieser vor Jahren geschrieben hatte. Im Vergleich zu dem, was man sonst alltäglich an hetzerischen Parolen, vor allem von Seiten der Kommunisten, zu lesen bekam, war es in einem verhältnismäßig sachlichen Ton geschrieben.

Daß Hitler jemals in die Lage kommen werde, alles das, was er da proklamierte, wirklich zur Ausführung zu bringen, hielt ich immer noch für ausgeschlossen. Ich glaubte nicht an seinen absoluten Sieg. Und selbst im Falle eines solchen würde er der Macht der Tatsachen Rechnung tragen müssen. Die Annahme, daß er ernsthaft erwäge, das geschlagene und ganz darniederliegende deutsche Volk in einen neuen Krieg zu führen, erschien mir völlig unsinnig. Im übrigen hielt ich das, was er über die Demokratie schrieb, nach dem Schauspiel, welche uns die Demokratie in den letzten Jahren vorgeführt hatte, für gar nicht so abwegig. [V/342 f.]

Papen, Schleicher, Hitler

Die Wahlen im November 1932 ergaben einen Rückgang der nationalsozialistischen Stimmen und ein Anwachsen der kommunistischen. Jedoch blieben die Nazis die weitaus stärkste Partei. Immerhin war für eine so ganz auf Dynamik eingestellte Bewegung jeder Rückgang ein bedenkliches Omen. Die Nationalsozialisten konnten die suggestive Wirkung des Erfolgs auf die Massen weniger entbehren als irgendeine andere Partei. Andererseits wuchs bei den Bürgerlichen die Neigung zu einem Bündnis mit Hitler im Hinblick auf die Stärkung, welche die Kommunisten erfahren hatten. Anfangs Dezember trat Papen zurück und General von Schleicher wurde Reichskanzler. Was damals an der Spitze des Reiches wirklich vor sich ging, blieb dem Volk verborgen. Eine tiefere Resonanz in der Bevölkerung löste dieser Regierungswech-

sel nicht aus. Allgemein verbreitet war das Gefühl, daß die Entscheidung über das Schicksal Deutschlands noch bevorstehe. Kurz darauf
errangen die Nazis in dem kleinen Ländchen Lippe einen großen Wahl-
sieg. Derselbe übte auf die gespannte Volksstimmung eine Wirkung aus,
die in einem seltsamen Mißverhältnis zu der unmittelbaren Bedeutung
dieser Wahlen stand. Immer mehr verbreitete sich nun die Meinung,
daß es ohne die Nationalsozialisten doch nicht gehe. [V/343 f.]

Ernennung Hitlers zum Reichskanzler

Karl Nesch, welcher den Nazis durchaus abgeneigt und deshalb sogar zu seinen Verwandten in ein gespanntes Verhältnis geraten war, hatte nach Weihnachten 1932 einen schweren Herzanfall erlitten und lag im Katharinenhospital in Stuttgart krank darnieder. Am Nachmittag des 31. Januar 1933 besuchte ich ihn dort. Als ich auf dem Weg ins Spital über den Wilhelmsplatz ging, sah ich, daß an einer Hausecke ein Extrablatt angeschlagen war mit der Überschrift: „Adolf Hitler zum Reichskanzler ernannt!" Auch die ganze Ministerliste der neuen Regierung wurde schon bekanntgegeben. Aus den Altstadtgassen kamen Gestalten der Art heraus, wie sie mir durch meine Tätigkeit bei den Gerichten wohlbekannt waren, und drängten sich in freudiger Erregung vor dem Extrablatt.

Karl Nesch aber traf ich infolge dieser Nachricht so niedergeschlagen an, daß ich bei ihm aus diesem Grund einen neuen Herzanfall befürchtete. Ich versuchte, ihn mit dem Hinweis darauf zu trösten, daß außer Hitler in dem neuen Kabinett ja noch so viele offenbar vernünftige und ehrenwerte Männer vertreten seien; unter diesen Umständen könne wohl nichts Schlimmes geschehen. Und an meine Trostgründe glaubte ich selbst. [V/344]

Wie ich Parteigenosse wurde

In seiner Schreibkraft Gertrud Assmann begegnete Otto Kleinknecht der Frau, mit der er viele Interessen teilen konnte und mit der er sich ein Leben lang gut verstand.

In jener Zeit litt Otto Kleinknecht immer wieder unter heftigen Bauchschmerzen, die sich nach Monaten ärztlicher Behandlung und nach einer Kur, die keine Besserung brachte, als eine Vereiterung des Blinddarms herausstellte. Auch nach der Operation litt er noch Wochen an einem Abszess an der Operationswunde. Die Zeit der Rekonvaleszenz verbrachte er im Hause der Mutter in Marbach. In diese Zeit fällt auch die Reichstagswahl im März 1933 und auf recht seltsame Weise sein Beitritt in die NSDAP.

Während ich so abgeschieden in meinem Krankenhauszimmer lag, vollzog sich draußen die schwerwiegendste Umwälzung der bestehenden Ordnung. Hitler richtete seine unheilvolle Herrschaft über Deutschland auf.

Am Tage der großen Reichstagswahl anfangs März brachte man mir die Urne an mein Bett und ich gab meine Stimme für das Zentrum ab. Von den folgenden Ereignissen drang nur eine ferne Kunde dadurch an mein Ohr, daß ich mittels Kopfhörer die Rundfunknachrichten abhörte. Ich vernahm die Nachricht von dem Brand des Reichstagsgebäudes mit aufpeitschenden Kommentaren und konnte mir keinen Reim auf dieses seltsame Geschehen machen. Ich lag noch im Marienhospital, als sich Hitler in Potsdam vor dem alten Hindenburg verneigte und nahm durch den Rundfunk an dieser Zeremonie teil. Sie schien meine Vermutung zu bestätigen, daß es sich bei der sogenannten Nationalsozialistischen Revolution im Grunde doch nur um eine Erneuerung des preußischen Deutschlands, wie es bis 1918 bestanden hatte, wenn auch in etwas anderen Formen, handelte. Dieser Eindruck löste gemischte Gefühle in mir aus, da ich als katholischer Süddeutscher dem preußischen Staatsgedanken immer kühl gegenübergestanden hatte. Andererseits freute ich mich über die Entmachtung des Marxismus. Auch beruhigten mich die Erklärungen, die Hitler darüber abgab, welche Rolle die beiden großen christlichen Konfessionen in seinem Staat spielen sollten. Die Möglichkeit, daß der Führer eines großen Reiches solche feierlichen Proklamationen nicht in die Tat umsetzen, sondern das Gegenteil davon praktizieren würde, kam mir nicht in den Sinn.

So standen die Dinge, als an einem Nachmittag überraschend meine Braut[30] in Marbach erschien.[31] Gertrud überbrachte mir an jenem Nachmittag einen Aufruf des Landgerichtsdirektors Flaxland, des Vorstands des Stuttgarter Richterbundes, in welchem derselbe alle Stuttgarter Richter und Staatsanwälte zum Eintritt in die NSDAP aufforderte; wer jetzt noch zögere, müsse damit rechnen, daß er als Gegner des neuen Staates angesehen werde. Meine Braut sagte, daß nach ihrer Kenntnis auf diesen Aufruf hin alle meine Kollegen ihren Beitritt zur nationalsozialistischen Partei erklärt hätten, was sich nachträglich als nicht ganz richtig herausstellte. Sie sei nun zu mir gekommen, damit ich nicht versäume, das zu tun, was meine Kollegen getan hatten, da ich sonst als Außenseiter unter Umständen Nachteile zu erwarten habe; die Partei werde nämlich in wenigen Tagen geschlossen und nach diesem Zeitpunkt könne kein Beitritt mehr erfolgen. Sie legte mir eine vorbereitete Beitrittserklärung zur Unterschrift vor und sagte, daß sie gleich mit dem nächsten Zug wieder nach Stuttgart zurückfahren müsse.

Ich war überrascht, denn ich hatte einen solchen Schritt noch nie erwogen. Zudem lagen mir gerade in jenen Tagen derartige Gedanken sehr fern, weil mein Übelbefinden und die Sorge, mich einer neuen Operation unterziehen zu müssen, meine Seele ganz ausfüllten. Aber ich war erfreut, so unerwartet meine Braut zu sehen, und gerührt darüber, daß sie so eifrig auf mein Wohl bedacht war. Sicher würde ich sie betrüben, wenn ich sie unverrichteter Dinge wieder nach Hause schikken würde. Und sollte man nicht der neuen Regierung eine Chance geben, nachdem die Weimarer Republik, mit der ich mich nie hatte befreunden können, sich als unfähig gezeigt hatte, die deutschen Probleme zu lösen, und gänzlich zusammengebrochen war? Welche Gründe hatte ich, für sie gar noch zum Märtyrer zu werden? Von jeher hatte ich im Marxismus die größte Gefahr für die abendländische Kultur erblickt.

Hitler hatte nun den Marxismus in Deutschland zerschlagen. Dies schien mir das Wichtigste und allein Ausschlaggebende bei der Bewertung des neuen Reichskanzlers und seiner Bewegung zu sein. Alle diese Gedanken und Gefühle drängten sich nun in meinem Innern überstürzt in den Vordergrund. Und so setzte ich meine Unterschrift unter die Beitrittserklärung.

Schnell nahm Gertrud das Papier an sich und verabschiedete sich, um noch ihren Zug zu erreichen. Aber während ich sie die Treppe hinunterlaufen hörte, stiegen in mir schon Bedenken auf. Hatte ich mich hier nicht einer Sache verschrieben, von der man noch nicht wußte, was daraus werden würde? Hitlers Partei zeigte doch auch viele Züge, die mir mißfielen. Ihre Führer bezeichneten den Nationalsozialismus als eine „Weltanschauung". Meine Weltanschauung war die christliche, die katholische. Hatten nicht vor kurzer Zeit noch viele deutsche Bischöfe vor dem Nationalsozialismus gewarnt? Schnell forderte ich meine Mutter auf, sie solle Gertrud zurückrufen. Meine Mutter eilte ans Erkerfenster, kam jedoch bald wieder zurück: „Das Mädchen ist schon verschwunden; ich kann sie nicht mehr erreichen." Auf diese Weise bin ich im April 1933 PG geworden. [V/351-354]

Die neue Regierung zieht „neue Saiten" auf

Man merkte nun sehr schnell, daß die neue Regierung andere Saiten anschlug, als man dies bis jetzt je von einer Regierung erlebt hatte. Wo sich der geringste Widerstand zeigte, ließ man sogleich schweres Geschütz auffahren. Man hörte, daß potentielle Gegner der Regierung in ein Konzentrationslager abgeschoben wurden, welches in unserem Land auf dem Heuberg, einem abgelegenen Teil der Schwäbischen Alb, eingerichtet worden war. Die Leute, mit denen ich zusammenkam, äußerten sich nur sehr vorsichtig zu den Geschehnissen und vermieden ängstlich jede abfällige Kritik. Ich dachte, daß dies nun einmal für eine Übergangszeit nicht anders sein könne, wenn man wieder eine starke

Staatsautorität aufrichten wolle, nachdem das demokratische System zu einem Zerfall aller Ordnungen in Deutschland geführt hatte. Von der Abstimmung über das Ermächtigungsgesetz im Reichstag nahm ich kaum Notiz. Ich hielt dies für eine unerhebliche Formalität, nachdem die wirkliche Entscheidung längst gefallen war. Die Meinung, man könne sie wieder rückgängig machen, erschien mir als eine Utopie. Auch nach der Revolution von 1918 hatte sich das deutsche Bürgertum auf den Boden der Tatsachen gestellt, obwohl ihm diese Tatsachen unsympathisch gewesen waren, und das Bürgertum war von denen, welche jene Revolution gemacht hatten, wegen dieser Haltung nicht getadelt worden. [V/354]

Juden im Staatsdienst

Im alltäglichen Betrieb der Gerichte und Staatsanwaltschaften merkte man in den nächsten Wochen und Monaten nicht allzu viel davon, daß in der Staatsführung ein grundsätzlicher Wandel eingetreten war. Einzelne Beamte des mittleren oder gehobenen Dienstes, die „alte Kämpfer" waren, ließen ein paar Richter, mit denen sie nicht gut standen, ihre neu gewonnene Macht fühlen und verhinderten, daß diese Richter in die Partei aufgenommen wurden.

Am meisten fiel ins Auge, daß die Juden aus dem Staatsdienst entlassen wurden. Unter den Stuttgarter Richtern und Staatsanwälten waren dies nicht viele.[32] Nach meiner Erinnerung handelte es sich nur um den Staatsanwalt Richheimer[33] und die Amtsrichter Bloch[34] und Marx[35]. Man überging diese Vorgänge mit Schweigen, das eine gewisse Beschämung überdeckte, eine Beschämung darüber, daß hier Männer, die sich nichts hatten zuschulden kommen lassen, wider Recht und Gerechtigkeit gezwungen wurden, ihren Dienst zu liquidieren. Wer ihren Kollegen dieses Schweigen zum Vorwurf macht, hat wohl noch nie unter einer totalen Diktatur gelebt. Zu deutlich hatten die neuen Machthaber bereits gezeigt, daß sie auf diesem Gebiet keinen Spaß verstanden. Wer wollte auch seine Existenz und Freiheit aufs Spiel setzen für einen Protest, der den Juden gewiß nichts genützt hätte!

Ich traf um jene Zeit einmal den Landgerichtsdirektor Kaulla[36], der in einer Strafkammer den Vorsitz geführt hatte, einen hochgebildeten Mann, den ich wegen seiner wohlwollenden Gelassenheit als Richter besonders schätzte. Er stammte aus einer angesehenen jüdischen Familie, deren Vorfahren unter dem ersten württembergischen König als Hofbankiers nach Stuttgart gekommen waren.[37] Im vergangenen Winter war er – wohl altershalber – in den Ruhestand getreten. Bei unserem Zusammentreffen sagte er mir, daß er noch im Laufe des Sommers nach den USA emigrieren werde. Ich versuchte, ihm diesen Plan, von dem ich annahm, daß er einer überstürzten Panikstimmung entsprungen sei, auszureden. „Wer wird denn Ihnen, Herr Direktor, etwas Übles antun!", sagte ich. „Lassen Sie sich von einzelnen Vorkommnissen nicht aus der Fassung bringen! Das sind Übergangserscheinungen; das geht vorüber." „Da bin ich besser informiert", erwiderte Kaulla. Zu seinem Heil hat er nicht auf mich gehört. Lange nach dem 2. Weltkrieg ist er, über 90 Jahre alt, in Amerika gestorben. [V/359 f.]

Einstellung zur neuen Regierung

Es gab damals im Jahre 1933 mancherlei, was die Begeisterung für die neue Regierung bei meinen Kollegen, wenn eine solche je vorhanden gewesen sein sollte, rasch dämpfte. Bald wurde ersichtlich, daß der Stand der Akademiker durch die Umwälzung nichts gewonnen, sondern nur verloren hatte. Leute aus sozial tieferen Schichten, auf die man bis dahin hochmütig herabgesehen hatte, mußten auf einmal beachtet, ja umworben und umschmeichelt werden, weil sie als „alte Kämpfer" bei der Partei mächtig waren und weil man merkte, daß man von ihrem Wollwollen abhing.

Die Propaganda der Partei gegen die Klassenunterschiede und gegen den Standesdünkel lief auf hohen Touren. Bis jetzt war es in Württemberg üblich gewesen, die Ehefrauen von Beamten mit den Titeln ihrer Ehemänner anzureden, was zu so merkwürdigen Bildungen wie „Frau Oberamtmann" und „Frau Erster Staatsanwalt" geführt hatte. Nun wurde dies abgeschafft und die bedauernswerten Damen mußten sich mit ihren schlichten bürgerlichen Namen begnügen. Dies tat dem anerzogenen Standesdünkel weh. Ihre Männer hatten indessen drängendere Sorgen. Fehlte es den Juristen auch nicht an einem gewissen Standesbewußtsein, so war man doch von einem Corpsgeist, welcher die Voraussetzung für ein geschlossenes Auftreten nach außen hin gewesen wäre, weit entfernt. Die weltanschauliche Zerrissenheit und die konfessionellen Eifersüchteleien hatten es nie zur Bildung eines solchen Corpsgeistes kommen lassen. So war nun jeder für sich damit beschäftigt, sich irgendwie mit dem neuen System zu arrangieren, um nicht unter die Räder zu kommen, und manche von ihnen taten dabei – vom Ehrgeiz beflügelt – weit mehr, als notwendig gewesen wäre.

Draußen im Land aber überflutete der Nationalsozialismus das Volk mit unwiderstehlicher Gewalt. Die Bedenklichen verkrochen sich. Was hätten sie auch sonst tun sollen? In der Öffentlichkeit konnte nur e i n e Stimme gehört werden, die Stimme Adolf Hitlers und seiner Bewegung. Aber es ist kein Zweifel: Diejenigen, welche von dem Sturm, der über Deutschland dahinbrauste, nicht mitgerissen wurden, waren nur eine Minderheit, nämlich außer solchen, die sich im alten System exponiert hatten, ein paar Intellektuelle und nicht wenige Katholiken; sie waren keinesfalls das Volk.

Wenn ich von Ludwigsburg nach Stuttgart mit der Bahn fuhr, so sah ich, wie fast ununterbrochen von Häusern, Türmen und Fabrikschloten Hakenkreuzfahnen wehten. Nach grauen Jahren, nach Jahren der Not, der Unsicherheit und der Existenzbedrohung hatte ein neuer Impuls, eine neue Hoffnung die weitesten Bevölkerungskreise erfaßt. Man hatte das Gefühl, daß jetzt ein starker, zielbewußter Wille die Führung des Volkes übernommen habe. Es war, wie wenn die schlummernden Kräfte aus einer tiefen Lähmung erwachen würden. Bald hier, bald dort erhielt ein Arbeitsloser einen Arbeitsplatz und immer rascher vermehrten sich diese Fälle. War es zunächst auch nur ein bescheidenes Pöstchen, was tat dies? Ein neuer Weg in die Zukunft öffnete sich. Der einfache Staatsbürger sah nur die für ihn günstigen Auswirkungen der Maßnahmen Hitlers. Die bedrohlichen Hintergründe konnte er nicht durchschauen. Ein Mann aus dem Volk stand jetzt an der Spitze des Reiches, keiner von den Professoren und Doktoren, die bisher immer vornedran gestanden und nichts zuwege gebracht hatten – ein einfacher Mann, der sich aus den kümmerlichsten Verhältnissen auf geradezu wunderbare Weise den Weg zum Gipfel der Macht gebahnt hatte. Und man sah, daß er den eingebildeten Herren kräftig auf den Schlips trat. Immer öfter hörte man aus Arbeitermund die Worte: „Das ist unser Mann." Man merkte nun, daß die marxistische Weltanschauung nur den Linksintellektuellen etwas bedeutet hatte. Den Massen der Proletarier, den Arbeitern und Angestellten, war sie nur oberflächlich aufgeklebt. Sie warfen ihren Marxismus ab wie ein altes Gewand, das nichts mehr taugt. Was sie erfüllte, war das Streben nach einem besseren und gesicherten Lebensstandard und nach sozialer Anerkennung. Beides schien nun erreicht zu werden. Hatten nicht manche, die einst arme und unbeachtete Schlucker wie sie selbst gewesen waren, jetzt als „alte Kämpfer" gefürchtete Machtpositionen im Staat erlangt! [V/360 f.]

Was wird mit den Katholiken?

Mich bedrückte vor allem die Sorge um die Katholiken im 3. Reich. Hatte doch – im ganzen gesehen – keine andere Bevölkerungsgruppe so stark wie sie dem Vordringen des Nationalsozialismus in Deutschland widerstanden! Dies allein hatte genügt, um bei den Gefolgsleuten des Führers eine feindliche Stimmung gegen die Katholiken zu erzeugen. Und nun hatten sich militante Protestanten, deren Religion auf einen fanatischen Antikatholizismus zusammengeschrumpft war, in

Massen den braunen Bataillonen eingegliedert. Adolf Hitler zwar und einige seiner Paladine waren Taufscheinkatholiken. Das hatte aber weniger als nichts zu besagen, da sie offenbar schon längst alle Bindungen an den Glauben ihrer Väter abgeschüttelt hatten.

Von manchen nationalsozialistischen Führern vernahm man seltsame Töne: Eine arteigene, völkische Religion müsse an die Stelle des jüdischen Christentums treten. Schon im April war über den Rundfunk eine Rede Rosenbergs übertragen worden, in welcher solche Gedanken anklangen. Die Parteiagitatoren wurden nicht müde, dem Volk klarzumachen, daß die NSDAP nicht eine Partei wie andere politische Parteien sei, sondern die Repräsentantin einer Weltanschauung, einer nationalistischen natürlich.

Daß hier schwerwiegende künftige Konflikte mit der universalen Kirche Roms in der Luft lagen, war leicht zu erkennen. Man hatte bereits Proben davon zu schmecken bekommen, wie ernst die Partei ihren Anspruch auf totale Herrschaft nahm. Ich sah schwarz für das wohlausgebaute katholische Vereinswesen in Deutschland, besonders für die katholischen Jugendorganisationen. Andererseits stellte das „positive Christentum" einen der Punkte des Parteiprogramms dar und schließlich hatte Hitler selbst doch auch der katholischen Kirche in aller Öffentlichkeit Zusicherungen gemacht. Vielleicht waren die gegenteiligen Stimmen, die man aus Parteikreisen hörte, doch nur Schaum, welchen die aufgewühlten Wogen an die Oberfläche spülten. Hatte Hitler nicht allen Grund, nachdem er den Juden, den Freimaurern, den Bolschewisten und den Demokraten den Fehdehandschuh hingeworfen hatte, wenigstens mit der katholischen Welt in Frieden zu leben! Der Begriff einer Weltanschauung war ja dehnbar; man konnte ihn soweit spannen, daß vielerlei darunter Platz fand. In diese Gedankengänge paßte das Konkordat, das Hitler im Frühsommer mit dem Vatikan abschloß. In protestantischen Kreisen erregte es zum Teil tiefe Besorgnis. Diesen Protestanten gegenüber pflegten die Parteileute den Vertrag mit der katholischen Kirche als einen schlauen Trick des Führers hinzustellen. Was war die Wahrheit? Jedenfalls konnte man im Sommer 1933 noch nicht sagen, daß eine Kirchenverfolgung im Gang sei.

Anfangs Mai 1933 wurde in Marbach auf einmal bekannt, daß ich zur katholischen Kirche übergetreten war. Wie dies kam, weiß ich nicht. Ich erfuhr nur, daß es Geometer Lutz[38] war, der diese Neuigkeit im Städtchen herumerzählte und zwar mit hämischem Grinsen, weil er glaubte, nun eine Gelegenheit gefunden zu haben, mir die Niederlage, die er in unserer Grundstücksangelegenheit erlitten hatte, heimzahlen zu können. Was jahrelang als Angstgespenst vor mir gestanden hatte, war jetzt Wirklichkeit geworden. Aber diese Wirklichkeit war nicht halb so schlimm, wie ich sie mir in meiner Einbildung ausgemalt hatte. Jetzt stand mir meine Braut zur Seite, welche meinen Glauben teilte und meinen Lebensweg mit mir teilen wollte. Im übrigen hatte ich es der großen Umwälzung, welche das deutsche Volk zur gleichen Zeit erlebte, zu verdanken, daß meine Konversion in meiner gesellschaftlichen Umgebung bei weitem keinen so großen Eklat auslöste, wie ich befürchtet hatte. In dieser Zeit, da alle Verhältnisse ins Schwanken gerieten, schien der Schritt, den ich getan hatte, nicht mehr so absurd und gewichtig wie in den Zeiten, in denen das Leben noch in gesicherten, herkömmlichen Bahnen verlaufen war. Jeder Tag brachte neue umstürzende Nachrichten. Da hatten die Leute anderes zu tun, als über meine Konversion nachzudenken. [V/361 f.]

„Im Sturm der Zeiten"

Der Band VI der Lebenserinnerungen, den Kleinknecht „Im Sturm der Zeiten" betitelt, berichtet von den politischen Ereignissen, die nach der Wahl Adolf Hitlers zum Reichskanzler folgen. Mit den Reichstagswahlen 1933, die Hitler an die Macht bringen, beginnt sehr rasch eine große Veränderung in der Gesellschaft und im Leben vieler Menschen. Die Parteiorganisation der NSDAP dringt bis in den privaten Lebensbereich der Menschen ein, übt Druck aus und verursacht dadurch Ver-

ängstigung. Wie sich dies in der Außen- und Innenpolitik, in der Justiz,
in der Besetzung staatlicher Stellen, für die jüdischen Einwohner und
für die Kirchen auswirkt, wird in vielen Einzelberichten dargestellt. Das
militärische und staatliche Chaos am Kriegsende wie auch die Erleb-
nisse mit der amerikanischen Besatzung beenden die Aufzeichnungen
über diesen Zeitabschnitt.

Nach der Heirat bezieht das Ehepaar Otto und Gertrud Kleinknecht
seine erste gemeinsame Wohnung in Stuttgart im Kienle und kommt
dann sehr bald unter politischen Druck durch den Ortsgruppenleiter
der NSDAP, der mit seiner Familie in demselben Haus wohnt.

Die eigene Wohnung im Kienle

Von einem bekannten Immobilienbüro in Stuttgart ließ ich mir eine Liste
von Mietwohnungen geben, die gerade frei waren. Kaum hatte Gertrud
einen Blick hineingeworfen, so stand schon ihre Wahl fest: eine 3-Zim-
merwohnung mit Bad im Kienle[39]. Auch mir gefiel die Lage derselben
sehr. Befand sie sich doch in einem Stadtteil, in dem ich von jeher heimisch war, und in kaum 20 Minuten konnte ich von dort aus zu Fuß
meine Kanzlei erreichen. In den ersten Tagen des Novembers [1934]
zogen wir in Stuttgart im Kienle ein.

Unser Hausbesitzer war Direktor Roser von der württembergischen
Landessparkasse, welcher mit seiner Familie den dem Wald zu gelegenen
Teil des Doppelwohnhauses bewohnte. Von ihm wurde damals in Stuttgart viel gesprochen. Er war – wie mir schien – ein zwar intelligenter,
aber etwas verschrobener und querköpfiger Mann, mit dem es auch seine
Familie nicht leicht hatte. Er galt als „alter Kämpfer", war aber anscheinend indessen mit der Partei in Konflikte geraten. Nach einigen Jahren
wurde er pensioniert, obwohl er das entsprechende Alter noch nicht erreicht hatte, worauf er wegzog und sich im Oberland ein Landgut kaufte.

Der wichtigste Mann im Haus wohnte mit seiner Frau und seinem
kleinen Bübchen in der Erdgeschoßwohnung unter uns, ein „uralter

Kämpfer" namens Otto Müller, mit der Parteinummer 196 und mit dem sogenannten Blutorden[40] der Partei geziert. Seines Zeichens war er Buchdrucker, ein kleines zappeliges Männchen, das den vergeblichen Versuch machte, sich schneidig zu geben. Wie der Führer trug er ein gestutztes Bärtchen an der Oberlippe und auch sein Haar hatte er à la Hitler frisiert mit einer in die niedrige Stirn hängenden Haarlocke. Nach seiner langen Parteizugehörigkeit hätte er nun einen Anspruch auf ein bedeutendes Staatsamt gehabt. Aber dazu reichte seine Intelligenz selbst nach den bescheidenen Maßstäben des 3. Reiches nicht aus. So hatte ihm die Partei ein Pöstchen bei der Deutschen Arbeitsfront verschafft, das ihm und seiner Familie eine sorgenfreie Existenz gewährte. Um seinen Ehrgeiz zu befriedigen, setzte man ihn außerdem zum Ortsgruppenleiter der Ortsgruppe „Geroksruhe" ein, der auch ich angehörte. Diese Ortsgruppe durfte sich als die vornehmste von ganz Stuttgart ansehen, weil in ihrem Bereich der Reichsstatthalter Murr wohnte und seinen Amtssitz hatte, nämlich in der Villa Reitzenstein in der Heinestraße, die jetzt zur Richard-Wagnerstraße umgetauft worden war. Murr war durch die Umwälzung aus den untersten Volksschichten zur höchsten Höhe emporgespült worden. Schon nach wenigen Jahren erwarb er sich in der Nähe seines Amtssitzes ein Anwesen, das seinem jetzigen Stand entsprach. „Er hat eben tüchtig gespart", bemerkte Karl Nesch ironisch dazu.

Unser Ortsgruppenleiter Müller wurde immer wieder zu längeren Schulungskursen abkommandiert, auf welchen er sich das nötige Rüstzeug für seine Ortsgruppenleiterstellung erwerben sollte. Er lernte es dabei zudem, recht laut und herrscherlich aufzutreten, was aber nichts daran änderte, daß die Ortsgruppe mehr durch die besser qualifizierten Männer seines Stabs als durch ihn selbst regiert wurde. Im Grunde war Müller von Natur ein gutmütiger Kerl, der freilich doch auch gefährlich werden konnte, weil er sich mangels eigener Urteilsfähigkeit verpflichtet fühlte, stur den Willen seines vergöttlichten Führers oder das, was er dafür hielt, durchsetzen zu müssen. [VI/20-22]

Die Partei ist allgegenwärtig

So sehr uns auch unser neues Heim gefiel, so spürten wir doch bald, daß die Nähe des Herrn Ortsgruppenleiters – und besonders seiner Frau – eine erhebliche Belastung für unser Leben hier bedeutete. Ich konnte mich nun nicht mehr von der Teilnahme an Parteiversammlungen drükken. Schon stundenlang, bevor eine Parteiversammlung angesetzt war, wurde Gertrud von Frau Müller gemahnt: „Vergessen Sie nicht, es ist heute abend Parteiversammlung!" Und am Abend: „Seid ihr immer noch da! Ihr werdet zu spät kommen!"

Es dauerte auch nicht lange, so wurde mir vom Ortsgruppenleiter eröffnet: Ich sei PG und ein junger Beamter; es sei ganz selbstverständlich, daß ich in der Partei mitzuarbeiten habe; ich müsse Blockwart werden. – Damit hatte ich gerechnet, denn ich stellte fest, daß es fast allen meinen Kollegen auch nicht besser ging. Nur die ganz alten Jahrgänge konnten sich gegen solche Zumutungen mit einigem Erfolg wehren. Obwohl ich inzwischen zu der Einstellung gekommen war, um alles, was mit der Partei zusammenhing, nach Möglichkeit einen großen Bogen herum zu machen, kann ich doch nicht sagen, daß das Ansinnen, als Blockwart für die Partei tätig zu werden, in mir ernsthafte Gewissensskrupel hervorgerufen hätte. Ich tat es ja nicht aus freien Stücken und warum sollte ich nicht tun, was die meisten meinesgleichen auch taten und viele sogar recht gern. Lag wirklich ein Grund dafür vor, durch eine strikte Weigerung der Mitarbeit in der Partei mich als Gegner des neuen Staates zu bekennen und dadurch vielleicht unabsehbare Folgen für meine zukünftige Existenz heraufzubeschwören? Ich hatte bis jetzt noch nichts davon gehört, daß Katholiken in der Partei wegen ihres Glaubens persönlich unter Druck gesetzt worden wären. Gerade damals wurde die katholische Kirche von der Partei verhältnismäßig in Ruhe gelassen. Diese war um jene Zeit mehr im evangelischen Kirchenkampf engagiert.

Es schien ja auch eine harmlose Sache zu sein, bei Parteigenossen

innerhalb der Ortsgruppe Mitgliedsbeiträge einzuziehen, was mir freilich lästig genug fiel, zumal ich dadurch oft verhindert wurde, die Wochenenden in Marbach zu verbringen. Immerhin lernte man auf diese
Weise seine weitere Nachbarschaft ein wenig kennen. Leider war dies
nicht die einzige Pflicht, die ich übernommen hatte. Nebenher wurden
wir im Marschieren gedrillt, damit wir bei Aufmärschen vor hohen
Würdenträgern der Partei ein gutes Bild machen könnten. So mußte ich
in der abendlichen Dämmerung auf den Straßen des Bopserwalds lernen, wie man auf Befehl antritt, umschwenkt und im Paradeschritt seine
Beine nach vorn schlenkert. Zum Marschieren mußten Lieder gesungen
werden, deren Stumpfsinn jedes erträgliche Maß überstieg. Dies alles
erschien mir als eine unsinnige Zeitverschwendung und obendrein widerwärtig und demütigend, zumal der Mann, der in Uniform das Kom-
mando führte, mich offenbar nicht leiden konnte. Meine innere Wut
verrauchte aber meist wieder und wich einer etwas versöhnlicheren
Stimmung, wenn man dann anschließend in einer Kneipe zusammen-
saß, die irgendeinem PG gehörte. Dort rückte mein Kollege Amtsrichter
Müller in den Mittelpunkt, der „dicke Müller", wie er zur Unterscheidung von seinen zahlreichen Namensvettern genannt wurde. Er vor
allem trug dazu bei, daß sich bei Bier und Wein die wilden Kämpfer
für eine Weile in friedliche Zeitgenossen verwandelten. Wenn einer der
100%igen auch hier seinem Fanatismus die Zügel schießen lassen
wollte, so pflegte Müller zu sagen: „No nex Narrets"[41] und in dieser
Atmosphäre fand seine Mahnung, die von dem sonstigen nationalsozialistischen Sprachgebrauch merklich abwich, meist Zustimmung.

Sehr aktiv und geradezu unermüdlich betätigte sich in der Ortsgruppe der Amtsgerichtsrat Dürr, dessen Frau aus Marbach stammte.
Auch er verstand es, sich gelegentlich recht jovial zu geben, aber man
wußte doch – und besonders die Juristen wußten es –, daß man vor ihm
auf der Hut sein mußte, denn er war ein ehrgeiziger Mann. Seine Ein-
satzfreudigkeit trug ihre Früchte, denn es dauerte nicht lange, bis Amts-

gerichtsrat Dürr zum Vorstand des Cannstatter Amtsgerichts befördert wurde, wofür sich unser Ortsgruppenleiter Müller mit allem Nachdruck einsetzte, obwohl er natürlich von den juristischen Qualitäten des Protegierten keine Ahnung hatte.

Schließlich traf ich in der Ortsgruppe meinen Schulkameraden Heeb wieder. Da er eine gute Durchschnittsintelligenz mit einem Bienenfleiß verband, hatte er einst fast in jeder Klasse als Primus geglänzt, zumal er auch sonst das Talent besaß, sich bei den Lehrern beliebt zu machen. Er war Diplomingenieur geworden. Alsbald nach der Machtergreifung Hitlers, noch vor meiner Erkrankung im Februar 1933, hatte ich ihn einmal getroffen. Dabei gestand er mir, daß er bereits der Partei beigetreten war, etwas schamhaft, weil er vorher mehr mit der Linken sympathisiert hatte. „Was tut man nicht alles, wenn man keine Stellung hat!", sagte er damals zu mir. Dies hatte sich inzwischen geändert; Heeb war beim Tiefbauamt der Stadt Stuttgart untergekommen. Ich sah, daß er in der Ortsgruppe sehr geschätzt wurde, vor allem deshalb, weil keiner so gut wie er über die Leute, die in diesem Bezirk wohnten, Auskunft geben konnte. Es war ja, wie ich allmählich bemerkte, eine Hauptaufgabe der Parteiorganisation, die persönlichen Verhältnisse möglichst vieler Staatsbürger und ihr Tun und Lassen zu beschnüffeln. Die auffallende Kenntnis meines Schulkameraden von den Personen, die in der Ortsgruppe „Geroksruhe" wohnten, und der Verhältnisse, in denen sie lebten, hatte ihren guten Grund. Heeb war das einzige Kind armer Eltern, die seit unvordenklichen Zeiten in der Dachstockwohnung eines Hauses in der Sonnenbergstraße wohnten. Sein Vater war beim städtischen Gaswerk angestellt und ging seit Jahrzehnten in einer blauen Uniform gewichtigen Schrittes in den Straßen unserer jetzigen Ortsgruppe umher, um in den Wohnungen die stillen Örtchen aufzusuchen und die dort stehenden Gasuhren abzulesen. Aus solchen Quellen stammte die intime Personalkenntnis meines Schulfreunds Heeb. In der Ortsgruppe wurde ihm in Anerkennung seiner Verdienste und seiner linientreuen

Haltung das Amt des Propagandaleiters übertragen. Aber dies ist nun alles schon sehr lange her und der gute Heeb ist inzwischen ein großer Herr geworden, dem alle Tiefbauarbeiten der Großstadt Stuttgart unterstellt sind. Es muß doch ein tüchtiger Kern in ihm gesteckt haben.

Auch der zweite Heilige Abend, den ich und Gertrud miteinander feierten, nun zum ersten Mal im eigenen Heim, wurde für Gertrud zu einer Enttäuschung. Ich befand mich in jener Zeit fortgesetzt in schlechter Laune, welche in der Parteitätigkeit, zu der ich gezwungen wurde, ihren Ursprung hatte. Dieser Groll kam gerade an diesem Tag besonders zum Ausdruck. Ich meinte nämlich, wenn wir in Marbach geblieben wären, hätte man mich in Ruhe gelassen, und sah in dem Drängen Gertruds auf die Übersiedlung nach Stuttgart gewissermaßen eine Mitursache meiner jetzigen Bedrängnis. Nach der schlichten Bescherung wollten wir ein paar besinnliche Stunden miteinander verbringen. Da läutete es auch diesmal an der Glastüre und wir wurden von Frau Ortsgruppenleiter Müller eingeladen, den Abend in ihrer Familie zu verbringen. Wir wagten nicht abzusagen, da es uns schon klargeworden war, wie sehr wir von dem Wohlwollen des Ortsgruppenleiters und besonders seiner Frau abhingen. So begaben wir uns in gedrückter Stimmung ins Erdgeschoß hinunter und hatten nun das Vergnügen, während des Rests des Heiligen Abends am Rundfunk die Ansprachen verschiedener Parteigrößen zum Weihnachtsfest mit anzuhören. Erst als wir in der Frühe des folgenden Christtags miteinander durch den leicht beschneiten Bopserwald zum Gottesdienst in der Degerlocher Kirche hinaufstiegen, verspürten wir wieder etwas von dem Zauber und der weihevollen Erhebung, welche dieses christliche Hochfest den empfänglichen Herzen mitteilt. Darauf fuhren wir nach Marbach, um die Weihnachtstage vollends mit meiner Mutter in gewohnter Weise zu verbringen. [VI/22-25]

Die Saarabstimmung 1935

Im Januar 1935 fand im Saargebiet die Abstimmung über die Frage des Anschlusses an das Deutsche Reich statt und endigte – wie nicht anders zu erwarten war – damit, daß sich die deutschen Bewohner dieses Gebiets fast 100%ig für die Wiedervereinigung mit dem Staat des Muttervolks erklärten. Mir wäre ein etwas weniger glänzendes Ergebnis dieser Abstimmung erwünschter gewesen, weil dadurch der Machtrausch der Nazis gedämpft worden wäre. Von der Führung des Reiches war in den letzten Monaten die Stimmung der katholischen Saarländer merklich geschont worden und diese hatten es bisher noch nicht am eigenen Leib verspürt, was es bedeutet, unter einer totalen Parteidiktatur zu leben. Das unmittelbare Erlebnis einer solchen Diktatur bleibt dem Außenstehenden, der nur die imposante Fassade sieht, verschlossen. Er verspürt nichts von dem stillen, verborgenen Druck, der alltäglich auf den Beherrschten lastet. Trotz dieses Unterschieds in der Situation der Saarländer und der Reichsdeutschen darf man aber nicht verkennen, daß sich in der Willensbekundung der Saarländer doch die Stimmung spiegelte, welche damals im ganzen deutschen Volk noch durchaus vorherrschte. Entscheidend war für die meisten, daß es in Deutschland sichtlich wirtschaftlich aufwärts ging. Die lähmende Arbeitslosigkeit war im Verschwinden begriffen. Überall zeigten sich neue Impulse. Der Wandel wirkte sich gerade bei den werktätigen Massen aus. Diese sahen sich – gegen alle Erwartung – auch in ihren sozialen Ansprüchen weitgehend befriedigt und waren eben jetzt daran, die gewohnten marxistischen Vorstellungen abzuwerfen, welche mit dem, was man erfuhr, in Widerspruch standen. Was die Revolution von 1918 nicht zuwege gebracht hatte, das vollzog sich unter der nationalsozialistischen Diktatur mit atemberaubender Schnelligkeit: die Einebnung der Klassen- und Standesunterschiede. Frankreich, das sich jetzt der Volksfront in die Arme warf, bot in seinem stagnierenden und zerrütteten inneren Zustand den Saarländern keine verlockende Alternative. Dazu kamen noch die von Hitler bis zur Hysterie aufgestachelten nationalistischen Gefühle.

Sogleich nach der Saarabstimmung wurde in den Zeitungskiosken und Bücherverkaufsständen eine Unmenge von Schriften ausgestellt und feilgehalten, in denen die katholische Kirche aufs heftigste angegriffen wurde. Es war offensichtlich, daß damit eine von der Partei gelenkte Aktion eingeleitet wurde. Dieselbe setzte „schlagartig" ein, ein Begriff, der bei den Nationalsozialisten überhaupt eine große Rolle spielte. Man hatte Ruhe gehalten, solange man noch auf das Wohlwollen der Katholiken an der Saar angewiesen war. Jetzt, da man sie nicht mehr brauchte, überschüttete man alles, was ihnen heilig war, mit den schmutzigsten Verleumdungen. In mir löste dieses Verhalten eine grimmige, aber ohnmächtige Wut aus. [VI/25 f.]

Die Einführung der allgemeinen Wehrpflicht

Im März 1935 wurde von Hitler ohne Rücksicht auf die Bestimmungen des Versailler Vertrags die allgemeine Wehrpflicht in Deutschland wieder eingeführt. Frau Ortsgruppenleiter Müller erklärte: „Das ist vielleicht die größte Tat des Führers seit der Machtübernahme." Man kann freilich nicht behaupten, daß diese Tat bei den Massen des Volkes große Begeisterung hervorgerufen habe. Allzu deutlich haftete noch der frühere Kommis mit seinen unangenehmen Begleiterscheinungen im Gedächtnis, besonders aber das Sterben und Verderben so vieler junger Männer im 1. Weltkrieg. Auch mich beschlich ein ungutes Gefühl, wenn ich an die Möglichkeit dachte, daß mir vielleicht noch die Freuden einer Rekrutenzeit blühen könnten. Da ich schon beinahe 34 Jahre alt war, hoffte ich gleichwohl, daß dieser bittere Kelch an mir vorübergehen werde. Andererseits war nicht zu bestreiten, daß die militärischen Beschränkungen, welche der Versailler Vertrag dem Deutschen Reich auferlegt hatte, nur dazu dienen sollten, unser Volk inmitten hochgerüsteter Nationen, die als seine potentiellen Feinde zu betrachten waren, ohnmächtig zu erhalten. Nicht nur aus Nationalgefühl, sondern auch aus einem Gefühl für Gerechtigkeit mußte man Hitler zustimmen, wenn er nun diese Fesseln zerriß.

Und immer noch sah man in der Wehrmacht ein Instrument des Staats, das sich vom Nationalsozialismus freigehalten hatte. Wer mit der Partei innerlich im Widerstreit lag, der setzte seine Hoffnung nach wie vor auf die Wehrmacht, die ja doch im Grunde der wichtigste Machtträger im Staate war. Sie allein schien noch die Kraft zu haben, das Parteiregiment eines Tages aus den Angeln zu heben. Selbst die geheimen Parteigegner mußten also einräumen, daß die Stärke der Wehrmacht im Hinblick auf den inneren Zustand des Reiches ihre gute Seite zu haben schien. Die Reserveoffiziere des letzten Krieges zögerten nicht, sich zu Übungen bei der Wehrmacht zu melden, denn dadurch gelang es ihnen, sich einer aktiven Tätigkeit in der Partei zu entziehen. Daß die meisten, welche diese Möglichkeit hatten, davon Gebrauch machten, läßt auf die innere Einstellung zur Partei schließen, welche bei den gebildeten Schichten weithin herrschte. Die Reserveoffiziere, die jetzt solche Übungen mitmachten, zeigten sich in Bezug auf die Partei fast durchweg skeptisch, wenn sie diese Haltung auch nur mit einiger Vorsicht zu äußern wagten. [VI/26]

Das Kloster Neresheim in Bedrängnis

Die Osterfeiertage 1935 verbrachten wir in Neresheim. In die Zeit unseres Neresheimer Aufenthalts fiel der Geburtstag des Führers, der 20. April, und an diesem Tag wehte auch vom Turm der Klosterkirche die Hakenkreuzfahne. Dies war gewiß kein Akt freiwilliger Verehrung. Hätten aber die Mönche bei dieser Gelegenheit die Fahne, die jetzt die Flagge des Reiches war, nicht gezeigt, so hätte dies eine Demonstration gegen die Reichsregierung bedeutet und entsprechende Repressalien gegen das Kloster zur Folge gehabt. An diesem 20. April fuhren wir wieder nach Hause. Am folgenden Tag jedoch war im NS-Kurier ein bösartiger Artikel gegen das Kloster zu lesen, in welchem demselben vorgeworfen wurde, es habe unterlassen, am Geburtstag des Führers mit der Hakenkreuzfahne zu flaggen. Über diesen Zeitungsartikel zeigte sich Gertrud tief empört: „Das ist eine offenkundige Lüge! So, jetzt weiß ich, daß die Nazis Lügner sind. Das werde ich der Mieze[42] schreiben." Und von diesem Tag an war Gertrud, ohne je zu wanken, eine konsequente Gegnerin des Nationalsozialismus. Mich aber befriedigte es, daß ich nun sicher wußte, daß wir auch in dieser wichtigen Frage eines Sinnes waren. [VI/29 f.]

In eigener Bedrängnis

Für mich selbst aber lagen die Dinge nicht so einfach. Ich war Staatsanwalt, Parteigenosse und jetzt sogar Blockwartanwärter. In den Wochen zwischen Ostern und Himmelfahrt mußte ich mir eine braune Parteiuniform anschaffen und nach Pfingsten sollte ich als Amtswalter vereidigt werden. Meine Einstellung gegen den Nationalsozialismus war mindestens ebenso ablehnend wie die meiner Frau. Hatte ich während des ganzen letzten Jahres immer noch erwartet, daß die radikalen Revolutionserscheinungen allmählich abebben würden und daß die Partei in eine gemäßigtere Haltung zurückpendeln werde, so war diese Hoffnung angesichts der Entwicklung seit Beginn des Jahres 1935 auf ein Minimum zusammengeschrumpft. Doch was sollte ich tun?

Gewiß gab es unter meinen Kollegen, besonders unter den Katholiken, eine erhebliche Minderheit, welche 1933 der Partei nicht beigetreten war, und diese Kollegen hatten ihre Stellungen trotzdem behalten. Zum Teil waren es Leute, welche dem Zentrum oder anderen Parteien der Weimarer Koalition angehört oder sich in ihrer Sympathie für diese Parteien allzusehr exponiert hatten und die deshalb von den Nazis abgelehnt wurden. Man beließ sie in ihren Ämtern, weil man sie brauchte, wenn ihnen auch klar war, daß sie in Zukunft mit einer Beförderung nicht mehr zu rechnen hatten. Andere, die weniger belastet waren, wurden im Jahr 1938 doch noch genötigt, der Partei beizutreten, und ich war dann eigentlich froh, daß ich meinen Beitritt schon 1933 vollzogen hatte, da ich dies damals mit besserem Gewissen tun konnte, als es mir später möglich gewesen wäre.

Etwas ganz anderes war es aber, nachträglich seinen Austritt aus der Partei zu erklären, denn ein solcher demonstrativer Schritt hätte ohne Zweifel den Verlust meiner Beamtenstellung und damit meiner Existenz bedeutet. Ob man mich in einem solchen Fall noch zur Rechtsanwaltschaft zugelassen hätte, war mehr als fraglich. Und ähnlich schienen mir die Aussichten zu sein, wenn ich nun den von mir verlangten Eid als Amtswalter verweigern würde. Wer sich einmal in den Klauen der Partei befand, der wurde automatisch immer mehr in ihre Organisation hineingezogen und in sie verstrickt. Wie ich mich auch umsah, ich gewahrte nirgends einen Kollegen oder einen anderen Beamten, der in einer Lage wie der meinigen unerschrocken dem Druck der Partei standgehalten hätte. Er wäre wohl von den meisten seiner Mitbürger als geistig nicht ganz normal angesehen worden, denn das Normale ist ja stets das Mittelmäßige. Stand ich nicht auf der untersten Stufe meiner Laufbahn und war also ein kleiner Mann? Nichts lag mir je ferner, als mich für einen Ausnahmemenschen zu halten. Wie sollte gerade ich als einziger dazu kommen, mich der allmächtigen Partei entgegenzustemmen und meine Existenz aufs Spiel zu setzen! Soviel war mir bereits klar geworden, daß die Partei jeden Mißliebigen ruinieren konnte, wenn nicht sofort, so doch zu gegebener Zeit, und daß sie auch nicht zögern würde, dies zu tun, wenn es ihr opportun erschien. Wer in einem freien Staat lebt, vermag es nicht, sich vorzustellen, wie hilflos der einzelne einer totalen Staatsmacht gegenübersteht. Seine Isolierung macht ihn an seinen eigenen Anschauungen irre. So ließ ich mich zunächst treiben, wobei ich aber oft der Verzweiflung nahe war. [VI/30 f.]

Aufmarsch für Goebbelsbesuch in Stuttgart

Am Himmelfahrtsfest 1935 sollte Goebbels nach Stuttgart kommen und alle Amtswalter sollten auf dem Cannstatter Wasen an ihm vorbeidefilieren, auch die noch nicht vereidigten Anwärter. Eben deshalb hatte man so sehr darauf gedrängt, daß wir Anwärter uns vorzeitig Uniformen anschafften. Die lokalen Spitzenfunktionäre wollten dem Reichsleiter zeigen, wie stark sie schon in der württembergischen Hauptstadt die Parteiorganisation aufgebaut hatten. An diesem Tag trug ich das erste und einzige Mal das Braunhemd mit der Hakenkreuzbinde. Auf dem Wasen marschierten wir in Ortsgruppen gegliedert auf. Goebbels kam aber nicht; er hatte im letzten Augenblick abgesagt. Statt seiner bestieg der Gaupropagandaleiter Mauer das Rednerpodium, ein Mann von zigeunerhaftem [sic] Aussehen. Der Hauptteil seiner Rede bestand aus einer Aneinanderreihung von Beschimpfungen des Christentums und besonders der katholischen Kirche.

Neben uns war die Ortsgruppe „Altstadt" aufmarschiert und unter diesen Leuten bemerkte ich richtige Gauner- und Spitzbubengestalten. Die Stuttgarter Altstadt galt ja schon seit längerer Zeit – mindestens zum Teil – als eine verrufene Gegend. Ohne Zweifel waren viele der aus ihr stammenden Männer, die jetzt im Braunhemd dastanden, noch vor zwei Jahren fanatische Kommunisten gewesen. Jetzt vernahm man aus ihren Reihen immer wieder Lästerworte, mit denen sie ihr Wohlgefallen an den Ausführungen des Gaupropagandaleiters zum Ausdruck brachten, während meine Kameraden von der Ortsgruppe „Geroksruhe" sich mehr in Stillschweigen hüllten. An jenem Abend kam ich völlig verstört und zerrüttet in Marbach an, wo sich Gertrud gerade aufhielt, weil ich mir einen kleinen Urlaub genommen hatte. [VI/31]

Der persönliche Ausweg

„Ich werde nicht Amtswalter werden", sagte ich zu Gertrud, „es ist ganz ausgeschlossen. Mag daraus entstehen, was da will. Ich kann es einfach nicht." Das war keineswegs ein heroischer Entschluß. Ich fühlte mich nicht stark genug, den inneren Zwiespalt und die seelische Zerrissenheit, welche unter diesen Umständen eine aktive Tätigkeit für die Partei in mir auslösen mußte, zu ertragen. Auch Gertrud war sehr damit einverstanden, daß ich mich nicht in der Partei betätige. Aber wie sollte ich es anfangen, mich von dem Zwang zu befreien? Wir befanden uns in einer sehr gedrückten Stimmung; mir erschien meine Lage fast hoffnungslos. Da kam mir der Gedanke, mich zu dem Nervenarzt Dr. Kern zu begeben und mir von demselben ein ärztliches Zeugnis ausstellen zu lassen, nach dem ich aus gesundheitlichen Gründen vorläufig nicht in der Lage sei, in der Parteiorganisation Dienst zu tun. Ich stand mit Dr. Kern auf vertrautem Fuß und wußte, daß er Freimaurer war. Ihm gegenüber konnte ich mich wohl verhältnismäßig offen aussprechen. Diesen Entschluß führte ich an einem der nächsten Tage aus. Dr. Kern zeigte sich meinem Ansinnen geneigt, betonte allerdings, daß es eine heikle Angelegenheit sei. Um meine Krankheit glaubhafter zu machen, sollte ich mich zunächst auf vier Wochen auch als Staatsanwalt krank melden. Er schreibe mich dann wegen eines Nervenzusammenbruchs krank. Wenn die vier Wochen um seien, stelle er mir ein neues Zeugnis aus, wonach ich versuchsweise meinen Dienst bei der Staatsanwaltschaft wieder aufnehmen könne, aber jede außerdienstliche Belastung vermeiden müsse. Dieses Zeugnis könne ich dann bei der Ortsgruppe vorlegen. Und so geschah es. Die Amtswalter wurden zur festgesetzten Zeit vereidigt, ohne mich, denn es wurde vom Ortsgruppenleiter anerkannt, daß ich als Blockwart bis auf weiteres dienstunfähig sei. Vorläufig war ich gerettet. Übrigens ist auch Dr. Kern, der ein Freimaurer niederen Grads war, zwei bis drei Jahre später Parteimitglied geworden.

[VI/31 f.]

Prozesse gegen Klöster und Ordensleute

Im Frühjahr 1935 lief die lange Serie von Strafverfahren gegen Klöster und Ordensleute wegen Devisenverbrechen an. Dieselben wurden von der offiziellen Presse in aufreizender Weise kommentiert. Die Partei wollte dadurch die katholische Kirche vor der breiten Öffentlichkeit als eine überstaatliche Macht anprangern, welche die Gesetze des Staates mißachte und heimtückisch gegen das nationale Interesse und das Wohl des Volkes arbeite, um so für die beabsichtigten kirchenfeindlichen Maßnahmen in der Bevölkerung eine stimmungsmäßige Resonanz zu schaffen. Von allen denen, die ohnehin gegen die katholische Kirche eingestellt waren, bis weit in die evangelischen Kreise hinein, mögen diese Schauprozesse beifällig aufgenommen worden sein. Sie erfüllten aber doch kaum die Erwartungen, welche die Nazis an sie knüpften, denn im allgemeinen wurden diese Devisenverbrechen, so schwere Strafen auch auf sie angedroht wurden, doch mehr oder weniger als Kavaliersdelikte angesehen. [VI/32]

Der Reichsparteitag 1935

Während unserer Wanderung[43] wurde in Nürnberg der Reichsparteitag abgehalten. Diese jährlich wiederkehrenden Parteitage wurden zu immer grandioseren Schauen und Darstellungen der nationalsozialistischen Macht ausgestaltet. Für mich waren sie stets bedrückende Ereignisse. Voll Bangigkeit harrte ich jeweils auf die Reden Hitlers und der höchsten Parteiführer, die auf ihnen gehalten wurden, denn aus ihnen konnte man heraushören, welche neuen Anschläge die Nazis im Schilde führten. Nach der in diesem Jahr vorausgegangenen Propaganda hatte ich befürchtet, daß auf dem Reichsparteitag 1935 Maßnahmen gegen die katholische Kirche und gegen die Katholiken angekündigt würden. In einem Gasthaus in Heidelberg hörten wir die vom Rundfunk übertragene Rede, welche Hitler in Nürnberg hielt. Er verkündete die bekannten strengen Gesetze gegen die Juden. Ich bedauerte die armen

Juden. Aber ich kann nicht behaupten, daß meine Erregung über dieses Unrecht und diese Härte sehr tief gegangen wäre. Waren wir Katholiken doch noch einmal glimpflich davongekommen! Und so schwang in meinen Gefühlen etwas von der Gesinnung mit, welche in dem alten Spruch zum Ausdruck kommt: „O lieber Hl. Florian, verschon mein Haus, zünd andere an!" [VI/36]

Der arische Nachweis

Es war wohl in diesem Jahr, als ich damit beschäftigt war, meinen arischen Nachweis zu erbringen, und zwar mußte ich als Beamter bis zum Jahr 1800 zurück die Reinheit meines Blutes von jeder jüdischen Beimischung beweisen. Diese Rassenschnüffelei erschien mir als barer Unsinn. Andererseits gab sie mir Anregung, Ahnenforschung zu betreiben und dieses Gebiet interessierte mich nicht wenig. Lag es doch auf der Linie meiner von jeher mit Eifer betriebenen heimatgeschichtlichen Studien. Man sollte sich nicht dadurch, daß das nationalsozialistische Schlagwort von „Blut und Boden" eine Sache pervertierte, die ein wohlbegründetes Interesse beanspruchen kann, davon abhalten lassen, die Aufmerksamkeit dieser Sache zuzuwenden. Der Mensch ist nun einmal nicht ein isoliertes Individuum, sondern das Glied einer Geschlechterkette und geistig meist stark verwurzelt in den Kulturtraditionen einer bestimmten Landschaft.

Da fast alle meine Vorfahren in dem Raum um Marbach gelebt hatten, verband ich das Notwendige mit dem Angenehmen. Das Ziel unserer sonntäglichen Wanderungen war nun jeweils ein Pfarrhaus der Umgegend, wo ich mir vom Pfarrherrn aus den Kirchenbüchern meine Ahnen, die an diesem Ort geboren oder gestorben waren, feststellen ließ. So erhielt ich allmählich eine komplette Ahnentafel bis zum Jahr 1693 zurück, in welchem Jahr bei dem französischen Einfall die meisten Kirchenbücher in unserer Gegend zugrunde gegangen waren. Einzelne Linien konnte ich noch bis zum 30-jährigen Krieg, ja bis ins 16. Jahrhundert, eine sogar bis ins Mittelalter zurückverfolgen. Dabei ergab es sich, daß ich fast ausschließlich von Bauern und Weingärtnern dieses verhältnismäßig eng umschriebenen altwürttembergischen Landstrichs abstammte.

Nicht so einfach war es, die arische Abstammung meiner Ehefrau nachzuweisen, da sie in Thorn geboren war und deshalb die Auskünfte von polnischen Behörden eingezogen werden mußten. [VI/36 f.]

Frauen können kein Richteramt haben

Ilse Beisswanger[44], unsere einstige Hausgenossin, war nach ihrem zweiten Staatsexamen als Assessorin an einem Zivilreferat des Amtsgerichts Stuttgart angestellt worden. Trotz ihres Eifers und ihrer Rechtskenntnisse machte sie dabei keine sehr glückliche Figur. Manches amüsante Anekdötchen darüber, wie sich ihre blaustrümpfige Weltunerfahrenheit in der Praxis äußerte, wurde unter den Kollegen herumerzählt. Es hing mit dem allgemeinen Trend der Volksstimmung, in der sich antiliberale, ja reaktionäre Strömungen mit revolutionären Umsturztendenzen seltsam mischten, zusammen, daß das Amt einer Frau als Richterin in weiten Kreisen als unleidlich empfunden wurde. Und dies führte dazu, daß in unserem Land schon vor der nationalsozialistischen Machtergreifung die wenigen Frauen, welche ins Richteramt gelangt waren – ich kann mich in Stuttgart nur an Ilse Beisswanger als die einzige erinnern –, wieder aus dem Justizdienst entlassen wurden.

Ilse versuchte nun ihr Glück als Rechtsanwältin. Da aber die Bevölkerung zu einer Frau, die diesen Beruf ausübte, kein Vertrauen hatte, vegetierte ihre Praxis höchst kümmerlich dahin. Schließlich machte ihr ein jüdischer Rechtsanwalt in Stuttgart namens Lieblich, der in der Stadt ein Büro mäßigen Umfangs betrieb und sich daneben als Literat betätigte, das Angebot, sich mit ihr zu assoziieren. Es war in den Jahren 1931 oder 1932, als sie eines Tags in meiner Kanzlei erschien und mich um Rat fragte, ob sie dieses Angebot annehmen sollte. Ich empfahl ihr das aufs wärmste, weil sie doch in einer viel günstigeren Position sei, wenn sie mit einem Mann zusammenarbeiten könne. Daß eine Judenverfolgung in Aussicht stehe, kam mir damals noch nicht in den Sinn. Tatsächlich verband sie sich dann auch mit Lieblich.

Als bald darauf die Nazis ans Ruder kamen, verlangten diese von ihr, daß sie sich von dem Juden trenne. Aus ihrer grundanständigen Gesinnung heraus weigerte sie sich, dies zu tun, indem sie erklärte, daß sie dies für unfair halte, nachdem sie froh und dankbar gewesen sei, daß Lieblich sich ihrer angenommen und sie in sein Büro aufgenommen habe. Für solche Argumentationen hatten die Nazis natürlich kein Verständnis. Wie sich die Angelegenheit im einzelnen weiter entwickelte, weiß ich nicht. Jedenfalls emigrierte Lieblich bald nach Amerika und Ilse Beisswanger hatte während des 3. Reiches eine böse Zeit. Ich machte mir damals Vorwürfe, weil ich ihr einen Rat gegeben hatte, dessen Befolgung für sie so zum Schlechten ausgeschlagen hatte. Nach 1945 kamen aber für Ilse die fetten Jahre und schließlich beendigte sie ihre juristische Laufbahn als Landgerichtsdirektorin. [VI/38 f.]

Diakon, Bibliothekar, Staatsanwalt

Der Ausschluß der Frauen vom Richteramt traf ebenso Maria Bühler. Ihrem Schwager, Oberlandesgerichtsrat Rau, gelang es dennoch, ihr im Jahre 1933 eine Stellung als Bibliothekarin bei der Bücherei des Oberlandesgerichts[45] zu verschaffen. Diesen Posten hatte zuvor ein Mann namens Heilig innegehabt, der einst vor dem 1. Weltkrieg in der Öffentlichkeit unseres Landes einen großen Wirbel hervorgerufen hatte. Damals studierte er katholische Theologie. Nachdem er schon die Diakonatsweihe erhalten hatte, weigerte sich Bischof Keppler von Rottenburg, ihn zum Priester zu weihen, weil er ihn als solchen für ungeeignet hielt. Anscheinend hing dies mit den Wirren zusammen, die wegen des Reformkatholizismus und des Antimodernisteneids[46] entstanden waren. Heilig veröffentlichte aber eine Schrift, in welcher er den Bischof und den Regens des Priesterseminars eines unkorrekten Verhaltens beschuldigte. Diese innerkirchliche Angelegenheit griffen die Liberalen und die Sozialisten auf. Man bauschte sie so maßlos auf, daß im württembergischen Landtag tagelang über den Fall „Heilig" debattiert wurde. Aber niemand konnte den Bischof zwingen, dem Diakon die Priesterweihe zu erteilen.

Heilig studierte dann Juristerei. Nachdem er bereits die Staatsexamen abgelegt hatte, sprang er, wie mir erzählt wurde, am hellichten Tag in den Stuttgarter Feuersee, aus dem er alsbald triefend nass wieder herausgezogen wurde. Wenn dies einen Selbstmordversuch darstellen sollte, so hatte derselbe kaum Aussicht, zum Erfolg zu führen, da ein Ertrinken in dem seichten Gewässer praktisch unmöglich war und sogleich Retter bereitstanden, weil sich der Vorgang mitten im Großstadtverkehr vollzog. Dem württembergischen Justizministerium erschien es jedoch unmöglich, einem solchen Mann ein Richteramt anzuvertrauen. Um ihm trotzdem eine Existenz zu sichern, stellte man ihn als Bibliothekar beim Oberlandesgericht an.

Nach der Machtübernahme fühlten sich die Nazis gedrungen, einen Menschen, den die „Schwarzen" schlecht behandelt hatten, wieder voll zu rehabilitieren. Heilig wurde zum Staatsanwalt in Stuttgart ernannt und damit ein Kollege von mir. Sein bisheriger Posten wurde dadurch für Maria Bühler frei. Der neue Staatsanwalt Heilig, klein und rundlich von Gestalt, zeigte sich als ein beweglicher und umgänglicher Mann, wurde allerdings von seinen Kollegen doch nicht ganz ernst genommen. Er sah so lächerlich klerikal aus, daß man ihn ohne weiteres in einem Witzblatt als Karikatur eines katholischen Geistlichen hätte abbilden können. Überall, wo er hinkam, hielt er große Lobreden auf den Führer, trat aber erstaunlicherweise doch nicht in die Partei ein, wurde auch nicht dazu gedrängt, offenbar, weil man davon ausging, daß ein Mann, der so wie er mit der katholischen Kirche in Konflikt geraten war, auf jeden Fall als politisch zuverlässig gelten konnte, ohne daß es nötig gewesen wäre, ihn noch besonders an die Parteiorganisation festzubinden. Erst als sich der 2. Weltkrieg seinem bitteren Ende zuzuneigen begann, hörte man auch von Heilig andere, nämlich kritische Worte über den Nationalsozialismus. Nach dem Zusammenbruch im Jahr 1945 war er dann einer der ganz wenigen Stuttgarter Staatsanwälte, die als politisch unbelastet ihre Amtstätigkeit fortsetzen konnten. [VI/39 f.]

Ein neuer Anwerbungsversuch des Ortsgruppenleiters

Als ich im Herbst nach den Ferien zum ersten Mal wieder ins Amt ging, stellte sich mir unter der Haustüre der Ortsgruppenleiter Müller in die Quere und herrschte mich gebieterisch an: „So, nun haben Sie sich erholt. Jetzt können Sie wieder bei der Partei Dienst tun!" Darauf legte ich, wie vorgesehen, das zweite ärztliche Zeugnis von Dr. Kern vor und blieb wieder bis auf weiteres verschont. Im Laufe des Winters trat die Angelegenheit aber erneut in ein recht kritisches Stadium. Müller befand sich auswärts zur Schulung und sein Stellvertreter, der klüger als Müller war, lud mich auf die Ortsgruppe vor. Dort sprach er sehr freundlich mit mir und schlug mir vor, das kommunalpolitische Amt bei der Ortsgruppe zu übernehmen. Dies stelle praktisch überhaupt keine Belastung dar. Dafür würde ich aber dann sogleich dem Ortsgruppenstab angehören und in der Partei einen höheren Rang als ein bloßer Blockwart einnehmen. Aber gerade das war es, was ich am wenigsten wollte. Ich weiß nicht mehr, was ich darauf erwiderte. Jedenfalls gelang mir auch diesmal, das verfängliche Angebot abzulehnen, ohne meine wahren Gründe allzu deutlich in Erscheinung treten zu lassen, und so die Gefahr für den Augenblick abzuwenden.

In der Folgezeit verlegten wir uns auf die Taktik, uns bei Müllers möglichst angenehm zu machen. Dies gelang besonders dadurch, daß Gertrud, wenn Frau Müller abgehalten war, die Betreuung ihres nervösen und unartigen Kindes übernahm. Ich hörte dann später, daß der Ortsgruppenleiter in der Partei immer wieder erklärte, daß ich ein schwer kranker Mann sei. Schließlich einigte man sich darauf, daß ich als Blockwart der NSV angesehen werde, was für mich keine Gewissensbelastung darstellte. Um mir jede Notwendigkeit der unmittelbaren Berührung mit der Partei zu ersparen, sammelte meine gute Frau bei den Mitgliedern der NSV die Beiträge für mich ein und lieferte sie bei der Ortsgruppe ab. Hätte ich dies selbst getan, so hätte man mir eines Tages vorhalten können, daß ich dann auch in der Lage sei, das Amt eines Blockwarts der Partei auszuüben. [VI/41]

Ein „alter Kämpfer" macht Karriere

Der einzige „alte Kämpfer" unter den Stuttgarter Richtern, Cuhorst, war nach der Machtübernahme zunächst noch nicht mit einem Posten belohnt worden, auf den er Anspruch zu haben glaubte. Jetzt drängte er nach vorn. Unter dem stärksten Druck der Partei wurde er zum Senatspräsidenten am Oberlandesgericht ernannt. Er sollte den Vorsitz in einem Zivilsenat führen. Dabei muß bemerkt werden, daß Cuhorst ein kaum durchschnittlicher Jurist war.

Oberlandesgerichtspräsident Hess nahm seinen Abschied, weil er es unter seiner Würde hielt, einem Oberlandesgericht vorzustehen, bei dem so etwas möglich war. Hess, ein immer noch gut aussehender Junggeselle, war mit der damals sehr gefeierten Opernsängerin Irma Roster befreundet. Da beide in unserer Gegend wohnten, sahen wir ihn dann oft als rüstigen Pensionär in ihrer Begleitung spazierengehen.

Cuhorsts Aspirationen gingen aber sicher von Anfang an nicht darauf, den Vorsitz in einem Zivilsenat zu führen, da er wohl sich selbst bewußt war, dazu gar nicht in der Lage zu sein und deshalb voraussehen konnte, daß er sich in dieser Stellung fortgesetzt blamieren mußte. Sein Ziel war der Vorsitz im Sondergericht, das damals noch ein rein politisches Gericht war, und dort wollten ihn die Nationalsozialisten auch ohne Zweifel haben.

Landgerichtsdirektor Flaxland, der 1933 auf diesen Posten gekommen war, wurde einfach wieder als Direktor an eine Strafkammer abgeschoben und Cuhorst als Senatspräsident an seine Stelle gesetzt.[47] Als Vorwand für diese Maßnahme diente die Beschuldigung, das bisherige Sondergericht habe in seiner Rechtsprechung die nationalsozialistische Gesinnung vermissen lassen, und diese Beschuldigung wurde in einer Weise vorgebracht, daß die Beisitzer des Sondergerichts, meist Herren deutschnationaler Herkunft, fürchteten, man werde sie gar noch in ein Konzentrationslager stecken. Dabei war der Vorwurf, sie hätten nicht linientreu im Sinne der Regierung Recht gesprochen, sicher das allerletzte, was man ihnen vorhalten konnte. Nachdem der Zweck der Beschuldigung erreicht war, ließ man sie völlig ungeschoren. Cuhorst vereinigte mit dem Vorsitz im Sondergericht dazu noch den Vorsitz im Strafsenat des Oberlandesgerichts. Flaxland aber blieb, trotz allem, was sich ereignet hatte, ein blindergebener Anhänger des Führers. [VI/41 f.]

Anklage gegen einen SS-Mann wegen Mord

Gegen Ende des Jahres 1935, jedenfalls zu einer Zeit, da die SS noch keine eigene Gerichtsbarkeit hatte, fiel mir der erste und einzige Mordprozeß zu, den ich als Staatsanwalt zu bearbeiten hatte. Ein erst 22 Jahre alter SS-Mann hatte sich in Eglosheim bei Ludwigsburg mit einer Bedienung intim einlassen wollen, war von derselben jedoch abgewiesen worden. Dies hatte seine Eitelkeit schwer verletzt. Kurz darauf saß er eines Abends in dem Gasthaus, in welchem das Mädchen bediente, mit anderen Gästen an einem runden Tisch. Als die Polizeistunde eingetreten war, forderte der Wirt die Bedienung auf, zu kassieren. Sie trat an den Tisch und sagte: „Meine Herren, bezahlen!" Als sie an den jungen SS-Mann kam, griff derselbe in seine Gesäßtasche, wie wenn er seinen Geldbeutel herausholen wollte, zog aber statt dessen seine Pistole und gab mit dieser unter der Tischplatte hervor einen Schuß in den Leib des Mädchens ab, so daß dasselbe sogleich zusammenstürzte und auf der Stelle verstarb. Den entstandenen Tumult benützte der Täter, um sich davonzuschleichen. Er setzte sich auf sein vor der Wirtschaft abgestelltes Fahrrad, fuhr nach Hause und legte sich ins Bett. Dort wurde er noch in der gleichen Nacht von der Polizei festgenommen.

Darauf wurde er von der sogenannten Mordkommission vernommen, wobei er ein volles Geständnis ablegte, auch zugab, daß er die Bedienung mit Vorbedacht umgebracht habe. Der Leiter der Stuttgarter Mordkommission, ein Kriminalkommissar, dessen Name mir entfallen ist, war damals berühmt dafür, daß es ihm gelang, die dunkelsten Kriminalfälle rasch aufzuklären. Man munkelte freilich, daß er sich dabei manchmal nicht ganz korrekter Methoden bediente. Bald darauf köderte ihn die Gestapo und während des Krieges soll er sich in Polen schwere Untaten aufs Gewissen geladen haben, weshalb er unmittelbar nach dem Krieg von den Amerikanern aufgehängt wurde. Im vorliegenden Fall hatte aber der Beschuldigte bei seiner richterlichen Vernehmung sein Geständnis wiederholt (ohne Einschränkung).

Als Mord galt damals jede Tötung mit Überlegung und auf Mord stand nur die Todesstrafe. Sowohl nach dem polizeilichen als auch nach dem richterlichen Protokoll hatte der Beschuldigte in dieser Hinsicht ein volles Geständnis abgelegt. „Danach", sagte ich zu meinem Oberstaatsanwalt, „könnte man ihn schon morgen zum Tode verurteilen." Irgendwo fand ich aber in den Akten die Bemerkung, daß der Beschuldigte früher einmal an Depressionen gelitten habe. Dies veranlaßte mich, ihn durch das Staatliche Gesundheitsamt Stuttgart psychiatrisch untersuchen zu lassen. Der Leiter des Gesundheitsamts war um jene Zeit ein Obermedizinalrat namens Schmid, der als Arzt und als Mensch gleichermaßen vortreffliche Eigenschaften besaß. Er hielt die Beobachtung des Beschuldigten in einer Heilanstalt für erforderlich. So erfolgte seine Einweisung in die Tübinger Nervenklinik. Das Gutachten derselben ging dahin, daß der Beschuldigte voll zurechnungsfähig sei. Darauf vernahm ich den Beschuldigten noch einmal persönlich und zwar sehr eingehend. Es war dies am 24. Dezember 1935 und ich kam deshalb zu spät zur Weihnachtsbescherung, die wir mit dem Ehepaar Barchet[48] zusammen feierten. Bei dieser Vernehmung widerrief der Beschuldigte sein Geständnis: Er habe in Wirklichkeit die Bedienung mit seiner Pistole nur erschrecken wollen und dabei sei unbeabsichtigt der Schuß losgegangen. Der Leiter der Mordkommission habe ihn durch rüde Vernehmungsmethoden so mürbe gemacht, daß er zuletzt alles zugegeben habe. Dafür, daß er dann bei der richterlichen Vernehmung sein Geständnis aufrechterhalten hatte, konnte er keine glaubhafte Erklärung geben.

Die Hauptverhandlung vor dem Schwurgericht dauerte mehrere Tage. Der Andrang des Publikums war gewaltig und die Presse berichtete sehr ausführlich über das Prozeßgeschehen. Außerdem befanden sich noch einige Beobachter der SS im Saal, die auf mich einen recht üblen Eindruck machten, jedenfalls einen viel schlechteren als der Angeklagte selbst. Dieser verteidigte sich auf die gleiche Weise wie bei seiner Vernehmung durch mich. Der Vorsitzende, Landgerichtsdirektor Huzel, ein gestrenger, aber in seiner Art gewissenhafter Richter, fragte ihn, warum er das, was er jetzt vorbringe, nicht gleich zu Anfang der Polizei gegenüber vorgebracht habe. Darauf erwiderte der Angeklagte, er habe dem Kriminalkommissar Stahl von Ludwigsburg, welcher ihn in jener Nacht festgenommen habe, bereits die gleiche Darstellung gegeben. Da sich kein Vermerk hierüber in den Akten fand, telefonierte ich in der Mittagspause mit Kriminalkommissar Stahl. Dieser bestätigte das Vorbringen des Angeklagten und sagte, daß das von ihm damals aufgenommene Protokoll sich bei den Akten befinden müsse. Dies war indes nicht der Fall. Stahl wurde als Zeuge vernommen und konnte dem Gericht noch einen Durchschlag der Niederschrift, die er über die Aussagen des Angeklagten aufgenommen hatte, vorlegen. Offenbar hatte der Leiter der Mordkommission das Protokoll verschwinden lassen, weil es ihm nicht in den Kram paßte. Natürlich erregten diese Umstände in mir große Bedenken. Aber dann marschierte eine lange Reihe von Zeugen auf, durch welche das Verteidigungsvorbringen des Angeklagten im wesentlichen widerlegt wurde. Der beigezogene Schußwaffensachverständige erstattete sein Gutachten dahin, es sei unmöglich, daß sich der Schuß gelöst habe, ohne daß dies vom Angeklagten gewollt worden sei; vielmehr müsse es sich um einen gezielten Schuß gehandelt haben. Die psychiatrischen Sachverständigen, vier an der Zahl, darunter ausgesprochene Kapazitäten, bejahten übereinstimmend die volle Zurechnungsfähigkeit des Angeklagten. Schließlich schien kein Zweifel daran mehr zu bestehen, daß dieser das Mädchen mit Überlegung getötet habe.

Und dann hielt ich mein Plädoyer, das längste, das ich je gehalten habe; wohl drei Stunden lang sprach ich. Ich wollte mir dabei selbst die letzten Bedenken, die vielleicht doch noch in meinem Unterbewußtsein schlummerten, von der Seele reden. Sicher war es trotzdem keine meiner besseren Anklagereden. In meiner Praxis als Staatsanwalt machte ich immer wieder die Erfahrung, daß solche Mängel bei mir regelmäßig in einer gewissen Unsicherheit ihre Wurzel hatten. Meine Stimme zitterte wohl ein wenig, als ich am Schluß – zum ersten Mal in meinem Leben – den Antrag stellte, den Angeklagten zum Tode zu verurteilen. Zwar zweifelte ich damals noch nicht an der Berechtigung der Todesstrafe für Mord. Aber theoretisch von einer solchen Berechtigung überzeugt zu sein, ist etwas anderes, als selbst einem Menschen tatsächlich das Leben absprechen zu müssen. Und zu dem allem kamen noch die Umstände des konkreten Falles. Die Richter und Geschworenen schienen allerdings geringere Hemmungen zu haben. Nach verhältnismäßig kurzer Beratungszeit traten sie erneut in den Saal und verkündeten das Todesurteil, das der junge Angeklagte mit seltsamer Gelassenheit entgegennahm. Insgeheim hatte ich gehofft, daß es lediglich zu einer Verurteilung wegen fahrlässiger Tötung oder wenigstens nur wegen Totschlags kommen werde.

Der Berichterstatter in diesem Fall war Landgerichtsrat Walter, ein frommer Katholik, welcher einst Oberregierungsrat im Innenministe-

rium gewesen, von den Nazis aber zur Justiz auf eine Landgerichtsrats-
stelle versetzt worden war, was einer Zurückstufung gleichkam, die
damit begründet wurde, daß er seinen früheren Posten nur seinen Par-
teibeziehungen zu verdanken gehabt habe; sein Vater war nämlich
Landgerichtspräsident in Ellwangen und ein führender Zentrumsmann
gewesen. Der Angeklagte legte gegen das Urteil des Schwurgerichts
Revision an das Reichsgericht ein. Das von Walter gefertigte Urteil
wurde mir zugestellt. Walter war in der Psychiatrie blutiger Laie. Deshalb hatte er es für das Beste gehalten, diejenige Stelle im schriftlichen
Gutachten des bedeutendsten der psychiatrischen Sachverständigen, die
ihm für die Frage der Zurechnungsfähigkeit entscheidend schien, wört-
lich im Urteil abzuschreiben, ohne daß er die Ausführungen des Sachverständigen wirklich verstanden hätte. Dieser Passus steckte nun wie
ein Fremdkörper in den Urteilsgründen und stand mit den Feststellungen, welche in demselben bezüglich der Überlegung des Angeklagten
bei der Tat getroffen wurden, in einem logischen Widerspruch. Ich ging
mit der mir zugestellten Urteilsabschrift zu Landgerichtsdirektor Huzel
und sagte ihm auf den Kopf zu, daß das Urteil des Schwurgerichts
wegen dieses Widerspruchs vom Reichsgericht aufgehoben werden
würde. Huzel, welcher in der Psychiatrie nicht viel besser als Walter
beschlagen war, wollte dies nicht gelten lassen. Aber, wie ich prophezeit
hatte, so geschah es. Das Urteil wurde aufgehoben und an das Schwurgericht zurückverwiesen. Bei der neuerlichen Hauptverhandlung befand
ich mich gerade im Urlaub, weshalb in ihr die Anklage von einem anderen Staatsanwalt vertreten wurde. In dieser Hauptverhandlung fiel
ein Teil der psychiatrischen Sachverständigen um, indem sie erklärten,
sie könnten jetzt doch die Möglichkeit nicht mehr ausschließen, daß
der Angeklagte zur Zeit der Tat nur beschränkt zurechnungsfähig gewesen sei. Damit war dessen Leben gerettet. Er wurde zu einer längeren
Freiheitsstrafe – allerdings wiederum wegen Mords – verurteilt. Ich
aber fühlte mich jetzt von einem schweren Druck befreit.

Als Juristen lehrte mich der Fehler, welchen das Schwurgericht bei der Begründung seines ersten Urteils gemacht hatte und der zu dessen Aufhebung führte, daß es für einen Richter nicht genügt, ein guter Jurist zu sein. Sein Geist muß auch für andere Gebiete des Lebens und des Wissens offenbleiben und er muß über ein allgemeines Bildungsniveau verfügen, das ihn dazu befähigt, in diese Gebiete rasch so weit einzudringen, daß er in der Lage ist, an einen Sachverständigen vernünftige, sachgemäße Fragen zu stellen und dessen Antworten richtig zu verstehen. [VI/42-46]

Die ersten Erfolge Hitlers

Indessen schritt Hitler von Erfolg zu Erfolg. Mussolini fiel in Abessinien ein, um sich sein großmäuliges Kaiserreich zu schaffen, und der Völkerbund brachte schwächliche Sanktionen gegen den Angreifer in Gang. Im deutschen Volk nahm man an dem abessinischen Abenteuer reges Interesse. Der Negus, welcher sich vergebens auf den Völkerbund verlassen hatte, wurde in Faschingsumzügen als Spottfigur dargestellt. Das Prestige der Diktatoren stieg, das der Demokratien sank auf den Nullpunkt.

Das Wirtschaftsleben in Deutschland blühte weiter auf, was im Straßenbild der Städte vor allem durch eine Steigerung des Kraftfahrzeugverkehrs in die Augen fiel. Die Geschäftsleute verdienten gut und auch die Einkommen der Werktätigen, die noch vor wenigen Jahren arbeitslos auf der Straße gelegen hatten, waren besser als je.

Mochte es auch allgemein bekannt sein, daß Dr. Ley, der Führer der Arbeitsfront, ein Trunkenbold war, er schuf auf jeden Fall die Organisation „Kraft durch Freude", die es dem einfachen Arbeiter ermöglichte, Vergnügungsreisen in fremde Länder zu machen, wie es sich früher kaum die oberen Zehntausend [sic] hatten leisten können. Was verschlug [sic] es, wenn einige fromme oder gebildete Leute darüber mekkerten, daß es auf diesen Reisen nicht gerade fein und moralisch zuging und daß die Teilnehmer im Ausland für die deutsche Kultur keine gute Reklame machten. Solche Unternehmungen bewiesen doch, daß der deutsche Arbeiter kein Proletarier mehr war und daß sich die Nazis mit Recht „Sozialisten" nennen durften.

Der Mensch lebt in der Gegenwart; wenn es ihm jetzt gut geht, so rechnet er damit, daß es so weitergehen werde. Geht es schlecht, so hofft er, wenn er sich nicht in Verzweiflung stürzt. Im allgemeinen stellen nur wenige Nachdenkliche Erwägungen an, die mit ihren Wünschen nicht konform gehen. Zum Nachdenken aber ließ das Regime damals den Deutschen wenig Zeit. Es mußte hart gearbeitet werden. Dazuhin waren die meisten gezwungen, während ihrer Freizeit in irgendeiner der zahlreichen Parteiorganisationen Dienst zu tun. Wenn sie dies auch oft innerlich mit Murren taten, so mußten sie sich doch nach außen hin als Vertreter der Sache zeigen, für welche sie tätig waren. Viele taten es aber auch sehr gern und zwar nicht nur, weil es vorteilhaft war, sich bei der herrschenden Macht beliebt zu machen, sondern auch, weil sie sich durch eine solche Tätigkeit aus der Anonymität ihrer kleinen Existenz herausgehoben und geehrt fühlten und sich selbst mit gewissen Machtbefugnissen ausgestattet sahen. Außerdem wurde durch Veranstaltung von mancherlei Volksbelustigungen dafür gesorgt, daß die Massen nicht die Muße fanden, unerwünschten Gedanken nachzuhängen.

Im übrigen prasselte auf das Volk unaufhörlich ein Trommelfeuer der Propaganda hernieder, in deren Dienst Presse, Rundfunk, Kino, Theater und Literatur gestellt wurden. Andererseits kamen kritische oder negative Urteile nirgends zu Wort. Auch in privaten Gesprächen wurden solche, sofern man mit dem Partner nicht in einem ganz vertrauten Verhältnis stand und seine Einstellung nicht genau kannte, ängstlich vermieden, denn kein vernünftiger Mensch war geneigt, in einem KZ-Lager zu verschwinden.

Es ist sehr schwierig, die wahre Stimmung eines Volkes, das von einer totalen Macht beherrscht wird, zu ergründen, auch für denjenigen,

der mitten unter ihm lebt und ein Glied desselben ist. Es gehörte ohne
Zweifel eine seltene geistige Selbständigkeit dazu, um unter den ge-
schilderten Umständen von der Flut der offiziellen Propaganda nicht
mitgerissen zu werden, eine Selbständigkeit, die besonders von der Jugend nicht zu erwarten ist. Immerhin konnte ich aus Gesprächen mit
gebildeten und gereiften Menschen manchmal doch heraushören, daß
sie sich ihres unabhängigen Denkens nicht ganz begeben hatten. Auch
die meisten meiner Kollegen darf ich dazu rechnen. Ein Fall der Denunziation, die bei anderen Berufsgruppen und Beamtenkategorien sehr
im Schwange war, hat sich unter ihnen in meinem Gesichtskreis nicht
ereignet.

Dabei entwickelte sich zusehends die Kunst, etwas, was man nicht
sagen durfte, freilich doch sagen wollte, in eine Form zu kleiden, welche zwar dem Gesprächspartner den Sinn der Äußerung verständlich
machte, ohne aber daß dieselbe als staatsgefährlich greifbar war, weil
man sie in eine Zweideutigkeit hüllte, so daß immer noch der Ausweg
offen blieb, zu behaupten, man habe dies ganz anders gemeint und sei
mißverstanden worden. Ohne Risiko war freilich auch dieses Spiel
nicht. Aufs Ganze gesehen gab nur der religiöse Glaube dem Menschen
genügende Standfestigkeit gegenüber dem Meer des Nationalsozialismus, das ihn umbrandete und über ihn hinwegstürmte. Die wirklich
gläubigen Christen beider Konfessionen hielten diesem Sturm stand,
wenn ihnen auch nach außen hin die Hände gebunden waren.

Die Entwicklung löste in mir eine tiefe Niedergeschlagenheit aus.
Ich fing an, Hitler zu hassen und steigerte mich immer mehr in diesen
Haß hinein. Am meisten entzündete sich diese Gesinnung an seiner Haltung gegenüber den Kirchen. Daß er auf eine radikale Vernichtung des
Christentums ausging, erschien mir immer weniger zweifelhaft. Am
tiefsten empörte mich seine abgründige Verlogenheit. Hatte er nicht das
„positive Christentum" in sein Parteiprogramm aufgenommen! Hatte
er nicht in historischer Stunde feierlich den Willen bekundet, die Kir-

chen mit zu den Grundlagen seines Reiches zu machen! Nach solchen frechen Wortbrüchen war jegliche Niedertracht von diesem Mann zu erwarten. Zugleich mit dem Haß stieg meine Angst. Ich hatte zur römisch-katholischen Kirche konvertiert. Mußte dieser Schritt in den Augen Hitlers und seiner Kumpanen nicht einem geistigen Landesverrat gleichkommen? Und nun gelang diesem Mann alles, was er in Angriff nahm. Sowohl in der Innenpolitik als auch in der Außenpolitik reihte er einen Erfolg an den andern. Von allen Seiten jubelte man ihm zu. Ich fühlte mich mit meinen Anschauungen immer einsamer und verlassener. Nur zu Hause in meinen vier Wänden konnte ich der Wut, die in mir kochte, Ausdruck geben. Manchmal kam es vor, daß ich im Zorn einen Gegenstand an die Wand schmiß.

Vor allem ärgerte ich mich darüber, daß die Verwandten meiner Frau so fanatisch nationalsozialistisch gesinnt waren. Als Konvertit konnte ich es nicht fassen, daß Menschen, die katholisch getauft und erzogen waren und sogar noch an den Gottesdiensten teilnahmen, diesem Urfeind der Kirche anhingen. Sie verkauften ihre Seele um ein Linsengericht. War nicht die Armut der Ursprung ihrer Gesinnungslosigkeit? Den Schlesiern saß offenbar das Geld zu locker im Beutel. Hätten sie gespart, wie es bei uns in Schwaben üblich war, so hätten sie es nun nicht notwendig, sich an jeden wegzuwerfen, der ihnen den Brotkorb hinhielt. In diese Richtung trieb der Groll, der mich erfüllte, meine Gedanken. Sie richteten sich, gleichsam stellvertretend für alle Nachläufer Hitlers, gegen die Verwandten meiner Frau. Und meine arme Frau litt darunter.

Dabei gab ich aber die Hoffnung noch nicht auf, daß das Regime in absehbarer Zeit gestürzt werden könnte. Insbesonders außenpolitisch stand Hitler auf einem schmalen Grat. Bis jetzt hatte er durch seine Wendigkeit und durch seinen Wagemut viel erreicht. Er neigte dazu, große Risiken einzugehen; irgendeinmal konnten seine abenteuerlichen Unternehmungen auch fehlschlagen. Und dann war ja auch noch die

Wehrmacht da, die höheren Offiziere, von denen viele – wie fast allgemein bekannt war – mit der Partei keineswegs einig waren. Wenn es die Nazis zu bunt trieben, war wohl doch zu erwarten, daß die Wehrmacht durch einen Staatsstreich eines Tages die Diktatur beseitigte, wie dies im Verlauf der Geschichte schon oftmals geschehen war. Selbst die geringfügigsten Vorkommnisse in Deutschland, die möglicherweise dem Regime nachteilig sein konnten, registrierte ich mit Befriedigung und heftete daran meine Hoffnungen. [VI/46-48]

Die Besetzung des Rheinlandes – Die Propaganda wirkt

Anfangs März 1936 besetzte Hitler die entmilitarisierte Rheinlandzone und die dort einmarschierenden deutschen Truppen wurden von der Bevölkerung mit frenetischem Jubel empfangen. Karl Nesch erging sich zwar in düsteren Prophezeiungen: Wenn die Deutschen morgen früh aufwachen, werden sie die großen Plätze ihrer Städte mit französischen und englischen Panzern besetzt sehen. Aber nichts dergleichen geschah. In den demokratischen westeuropäischen Nationen herrschte eine tiefe Abneigung gegen alle Gewaltmaßnahmen, die eventuell zu einer bewaffneten Auseinandersetzung führen konnten. Diese pazifistische Stimmung nützte Hitler rücksichtslos aus. Wer wollte den Krieg nicht für eines der größten Übel der Menschheit halten!

Dennoch bin ich der Ansicht, daß damals die Pazifisten eine schwere Schuld auf sich geladen haben, indem sie durch die von ihnen verbreitete Angst vor jedem Krieg die Regierungen der Westmächte daran hinderten, ihre Machtmittel gegen Hitler einzusetzen. In jener Zeit war die deutsche Rüstung kaum erst angelaufen; es wäre den Engländern und Franzosen sicher noch ein leichtes gewesen, Hitler in die Knie zu zwingen. Dadurch, daß sie sich aus Friedensliebe scheuten, das Notwendige zu tun, ließen sie die Gefahr ins Ungemessene anwachsen, so daß schließlich die Welt in ein Meer von Blut und Tränen gestürzt wurde. Ein verantwortlicher Politiker muß unter Umständen auch kriegerische

Verwicklungen auf sein Gewissen nehmen, um dadurch rechtzeitig ein noch viel größeres künftiges Unheil abzuwenden. Statt dessen machten die wortreichen Proteste, denen keine Taten folgten, die demokratischen Nationen vor aller Welt lächerlich. Sie bestärkten nur Hitler in seiner Ansicht, daß der Weg der rohen Gewalt der einzig richtige sei, um seine Ziele zu erreichen.

Allmählich bekam man es im Volk doch zu spüren, daß Hitlers militante Politik ihre Kehrseiten hatte. Es wurde ein Vierjahresplan proklamiert und Göring mit dessen Durchführung beauftragt. Da die Produktivkraft Deutschlands ganz in den Dienst der schnellsten Wiederaufrüstung gestellt wurde, zeigte sich ein Mangel an Verbrauchsgütern. Für Textilien wurden Ersatzstoffe verwendet. Ich kaufte mir einen Anzug, der aus solchen Stoffen hergestellt war, und er ging rasch wieder in die Binsen. Auch viele Nahrungsmittel standen nur beschränkt zur Verfügung, jedoch immer noch so, daß sie für eine einfache Ernährung des Volkes voll ausreichten.

Für die große Masse war der bestehende Zustand gleichwohl viel befriedigender als die Zeit, bevor Hitler kam. Man hatte Arbeit und man hatte Geld. Man sah ein Ziel vor sich als einzelner und man sah ein solches auch vor sich als Ganzes: die Größe der Nation. Der Mensch lebt nun einmal nicht vom Brot allein. Es zeigte sich, daß die Masse der Menschen sehr wohl geneigt ist, gewisse Entbehrungen hinzunehmen, wenn man ihr ein großes gemeinsames Ziel vor Augen stellt, dasselbe mit einer entsprechenden Propaganda verklärt und dafür sorgt, daß keine negativen Stimmen laut werden können. Auf diese Weise gelang es, das deutsche Volk dazu zu bringen, die provozierende Devise Görings „Kanonen statt Butter" ohne merkliches Murren hinunterzuschlucken.

Gerade im Jahr 1936 verstanden es die Nazis aufs beste, ihre Herrschaft imponierend zur Schau zu stellen. Die Berliner Olympiade im August 1936 wurde in dieser Hinsicht zu einem Höhepunkt. Ein wahrer

Rausch ergriff die Massen und selbst die skeptischen Ausländer wurden von dem, was sie sahen und hörten, aufs tiefste beeindruckt.

Ich wußte mir in diesem Trubel, der mir unerträglich auf die Nerven fiel, nicht anders zu helfen als dadurch, daß ich mich in meinem privaten Leben in eine ganz andere Welt zurückzog, die mich immer wieder – wenigstens für ein paar Stunden – vergessen ließ, was draußen vor sich ging. Jetzt war ich froh, in der Großstadt zu leben, wo ein solches Untertauchen noch eher möglich war als in der Kleinstadt. [VI/48-50]

Die „Ver-Reich-lichte" Justiz

Die Justiz war – wie man so sagte – „verreichlicht" worden. Es gab kein württembergisches Justizministerium mehr. In seinen früheren Räumen, in jenem schönen Gebäude am Schillerplatz in Stuttgart, das vor 1918 der „Prinzenbau" genannt worden war und als standesgemäße Wohnung für Prinzen des königlichen Hauses gedient hatte, zog nun die sogenannte Präsidialabteilung ein, die ihre Weisungen unmittelbar von Berlin empfing. Diese Wandlung ging mir, der ich immer einen extrem föderalistischen Standpunkt eingenommen hatte, sehr gegen den Strich. Doch hatte ich jetzt andere politische Sorgen, welche dieses Unbehagen völlig überdeckten. Die straffe Zentralisation im Reich förderte auch in der Justizverwaltung einen Papierkrieg, wie man ihn bisher bei uns noch nie gekannt hatte. In den überschaubaren Verhältnissen des kleinen Württemberg, wo innerhalb des Justizdepartements fast jeder jeden kannte, war es bis dahin menschlicher zugegangen.

Von dem ehemaligen Generalstaatsanwalt Röcker, der – wie üblich – zuvor Personalchef im Justizministerium gewesen war, wurde mir eine Äußerung überliefert, die er als solcher getan hatte: Er schaue sich grundsätzlich keine Statistik über den Geschäftsanfall an, da er genau wisse, welche Richter des Landes fleißig und welche faul seien. Bald nach der Verreichlichung hatte nun eine derartige Statistik einen Erlaß des Reichsjustizministeriums verursacht, in dem ausgeführt wurde, die

Statistik habe ergeben, daß die Staatsanwaltschaften in Württemberg im Verhältnis zum Geschäftsanfall, wenn man es mit der Lage in Preußen vergleiche, viel zu gut mit Staatsanwälten besetzt seien, weshalb hier in absehbarer Zeit ein Abbau durchgeführt werden müsse. Dieser Erlaß rief bei uns eine ziemliche Erregung hervor, zumal es sich herumgesprochen hatte, daß die preußischen Staatsanwälte über viel mehr freie Zeit verfügten als wir. Bei näherem Zusehen stellte sich heraus, daß in Württemberg ein Ermittlungsverfahren, in welchem mehrere Personen beschuldigt wurden, nur unter e i n e m Aktenzeichen geführt wurde, während in Preußen jeder Beschuldigte ein eigenes Geschäftszeichen erhielt. Diese verschiedene Zählweise hatte natürlich in der Statistik ein falsches Bild ergeben. Nun machten wir uns mit Eifer daran, die preußische Zählweise gleichermaßen bei uns zu praktizieren. Dies führte zu einem durchschlagenden Erfolg. Nachdem die Statistik des folgenden Jahres vorlag, erschien ein neuer Erlaß des Justizministeriums, der etwa folgenden Inhalt hatte: Der rasche Aufstieg unseres Wirtschaftslebens, den wir unserem geliebten Führer zu verdanken hätten, habe in manchen Teilen des Reiches leider auch gewisse Kehrseiten in Erscheinung treten lassen, so vor allem in Württemberg, nämlich einen erheblichen Anstieg der Kriminalität. Zu ihrer wirksamen Bekämpfung müsse in diesen Gebieten eine vermehrte Zahl von Staatsanwälten eingesetzt werden. Wir quittierten diesen Erlaß mit Schmunzeln.

Soweit es sich nicht um Strafverfahren mit ausgesprochenem politischem Anstrich handelte, beschränkte sich die Einwirkung der Partei hauptsächlich darauf, daß sie sich in das Gnadenwesen einschaltete. Jedes Gnadengesuch eines Verurteilten mußte über die Partei an die Gnadeninstanz vorgelegt werden und die Stellungnahme der Partei erwies sich regelmäßig als entscheidend. [VI/59 f.]

Der Einsturz einer Autobahnbrücke

Alsbald nach der nationalsozialistischen Machtübernahme war der Bau von Reichsautobahnen ins Werk gesetzt worden und es kann nicht geleugnet werden, daß man damit eine Sache in Angriff nahm, die sich als zukunftsträchtig erwies. Allüberall im Lande taten sich solche Baustellen auf und die Arbeiten schritten schnell voran. Offensichtlich handelte es sich um Unternehmungen, die dem Führer selbst sehr am Herzen lagen.

An einem heißen Julitag des Jahres 1936 stürzte nun bei Ditzingen im Kreis Leonberg eine im Bau befindliche und ihrer Vollendung entgegengehende Autobahnbrücke, die über eine Eisenbahnlinie führte, plötzlich zusammen. Ein Güterzug fuhr in die Trümmer der zusammengebrochenen Brücke hinein, wobei der Lokomotivführer und der Heizer leicht verletzt wurden. Der entstandene Sachschaden war freilich sehr hoch.

Mir als dem zuständigen Staatsanwalt wurde die Aufgabe übertragen, zu untersuchen, was die Ursache des Einsturzes der Brücke war und wer eventuell die Schuld daran trage. Dabei wurde ich darauf hingewiesen, daß in der Kanzlei des Führers ein großes Interesse an dem Ergebnis meiner Ermittlung bestehe. Der Grund für dieses besondere Interesse lag darin, daß früher derartige Brücken stets genietet worden waren, während Hitler, trotz des Bedenkens verschiedener Experten, aus ästhetischen Gründen angeordnet hatte, daß die Brücken der Reichsautobahnen nicht mehr genietet, sondern geschweißt werden sollten. Zunächst stand man vor einem Rätsel, wie sich dieses Unglück überhaupt hatte ereignen können. Ich selbst verstand natürlich vom Brückenbau so gut wie nichts. Zum Glück konnte ich aber in der Person des Professors Mörsch von der Technischen Hochschule Stuttgart einen Sachverständigen ausfindig machen, der auf dem Gebiet des Brückenbaus einen internationalen Ruf genoß. Mörsch war sozusagen ein Selfmademan, der infolge seiner außergewöhnlichen Fähigkeiten und Leistungen aus unteren Rängen zu seiner jetzigen Stellung aufgestiegen war, ein untersetzter, älterer Mann mit grauen Haaren, der eine Brille mit dicken Gläsern trug. Sein Auftreten war bescheiden und von der vielgescholtenen Professoreneitelkeit war nicht die geringste Spur an ihm zu bemerken. Man hätte ihn seinem Aussehen nach für einen einfachen Mann aus dem Volk, etwa einen alten Bücherrevisor, halten können.

Nachdem Professor Mörsch an Ort und Stelle seine Untersuchungen angestellt hatte, saß er mir stundenlang in meiner Kanzlei auf einem harten Holzstuhl gegenüber, während wir alle Aspekte des vorliegenden Falles eingehend miteinander erörterten. Mörsch kam zu folgendem Resultat: In den aufgeschweißten Tonnenblechen der Brücke waren temperaturbedingte Spannungen aufgetreten. Auf die starke Sonneneinstrahlung war infolge eines Gewitters mit Platzregen eine erhebliche Abkühlung erfolgt. Deshalb wölbten sich die Tonnenbleche leicht nach unten. Dort stießen sie aber auf die nicht nachgebenden Pfeilerstützen, was zur Folge hatte, daß sich die Brücke an ihren Enden von den Lagern hob und seitwärts abrutschte. Der Fehler lag darin, daß man sie in der gewohnten Weise wie eine genietete Brücke montiert und nicht dafür Sorge getragen hatte, daß durch Anbringung besonderer Stützen ihr Abgleiten zur Seite hin verhindert worden war.

Die Ausführungen von Professor Mörsch erschienen mir einleuchtend. Mein Vorgesetzter eröffnete mir, die Angelegenheit werde, weil sämtliche Autobahnbrücken im ganzen Reich in gleicher Weise wie die Ditzinger Brücke hergestellt werden sollten, für so schwerwiegend erachtet, daß man mich selbst nach Berlin in die Führerkanzlei zitieren werde, damit ich dort das Ergebnis meiner Ermittlungen mündlich vortrage. Man verzichtete aber dann vorläufig doch auf mein persönliches Auftreten in Berlin und verlangte zunächst nur einen eingehenden schriftlichen Bericht von mir. Derselbe wurde mit solcher Eile angefordert, daß es mir fast unmöglich war, dieser Ungeduld nachzukommen. Noch während ich den Bericht meiner Schreibkraft diktierte, kam schon wieder ein Telefonanruf von Berlin, in dem darauf gedrungen wurde, daß der Bericht noch am gleichen Tag abgesandt werde. Nachdem ich ihn diktiert hatte, brachte ich ihn unverzüglich dem Oberstaatsanwalt zum Abzeichnen. Dieser ließ ihn sogleich vor meinen Augen zur Post bringen. Als dies geschehen war, las ich den Durchschlag des Berichts in meiner Kanzlei nochmals in Ruhe durch. Was mußte ich da entdecken! Bei dem mehrfach vorkommenden Ausdruck „Aufschweißen der Tonnenbleche" hatte meine Schreibhilfe an zwei oder drei Stellen das „w" ausgelassen, was mir beim hastigen Durchlesen entgangen war. Mir wurde etwas schwummrig zumute; man konnte nicht wissen, wie unsere gestrengen Herren auf ein solches Versehen reagieren würden. Dasselbe hatte jedoch für mich keine weiteren Folgen und ich brauchte in dieser Angelegenheit auch nicht nach Berlin zu fahren. [VI/60 f.]

Staat und katholische Kirche

Aus dem Jahr 1937 sind mir wenige Einzelheiten in Erinnerung geblieben, aber als Ganzes steht dieses Jahr düster in meinem Gedächtnis. Zähneknirschend mußte ich feststellen, daß die Herrschaft Hitlers und seiner Partei immer stärker wurde und zwar nicht nur im Innern, sondern auch nach außen hin. Jetzt, nachdem er Mussolini als sicheren Freund gewonnen hatte, brauchte Hitler auf den Vatikan keine besondere Rücksicht mehr zu nehmen, noch viel weniger auf die Stimmung der katholischen Minderheit in Deutschland. So wurde nun der Propagandafeldzug der Partei gegen die katholische Kirche, die man mit Recht als den Kern des christlichen Widerstands gegen den Nationalsozialismus ansah, mit unerhörter Hemmungslosigkeit vorangetrieben. Den Hauptstoff für diese Hetze lieferte jene Serie von Strafverfahren gegen Ordensleute und Priester wegen Sittlichkeitsverbrechen, in welcher sich die Reihe der vorangegangenen Prozesse wegen Devisenverbrechen fortsetzte. Man wird in diesem Zusammenhang den deutschen Richtern nicht den Vorwurf machen können, daß sie das Recht gebeugt hätten, um der Partei gefügig zu sein, denn es handelte sich um wirkliche Straftaten, über welche sie in geordneten Verfahren urteilten, wie dies ihre Pflicht war. Darin lag eben das Bedrückende für die Katholiken, daß die Vorkommnisse, welche den Nazis zur wichtigsten Waffe bei ihren Angriffen gegen die Kirche dienten, nicht wegzuleugnen waren.

Vom Klerus wurde zwar darauf hingewiesen, daß es auch in anderen Berufsgruppen immer wieder Leute gäbe, die sich als unwürdig erweisen und sich strafbar machen, ohne daß deshalb der ganze Stand angeprangert werde. Es wird aber doch eingeräumt werden müssen, daß im katholischen Priester- und Ordensstand die Spannung zwischen Ideal und Wirklichkeit auf dem Gebiet der Sexualität zu überdurchschnittlich zahlreichen Fehlzündungen führt, wenn diese Erscheinung auch von akatholischer Seite meist sehr übertrieben wird. Der Verzicht der katholischen Kleriker auf die Ehe bedeutet in der Tat ein schweres Opfer und manche, die ohne echte Berufung in diesen Stand gelangen, sind dabei ohne Zweifel überfordert. Das Leben des Klerikers gleicht einer Wanderung auf einem hohen, gefährlichen Grat und es ist verständlich, daß es dabei leichter zu einem Absturz kommen kann als bei Menschen, welche im Tale pilgern. Im allgemeinen werden solche Fälle vom katholischen Volk auch mit einer gewissen Nachsicht hingenommen. Wenn aber von anderer Seite behauptet wird, daß sich darin, daß den katholischen Priestern die Befriedigung ihrer sexuellen Triebe verboten wird, eine naturwidrige Einstellung der Kirche offenbare, so muß dem widersprochen werden, denn es ist für den Menschen natürlich, über der Natur zu stehen. Und es ist zu begrüßen, ja sogar notwendig, daß es eine Gruppe von Menschen gibt, die in ihrer Lebensweise diese Wahrheit zeichenhaft verkörpern. Gewiß hat der Zölibat auch seine negativen Seiten. Wenn man aber die Evangelien unvoreingenommen liest, wird man nicht leugnen können, daß Christus selbst die freiwillige Ehelosigkeit aus religiösen Motiven nicht nur billigt, sondern ihr einen sehr hohen Wert zuerkannte. Man wird ebensowenig bestreiten können, daß Christus keine demokratische Regierung seiner Kirche vorschwebte. Vielmehr hat er aus der großen Schar seiner Anhänger die zwölf Apostel ausgesondert und ihnen weitgehende Vollmachten übertragen. Seine Sendung kam von oben, nicht von unten, von der erlösungsbedürftigen Menschheit. Wenn die Kirche den Kleriker vom Laien unterscheidet, so findet diese Unterscheidung schon in den ältesten Überlieferungen des Christentums ihre Stütze. Der Laie dient Gott durch das Medium der Welt hindurch; die Aufgabe des Priesters und des Ordensmannes ist es, sich darüber hinaus in seiner Lebenshaltung unmittelbar Gott zuzuwenden – eine Haltung, welche der Laie im sakralen Gottesdienst mitvollzieht, von wo aus sie dann ebenso über sein Leben ausstrahlt und ihm eine übernatürliche Weihe verleiht, so im tiefsten Grund die beiden Stände der Kirche zu e i n e m Volk Gottes verbindend.

Aber auch im Rahmen des natürlich Zweckhaften überwiegen die Vorteile des priesterlichen Zölibats seine Nachteile. Indem man von den Anwärtern auf ein geistliches Amt ein so schweres Opfer fordert, wird die leichte Spreu von vornherein ausgesiebt. Eine Geistlichkeit, deren Glieder verheiratet sind, wird in der sozialen Ordnung leicht zu einer Kaste. So war im Bismarckreich die protestantische Geistlichkeit Deutschlands eben ein Teil der Akademikerschaft und teilte deren gesellschaftlichen Rang. Die katholische Priesterschaft, welche sich stets aus allen Volksschichten neu ergänzen mußte, blieb volksverbundener und stand viel mehr außerhalb der gesellschaftlichen Hierarchie. So fällt es dem katholischen Priester leichter, allen alles zu werden. In Zeiten der Verfolgung aber geraten die natürlichen Pflichten der verheirateten Geistlichen, für ihre Familien und für ihre Nachkommenschaft zu sorgen, in einen schweren Konflikt mit ihrer religiösen Pflicht, sich für die Reinheit des Glaubens einzusetzen. In dieser Konfliktsituation liegt der Ansatzpunkt für faule Kompromisse, welche in der Geschichte unheilvoll fortwirken.

Es hätte nicht zu dieser Aneinanderreihung ähnlicher Strafverfahren kommen können, wenn nicht vorher von der Regierung und der Partei eine besondere Aktion der Polizei gegen Priester und Ordensleute in Gang gebracht worden wäre mit dem Ziel, Stoff zu sammeln, der propagandistisch ausgeschlachtet werden konnte, und wenn man nicht solche gesammelten Fälle seit längerer Zeit aufgespart hätte, bevor man sie den Gerichten vorlegte. Nun rollte die Propagandawelle. Unter großen Balkenüberschriften und maßlos aufgebauscht, wurde von der nationalsozialistischen Presse über die Gerichtsverhandlungen berichtet.

Den Höhepunkt bildete eine Rede, die im Mai 1937 Goebbels in Berlin hielt und welche von allen Rundfunksendern des Reiches übertragen wurde. In ihr wurde die katholische Kirche Deutschlands als ein Sumpf des Lasters und der Unzucht hingestellt, als ein stinkender Augiasstall, der jetzt endlich von den Nationalsozialisten ausgemistet werde. Selbst wenn man einräumen wollte, daß manche kirchlichen Oberen, etwa aus Angst vor öffentlichen Skandalen, nicht energisch genug gegen gewisse Mißstände vorgegangen waren, so hatten doch die Nationalsozialisten am allerwenigsten ein Recht, sich hierüber als die Entrüsteten aufzuspielen, denn gerade sie pflegten – wie ich in meinem Beruf als Staatsanwalt schon mehrfach erfahren hatte – moralische Kloaken ganz anderen Ausmaßes mit dem Mantel einer gar nicht christlichen Nächstenliebe zu bedecken. Aber auch diese Hetzkampagne fand in der Bevölkerung kaum den von der Partei erhofften Widerhall.

Stark war die Erregung, den sie im katholischen Volksteil auslöste, freilich nicht im Sinne der Nationalsozialisten. Ich glaube nicht, daß ein überzeugter Katholik durch sie in seinem Glauben erschüttert worden ist. Man war in diesen Kreisen, die von vornherein dem Nationalsozialismus mit großer Skepsis gegenübergestanden hatten, die aber, wenn man ihnen religiöse Duldung gewährt hätte, sehr wohl vom Regime hätten gewonnen werden können, geneigt, in den abrollenden Strafverfahren lediglich Schau- und Scheinprozesse, eine Begleitmusik für die im Gang befindliche Kirchenverfolgung, zu erblicken, und fühlte sich diffamiert und tief gekränkt. Mir selbst erging es nicht anders. Auch auf die gläubigen Protestanten, welche die Verlogenheit der Nationalsozialisten bereits am eigenen Leib zu spüren bekommen hatten, machten diese Verfahren offenbar keinen nachhaltigen Eindruck. Sie wurden von der Partei zu einer Propaganda ausgebeutet, die dadurch an Gewicht verlor, daß sie allzu plump war.

Die Zeitungskioske, aber auch die Auslagen vieler Buchhandlungen waren gefüllt mit aufreizenden Broschüren und Büchern, in denen ganz allgemein das Christentum, vornehmlich jedoch die katholische Kirche, verächtlich gemacht und geschmäht wurde. Dazu kamen periodisch erscheinende Blätter, welche dem gleichen Zweck dienten. Die meisten von ihnen werden freilich nur wenig gekauft und gelesen worden sein. Das übelste dieser Hetzblätter waren bei uns in Württemberg die „Flammenzeichen", die bezeichnenderweise öffentlich angeschlagen wurden und deshalb auch in die Breite wirkten. Die größte Wirkung aber ging vom „Schwarzen Corps" aus, dem Organ der SS, das ebenfalls öffentlich angeschlagen und – wenn ich mich nicht täusche – sogar in meiner Behörde offiziell in Umlauf gebracht wurde. An ihm arbeiteten gewandte Journalisten mit, so daß das „Schwarze Corps" auch bei vielen Intellektuellen Anklang fand. In jeder Nummer dieses Blattes wurden gehässige Pfeile gegen das Christentum und gegen die katholische Kirche abgeschossen. Unter solchen Umständen wurde für mich jeder Gang durch die Innenstadt, wo mir fast an allen Straßenecken Schlagzeilen, mit denen die Kirche angegriffen wurde, in die Augen stachen, zu einem aufregenden und erschütternden Erlebnis. [VI/65-68]

Katholische Kirche, Klerus und Gemeinden

Insofern konnte man allerdings in jenen Jahren noch nicht von einer rein einseitigen Kirchenverfolgung sprechen, als auch der Kirche immer noch einige öffentliche Kommunikationsmittel zur Verfügung standen.

Es wurde noch gekämpft, wenn auch in diesem Kampf die eine Seite sehr geknebelt war. Wenn man die Auslagen eines Zeitungsstands musterte, so mochte es sein, daß der Blick inmitten der Schmähschriften gegen das Christentum und die Kirche auf ein Blatt traf, dessen Kopf in mächtigen Lettern die Überschrift trug: „Der Katholik". Es war dies eine Veröffentlichung von kirchlicher Seite. Ein anderes derartiges Blatt, das sich besonders an die reifere Jugend wandte, nannte sich „Michael". Auch Stöße des „Katholischen Sonntagsblatts" lagen auf. Ich selbst war – wie seit über zehn Jahren – Abonnent und eifriger Leser der „Schöneren Zukunft".

Alle diese katholischen Publikationen standen auf beachtlicher Höhe. Die Zeitverhältnisse zwangen zu geistiger Konzentration. Dabei mußten die Journalisten Vorsicht walten lassen, um ein staatliches Verbot der Blätter zu vermeiden oder doch wenigstens möglichst lange hinauszuzögern. Allmählich entwickelten sie eine erstaunliche Kunst, das Wichtige ohne Verwässerung, aber doch in angemessener Verkleidung, zu verkünden.

Ich habe wohl nie mit solchem Interesse wie damals die Fahndungsblätter, welche mir in meiner Behörde im Umlauf zugingen, studiert, weil in ihnen jeweils eine Liste der beschlagnahmten Bücher und Zeitschriften veröffentlicht wurde. Fast immer waren solche aus dem katholischen Lager in stattlicher Zahl unter ihnen. Ich konnte an diesen Listen die jeweilige Stärke des nationalsozialistischen Kampfes gegen die Kirche ablesen. Im Lauf der Zeit fiel diesem Kampf schließlich eines der katholischen Organe nach dem andern zum Opfer, besonders während des Krieges, als man die unerwünschte Presse ohne offizielles Verbot einfach dadurch abwürgen konnte, daß man ihr kein Papier mehr zuteilte.

Bis in die erste Kriegszeit hinein gab es in Stuttgart auch noch eine sogenannte Katholische Bildungsgemeinde, in welcher interessante Vorträge gehalten wurden, die ich mit Gertrud regelmäßig besuchte.

Besonders kann ich mich noch an einen solchen erinnern, in welchem der mittelalterliche Mystiker Meister Eckehart behandelt wurde, den merkwürdigerweise Rosenberg und die sogenannten Gottgläubigen, wie sich die nationalsozialistischen Antichristen hießen, für ihre Weltanschauung in Anspruch nahmen. Einmal – ich glaube, es war schon im Jahr 1936 – machte ich mit meiner Frau eine von Kaplan Breucha geleitete Fahrt in das Koster Wimpfen mit, das damals noch nicht wieder von Mönchen besiedelt war; diese Fahrt steht sehr freundlich in meiner Erinnerung.

Je schwieriger es für die Kirche wurde, mit dem gedruckten Wort das Volk zu erreichen, desto mehr stieg die Bedeutung der Predigt. An der Eberhardskirche in Stuttgart, zu deren Gemeinde wir gehörten, wirkten damals als Prediger zwei sehr begabte, junge Geistliche: der schon genannte Kaplan Breucha und ein Kaplan Müller. Breucha war der Sohn eines württembergischen Amtsgerichtsdirektors, dessen Kinderreichtum unter den Juristen viel belächelt wurde. Während Kaplan Breucha mehr einen feingeistigen, ästhetischen Typ darstellte, war Müller temperamentvoller und volkstümlicher. Beide ließen es als Kanzelredner nicht an Mut fehlen. Dabei wußten sie vieles gleichsam zwischen den Zeilen zu sagen, was aber von den Gläubigen wohl verstanden wurde, da unter den obwaltenden Umständen das Ohr für das, was nicht ausgesprochen, sondern nur angedeutet wurde, sich immer mehr schärfte.

Oft nahmen wir auch an den Gottesdiensten in der in unserer Nachbarschaft gelegenen, kleinen St. Konradskapelle, welche einem Altersheim in der Stafflenbergstraße angegliedert war und zum Sprengel der Eberhardskirche gehörte, teil. Dort wurde die Hl. Messe entweder von einem alten Hausgeistlichen oder von dem damals noch ziemlich jungen Dr. Max Miller, dem späteren [Staats]Archivdirektor, zelebriert. Derselbe gab um jene Zeit die sogenannten Söflinger Briefe[49] heraus, welche von ihm sehr eingehend und mit großer Gelehrsamkeit kommentiert wurden. Ich selbst kaufte mir diese Broschüre, in welcher das spätmittelalterliche Leben, besonders die Zustände in den geistlichen Orden am Vorabend der Reformation, unmittelbar aus den Quellen und aus dichter Nähe dem Leser vor Augen geführt werden.

In der deutschen Bevölkerung rückte der Kampf des Nationalsozialismus gegen das Christentum immer mehr in den Mittelpunkt des Interesses und zwar nicht nur beim katholischen Volksteil. In den Parteiversammlungen, deren Besuch für mich Zwang war, ließ die Zuhörerschaft die obligaten Schimpfereien der Redner über die Juden, Bolschewisten und „Plutokraten" und die nicht weniger obligaten Lobhudeleien auf den Führer und seine Partei mit kaum verhohlener Langeweile über sich ergehen, die aber sofort in gespannte Aufmerksamkeit umschlug, wenn der Kirchenkampf aufs Tapet kam. In dieser Frage, welcher für die innere Einstellung zum Nationalsozialismus grundlegende Bedeutung zukam, ging die Front mitten durch die Parteigenossenschaft. Man darf sich nicht vorstellen, daß dieselbe aus lauter begeisterten Anhängern Hitlers bestanden hätte. Wohl die meisten Mitglieder der Partei waren ja in ähnlicher Weise wie ich selbst in sie hineingedrängt worden; ihrer Weltanschauung nach waren sie im allgemeinen die gleichen geblieben, die sie vorher waren. Natürlich hütete sich jeder, sein Mißfallen an den Maßnahmen der Regierung in selbstmörderischer Weise offen zu bekunden. Der Blockwart der Partei, welcher bei mir die Mitgliederbeiträge kassierte, war ein biederer Beamter aus der Nachbarschaft, der allsonntäglich mit seiner Familie zum Gottesdienst in die Eberhardskirche ging. Ohne daß wir es nötig gehabt hätten, uns deutlich zu erklären, wußten wir doch bald, was wir gegenseitig voneinander zu halten hatten. Und obwohl wir es vorsichtig vermieden, direkt staatsfeindliche Reden zu führen, so waren es doch die Gespräche Gleichgesinnter, zu denen uns seine periodischen Besuche Gelegenheit gaben.

Der Sturm der Verfolgung ließ manche welken Blätter aus der Krone der Kirche fallen. Weitaus die meisten aber blieben und grünten um so mehr. Die Bedrohung brachte den Katholiken den Wert ihres geistigen Besitzes und ihre Verwurzelung in demselben stärker zum Bewußtsein, als dies in ruhigen Zeiten der Fall ist, zumal das, was man ihnen als Ersatz anbot, sich mehr und mehr als unbefriedigend, schal, ja abstoßend enthüllte. Die Kirchen blieben gefüllt und – soweit noch Wallfahrten möglich waren – ließ die Beteiligung an ihnen nichts zu wünschen übrig. Dies wog um so schwerer, als den Kirchgängern und Wallfahrern wohl bewußt war, daß die Partei auf jeden einzelnen achtete, der so seine Anhänglichkeit an die Kirche bezeugte, und als sie damit rechnen mußten, daß ihnen eines Tages dafür die Rechnung präsentiert werde. Tatsächlich wirkten die vollen Kirchen fortgesetzt als zwar stille, aber doch mächtige Demonstrationen gegen das herrschende Regime – die einzigen, die noch möglich waren. Die Regierung konnte es noch nicht wagen, offen dagegen einzuschreiten.

Der katholische Klerus in Deutschland zeigte angesichts des Sturms, der ihn umtoste, eine erstaunliche Geschlossenheit. Er wurde in seinem Widerstand durch das Bewußtsein gestärkt, die große Masse der Laien hinter sich zu haben. Auch diese schlossen sich in der Bedrängnis enger aneinander. Man sah sich regelmäßig in der Kirche, wußte also, wer ein gläubiger Katholik war, mit dem man offen sprechen konnte, ohne eine Denunziation befürchten zu müssen. Ohnehin standen die Stuttgarter Katholiken als eine Minderheit, die früher schon manchen Angriffen ausgesetzt gewesen war, in vielfachem geselligem Verkehr untereinander, den das reiche katholische Vereinsleben, das vor der nationalsozialistischen Herrschaft bestand, gefördert hatte. Waren diese Vereine jetzt auch aufgelöst, so wurde unter ihren einstigen Mitgliedern der Verkehr von Mensch zu Mensch dennoch privat weiter gepflegt, ja vielleicht sogar noch intensiviert. Das eben ist ein Charakteristikum totalitärer Herrschaftssysteme, daß sie die menschlichen Bindungen, welche sie vorfinden, zerstören und das Individuum in unvorstellbarer Weise isolieren. Jeden einzelnen umhüllt eine Schicht des Mißtrauens, die den inneren Kontakt mit den Nebenmenschen verhindert. Einsam und verloren steht er dem allmächtigen Staat gegenüber, der einen absoluten Anspruch auf ihn erhebt. Nur dort, wo sich solche Kontakte im geselligen Verkehr bereits gebildet haben und fortbestehen, ist der getarnte Widerstand einer Gruppe gegen den totalen Staat möglich. Und nur der Widerstand, der von großen Gruppen ausgeht, ist wirksam. Über ihn kann sich auch der totale Staat nicht einfach hinwegsetzen. Auch für einzelne Aktivisten gibt er den notwendigen geistigen Hintergrund. Die Voraussetzung aber, daß es zu einer solchen Gruppenbildung überhaupt kommen kann, ist das Vorhandensein einer großen Zahl von Menschen, die in ihren Ansichten über Gott und Welt im wesentlichen übereinstimmen.

Der Einbruch des Nationalsozialismus in die deutsche Gesellschaft wirkte als Sonde, die offenbar machte, was wichtig und was nichtig war. Deshalb stellen die damals gemachten Erfahrungen eine Lehre auch für die Nachkommenden dar. Diese Erfahrungen lehren die Katholiken, daß die bloße Teilnahme an den Gottesdiensten und der bloße Gehorsam gegenüber dem Klerus nicht genügt, sondern daß die menschlichen Kontakte zwischen den Gläubigen auch außerhalb des engeren Kirchenraums von größter Bedeutung sind, zumal die direkten Einwirkungsmöglichkeiten des Klerus auf die Laien in solchen Krisenzeiten recht beschränkt sind. In der Stärke der menschlichen Kontakte zwischen den Katholiken tritt aber nichts anderes in Erscheinung, als das Maß der christlichen Bruderliebe, die unter ihnen besteht. Wie stärkend und erhebend ist es dann für den einzelnen, wenn er merkt, daß er nicht allein steht, sondern daß andere seine Überzeugungen und seine Sorgen teilen! [VI/68-71]

Repressalien in Ellwangen

In das Haus, in dem wir wohnten, war in den Dachstock ein älteres Fräulein namens Präg eingezogen, die bei einer Berufsgenossenschaft angestellt war. Sie war katholisch und stammte aus Ellwangen, wo sie ein Häuschen besaß. Zwischen ihr und Gertrud entwickelte sich bald ein freundschaftliches Verhältnis. Durch sie erhielten wir laufend Kenntnis von den Vorgängen in Ellwangen, das ein besonders heißer Boden im Kirchenkampf war.

In dieser Stadt und ihrer Umgebung lebte eine Bevölkerung, die tief im Katholizismus verwurzelt war, was besonders der Propstei, die einst dort ihren Sitz hatte, und der berühmten Wallfahrtsstätte auf dem Schönenberg nahe der Stadt zu verdanken war. Schon zu Anfang des 3. Reiches hatte man eine SS-Garnison nach Ellwangen verlegt, welcher ohne Zweifel unter anderem auch die Aufgabe zugedacht war, der Einwohnerschaft ihre schwarze Gesinnung auszutreiben. Außerdem hatte man dort einen Kreisleiter namens Koelle eingesetzt, der zu den übelsten seinesgleichen in Württemberg gehörte, einen engstirnigen Katholikenhasser, der im Bund mit der SS die katholischen Ellwanger fortgesetzt schikanierte, bedrohte und unter einen unerträglichen Druck setzte. Ein durchschlagender Erfolg blieb diesen Maßnahmen der Nationalsozialisten versagt. Die Masse der Bevölkerung hielt unbeirrt an ihrem Glauben fest; durch die Verspottung und Lästerung alles dessen, was ihr heilig war, wurde in ihr nur eine wachsende Erbitterung erzeugt.

Als man schon mitten im Krieg stand, wurde ich einmal zufällig Zeuge der Äußerung eines zur Gauleitung gehörigen, hochgestellten Parteimannes, der erklärte: Es sei beschlossen, nach Kriegsende die ganze katholische Bevölkerung Ellwangens nach Polen umzusiedeln; auf andere Weise könne man diese schwarze Brutstätte nicht austilgen. Von all dem, was sich während der Naziherrschaft in dieser Stadt ereignete, wäre wohl kaum eine Kunde zu uns gedrungen, wenn uns nicht Fräulein Präg so getreulich davon berichtet hätte. [VI/71 f.]

Mit guten Freunden im offenen Gespräch

Als Konvertit hatte ich nur spärliche gesellschaftliche Beziehungen zu andern Katholiken, besonders, nachdem ich meine Verbindung zu der Stammtischrunde im St. Vinzenzhaus abgebrochen hatte.[50] Immerhin verkehrten wir mit der Familie meines Kollegen Bogenrieder, der in unserer Nachbarschaft wohnte. Durch ihn wurden wir mit dem ebenfalls in unserer Nachbarschaft lebenden Dr. Hammer und mit Archivrat Dr. Miller persönlich bekannt.

Dr. Hammer, ein Mathematiker, war als Bibliothekar an der Landesbibliothek angestellt und beschäftigte sich vorzugsweise mit der Erforschung des Lebens und Werks des großen schwäbischen Astronomen Kepler. Hammer, der mit einer sehr viel älteren Frau verheiratet war, hatte sich im Jahr 1933 der NSDAP angeschlossen und sogar als uniformierter Amtswalter in unserer Ortsgruppe Dienst getan. Nun war auch er mit der Partei zerfallen und zwar aus den gleichen Gründen wie ich. Er machte aus seinen Ansichten keinen Hehl, wenn er auch klug genug war, keinen Anlaß zu geben, ihn zu verhaften und in ein Konzentrationslager zu stecken.

Auch Bogenrieder mußte im Jahr 1938 schließlich noch dem Druck nachgeben und der Partei beitreten. Er war so geartet, daß er nicht geneigt gewesen wäre, einen Verzicht auf die ihm zustehende Laufbahn ohne weiteres in Kauf zu nehmen. Seinen Parteibeitritt faßte er unter den gegebenen Umständen als eine rein formale, äußerliche und eigentlich nichtssagende Handlung auf, die eben nicht zu vermeiden war, wenn man sich nicht unnötigerweise allerlei Nachteilen und Gefahren aussetzen wollte. Dank seiner starken Persönlichkeit genoß er dann in unserer Ortsgruppe bald ein beachtliches Ansehen, ohne daß er seinen Glauben verleugnet hätte. Im vertrauten Kreis zeigte er nach wie vor seine wahre Gesinnung ganz ungeniert. Als wir einmal zusammen mit einer katholischen Stenotypistin der Staatsanwaltschaft zu einer Kaffeevisite bei ihm eingeladen waren, holte er in Anwesenheit seiner

Gäste im Rundfunk die Nachrichtensendungen ausländischer Sender herein, obwohl das gemeinschaftliche Abhören solcher Sender, ja sogar schon das Weiterverbreiten von Nachrichten, die von ausländischen Sendern stammten, unter schwere Strafen gestellt war. Allein für sich ausländische Sender abzuhören, war bis zum Kriegsausbruch offiziell noch nicht verboten. Vor allem der Straßburger Sender spielte damals für die Information der südwestdeutschen Bevölkerung eine große Rolle.

Auch unser Verkehr mit den Eheleuten Barchet gab mir Gelegenheit zu offener Aussprache, denn sie – besonders Gretel Barchet als Katholikin – waren dem Regime gegenüber ebenso negativ eingestellt wie ich und meine Frau.

Anders verhielt es sich mit meiner Schwägerin Marga. Sie praktizierte wie früher als Katholikin und betrachtete sich auch als solche, brachte es aber nicht über sich, andere politische Ansichten als ihre Eltern und Geschwister in Schlesien zu vertreten. Von diesen wurden Hitler und seine Partei angehimmelt wie je. So verschloß Marga geflissentlich die Augen und Ohren vor dem, was sie sah und hörte, und hielt krampfhaft an der Meinung fest, bei der angeblichen Verfolgung der Kirche handle es sich nur um die Bekämpfung von Auswüchsen oder um Ausschreitungen von unteren Parteistellen, die vom Führer nicht gebilligt würden. [VI/72 f.]

Verborgene Gesinnungen

Unter meinen Kollegen stand ich mit Halder fortgesetzt auf vertrautestem Fuß. Auch ihm war es gelungen, sich einer aktiven Mitarbeit in der Partei zu entziehen. Aber obwohl es ihm sehr daran gelegen war, den Nazis gegenüber seine gegnerische Gesinnung zu verbergen, hatte er doch unter Anfeindungen zu leiden, während ich ganz ungeschoren blieb. Einmal wurde er sogar von dem mächtigen Führer des Rechtswahrerbundes, Rechtsanwalt Glück, in einer Juristenversammlung öffentlich angegriffen. In seiner nervösen und gehemmten Art gelang es ihm wohl weniger als mir und Bogenrieder, sich zu tarnen.

Halders unmittelbarer Vorgesetzter bei der Staatsanwaltschaft war als Abteilungsvorsteher der Erste Staatsanwalt Eisenbacher, der schon in vorgerücktem Alter stand. Mit diesem verstand er sich aufs beste, wurde von demselben wohl auch ein bißchen ausgenützt, da Halder ein überaus fleißiger und zuverlässiger Arbeiter war. Eisenbachers Charakterbild schwankte im Urteil seiner Zeitgenossen. Äußerlich stellte er den Prototyp eines höheren Beamten aus der Zeit der Monarchie dar. Obwohl Sohn eines katholischen Gymnasialprofessors war er als Student in Tübingen der angesehenen Burschenschaft Germania beigetreten. Da es sich bei dieser um eine schlagende Korporation handelte, hatte er damit gegen ein Verbot seiner Kirche verstoßen. Das durchaus Normale war bei uns in Württemberg, daß ein katholischer Student Mitglied einer katholischen Verbindung in Tübingen wurde. Trotzdem ging Eisenbacher zu der Zeit, als ich ihn kannte, in die katholische Kirche, wenn auch wohl kaum regelmäßig. Diese laxe kirchliche Haltung wurde ihm allerdings von den Protestanten keineswegs honoriert. Vielmehr galt er bei ihnen – weit bis in die Reihen seiner Bundesbrüder hinein – als eine undurchsichtige Gestalt. Während der Weimarer Republik hielt er gute Beziehungen zum Zentrum, welche Partei fast während der ganzen Lebensdauer dieses Staates den württembergischen Justizminister stellte. Offiziell gehörte aber Eisenbacher, dem damals auch das neu gebildete Presseamt der Staatsanwaltschaft übertragen worden war, keiner politischen Partei an.

Etwa in den Jahren 1929 oder 1930 hatte er eine Anklage gegen den protestantischen Stadtpfarrer Ettwein von Cannstatt, der ein „alter Kämpfer" und ein Bundesbruder von mir war, zu vertreten. Dieser wurde einer Beleidigung des ermordeten Zentrumsmannes und Reichsfinanzministers Erzberger[51] beschuldigt. Da dies eine Gelegenheit war, sich bei den damals regierenden Herren in ein günstiges Licht zu setzen, ging Eisenbacher wohl etwas schärfer ins Zeug, als unbedingt notwendig gewesen wäre. Das wurde ihm von Ettwein nicht vergessen. Als nun Eisenbacher nach der Machtübernahme im Jahr 1933 mit der großen Welle auch der NSDAP beitreten wollte, wurde er von dieser auf Betreiben des Cannstatter Gottesmannes abgelehnt und für politisch unzuverlässig erklärt. Er machte nun den ungeschickten Versuch, zu retten, was noch zu retten war, indem er, in veralteten Anschauungen befangen, der Deutschnationalen Partei beitrat, die in jener Zeit ja scheinbar noch an der Regierung beteiligt war. Zwar wurde Eisenbacher in seinem Amt als Erster Staatsanwalt belassen, doch mit seiner Beförderung zum Stuttgarter Oberstaatsanwalt, die er schon in der Tasche zu haben glaubte, war es nun natürlich vorbei. Ettwein trieb seine Rache so weit, daß der einzige Sohn Eisenbachers, der Jura studiert und ein gutes Examen abgelegt hatte, wegen der Sünden seines Vaters nicht im Staatsdienst angestellt und ebenso seine Niederlassung als Rechtsanwalt vereitelt wurde, so daß er bei einer Versicherung unterkommen mußte. Daß bei dieser Sachlage Eisenbacher auf die Partei nicht gut zu sprechen war, ist verständlich.

Eisenbacher hatte eine große Vorliebe, in Kaffeehäusern zu sitzen. Zu seiner Gesellschaft pflegte er Halder mitzunehmen. Da ihm dieser mich als vertrauenswürdig geschildert hatte, wurde ich gleichfalls hinzugezogen. Bei diesen Kaffeestunden wurden die Verhältnisse bei der württembergischen Justiz aufs gründlichste durchgehechelt. Dabei kam Eisenbacher immer wieder auf die Zurücksetzung der Katholiken im höheren Justizdienst in der monarchischen Zeit und auch noch während der Weimarer Republik zu sprechen. Die gesellschaftlichen Verhältnisse im früheren Württemberg waren sein Lieblingsthema, insbesonders die Spannungen zwischen den protestantischen und den katholischen Akademikern, die ohne Zweifel stark auf die Personalpolitik eingewirkt hatten. Er erging sich dann in einer weitschweifigen und scharfsinnigen Analyse der Zustände, die nun bereits der Vergangenheit angehörten, und ließ es nicht daran fehlen, auch die Katholiken unter den höheren Beamten zu tadeln, weil sie im Vergleich zu ihren protestantischen Kollegen bäuerische und unangenehme Manieren hätten. Das, was sich außerhalb der höheren Beamtenschaft vollzog, erweckte bei ihm wenig Anteilnahme. Für die Tiefe der geistigen und weltanschaulichen Kämpfe, die im Gange waren, hatte er kein rechtes Verständnis, weil in seinen Augen die Konfession anscheinend vorwiegend eine politische und gesellschaftliche Angelegenheit war. „Sie werfen mir vor", sagte er einmal, „ich sei ein Schwarzer; in Wirklichkeit bin ich aber kaum mausgrau." Und damit dürfte er die Wahrheit gesagt haben. [VI/73-75]

Die Enzyklika „Mit brennender Sorge"

Das Rundschreiben Pius XI. „Mit brennender Sorge", die entschiedenste Verurteilung des Nationalsozialismus durch den Päpstlichen Stuhl, welches 1937 von den Kanzeln verkündet wurde, war die Reaktion auf das Verhalten der Nationalsozialisten seit ihrer Machtübernahme, besonders auf die vielen und schweren Verletzungen des Konkordats durch sie. Es war allerdings auch mit die Ursache dafür, daß sich die Hetze der Nazis gegen die katholische Kirche in diesem Jahr überschlug.

Durch Ausnützung eines Überraschungsmoments gelang es, diese päpstliche Verlautbarung den Gläubigen bekanntzumachen, bevor die Hitlerregierung Maßnahmen ergriff, um ihre Verbreitung zu verhindern. Ich hörte die Verlesung des Rundschreibens beim sonntäglichen Gottesdienst in der Eberhardskirche und es lief mir dabei kalt den Rücken hinunter, denn eine solche Sprache war man im 3. Reich nicht mehr gewöhnt.

Die Zuspitzung der Krise zwischen Staat und Kirche brachte die deutschen Katholiken und besonders die katholischen Beamten in eine sehr prekäre Lage. Als ich kurz darauf wieder einmal mit Eisenbacher und Halder in einem Kaffeehaus saß, sagte letzterer: „Die in Rom haben gut schreiben, aber wir in Deutschland müssen es ausfressen." Eisenbacher ließ sich darauf in dem Sinne vernehmen: Er habe nicht die Absicht, der Pfarrer wegen, die viele Fehler machen würden, zum Märtyrer zu werden.

Es kam jedoch dann für die deutschen Katholiken nicht zum Äußersten. Hitlers Stellung war doch noch nicht so, daß er auf die internationale Lage keine Rücksicht mehr zu nehmen brauchte. Als hernach der Krieg ausbrach, konnte er mit den deutschen Katholiken nicht nach Belieben verfahren, weil er sie für den Kriegseinsatz benötigte. Daß trotzdem, selbst in der schwersten Kriegszeit, die Unterdrückung der Kirche durch Hitler immer radikaler wurde, läßt aber ahnen, was die katholische Kirche und alle Katholiken im europäischen Machtbereich Hitlers von dessen Fanatismus zu erwarten gehabt hätten, wenn Pius XII. Proteste gegen die Judenmorde, die bei dem Geisteszustand des Nazi-Führers ohne Zweifel nutzlos gewesen wären, in die Welt hinausgeschrien hätte. Für diejenigen, welche die Zeit miterlebten und miterlitten, sahen die Dinge anders aus als für die Stückeschreiber 25 Jahre später.[52] Im übrigen wurde wohl noch nie erhört, daß Juden, um verfolgten Katholiken beizustehen, Märtyrer geworden wären. [VI/75 f.]

Folgen der konfessionellen Spaltung

Von ganz anderem Schlag als Eisenbacher war der bereits genannte Landgerichtsrat Walter, zu dem ich damals auch in ein näheres Verhältnis kam. Er war ein schlichter, religiös gesinnter Mann. In jener Zeit übernahm er es, bei den Gottesdiensten in der St. Konradskapelle in der Stafflenbergstraße als Organist mitzuwirken.

Ein für die Schicksale des deutschen Volkes entscheidender Faktor war seit Jahrhunderten die konfessionelle Spaltung. Zwar lieferte man sich schon lange nicht mehr blutige Schlachten wie im 17. Jahrhundert, als Deutschland in dem 30-jährigen Ringen beinahe völlig zugrunde gerichtet wurde. Doch der Kampf der Konfessionen ging mit feineren

Waffen untergründig weiter. Ihre Kampfstellung gegeneinander blieb erhalten. Es ging, wie es in der Geschichte oftmals geht: Man bleibt in alten Denkgewohnheiten befangen und pflegt alte und sozusagen lieb gewordene Feindschaften mit Eifer weiter, obwohl sie durch den Wechsel der Zeitumstände eigentlich sinnlos geworden sind. Auch die Beziehungen zwischen Deutschland und Frankreich sind ein Beispiel für diese Erscheinung.

Nun aber trat im Verhältnis der Konfessionen zueinander eine Änderung ein. Die gemeinsame Verfolgung durch die Nazis drängte sie in eine gemeinsame Front. Manches Mitglied des Evangelischen Bundes[53], der es sich zur besonderen Aufgabe gesetzt hatte, den konfessionellen Gegensatz in Deutschland wachzuhalten, mochte jetzt wohl einsehen, daß die „Los-von-Rom-Bewegung"[54] im alten Österreich, die zu Beginn des Jahrhunderts von protestantischer Seite so laut bejubelt worden war, in Adolf Hitler eine üble Frucht hervorgebracht hatte.

Die Sekten schlossen sich im allgemeinen der nun entstehenden gemeinsamen christlichen Front nicht an. Abgesehen von den „Zeugen Jehovas", die wegen ihres radikalen Pazifismus schwer verfolgt wurden, ließ Hitler sie gewähren, weil er sie offenbar als ein Element der Zersetzung innerhalb des Christentums ansah. So fand man in ihren Reihen sehr begeisterte Anhänger des Führers. Selbst die Methodisten nahmen zum Nazi-Regime eine auffallend positive Haltung ein. [VI/76 f.]

Im „Nebel der Angst"

Wenn ich in meiner Erinnerung die damaligen katholischen Juristen in Stuttgart durchmustere, so finde ich unter ihnen nur ganz vereinzelte, welche nicht wenigstens in ihrem Inneren gegen den Nationalsozialismus eingestellt gewesen waren, was immerhin so geschah, daß es dem aufmerksamen Beobachter auch von außen her bemerkbar wurde. Unter den seltenen Ausnahmen befand sich ein Amtsrichter, der sich vorher im katholischen Akademikerbund aktiv betätigt und sogar an Exerzitien

teilgenommen hatte. Er war freilich schon damals von seinen Glaubensgenossen wegen seiner seltsamen Geistesart nicht ganz ernst genommen
worden. Nun verheiratete er sich – sehr verspätet – mit einer Justizan-
gestellten, die nicht katholisch war und deren Familie zu den „alten
Kämpfern" der Partei gehörte. Er schloß sich darauf bald und anscheinend ohne Vorbehalte der politischen und weltanschaulichen Haltung
seiner Frau an. Nach dem Zusammenbruch des nationalsozialistischen
Reiches jedoch wurde er wieder überfromm. Zwei andere katholische
Juristen, von denen später noch die Rede sein wird, gingen mit den Nationalsozialisten durch dick und dünn, gleichwohl nicht aus Überzeugung, sondern, weil ihnen dies opportun erschien.

Viel differenzierter lagen die Verhältnisse bei den Kollegen, die no-
minell der evangelischen Landeskirche angehörten. Wie oben ausgeführt, schwenkten diejenigen, welche innerlich noch tief mit dem christlichen Glauben verbunden waren, schon in den ersten Jahren des 3. Reiches zur Bekenntnisfront[55] und damit zu einer entschiedenen Opposition
gegen das herrschende System um. Es darf indes nicht verkannt werden,
daß es sich dabei um eine Minderheit handelte, die freilich gerade die
kirchlich aktiven Kreise in sich schloß. Im ganzen war es dem Protestantismus in sehr viel geringerem Maße als der katholischen Kirche
gelungen, die Massen am Glauben festzuhalten. Diese indifferente
Masse glich dem Streusand, der vom Winde leicht zu bewegen ist. Ein
Teil dieser Menschen fand nun im Nationalsozialismus ein Religions-
surrogat, mit dem sie ihre innere Leere auszufüllen suchten. Aus ihnen
formierte sich die Kerntruppe Adolf Hitlers. Der weitaus größte Teil
machte mit, weil diese Leute keinen Grund dafür einzusehen vermochten, sich die schweren Opfer eines auch nur passiven Widerstands auf-
zuerlegen. Es wird heute noch viel zu wenig erkannt, wie sehr jene,
welche vor 1933 es sich angelegen sein ließen, die religiösen Bindungen im deutschen Volk zu untergraben, die Voraussetzungen für die totale Herrschaft Hitlers mit geschaffen haben.

Daneben gab es unter den Gebildeten eine kleine Gruppe, welche – vom liberalen Protestantismus herkommend – sich zu radikalen Individualisten entwickelt hatten, wobei ihre eigentliche Weltanschauung zum Relativismus und zum Skeptizismus tendierte. Man wird sie wohl zutreffend als die „Intellektuellen" bezeichnen dürfen. Auch ihnen war der geistige Druck des Hitlersystems unerträglich. Als Einzelgängern fehlte ihnen allerdings die Resonanz im Volk und damit eine stärkere Wirkungskraft. So wie die Zeitumstände lagen, entwickelten sich allmählich Sympathiegefühle zwischen allen oppositionellen Kreisen, mochten sie auch aus Lagern kommen, die sich grundsätzlich feindlich gegenüberstanden. Selbst mit einer erklärten Kommunistin, welche in unserer Nachbarschaft wohnte, standen wir auf einem ziemlich vertrauten Fuß. Eine schlagkräftige Einheitsfront gegen den Nationalsozialismus konnte auf einer so brüchigen Grundlage freilich nicht zustandekommen.

Zu jenen Intellektuellen, von denen ich gesprochen habe, gehörte ein junger Stuttgarter Amtsrichter namens Meier. Man nannte ihn „Bedenkenmeier", weil ihm, wie den meisten guten Juristen, bei seiner Rechtsprechung allzu viele Bedenken auftauchten. Ich kann mich noch erinnern, wie er als Strafrichter während den Beratungspausen bei seinen Kollegen von Kanzlei zu Kanzlei ging und ihnen Rat suchend die Probleme des Falles, über den er gerade zu entscheiden hatte, vortrug, um dann endlich, nachdem er vier oder fünf Meinungen gehört hatte, sozusagen auf dem Weg der geheimen Umfrage, zu einem Entschluß zu kommen und sein Urteil zu verkünden. Dabei war er oft so im Eifer, daß er, ohne anzuklopfen, seinen Kopf durch die Türe steckte, worauf er ihn aber schnell noch einmal zurückzog, um doch noch anzuklopfen, denn er war ein höflicher und gesitteter Mann. Er pflegte dann seine Rede einzuleiten mit den Worten: „Herr Kollege, ich habe Bedenken." Seine Bedenken erstreckten sich gleichermaßen auf die Ehe, denn er war noch Junggeselle und konnte sich erst ziemlich spät dazu entschließen, in den Ehestand zu treten. Als auch er dazu gedrängt wurde, Parteimitglied zu werden, siegte ebenfalls seine Bedenklichkeit und in diesem Fall mit gutem Grund. Meier stammte aus wohlhabender Familie. In seinen Ferien machte er große Auslandsreisen, wie sie damals nur selten unternommen wurden. So bereiste er nach und nach alle Länder Europas; auch in Ägypten, in Palästina und in den USA ist er gewesen. Auf diese Reisen bereitete er sich jeweils durch Lektüre über die Geschichte, über die Kultur und die Kunst des betreffenden Landes gründlich vor, so daß er schließlich ein geradezu lexikales Wissen besaß, wie denn überhaupt seine Allgemeinbildung das Durchschnittsmaß der Juristen weit überragte. Im übrigen scheint er, der im gleichen Alter wie ich stand, mir äußerlich geähnelt zu haben, denn es kam öfters vor, daß er mit mir verwechselt wurde. Seine Gegnerschaft gegen den Nationalsozialismus war tief gegründet und er äußerte sie manchmal recht unvorsichtig. Trotzdem passierte ihm nichts, abgesehen davon, daß er eben nicht befördert wurde, worauf er nach seinem guten Examen und seinen guten Leistungen eigentlich Anspruch gehabt hätte. Man nahm ihn von Seiten der Partei als einen etwas absonderlichen Einzelgänger, amüsierte sich ein wenig über ihn und ließ ihn sonst seine Wege gehen. Mit diesem Kollegen war ich gleichfalls viel zusammen und wir sprachen ganz offen miteinander über das Unheil, welches über Deutschland hereingebrochen war.

Mein Bundesbruder Kurt Weber hatte vor der Machtübernahme Hitlers sorgsam darauf geachtet, sich politisch nicht zu exponieren, jedoch zu politischen Fragen meist im Sinne der demokratischen Partei Stellung genommen. Für die Nazis hatte er jedenfalls nicht das Geringste übrig. Im Frühjahr 1933 war auch er auf den Aufruf des Stuttgarter Richtervereins nach reiflicher Überlegung der Partei beigetreten. Zunächst verhielt er sich aber ihr gegenüber recht reserviert. Er ließ durchblicken, daß man noch nicht wissen könne, ob sie sich an der Macht halten werde und wie sich überhaupt die Dinge gestalten würden. Dies änderte sich nach der Röhm-Affäre. Nun war er offenbar überzeugt, daß mit dem Fortbestand der nationalsozialistischen Herrschaft für eine unabsehbare Zukunft zu rechnen sei. Trotzdem hielt er sich von einer aktiven Tätigkeit in der Partei fern; wie ihm dies gelang, weiß ich nicht. Als er von meiner Konversion erfuhr, distanzierte er sich merklich von mir und ließ es mir gegenüber nicht an einigen Sticheleien fehlen. Vor allem betonte er in meiner Gegenwart, daß der Nationalsozialismus und die katholische Kirche in einem unvereinbaren Gegensatz zueinander stehen würden, womit er ja auch Recht hatte. Er hatte sich mit einer Dame aus dem Rheinland verheiratet und wohnte nicht weit von uns. Eines Tages wurden ich und meine Frau zu ihm eingeladen. Dabei wunderte ich mich, daß im Empfangsraum auf dem Tisch Rosenbergs „Mythos des 20. Jahrhunderts"[56] so aufgelegt war, daß dieses Buch, an dem sich die Geister der Zeit schieden, jedem Gast sogleich ins Auge fallen mußte. Ich wunderte mich vor allem deshalb darüber, weil Weber sich früher immer als guter evangelischer Christ aufgeführt hatte, wenn ich auch nie daran zweifelte, daß für ihn das religiöse Bekenntnis im wesentlichen zur Konvention gehörte, die in jeder Hinsicht für sein Verhalten maßgebend war. Im Gespräch bekamen wir dann bei jener Einladung von der Dame des Hauses recht abfällige Bemerkungen über die katholischen Pfarrer zu hören, was von Gertrud in unserer Anwesenheit als taktlos empfunden wurde. Nach dieser Einladung kam ich nicht mehr viel mit Weber zusammen. Bald darauf erfuhr ich zu meinem höchsten Erstaunen, daß er auf seinen Wunsch an den Volksgerichtshof in Berlin versetzt worden war, also an jenes Gericht, das zu einem schrecklichen Symbol der Nazi-Justiz werden sollte. Schon damals gruselte es den meisten Deutschen, wenn sie nur den Namen dieses Gerichtshofs aussprechen hörten. Freilich erst während des Krieges hat sich das Wesen der dortigen Rechtsprechung in seiner ganzen Furchtbarkeit enthüllt. Kurz nach seiner Berufung an den Volksgerichtshof wurde Weber zum Landgerichtsdirektor ernannt, was für einen noch so jungen Mann eine ganz außerordentliche Beförderung darstellte.

Als wir damals in Stuttgart bei Webers zu Gast waren, war auch mein Bundesbruder Friedrich mit seiner Frau eingeladen. Er hatte, seitdem wir zusammen das zweite Staatsexamen abgelegt hatten, in seiner Heimatstadt Heilbronn als Amtsrichter amtiert und sich – schon lange vor mir – mit der Schwester eines anderen Bundesbruders verheiratet. Auch Friedrich war früher, was seine politische Einstellung anbetrifft, ausgesprochen demokratisch gesinnt gewesen, hatte sich aber dann im Frühjahr 1933 – wie die meisten jungen Beamten – der NSDAP angeschlossen. Er war ein sehr geselliger und überall gern gesehener Mann, weshalb er Mitglied zahlreicher Vereine wurde, zumal er vielseitige Interessen pflegte. Obwohl er vom Ehrgeiz nicht geplagt wurde, brachte er es schwer über sich, „nein" zu sagen, wenn man ihm irgendwo eine Mitgliedschaft oder gar eine Vorstandschaft anbot. So war es nicht verwunderlich, daß er ebenfalls in der Partei mit mancherlei Ämtlein beladen wurde. Dadurch kam er in die Nähe des Heilbronner Kreisleiters Drauz, der zu den gefürchtetsten Schreckensmännern der Partei in unserem Lande zählte. Bei einem so offenen und geraden Charakter, wie ihn mein Freund Friedrich besaß, konnten da Konflikte nicht ausbleiben. Um sich aus der Machtsphäre des Kreisleiters zu entfernen und nach Möglichkeit die Tätigkeit in der Partei zu meiden, entschloß er sich schließlich, Heilbronn zu verlassen, was ihm nicht leicht fiel, da er von Jugend auf mit dem Leben in dieser Stadt verwachsen war und zudem dort ein eigenes Haus besaß, in dem er wohnte. Er ließ sich als Amtsrichter nach Stuttgart versetzen. So hatte ich an ihm wieder einen guten Kameraden, der in seinen politischen Ansichten weitgehend mit mir übereinstimmte. An manchen Sonntagen machten wir mit dem Ehepaar Friedrich, das auch kinderlos war, Wanderungen in die weitere Umgebung Stuttgarts.

Anfangs hatte ich erwogen, mich um eine Amtsrichterstelle in Marbach zu bewerben. Davon war ich aber ganz abgekommen. In einer Kleinstadt stand man als einzelner viel stärker unter der Kontrolle der Partei als in der Großstadt, wo sich doch einige Möglichkeit bot, in der anonymen Masse unterzutauchen. In Marbach hätte ich wohl irgendwie in der Partei aktiv mitarbeiten müssen. Im Hinblick auf mein gutes Examen wäre ich allmählich zu einer Beförderung angestanden; so hätte ich etwa zum Ersten Staatsanwalt oder zum Oberlandesgerichtsrat vorrücken können. Ich beschloß aber, mich um keine andere Stelle zu bewerben, da mit einer solchen Bewerbung eine parteipolitische Überprüfung verbunden gewesen wäre. Schon ein einfacher Staatsanwalt im nationalsozialistischen Staat zu sein, erschien mir als eine schwere innere Belastung, wiewohl vorläufig nichts Ungebührliches von mir verlangt wurde. Ich übte mein Amt mit einem gewissen Schamgefühl aus. Es aufzugeben und mich nach einem anderen Erwerb umzusehen, erschien mir aber ganz undurchführbar.

Obgleich mir selbst nichts Übles widerfuhr, litt ich seelisch unsäglich unter den allgemeinen Zeitverhältnissen. Sah ich doch alles, was ich für wahr und gut hielt und wofür ich mich eingesetzt hatte, von Vernichtung bedroht. Die Entwürdigung des Menschen durch das nationalsozialistische System erfüllte mich mit Abscheu. Ich stellte es grundsätzlich auf die gleiche Stufe mit dem kommunistischen. Beide behandelten den Menschen als eine beliebig manipulierbare Sache. Im kommunistischen glich er dem Material für einen Fabrikbetrieb, im nationalsozialistischen dem Vieh in einer Zuchtanstalt. Immerhin erschien mir das kommunistische noch geistigeren und edleren Motiven entsprungen zu sein als das nationalsozialistische. Am meisten empörte mich die Unwahrhaftigkeit des letzteren, das zum Beispiel die Geschichte, die mir besonders am Herzen lag, lediglich als Waffenarsenal für seine Propaganda betrachtete und sie unbekümmert verfälschte.

Aus Opposition gegen den schrankenlosen Individualismus hatte ich früher bisweilen eine gewisse Anfälligkeit für kollektivistische Anschauungen gezeigt; jetzt strahlte mir die Würde des Einzelmenschen in hellem Lichte auf. Ich erkannte in ihr nun auch ein Grundanliegen des Christentums. War nicht in Wahrheit das Martyrium des einzelnen der größte Sieg des menschlichen Geistes über die äußere Gewalt, der es ja letzten Endes darum ging, eben diesen Geist sich zu unterwerfen? Freilich war das Martyrium auch nicht zu suchen, da es zugleich eine schwere Versuchung darstellt. Ich sah das Martyrium in der Zukunft auf alle Christen zukommen und – in Pessimismus gehüllt – öffnete ich mich eschatologischen und apokalyptischen Gedankengängen.

Vor allem aber hatte ich Angst. Zwar wurden alle Katholiken von den Nazis einer staatsfeindlichen Gesinnung verdächtigt, aber schließlich konnte man einem geborenen Katholiken seinen Katholizismus nicht als eine persönliche Schuld ankreiden. Bei mir jedoch war dies anders. Mein Übertritt zur katholischen Kirche mußte von den Nationalsozialisten – so schien es mir – gleichsam als ein Verbrechen gewertet werden. Schon wenn ich glaubte, daß ein Funktionär unserer Ortsgruppe meinen Gruß nicht freundlich erwiderte, fürchtete ich, daß irgend etwas gegen mich im Gange sei. So entwickelte sich in mir allmählich beinahe eine Art von Verfolgungswahn.

Eines Abends legte ich mich wieder einmal, tief niedergedrückt durch die allgemeine Lage der Katholiken in Deutschland und durch meine persönliche als Konvertit, in einer recht trostlosen Stimmung zur Ruhe nieder. In dieser Nacht erwachte ich an einem sonderbaren Traum: Auf einem grauen Hintergrund las ich in schwarzen Buchstaben „Jeremias, Vers 7 und 8" und „2. Timotheus, Vers 7 und 8". Ich schrieb mir schnell die Bibelstellen auf einen Zettel, legte denselben auf den Nachttisch und schlief wieder ein. Am nächsten Morgen las ich in der Bibel die mir sonst unbekannten Stellen.

Jeremias, Vers 7 und 8: „Der Herr sprach aber zu mir: Sage nicht: Ich bin zu jung, sondern du sollst gehen, wohin ich dich sende, und predigen, was ich dich heiße. Fürchte dich nicht, denn ich bin bei dir und will dich erretten, spricht der Herr."

2. Timotheus, Vers 7 und 8: „Denn Gott hat uns nicht gegeben den Geist der Furcht, sondern den Geist der Kraft und der Liebe und der

Zucht. Darum, so schäme dich nicht des Zeugnisses unseres Herrn, noch meiner, der ich sein Gebundener bin, sondern leide mit für das Evangelium wie ich nach der Kraft Gottes."

Es mag etwa im Jahr 1937 gewesen sein, als mich Oberstaatsanwalt Bacmeister einmal zu sich kommen ließ und mich fragte, ob ich geneigt sei, ein Referat bei der Anklagebehörde beim Sondergericht zu übernehmen. Ich bat ihn inständig, doch davon abzusehen, worauf er mich scharf ins Auge faßte und sagte: „Stehen Sie etwa nicht auf dem Boden des heutigen Staats?" Ich erklärte ihm, daß es nicht darum gehe, aber jedem Staatsanwalt würde eben die Beschäftigung mit bestimmten Deliktgruppen, beispielsweise mit Verkehrs- oder Sittlichkeitsdelikten, weniger liegen als die Bearbeitung anderer strafbarer Handlungen; so gehe es mir hinsichtlich der politischen Vergehen. Bald darauf wurde ich in meinem Amt aufgefordert, einen Fragebogen über meine persönlichen Verhältnisse und meine politische Vergangenheit auszufüllen. Dieses Verlangen versetzte mich in die größte Aufregung, denn es war ein Anzeichen dafür, daß ich politisch überprüft wurde. Geschehen ist darauf nichts. Viel später erfuhr ich, daß die Überprüfung deshalb erfolgte, weil man mir tatsächlich ein Dezernat bei der Anklagebehörde beim Sondergericht übertragen wollte, wovon man dann jedoch absah. In Wirklichkeit war ich wahrscheinlich bei der Partei gar nicht so schlecht angesehen, wie ich es mir einbildete. Ich hielt mich sehr vorsichtig von allen abfälligen Äußerungen über die Partei zurück, sofern ich nicht jemandem gegenüberstand, dem ich voll vertraute. Meine Konversion aber wurde allgemein nicht als eine tiefgehende weltanschauliche Entscheidung angesehen, sondern mit meiner Verheiratung in Zusammenhang gebracht, weshalb sie in den Augen der Parteileute immerhin verzeihlich erschien. Gertrud, die sich weniger vorsichtig als ich benahm, galt als strenge Katholikin. Schließlich habe ich Anhaltspunkte dafür, daß ich von dem Ortsgruppenleiter Müller, der mir aus persönlichen Gründen zugetan war, der Partei gegenüber gedeckt wurde. [VI/79-85]

Parteigenehme Besetzungen

Im Frühsommer 1938 gab es in meiner Behörde tiefgreifende Veränderungen. Generalstaatsanwalt Heintzeler und Oberstaatsanwalt von Ruepprecht traten altershalber in den Ruhestand. Beide waren noch Beamte der alten Schule gewesen. Sie dienten zwar loyal der neuen Regierung, sicher aber manchmal mit schwerem Herzen und nicht ohne Gewissensskrupel. In ihrem Inneren waren sie ohne Zweifel keine überzeugten Nationalsozialisten und die Partei stand ihnen mit Mißtrauen gegenüber. Man hatte wohl schon längst mit Ungeduld auf ihr Ausscheiden gewartet. Jetzt wurde dafür gesorgt, daß ihre Ämter mit neuen Männern besetzt wurden, welche der Partei in jeder Hinsicht genehm waren.

Wie ich hörte, ist Generalstaatsanwalt Wagner, der Heintzeler nachfolgte, erst anläßlich seiner Ernennung zum Generalstaatsanwalt offiziell der Partei beigetreten; die Fäden zu ihr hatte er indes schon vorher fein und fest gesponnen. Er war ein ehemaliger Corpsstudent, ein intelligenter Mann, der ein vorzügliches Examen aufweisen konnte, aber ein zwielichtiger Charakter. Mit gewandten und glatten Umgangsformen bewegte er sich in der besseren Gesellschaft, konnte sich allerdings auch leicht dem Milieu, das in Parteikreisen herrschte, anpassen. Seine Trinkfestigkeit war phänomenal, wovon ich mich einmal kurz nach seinem Amtsantritt an einem sogenannten Kameradschaftsabend, bei dem ich ihm bis in die Morgenstunden gegenübersaß, überzeugen konnte. Obwohl der untersetzte, grazile [sic] Mann ungezählte Gläser schweren Rotweins in sich hineingeschüttet hatte und seine wasserblauen Augen allmählich einen gläsernen Glanz annahmen, blieb er äußerlich bestens in Form; ferner kam ihm kein unpassendes Wort über die Lippen. Wagner war von starkem Ehrgeiz beseelt und, nachdem er einmal ein so hohes Amt erlangt hatte, von dem Bestreben erfüllt, sich bei den Machthabern ins beste Licht zu setzen.

In den folgenden Jahren versuchte die SS, welche immer mehr zum mächtigsten Faktor im Staat aufstieg, die Staatsanwaltschaften an sich zu reißen, was mich und alle meine Kollegen mit tiefer Sorge erfüllte. Wie mir glaubhaft berichtet wurde, fiel in diesem Ringen zwischen Himmler und dem Reichsjustizministerium Generalstaatsanwalt Wagner seinem eigenen Minister in den Rücken, indem er dem „Schwarzen Corps" heimlich Material für seine Angriffe gegen die Justiz lieferte. Er rechnete wohl damit, daß in dem angebrochenen Kampf der immer noch allzu bürgerlich angehauchte Reichsjustizminister Gürtner schließlich unterliegen werde.

Aus anderem Holz geschnitzt war der neue Oberstaatsanwalt Link, der damals im 47. Lebensjahr stand. Bevor er meiner Behörde vorgesetzt wurde, war er Vorstand des Stuttgarter Untersuchungsgefängnisses gewesen. Dort hatte er sich nicht den besten Ruf erworben. Seine juristischen Qualitäten galten als sehr mittelmäßig. Ob er ein „alter Kämpfer" gewesen ist, weiß ich nicht. Jedenfalls verfügte er über ausgezeichnete Beziehungen zu höheren Parteistellen, besonders zum Reichsstatthalter Murr. Diese hatte er wohl dem Umstand zu verdanken, daß er ein munterer Zecher war und ein guter Unterhalter, sofern die Unterhaltung nicht in die Tiefe ging. Sein Interesse an der Kultur beschränkte sich auf die leichte Muse; er besuchte leidenschaftlich gern Operetten und Komödien, wie sie damals im Stuttgarter Schauspielhaus aufgeführt wurden, zu dessen Direktor und Personal er enge Beziehungen unterhielt. Im übrigen war er ein von geistigen Dingen unbelasteter, derber Rabauke und paßte so vortrefflich zu dem Typ jener Leute, die jetzt in Deutschland den Ton angaben. Als mir gerüchteweise zu Ohren kam, daß Link an die Spitze meiner Behörde treten sollte, sprach ich mit meinem Kollegen Halder darüber und wir kamen zu dem Schluß, daß wir in diesem Fall bei der nächsten sich bietenden Gelegenheit uns von der Staatsanwaltschaft Stuttgart wegmelden würden. Dies taten wir aber dann doch nicht, nachdem das befürchtete Ereignis eingetreten war, weil wir bemerkten, daß der Wechsel in der Leitung der Staatsanwaltschaft für uns auch seine vorteilhafte Seite hatte. Link konnte nämlich seine Beamten der Partei gegenüber viel besser decken, als dies seinem Vorgänger, der selbst von ihr fortgesetzt angefochten wurde, möglich gewesen war. Und Link tat dies auch. Er hatte gleichsam zwei Seelen in seiner Brust: Wie dies bei primitiv strukturierten Persönlichkeiten nicht selten der Fall ist, war seine Neigung zu Brutalität oft mit Gutmütigkeit gepaart. Als Angeklagter hätte ich ihm nicht unter die Finger kommen mögen.

Kurz nach seinem Amtsantritt vertrat er einmal – das einzige Mal – selbst eine Anklage in der Hauptverhandlung. Es handelte sich um einen tatsächlich und rechtlich einfach gelagerten Mordfall, der mit einem Todesurteil endete. Wie er dabei auftrat, ist daraus zu erkennen, daß nachher unter den Beamten der Staatsanwaltschaft die Rede ging, der Herr Oberstaatsanwalt habe in dieser Sache die Beschimpfung des Angeklagten höchstpersönlich übernommen. Seinen Untergebenen gegenüber war er jedoch ein kameradschaftlicher und fürsorgender Vorgesetzter, der sich für sie einsetzte und es ebenso an einer gewissen menschlichen Wärme nicht fehlen ließ. Er war Protestant, stammte aber aus dem katholischen Oberland und hatte viele katholische Bekannte. Daher kam es wohl, daß er dem Katholizismus ohne merkliche Vorurteile gegenüberstand, wie denn überhaupt religiöse und weltanschauliche Fragen ganz außerhalb seiner Interessensphäre lagen. Als Chefsekretärin, die viel bei ihm galt, nahm er sich ein schon in reiferen Jahren stehendes Mädchen aus Öffingen bei Stuttgart, die keinen Hehl daraus machte, daß sie eine überzeugte Katholikin war. Jedenfalls hatte man als Katholik von Link nichts zu befürchten, sofern er sich nicht durch eine besondere Weisung der Partei genötigt sah, in Einzelfällen eine andere Haltung einzunehmen. Schon im ersten Jahr nach seiner Ernennung zum Oberstaatsanwalt ließ er sich von seiner Frau scheiden und heiratete eine andere – ein Verfahren, das auch sonst von Parteifunktionären, sobald sie ein höheres Amt erhielten, gern geübt wurde.

Bald nachdem Link sein neues Amt angetreten hatte, wurde gleichfalls der bisherige Stuttgarter Gerichtsarzt, Obermedizinalrat Dr. Schmitt, altershalber pensioniert. Auf Betreiben der Partei und wohl auch von Link wurde ein junger Arzt, Dr. Jauch, der ein Freund und Zechkumpan Links war, zu seinem Nachfolger bestimmt. Rasch stellte es sich heraus, daß dessen medizinische Kenntnisse mehr als dürftig waren. Deshalb zogen wir Staatsanwälte, wo immer es anging, seinen Vorgänger als Gutachter bei. Als dies bekannt wurde, schritt Link energisch dagegen ein. Zu unserem Trost traute sich aber Jauch selbst nicht viel zu und schaltete oft von sich aus einen anderen, besser qualifizierten Arzt ein. Dr. Jauch machte stets einen schüchternen und unsicheren Eindruck. Er fühlte sich wohl selbst in seinem Amt überfordert. Zwar genoß er gern dessen Einkünfte, hatte jedoch soviel Verantwortungsbewußtsein, um dafür Sorge zu tragen, daß durch ihn niemand zu Schaden kam. Im Vergleich zu seinem Vorgänger machte er freilich eine recht kläglige Figur. [VI/104-106]

Fahrkurse für Richter und Staatsanwälte

Im Sommer 1938 wurden von der Polizei in Stuttgart Fahrkurse für Richter und Staatsanwälte abgehalten; durch Teilnahme an denselben konnte man unentgeltlich das Kraftfahren erlernen und den Führerschein erwerben. Auch der neue Generalstaatsanwalt Wagner nahm an diesen Kursen teil. Ich selbst benützte ebenfalls diese Gelegenheit. Das Autofahren war schon damals keine ganz einfache Sache, zumal der Kraftfahrzeugverkehr seit 1935 mächtig zugenommen hatte und die Regelung desselben noch große Mängel aufwies. So mußte ich lernen, zu Zeiten des Wochenmarkts einen Kraftwagen durch die engen Gassen der Stuttgarter Altstadt zu lenken, in welchen sich ein Gewühl von Fußgängern und Fahrzeugen drängte. Aber dies fiel mir merkwürdigerweise leichter als das Fahren mit hohen Geschwindigkeiten draußen auf den wenig belebten Landstraßen. Dabei kam ich nämlich nicht von dem Gedanken los, daß eine kleine Fehllenkung einen tödlichen Unfall verursachen müsse. Konnte nicht eine plötzliche Verwirrung meines Geistes eine solche Katastrophe herbeiführen? Gleiche Ängste beklemmten mich seit meiner Jugend oft, wenn ich auf einem hohen Turm oder auf einem hohen steil abfallenden Felsen stand. Dann war mir, wie wenn ich von einer magischen Kraft in die Tiefe gezogen würde. Diese nervösen Hemmungen, unter denen ich litt, bereiteten mir beim Kraftfahren erhebliche Beschwerden. Aber durch starke Anspannung meines Willens gelang es mir, sie zu überwinden. Und wenn ich auch kein guter Kraftfahrer wurde, so erhielt ich doch den ersehnten Führerschein. [VI/106 f.]

Zunehmender Druck des Ortsgruppenleiters

Die Bewohner des unteren Stocks wurden für uns zu einer immer schwereren Belastung. Zwar deckte mich der Ortsgruppenleiter Müller, wie ich bereits ausgeführt habe, in mancher Hinsicht der Partei gegenüber. Aber ich war genötigt, ihm ständig schmeichelnd um den Bart zu streichen. Sehr viel schwieriger war es, mit seiner Frau zurechtzukommen, denn sie fühlte sich als die ungekrönte Königin der Ortsgruppe „Geroksruhe", und besonders schwierig war dies für meine Frau, welche in der Kunst, sich zu verstellen, ganz unbegabt war. Frau Müller fühlte sich verpflichtet, dafür besorgt zu sein, daß ihre Umgebung ein Muster nationalsozialistischer Erziehung darstelle. Fast täglich wurden wir von ihr daran erinnert, daß dies oder jenes von der Partei angeordnet worden sei. Dabei scheute sie sich nicht, recht tief in unsere Privatsphäre einzudringen, was nicht gerade taktvoll geschah, da sie eine Frau von sehr mäßigem Bildungsstand war. Wir fühlten uns durch sie in unserem Tun und Lassen auf Schritt und Tritt kontrolliert. Ja, sie dehnte diese Kontrolle auch auf unseren Verkehr mit anderen Menschen aus. Kaum läutete jemand an unserer Hausglocke, so streckte sie den Kopf aus ihrem Küchenfenster heraus und erkundigte sich bei denen, die vor der Haustüre standen, aufs genaueste, über das Woher und Wohin und darüber, welche Anliegen sie zu uns führen würden.

Dort, wo bei unserem Haus die Fahrstraße endigte, stand, schon im Wald, eine Holzbaracke, in welcher ein alter Schuster hauste, von dem bekannt war, daß er sich früher zu den Kommunisten gehalten hatte. Frau Müller bildete sich nun ein, daß in dieser Hütte nächtlicherweile Verschwörer zusammenkämen und daß dort gefährliche Anschläge gegen den nationalsozialistischen Staat ausgeheckt würden. Einmal saß ich noch in vorgerückter Nachtstunde in unserem Zimmer über meinen Akten, während Gertrud schon längst ins Bett gegangen war. Da klingelte es heftig an der Glastüre und Frau Müller, deren Mann sich gerade wieder auswärts bei einem Schulungskurs befand, erschien: „Das Auto ist wieder da!", schrie sie aufgeregt. Ich verstand zunächst nicht, was sie wollte. Da setzte sie mir auseinander, daß fast jeden Abend am Rand des Walds ein Auto stehe, mit dem zweifellos die Verschwörer zu der Schusterhütte gebracht würden. „Sie als Parteigenosse sind verpflichtet, da nach dem Rechten zu sehen", schloß sie ihre Ausführungen. Da sie mich immer weiter drängte, ging ich schließlich auf die Straße hinunter und schlich mich an das Auto heran. Dort stellte ich fest, daß sich in demselben ein Liebespärchen auf seine Weise vergnügte. Darauf begab sich Frau Müller, immer noch zweifelnd, zur Ruhe.

So sehr Gertrud unsere Wohnung am Wald liebte, allmählich meinte sie doch, es sei hier wegen der Frau Müller nicht mehr auszuhalten und wir müßten uns nach einer anderen Wohnung umsehen. Da entschlossen sich Müllers im Jahr 1938 ganz unerwartet selbst, auszuziehen, nachdem sie innerhalb der Ortsgruppe eine bessere Wohnung gefunden hatten, die eines Ortsgruppenleiters würdiger war, als die Gelasse im Erdgeschoß, die sie bisher bewohnt hatten. Gertrud sagte erleichtert: „Das war eine Gebetserhörung!" [VI/124 f.]

Die Verfolgung der Juden

In der Zeit vor der Tschechenkrise hatte es manchmal den Anschein gehabt, als sollten der Verfolgung der Juden gewisse Grenzen gesetzt werden, als wollte man ihnen ein – wenn auch noch so beschränktes und bedrücktes – Eigenleben gewähren. Aber solche scheinbare Anwandlungen der Milde, nicht nur gegenüber den Juden, sondern auch gegenüber anderen Gruppen, die Hitler als seine Gegner betrachtete, waren auf Täuschung berechnet und von kurzer Dauer. Sobald er es sich leisten konnte, sobald er auf die Stimmung im Ausland keine Rücksicht mehr nehmen zu müssen glaubte, ließ Hitler seiner Vernichtungslust wieder freien Lauf. Dies war wohl der Hintergrund jener von oben angeordneten Judenpogrome vom 9. November 1938, welche als Kristallnacht in die Geschichte eingegangen sind. Man wartete wohl nur auf eine geeignete Gelegenheit und den Anlaß dazu bot die Ermordung des deutschen Legationsrats vom Rath in Paris durch einen jungen Juden.

Als ich am folgenden Morgen nichtsahnend das Gerichtsgebäude betrat, begegnete mir ein junger Wachtmeister, der als eifriger Nationalsozialist bekannt war. Er war ein unsympathischer Mensch, der mit schleicherischer Freundlichkeit stets auf der Lauer zu liegen schien. Dieser sagte zu mir: „Herr Staatsanwalt, haben Sie gehört, was die bösen Buben heute Nacht angestellt haben?" Auf meine Frage erzählte er mir dann, daß die jüdischen Geschäfte in der Stadt demoliert worden seien. Da ich annahm, daß er mich auf die Probe stellen wollte, erwiderte ich bloß kurz, daß ich nichts davon wisse. Tatsächlich hatte ich von diesen Vorkommnissen auch weder etwas gesehen noch gehört. Natürlich konnte keine Rede davon sein, daß dieselben aus irgendeiner Erregung des Volkes hervorgegangen wären. Die SA hatte den Befehl erhalten, diese Aktion durchzuführen; die meisten SA-Männer werden vermutlich nur gezwungenermaßen dazu erschienen sein und dabei mehr oder weniger eine Statistenrolle gespielt haben. Freilich fehlt es in solchen Massenorganisationen nie an Leuten, welche derartige Befehle gern ausführen, weil sie Freude am Radau und am Zerstören haben. Ich selbst habe nachher niemanden gehört, der diese Vorgänge gebilligt hätte. Jeder, mit dem ich sprach, äußerte sich – wenn auch mit Vorsicht – ablehnend und beschämt darüber. Da man es nicht wagte, die Juden offen in Schutz zu nehmen, tarnten manche ihre Entrüstung dadurch, daß sie die Vernichtung so großer Werte, obwohl es in Deutschland bereits an vielen Gebrauchsartikeln mangelte, ärgerlich mißbilligten. [VI/125 f.]

Die politischen Schulungen

[Die „Schulung" war] ein Begriff, welcher im 3. Reich die allergrößte Rolle spielte und das eigentliche Kernstück seiner Kulturpolitik darstellte. In diesem Begriff ist schon mitenthalten, daß man das Volk als eine Masse Unmündiger behandelte. Da waren die regelmäßigen Parteiversammlungen. „Erscheinen ist Pflicht!" Und wehe dem, der nicht erschien, besonders wenn er Beamter war! Aber auch der, welcher nicht Parteigenosse war, konnte sich der „Schulung" nicht entziehen, denn ihr bevorzugter Ort war der Arbeitsplatz.

Da gab es die Kameradschaftsabende, an sich eine durchaus begrüßenswerte Einrichtung, die es vorher nicht gegeben hatte. Sie sollte dazu dienen, den Standesdünkel der Akademiker zu überwinden und alle Angehörigen eines Amtes in einer fröhlichen Gemeinschaft zu vereinigen. Aber wiederum war Erscheinen Pflicht und dieser Zwang verlieh der ganzen Veranstaltung einen bitteren Beigeschmack.

Ich kann mich noch an einen solchen Kameradschaftsabend der Staatsanwaltschaft im Dorf Rotenberg bei Stuttgart erinnern. Als sich alles in bester Laune niedergelassen hatte, erhob sich ein Amtmann, um als Träger des Parteiamts für Beamte eine Begrüßungsansprache zu halten. Die Ansprache bestand im wesentlichen darin, daß er in schärfster Form einen meiner Kollegen abkanzelte. Dieser Staatsanwalt hatte, nachdem der Charlottenplatz in Stuttgart in „Danziger Freiheit" umgetauft worden war, sich scherzhaft dahin geäußert, ihm sei nur das „Danziger Goldwasser" bekannt. Nun wurde ihm diese Äußerung als Verächtlichmachung nationalsozialistischer Anordnungen angekreidet. Da der Redner die Anprangerung dieses Staatsanwalts mit allgemeinen Drohungen verband, die sich an die Adresse aller Anwesenden richteten, kann man sich vorstellen, in welcher Stimmung dieser Kameradschaftsabend dann vollends verlief.

Damit allerdings nicht genug. In regelmäßigen Abständen wurden alle Beamte und Angestellte der Stuttgarter Justizverwaltung in unseren großen Schwurgerichtssaal zusammengerufen, um sich den Vortrag eines „Schulungsredners" anzuhören. Auch hierbei kam ein Fernbleiben natürlich nicht in Betracht. Dazuhin wußte man, daß Aufpasser aufgestellt waren, die beobachteten, von wem die Rede nicht gebührend beklatscht wurde. Im allgemeinen hielten sich diese Schulungsvorträge immer an das gleiche Schema: Lobeshymnen auf den Führer und auf die Großtaten, die er für das deutsche Volk vollbrachte. Deshalb verdiene er den Dank und die blinde Gefolgschaft des ganzen Volkes. Drohungen gegen diejenigen, welche es wagen sollten, sich aus der vom Führer geschaffenen Volksgemeinschaft auszuschließen. Die Aufforderung, für die künftige Größe der Nation willig Opfer zu bringen. Herausstellung der „Härte" als eine der wichtigsten nationalsozialistischen Tugenden. Beschimpfung der Juden und der Judenknechte, deren Ziel es sei, durch ihre Wirtschaftsmacht und mittels der zersetzenden Demokratie und des Bolschewismus alle Völker der Erde zu unterwerfen. Der Nationalsozialismus sei der einzige Retter Europas vor dem schrecklichen Bolschewismus. Schließlich das Herausstreichen der sozialen Leistungen der Partei.

Solange diese Platte ablief, ließen dies die Zuhörer mit heimlichem Gähnen über sich ergehen. Wenn aber das Verhalten bestimmter Bevölkerungsgruppen aufs Korn genommen und angegriffen wurde, dann spitzte man die Ohren und die Stimmung wurde ungemütlich. Und dann kam, worauf man von Anfang an mit Spannung gewartet hatte, der Kirchenkampf aufs Tapet. Brachte nicht der nationalsozialistische Staat alljährlich so hohe Summen für die Unterhaltung der Kirche auf! Wie schlecht wurde ihm dies gedankt! Lange würde der Staat diesem Treiben der Pfaffen nicht mehr geduldig zusehen. Dabei wurde vor allem die katholische Kirche mit den anderen überstaatlichen Mächten, dem Judentum und dem Freimaurertum, diesen Todfeinden des Nationalsozialismus, auf die gleiche Stufe gestellt. Noch sehr deutlich ist mir in Erinnerung ein Schulungsvortrag des „katholischen" Schulmeisters Hillburger, der sich nicht genugtun konnte, die giftigsten Anwürfe gegen die katholische Kirche zu schleudern, der er einst selbst angehört hatte. Solche Vorträge bedeuteten für mich eine schwere seelische Belastung. Den Zwang, schweigend diese Tiraden mit anhören zu müssen – gleichsam, als wäre man damit einverstanden –, empfand ich als eine unerträgliche Demütigung und als einen Angriff auf meine Menschenwürde.

Um die Unterweisung der Beamten noch intensiver zu gestalten, wurden zu diesem Zweck im Land verschiedene Schulungshäuser eingerichtet. Anfangs März 1939 sollte für die Stuttgarter Richter, Staatsanwälte und Justizbeamten zum ersten Mal eine Schulung über das Wochenende in einem Haus bei Hepsisau, einem Dorf am nördlichen Steilabfall der Schwäbischen Alb, abgehalten werden. Man sollte sich dazu freiwillig melden und tatsächlich taten dies auch einige übereifrige Herren. Die „Hepsisauer" wurden sie spöttisch von ihren Kollegen genannt, wobei man wissen muß, daß im schwäbischen Dialekt das Wort „sauen" die Bedeutung von „schnell laufen" hat. Aber damit war das vorgeschriebene Soll noch lange nicht erfüllt. Es war nun die Aufgabe der Behördenvorgesetzten, die Widerwilligen so lange unter Druck zu setzen, bis die gewünschte Zahl beisammen war. Dies tat der Oberstaatsanwalt Link mir gegenüber mit zäher Beharrlichkeit. Schließlich schützte ich die Krankheit meiner Frau vor, doch auch dies wurde nicht anerkannt. Tatsächlich erfreute sie sich ja auch jetzt wieder bester Gesundheit. Am Ende fand ich keinen Ausweg mehr und gab dem Drängen meines Vorgesetzten nach. So fuhr ich denn am Samstagnachmittag mit meinen Kollegen nach Hepsisau. Auch Halder war unter den Verdammten. Das Schulungsheim hieß „Hanns-Ludin-Haus". Es war auf einer Höhe über Hepsisau neu erbaut und paßte sich geschmackvoll der Alblandschaft an, die hier ihre ganze Schönheit entfaltet. Ringsum wogten die um diese Zeit freilich noch nicht belaubten Buchenwälder, immer wieder von grau-weißen Felszacken unterbrochen, und ganz in der Nähe, noch etwas niedriger gelegen, ragte der Bergkegel der Limpurg aus dem Tal. Die Sonne sandte von einem blauen Vorfrühlingshimmel ihre Strahlen herab und brachte den verharschten Schnee, der noch weithin die Höhen bedeckte, zum Glitzern. Es war noch ziemlich kalt hier oben und von dem Dach des Hauses hingen lange, dicke Eiszapfen herab.

Wir hatten jedoch keine Zeit, uns an der Natur zu erfreuen, denn sofort nach dem Mittagsmahl, das anstelle des Tischgebets mit einem heidnischen Spruch eingeleitet wurde und das zwar einfach, aber reichlich und gut war, begann schon der erste Schulungsvortrag, der bis in die Abendstunden dauerte. Er war harmlos und sehr gedankenarm. Unter anderem zog der Redner scharf vom Leder, weil die Deutschen so viel Alkohol konsumierten und so viel Nikotin in die Luft pafften, wodurch dem Volksvermögen ungeheure Summen entzogen würden, die man dringend zur Rüstung benötige. Gleich anschließend wurde ein Kameradschaftsabend mit Bier und Schnaps veranstaltet, an dem natürlich auch der Redner teilnahm und sich keineswegs als Kostverächter zeigte. Dabei besoff sich unser Oberstaatsanwalt Link derart, daß er nur mit Schwierigkeiten ins Bett geschafft werden konnte und am nächsten Tag wegen seines Katzenjammers nicht in der Lage war, den Generalstaatsanwalt Wagner zu begrüßen, der in den Vormittagsstunden in einer von Lametta strahlenden braunen Parteiuniform in seinem Dienstwagen herangebraust kam, um nach seinen Schäflein zu sehen und sein Interesse an dieser Veranstaltung zu bekunden. Der Generalstaatsanwalt nahm ebenfalls an dem Vortrag teil, der den Sonntagvormittag ausfüllte und offenbar den Höhepunkt der Schulung darstellen sollte. Er wurde von einem Bürgermeister aus dem Württembergischen Oberland gehalten, einem noch ziemlich jungen, kleinen, beinahe krüppelhaft aussehenden Männlein, das seinen Bildungsmangel durch Fanatismus ersetzte. Seine Rede bestand in der Hauptsache in wütenden Angriffen gegen die christlichen Kirchen, die er mit einer sich überschlagenden Stimme herausschleuderte. Am Nachmittag wurde dann noch ein gemeinsamer Spaziergang gemacht, bei dem ein Landgerichtsrat die Führung übernahm, ein biederer, anständiger Mann, der sich als einer der wenigen meiner Kollegen in seiner Harmlosigkeit ganz von der nationalsozialistischen Propaganda hatte einfangen lassen. Über den Erfolg, den diese Schulung in Hepsisau bei mir zeitigte, brauche ich wohl nicht zu berichten. [VI/131-134]

Ein Verkehrsdelikt mit Todesfolge

Ich hatte damals in der Hauptsache Jugendschutz- und Verkehrssachen zu bearbeiten. Im Sommer 1939 fiel mir ein Ermittlungsverfahren gegen eine Frau an, welche mit dem Sohn des einstigen Marbacher Bahnhofsvorstands verheiratet und mit dem Stuttgarter Stadtrat Dr. Locher, dem Referent für Leibesübungen im Gemeinderat, befreundet war. Dr. Locher war ein sehr bekannter Parteimann. Diese Frau war mit einem von ihr gelenkten Kraftwagen, in dem neben ihr die Gattin von Dr. Locher saß, auf einer Straße bei Sulzbach a. d. Murr ins Schleudern geraten und über die Straßenböschung hinabgestürzt. Dabei kam Frau Locher, die schwanger war, ums Leben, während die Lenkerin des Wagens merkwürdigerweise ganz unverletzt blieb.

In dem Verfahren gegen die letztere wegen fahrlässiger Tötung, das nun bei mir anhängig war, setzte sich Dr. Locher sehr intensiv zu ihren

Gunsten ein, was zur Folge hatte, daß sich auch Oberstaatsanwalt Link in dasselbe einmischte. Er warf den Gedanken ein, ob nicht ein Materialschaden an dem Auto, für welchen die Fahrerin nicht verantwortlich zu machen sei, die Ursache des Unfalls gewesen sein könnte und ordnete an, daß in seiner Anwesenheit unter Hinzuziehung eines Professors der Materialprüfungsanstalt in Stuttgart-Berg an der Unfallstelle ein Augenschein eingenommen [sic] werden sollte. So fuhr ich an einem heißen Nachmittag mit dem Oberstaatsanwalt dorthin; auch der Kraftfahrsachverständige Oberingenieur Hoffmann, der Sachverständige der Materialprüfungsanstalt und ein Staatsanwalt, welcher mit letzterem näher bekannt war, begleiteten uns in anderen Autos.

Nach dem Augenschein saß man noch stundenlang in der bekannten Gaststätte Sonne-Post in Murrhardt zusammen, wobei sich der Oberstaatsanwalt eine erstaunliche Menge alkoholischer Getränke einverleibte. Anschließend erbot er sich, mich in seinem Dienstauto nach Marbach zu fahren, wo damals gerade meine Frau bei meiner Mutter weilte. In der euphorischen Stimmung, in der Angetrunkene zu sein pflegen, bestand er darauf, den Wagen selbst zu lenken und befahl seinem Fahrer, zu mir hinten hineinzusitzen. Mir schien die Sache bedenklich, aber was sollte ich machen? Schon bei der Ausfahrt aus Murrhardt hätte der Oberstaatsanwalt um ein Haar einen schweren Zusammenstoß mit einem anderen Kraftfahrzeug verursacht, wenn der Fahrer desselben nicht im letzten Augenblick noch hätte anhalten können. Dieser Kraftfahrer ließ nun eine Flut übelster Schimpfworte auf meinen Oberstaatsanwalt niederprasseln. Link entgegnete kein Wort, sondern wies kleinlaut seinen Fahrer an, einen Platzwechsel vorzunehmen und auf der weiteren Fahrt sich ans Steuer zu setzen.

Der Herr von der Materialprüfungsanstalt erstattete sein Gutachten wie erwünscht dahin, daß an den Autoteilen des Unglückswagens ein Materialfehler vorgelegen habe, durch welchen der Unfall herbeigeführt worden sei. So mußte ich das Verfahren einstellen. [VI/134 f.]

II. „LANGE NACHT ÜBER DEUTSCHLAND" – DER 2. WELTKRIEG 1939 BIS 1945

Der Hitler-Stalin-Pakt und allgemeine Kriegsvorbereitungen

Um jene Zeit hatten die Spannungen, die Hitler Polens wegen ausgelöst hatte, bereits einen Grad erreicht, der es sehr wahrscheinlich machte, daß der Ausbruch eines 2. Weltkrieges unmittelbar bevorstand. Die Massen des deutschen Volkes aber vergnügten sich. War doch bis jetzt immer alles noch gut abgegangen! Man vertraute darauf, daß es auch weiter so gehen werde und verdrängte die Gedanken an ein kommendes Unheil. Ich selbst wünschte auch diesmal so halbwegs einen Krieg herbei als den einzigen Weg, der uns vielleicht von der Tyrannei der Nazis befreien könnte, denn diese schien mir auf die Dauer schlimmer als der Tod. Aber die Furcht vor dem Kommenden war auch für mich beklemmend.

Da platzte der Vertrag, den Hitler mit der Sowjetunion abschloß, wie eine Bombe in die gespannte Situation herein. Niemand hatte dies erwartet, denn die Nationalsozialisten hatten ja stets den Bolschewismus als den Weltfeind Nr. 1 hingestellt. Damit hatte sich die Lage mit einem Schlag zugunsten Hitlers verändert. Diese Wendung Hitlers brachte die Partei in einige Verlegenheit, die aber leicht überwunden werden konnte. Wenn auch der sensationelle Kurswechsel geeignet war, das Vertrauen in die Worte Hitlers weiter zu erschüttern, so überwog doch in der Bevölkerung das Gefühl der Bewunderung für diesen Mann. Hatte derselbe nicht immer neue Überraschungen auf Lager, die es ihm möglich machten, die Pläne seiner Feinde zu durchkreuzen!

Am nächsten Sonntag traf ich in Marbach den „Posthalter" Wimmer, einen alten Nazi. „Die Ehe zweier großer Weltanschauungen!", sagte er zu mir, als wir auf die neue Lage zu sprechen kamen. Und eben dies war es, was mein Herz mit tiefer Niedergeschlagenheit erfüllte. Seit langem waren mir Nationalsozialismus und Bolschewismus, wie sie sich damals in Hitler und Stalin verkörperten, als nur äußerlich verfeindete, innerlich aber gleichgeartete Brüder erschienen. Jetzt hatten sie sich gefunden und forderten die Welt in die Schranken, diese immer noch von einem christlich-abendländischen Geist getragene Welt. Und diese Welt war meine Welt. Wenn sie stürzte, so konnte ich in der Geschichte und überhaupt in dem Geschehen auf dieser Erde keinen tieferen Sinn mehr erblicken. So war mir jedenfalls damals zumute.

Da ich erwartete, daß bald der Krieg mit seinen Schrecken über uns hereinbrechen werde, widersetzte ich mich dem zaghaft vorgebrachten Wunsch Gertruds, in diesem Jahr doch noch eine weitere Urlaubsreise zu unternehmen. Um noch einmal die Friedenszeit zu genießen, machten wir um den 20. August herum miteinander eine größere Fußwanderung nach Hirsau. Wir fuhren mit der Bahn nach Weil der Stadt und nahmen in dem romantischen alten Reichsstädtchen an einem katholischen Gottesdienst teil. Der Pfarrer predigte über den Hl. Bernhard von Clairvaux, dessen Fest um diese Jahreszeit gefeiert wird. Dabei schilderte er die Begeisterung der Kreuzfahrer für den heiligen Krieg, in den sie ziehen wollten, und stellte diesem Aufbruch die Lage, in der wir uns jetzt befanden, in einer Weise gegenüber, daß selbst der einfache Zuhörer daraus den Schluß ziehen mußte, daß es ein recht unheiliger Krieg sei, in den Hitler im Begriff war, das deutsche Volk hineinzuführen. Und dann ging unser Weg weiter durch die in stillem Frieden liegenden Felder und Wälder des Vorschwarzwalds.

Als ich und meine Frau über das folgende Wochenende nach Marbach kamen, befand sich Deutschland bereits praktisch im Kriegszustand, wenn auch noch nicht mit den Waffen gekämpft wurde. An diesem Sonntag wurde die Rationierung der Lebensmittel eingeführt und wurden Brot- und Fleischkarten an die Bevölkerung ausgegeben. Diese Maßnahme rief im Volk einen tiefgehenden Schock hervor, denn die meisten erinnerten sich noch allzugut an die Hungerjahre des 1. Weltkrieges.

Am Sonntagnachmittag besuchten wir zusammen mit Heinz Mundinger[57] die Familie Traub in Wolfsölden. Der Glanz der Spätsommersonne lag über den Wiesen und Wäldern, wie überhaupt in jenen Tagen das schönste Wetter herrschte. Das freundliche Lächeln der Natur konnte freilich den Druck, der auf den Gemütern lastete, nicht verscheuchen. Als wir einen Spaziergang ins Buchenbachtal machten, sahen wir, daß die über dieses Tal führende Eisenbahnbrücke von Wachmännern in Zivil, die Gewehre umgehängt hatten, bewacht wurde.

Und nun brach eine lange Nacht über Deutschland herein. Schon im buchstäblichen Wortsinn war dies der Fall. Infolge der Abdunkelung, welche wegen der Luftgefahr angeordnet wurde, lag das ganze Land von Sonnenuntergang bis zum Sonnenaufgang in Finsternis gehüllt. Sogar die Scheinwerfer der Kraftfahrzeuge mußten so abgedunkelt werden, daß der Fahrer nur wenige Meter der Straße, die vor ihm lag, überschauen konnte und langsam dahinschleichen mußte. Die Luftschutzorganisationen wachten streng darüber, daß aus den Häusern kein Lichtschein nach außen drang. Man hatte schon vorher einmal in Stuttgart eine große Luftschutzübung abgehalten, bei der die ganze Stadt verdunkelt worden war. Damals meinten die meisten, daß im Ernstfall ein solcher Zustand nicht lange durchzuhalten sein werde. Nun gewöhnte sich die Bevölkerung überraschend schnell an die dunkeln Nächte, die sie mehr als fünfeinhalb Jahre zu ertragen hatte. Nun auf einmal wurde es auch für den Großstadtmenschen zu einer wichtigen Frage seines Alltagslebens, ob man in der Jahreszeit der langen oder in der Jahreszeit der kurzen Nächte stand, ob Vollmond oder Neumond war, ob das sanfte Nachtgestirn klar am Himmel leuchtete oder ob dunkle Wolken es verdeckten. [VI/139-141]

Erste Siegesmeldungen und Evakuierungen

Als wir das nächste Wochenende wieder in Marbach verbringen wollten, mußten wir wegen der starken Einschränkung des Bahnverkehrs
von Ludwigsburg zu Fuß gehen. In Hoheneck kehrten wir ein. Aus dem
Rundfunkempfänger im Lokal tönten die Siegesmeldungen vom polnischen Kriegsschauplatz. War das wirklich wahr? Aber schon nach wenigen Tagen wurde es offenkundig, daß Hitler über eine unvergleichlich
starke Armee verfügte. Drei Wochen später lag Polen völlig zermalmt
am Boden. Das Generalgouvernement wurde errichtet. Hatte ich auch
nicht gezweifelt, daß Polen, wenn es allein stehe, dem Reich unterliegen
werde, mit solchen Blitzsiegen hatte ich doch nicht gerechnet. Hitlers
Macht übertraf alle meine Befürchtungen.

Der schnelle Sieg in Polen machte den Krieg zwar nicht populär,
wirkte indes doch beruhigend auf die Stimmung des Volkes ein, zumal
das Leben, abgesehen von der Abdunkelung und der Rationierung der
Konsumgüter, seinen gewohnten Gang weiterging. Die Partei ließ zunächst die Zügel etwas lockerer. Zwar ergingen Gesetze, welche die
Zersetzung der Wehrkraft und das Abhören ausländischer Sender unter
schwerste Strafen stellten. Aber die weltanschaulichen Auseinandersetzungen wurden für den Augenblick abgebremst. Die Lebensmittel und
Verbrauchsgüter waren in dem eingeschränkten Maß, an das man sich
schon gewöhnt hatte, noch einigermaßen ausreichend vorhanden. Der
gefürchtete Luftkrieg war ausgeblieben. Man hatte sich von einem modernen Krieg schlimmere Vorstellungen gemacht, als er sich jetzt zu

zeigen begann. Freilich, die Hauptgegner, England und Frankreich, waren noch unbesiegt. Aber sah es nicht so aus, als hätten sie die Polen, wie zuvor die Tschechen, im Stich gelassen und sich lediglich mit einer militärischen Demonstration begnügt? Die deutsche Wehrmacht hatte den Westwall bezogen und die beiden Heere standen sich zu beiden Seiten des Rheins untätig gegenüber. Nichts hatten die Westmächte unternommen, um durch einen Angriff auf Deutschland den Polen zur Hilfe zu kommen.

An Anfang des Krieges wurde von deutscher Seite die Bevölkerung des badischen Grenzstreifens nach Württemberg evakuiert. In Marbach war eine Menge solcher Leute in Familien untergebracht worden. Auch meine Mutter hatte eine Frau mit einem schulpflichtigen Jungen ins Quartier nehmen müssen. Man tat dies gern und zwischen den Marbachern und den stammverwandten Gästen entwickelten sich freundschaftliche Beziehungen. Bei diesen handelte es sich vorwiegend um Katholiken und von der evangelischen Kirchengemeinde wurde ihnen die Stadtkirche für den sonntäglichen Gottesdienst eingeräumt. Zum ersten Mal nach 405 Jahren wurde in Marbach wieder eine Hl. Messe gefeiert.

Nun hatte ich keinen Grund mehr, mich, wenn ich in Marbach war, vom Gottesdienst an den Sonntagen zu dispensieren, und scheu und ängstlich schlich ich mich an Gertruds Seite in die Stadtkirche. Andererseits war es für mich erhebend, den nüchternen Marbacher Kirchensaal mit Glaubensgenossen dicht gefüllt zu sehen. Aber schon etwa einen Monat später kehrten die Badener, da keine Gefahr mehr zu bestehen schien, in ihre Wohnplätze zurück. Auch von einer Anzahl Marbacher Reservisten, in der Hauptsache Leute, welche noch im 1. Weltkrieg eine militärische Ausbildung erhalten hatten und nun bei Kriegsbeginn in einen Ort im Remstal einberufen worden waren, wurden nach einigen Wochen die meisten wieder nach Hause entlassen. [VI/141 f.]

Vages Friedensangebot und erstes Hitler-Attentat durch Georg Elser

Im Oktober, nach Beendigung des Polenfeldzugs, hielt Hitler eine mit Spannung erwartete Rede, die von allen deutschen Sendern übertragen wurde. Er machte darin den Westmächten ein vages Friedensangebot. Dasselbe war wohl kaum ernst gemeint. Nachdem er nun erprobt hatte, welches Machtinstrument er mit seiner Wehrmacht in Händen hielt, war er sicher nicht gesonnen, es unbenützt liegen zu lassen. Vom Westen her erfolgte keine Resonanz. Vor seinem Volk konnte er aber den dadurch entstandenen Schein ausnützen und die Lage so hinstellen, als sei er gegen seinen Willen gezwungen, weiter zu kämpfen. Trotzdem blieb es den ganzen Winter über bei einem sonderbaren Kriegszustand, der eigentlich mehr einem Waffenstillstand glich. An der Landfront ereignete sich nichts Nennenswertes. Wenn irgendwo zur See ein paar britische Schiffe durch deutsche Unterseeboote versenkt wurden, so wurde dies durch eine groß aufgemachte Siegesmeldung dem Volk bekanntgemacht, wobei fortan solche Meldungen am Radio durch den Gesang eines Liedes eingeleitet wurden, das Hermann Löns während des 1. Weltkrieges gedichtet und das den Refrain hat: „Und wir fahren, und wir fahren gegen Engeland!"

Die westlichen Demokratien und besonders die Briten wurden nun von Hitler und von Goebbels Propaganda stereotyp als „Plutokraten" bezeichnet, wobei man nicht ganz ohne Erfolg der Bevölkerung die Situation so darzustellen versuchte, wie wenn diese Mächte den Krieg nur im Interesse des Großkapitals führen würden und Hitler um eine gerechte Sozialordnung in der Welt kämpfen würde.

Einige Aufregung rief das Attentat hervor, das [Einschub von Kleinknecht: auf den „Führer" verübt worden sein soll] anläßlich der Feier zum Gedenken an den „Marsch zur Feldherrnhalle" im Jahr 1923, die wie alljährlich am 9. November von Hitler und seinen „alten Kämpfern" in München veranstaltet wurde. Das Mißlingen des Attentats wurde von

der Propaganda kräftig in dem Sinn ausgebeutet, daß dies wieder einmal
ein sichtbarer Beweis dafür sei, daß der Führer unter dem besonderen
Schutz der Vorsehung stehe. Das ganze Geschehen erschien aber so un-
durchsichtig, daß schon damals unter der Bevölkerung heimlich getu-
schelt wurde, daß es sich dabei wohl um gar keinen ernsthaften, sondern
nur um einen gestellten Anschlag auf das Leben Hitlers gehandelt habe.
[VI/142 f.]

Vollzug des Hitler-Stalin-Pakts
Aufgrund des mit Hitler abgeschlossenen Vertrags ließ Stalin nach dem
Polenfeldzug das östliche Polen besetzen und riß bald darauf auch noch
das ganze Baltikum an sich – ein Gebiet, das seit den Tagen des Deutschen Ritterordens stark vom Deutschtum durchtränkt war und bis zur
bolschewistischen Revolution eine maßgebende deutsche Oberschicht
besessen hatte. Zugleich gliederte Stalin Bessarabien seinem Machtbereich ein. Dort hatten sich in der ersten Hälfte des 19. Jahrhunderts zahlreiche Deutsche – und zwar vorzugsweise Württemberger – angesiedelt
und sich in ihrem Volkstum rein erhalten. Die deutschen Bauern aus
Bessarabien wurden nun in die einstmals preußisch gewesenen Teile
Polens umgesiedelt, nach Westpreußen und in das Posener Land, die
wieder zum Reich geschlagen und Warthegau benannt wurden.

Diese Ereignisse stellten einen gewaltigen Schritt der Sowjetmacht
nach Westen dar. Sie wurden aber damals in ihrer Bedeutung von den
Massen des deutschen Volkes nicht erfaßt. Die Regierung unterrichtete
die Bevölkerung gleichsam nur beiläufig und kommentarlos davon.
Größeres Interesse fand bei uns der Angriff, welchen die Russen in diesem Winter auf Finnland machten, und der heldenmütige Widerstand
der Finnen, wobei die Sympathien der Deutschen durchaus auf der Seite
der Finnen standen. Das Hauptinteresse richtete sich natürlich auf die
kriegerischen Verwicklungen, an denen Deutschland selbst unmittelbar
beteiligt war.

Nachdem die Hoffnung auf Frieden geschwunden war, erwartete man im Frühjahr eine deutsche Offensive an der Westfront. Zunächst allerdings gab es eine große Überraschung. Hitler besetzte Dänemark und überfiel Norwegen. Die Hilfe der ahnungslosen Briten kam zu spät für das überrumpelte norwegische Volk.

Solange noch in Norwegen gekämpft wurde, machten wir am 1. und 2. Mai 1940 mit dem Ehepaar Barchet, Marga und einer Freundin derselben eine Wanderung durch den Schurwald. Die Wälder standen im ersten lichten Grün und vor uns schwebte im leichten Dunst der blaue Bergkegel des Hohenstaufen. In dieser stillen, freundlichen Landschaft kam es uns ganz unwirklich vor, daß wir inmitten eines Krieges stehen sollten, welcher die ganze Welt mit Furcht und Schrecken bedrohte. An einem kleinen See in einer einsamen Waldschlucht rasteten wir. Dann wanderten wir weiter zu unserem eigentlichen Ziel, dem einstigen Kloster Adelberg, wo wir übernachteten. Am nächsten Sonntag fuhren wir mit der Bahn nach Stuttgart zurück. Als wir den Hauptbahnhof verließen, wurden gerade Extrablätter ausgerufen: „Narvik[58] erobert!" Damit war auch dieser Feldzug praktisch beendigt und Hitler hatte mit seiner Blitzkriegtaktik wiederum einen großen Erfolg errungen.

Es war wohl am Samstag, den 11. Mai[59], in der Frühe, als ich auf dem Weg zur Staatsanwaltschaft aus einem geöffneten Fenster einen laut eingestellten Rundfunkempfänger herausbrüllen hörte: „Die große Schlacht im Westen hat begonnen!" Obwohl man darauf längst gewartet hatte, bebte doch mein Herz bei dieser Nachricht. Jetzt mußte die Entscheidung fallen: die Entscheidung, ob Hitler den Krieg gewinnen, ob die nationalsozialistische Herrschaft sich halten, ja zu einer Weltmacht ersten Ranges aufsteigen oder ob sie stürzen werde. So weit war es gekommen, daß ich nichts mehr fürchtete als den Sieg des Staats, der die deutsche Nation in der Welt repräsentierte, und daß ich nichts heißer herbeisehnte als seine Niederlage.

Das Prestige des französischen Heeres war groß; die Deutschen hat-

ten im 1. Weltkrieg den französischen Soldaten als einen tapferen Gegner und als einen zähen Kämpfer kennengelernt. Die Verteidigungsan-
lage, welche Frankreich inzwischen gegen Deutschland erstellt hatte,
die sogenannte Maginotlinie, genoß einen geradezu legendären Ruf und
galt weithin als unüberwindlich. Man erinnerte sich an den verlustreichen Stellungskrieg, zu dem 1914-1918 die Fronten im Westen erstarrt
waren, und war auf langwierige, blutige Kämpfe in Frankreich gefaßt,
deren Ausgang auf jeden Fall noch ganz offen zu sein schien. Würde
aber dann, wenn die beiden europäischen Nationen bis zur Erschöpfung
gekämpft hatten, nicht vielleicht der Kontinent dem russischen Bolschewismus anheimfallen? Hinter einer Niederlage Hitlers, die ich so
sehr wünschte, drohte also ein neues Schreckgespenst.

Natürlich hing man nun die meiste Zeit am Radio, um die neuesten
Nachrichten vom Kriegsschauplatz zu erhalten. Trotzdem machte ich
am Sonntagnachmittag mit Gertrud und einer Bekannten von ihr von
Marbach aus eine kleine Wanderung ins sogenannte Pleidelsheimer
Wäldchen. Die Damen pflückten dort Maiglöckchen, die unter dem
lichten Gehölz in Menge hervorsprießten. Ich hatte mir an diesem Tag
Holzsandalen angezogen, die mir Gertrud gekauft hatte, weil sie allenthalben lautstark empfohlen wurden, um Stiefel zu sparen. Solche waren
nämlich bereits schwer zu erhalten. Ich glaube aber, daß es an diesem
Tag das einzige Mal war, daß ich meine Sandalen getragen habe. Am
Abend meldete der Rundfunk schon große Siege in Holland und Bel-
gien. Wenn man davon auch einiges auf das Konto der Propaganda
setzte, so war doch aus den angegebenen Ortsnamen zu erkennen, daß
sich das deutsche Heer in stürmischem Vordringen befand. In den folgenden Tagen bestätigte sich dieser Eindruck. Auch die Westmächte
waren also der militärischen Macht Hitlers nicht gewachsen.

Ich hatte im Mai noch einen kleineren Urlaub, den ich mit Gertrud
in Ellwangen verbrachte. Wir waren von Fräulein Präg, unserer einstigen Hausgenossin in Stuttgart, eingeladen worden. Dieselbe wohnte

nun dort im Ruhestand in einem kleinen Häuschen, das außerhalb der
Stadt hinter der berühmten Wallfahrtskirche auf dem Schönenberg lag.
Vor uns breiteten sich die grünen Wiesenhänge aus, die mit weißen und
gelben Frühlingsblumen übersät waren und auf denen ein Schäfer seine
Herde weidete. In diesen Tagen vollendete sich die französische Niederlage. Unter den Stößen der deutschen Panzerwaffe brach die viel-
gerühmte Maginotlinie wie ein Kartenhaus zusammen. Andere Panzer-
verbände drangen bis zur Seinemündung vor und schnitten die in Bel-
gien noch kämpfenden Elitetruppen der Westmächte von Frankreich ab.
Ich wollte möglichst wenig von all dem hören und streifte lieber mit
meiner Frau durch die Wiesen und die Wälder. Aber das Grünen und
Blühen um uns her konnte die düstere Stimmung, die auf meinem
Gemüt lastete, nicht erhellen. Der Macht Hitlers waren offenbar nun
keine Grenzen mehr gesetzt. Die Teilung der Weltherrschaft zwischen
dem deutschen Nationalsozialismus und dem russischen Bolschewismus, das war die Zukunftsvision, die sich vor meinen Augen abzuzeichnen schien.

Schon am 14. Juni zogen die deutschen Truppen in Paris ein. Daß
Mussolini schließlich auch noch in den Krieg gegen Frankreich eintrat,
nachdem die Entscheidung längst gefallen war, erwies sich seinem Ansehen nicht gerade förderlich. Im deutschen Volk wurde diese Handlungsweise als eine Art von Leichenfledderei, jedenfalls als unrühmlich
und beinahe lächerlich angesehen. Durch den über alle Erwartungen
hinausgehenden, schnell errungenen und vollständigen Sieg über den
französischen Erbfeind wurde natürlich die Autorität Hitlers und seiner
Partei in Deutschland mächtig gestärkt. Dazuhin war dieser Sieg mit
verhältnismäßig geringen Verlusten erstritten worden. Wenn man sie
mit den ungeheuern Blutopfern verglich, welche der 1. Weltkrieg in
Frankreich gefordert hatte und die noch sehr deutlich im Gedächtnis
des Volkes hafteten, fielen sie kaum ins Gewicht. Anders sah dies frei-

lich für die unmittelbar Betroffenen aus, so für meinen Bundesbruder Haid, der den jüngeren seiner beiden Söhne im Frankreichfeldzug verloren hat. In der allgemeinen Siegesstimmung wurde das Vorrücken der bolschewistischen Macht im Osten kaum beachtet. Die Lage Englands erschien den meisten Deutschen in jenem Zeitpunkt ziemlich hoffnungslos. Trotz alledem aber habe ich, wenn ich mir die damalige Zeit vergegenwärtige, den Eindruck, daß die Begeisterung in der deutschen Bevölkerung nicht der Größe des deutschen Sieges entsprach. Allzu viele Menschen in unserem Land waren schon auf irgendeinem Gebiet in einen Gegensatz zur Partei geraten und fürchteten sich nun insgeheim vor dem Übermut der Parteileute.

Noch im Juli feierte Hitler seinen Triumph vor dem Reichstag, wo er eine große Rede hielt. Göring wurde mit der Würde eines Reichsmarschalls ausgezeichnet und eine stattliche Reihe von Generälen wurden zu Feldmarschällen ernannt. Zum mindesten dem Anschein nach bot Hitler den Briten nochmals einen Frieden an. Tatsächlich scheint er so etwas wie Sympathie oder doch wenigstens Respekt diesem Volk gegenüber empfunden zu haben, vielleicht weil er sie für eine nordisch bestimmte Rasse hielt. Die Briten aber zeigten in diesen Tagen des Unglücks einen außergewöhnlichen Starkmut. Aus ihrer Weltreichsperspektive heraus vermochten sie wohl an das Geschehene einen objektiveren Maßstab anzulegen als der ganz in kontinentalem Denken befangene Hitler. So sahen sie in ihrer Lage noch Möglichkeiten, welche letzterer unterschätzte. Jedenfalls fehlte Hitler die Fähigkeit, sich im Rausch des Sieges zu zügeln und durch besonnene Kompromisse mit einem noch nicht am Boden liegenden Gegner zu einem Ausgleich zu gelangen. Der Krieg ging also weiter und die Nazis verspotteten den Mann, welcher die Seele des britischen Widerstands war, Winston Churchill, indem sie ihn abgekürzt „WC" nannten. [VI/143-146]

Die eigene Musterung

Am 5. August 1940 wurde ich zur Musterung vorgeladen. Sie ist mir als eine üble Prozedur in Erinnerung geblieben. Daß man dabei gezwungen war, sich splitternackt vor einer großen Schar von Männern zur Schau zu stellen, empfand ich als eine beinahe unerträgliche Entwürdigung meiner Person. Der Arzt, der die Musterung vornahm, machte keineswegs die Figur des „guten Onkels", in welcher sich sonst die Ärzte im Privatleben ihren zahlenden Patienten darzustellen belieben; vielmehr waltete er mit militärischer Strenge und Rücksichtslosigkeit seines Amtes. Das Ergebnis der Musterung war, daß ich „garnisonsverwendungsfähig-Feld" geschrieben wurde. Über diese Einstufung wunderte ich mich nicht nur selbst, sondern es taten dies auch andere Leute, die mich kannten. Zwar war ich hochgewachsen, aber von schmächtigem Körperbau und von blasser Gesichtsfarbe. Größeren körperlichen Anstrengungen fühlte ich mich nicht gewachsen; zudem war ich hochgradig kurzsichtig und litt an einem schweren, doppelseitigen Leistenbruch. Vor dem rauhen, ungeistigen Soldatenleben und der mit ihm verbundenen Unterdrückung der individuellen Persönlichkeit hatte ich einen ziemlichen Horror. Ein dumpfer Groll stieg in mir auf, wenn ich daran dachte, daß ich mich für den mir so verhaßten Führer diesem Dienst unterziehen und für die Stärkung und Ausbreitung von Hitlers Macht mein Leben einsetzen müßte. Vorläufig waren aber noch alle Staatsanwälte meiner Altersklasse „UK" gestellt und die militärische Lage sah nicht so aus, als ob es notwendig werden würde, unausgebildete Männer in diesem Alter, deren Beruf als kriegswichtig galt, zum Wehrdienst einzuziehen. [VI/146 f.]

Affären und Gerüchte

Etwa um die Zeit, da der Krieg ausbrach, wurde ein skandalöser Vorgang in der Stuttgarter Justiz aufgedeckt. Bei einer Strafkammer gab es einen Landgerichtsrat namens Kurt Roth, unter den Kollegen schlicht

„Kurtchen" genannt. Er mag etwas über 50 Jahre alt gewesen sein, war ein kleiner Mann, trug eine Brille mit dicken Augengläsern und stammte nicht aus dem Schwabenland. Wenn ich als Staatsanwalt bei ihm auftrat, fiel mir immer auf, daß er in nervöser Eile seine Verhandlungen durchpeitschte. Eines Tages nun entdeckte man, daß er sich in seinem Privatleben unter einem falschen Namen als Frauenarzt ausgab und in der Stadt irgendwo so etwas wie eine gynäkologische Praxis betrieb und dabei Patientinnen auf seine Art behandelte. Natürlich mußte er nun sofort seinen Dienst liquidieren. Auch wurde er bestraft, allerdings sehr glimpflich und in einem Strafbefehlsverfahren, so daß von der Angelegenheit nichts nach außen drang. In der Partei war dieser Mann nicht besonders hervorgetreten; ich weiß nicht einmal, ob er überhaupt Parteimitglied war. Offenbar hielt es die Partei aber damals nicht für opportun, daß ihre Justiz in der Öffentlichkeit mit einem solchen Skandal belastet wurde; vielleicht hatte Roth auch mächtige Beschützer. Jedenfalls wurde er alsbald durch Vermittlung von Parteistellen bei einer jener Wirtschaftsorganisationen, die infolge der Kriegs- und Zwangswirtschaft wie Pilze aus dem Boden schossen, angestellt, so daß er jeglicher Existenzsorgen überhoben war.

An der Spitze der württembergischen Richter hatte in der Weimarer Republik Oberlandesgerichtspräsident Schmoller gestanden, ein Mann von sehr freier Lebensart. Über ihn und seine Frau Clementine wurde viel geklatscht. Die Anschauungen beider von der Ehe scheinen erheblich von dem korrekten Biedersinn, der in der altwürttembergischen höheren Beamtenschaft im allgemeinen zum guten Ton gehörte, abgewichen zu sein. Von Schmoller wurde folgendes Anekdötchen erzählt: Ein junger Stuttgarter Amtsrichter, ein Junggeselle, verbrachte einmal die Pfingstfeiertage in einem Gasthaus im Schwäbischen Wald, fern vom Getriebe der großen Welt. Als er nun morgens in der Gaststube beim Frühstück saß, kam von den Fremdenzimmern im oberen Stock ein Herr mit einer Dame herunter und verließ durch die Gaststube das

Haus. Und siehe, es war dies Herr Oberlandesgerichtspräsident Schmoller! Seine Begleiterin war aber nicht seine Gemahlin. Natürlich flitzte der junge Amtsrichter auf und grüßte seinen höchsten Vorgesetzten. Der Gruß wurde hingegen nur kurz und ärgerlich erwidert. Nachdem das Paar das Haus verlassen hatte, fragte der Amtsrichter den Wirt, ob die Herrschaften öfters hier übernachten. „O ja," sagte der Wirt, „das ist der Herr Architekt Aufrecht von Stuttgart und seine Frau." Dafür, daß diese Geschichte wahr ist, kann ich mich nicht verbürgen. Jedenfalls wurde Schmoller unter den Stuttgarter Richtern manchmal scherzhaft „Architekt Aufrecht" genannt. Im übrigen muß er ein genialer Jurist gewesen sein. Mein Bundesbruder Haid, der Oberlandesgerichtsrat in dem Zivilsenat war, in welchem Schmoller den Vorsitz führte, erzählte mir bewundernd, daß dieser oft den ganzen Tag Tennis gespielt habe und daß dann am nächsten Tag doch keiner der Richter so wie der Vorsitzende den Prozeßstoff beherrscht habe. Anscheinend liebte Schmoller die Nachtarbeit. [VI/152 f.]

Juristische Karrieren

Im 3. Reich war nun an die Stelle Schmollers der Oberlandesgerichtspräsident Küstner getreten, mit dem ich nie persönlich in Berührung kam und von dem ich weder Gutes noch Schlechtes gehört habe.

Das Landgericht Stuttgart hatte zur Zeit Schmollers der Präsident zum Tobel geleitet, ein hochgebildeter, vornehmer Herr, welcher dazuhin den Vorsitz in der Kantgesellschaft führte. Ihm folgte in der nationalsozialistischen Ära Landgerichtspräsident Widmaier, der mir gut bekannt war, weil er vorher als Amtsgerichtsdirektor in Waiblingen amtiert hatte, wo ich als Staatsanwalt in Jugendgerichtsverfahren oft mit ihm verhandelt habe. Er galt als ein Spitzenjurist, der unter anderen Verhältnissen sicher eine schöne Karriere gemacht hätte. Er war der Sohn eines Volksschullehrers und man merkte, daß er aus einer ganz anderen Gesellschaftsschicht kam als der Aristokrat zum Tobel. Jedoch fehlte es ihm nicht an Gewandtheit des Auftretens. Da er sich zugleich im Verkehr jovial und umgänglich zeigte, war er bei seinen Untergebenen beliebt. Er gab sich als überzeugter Nationalsozialist, was er in seinem Innern wohl kaum in gleichem Maße gewesen sein dürfte. Freilich war dies in der Stellung, die er innehatte, beinahe unumgänglich. Hätte er nicht so handeln wollen, so hätte er auf die Laufbahn, die ihm nach seinen Fähigkeiten zustand, verzichten müssen.

In der 1. Strafkammer und im Schwurgericht führte Landgerichtsdirektor Huzel den Vorsitz, ein Mann protestantischer Prägung, von kleiner und etwas schmächtiger Statur, aber gestraffter Haltung. Seine Lebensführung war durchaus korrekt. Ohne Zweifel wollte er ein gerechter Richter sein. Seine einzige Schwäche bestand darin, daß er für die Schwächen seiner Mitmenschen keinerlei Verständnis aufbrachte. So war er ein harter und gestrenger Herr. Obgleich er selbst Parteimitglied war, trat er den Zumutungen der Partei, die seinem Gerechtigkeitssinn widerstrebten, im Rahmen des Möglichen aufrecht entgegen. Im Grunde hegte er eine kaum verhohlene Abneigung gegen die Partei.

Ein anderer Strafkammervorsitzender, Landgerichtsdirektor Widmann, stand weltanschaulich auf dem gleichen Boden wie Huzel. Allerdings war er aus weicherem Holz geschnitzt. Er verhandelte in einem pastoralen, salbungsvollen Ton, was ihm den Beinamen „der Domprediger" eintrug.

Dagegen blieb Flaxland, trotz der üblen Behandlung, die ihm widerfahren war, ein begeisterter Nationalsozialist, dem jeder Gedanke an eine oppositionelle Haltung fernlag. Es mag wohl im Frühjahr 1941 gewesen sein, als er mit seiner Kammer in Böblingen einen Fall wegen fahrlässiger Tötung, einen Verkehrsunfall, verhandelte. An dieser Verhandlung wirkte ich als Staatsanwalt mit. Bei der Vernehmung des Angeklagten und der Zeugen war er sehr gereizt und geriet sogar ins Schreien. Mir fiel dabei eine seltsame Veränderung seiner Stimme und die Schlaffheit seiner Gesichtszüge auf. Ich erinnerte mich an ähnliche

Symptome, die sich bei meinem Vater vor seiner letzten Krankheit gezeigt hatten. Als wir nach dem Ende der Verhandlung ein Gasthaus aufsuchten, mußte er auf dem Weg dorthin mehrmals stehenbleiben, um Luft zu holen. Dies hinderte ihn indes nicht daran, dann zwei Viertel Weißwein zu trinken und eine dicke schwarze Zigarre zu rauchen. Anschließend blieb Flaxland noch in Böblingen, wo er Verwandte besuchte, während ich mit seinen zwei Landgerichtsräten mit der Bahn nach Stuttgart zurückfuhr. Dabei sagte ich zu den beiden: „Ihr werdet nicht mehr lange an eurem Vorsitzenden haben; er ist schwer krank." Sie lachten über meine düsteren Prophezeiungen. Aber wenige Tage darauf wurde Flaxland im Stuttgarter Hauptbahnhof vom Schlag getroffen und war sofort tot. Die Landgerichtsräte meinten hernach, ich hätte offenbar das „zweite Gesicht". Meine Prognose hatte jedoch nichts mit übernatürlichen Eingebungen zu tun. An der nachfolgenden Verbrennung Flaxlands im Stuttgarter Krematorium nahm ich teil. Da er als „Gottgläubiger" aus der Kirche ausgetreten war, hielt ein Nationalsozialist in brauner Uniform an seiner Bahre die Leichenrede. Es war ein seichtes Geschwätz. Zu der ernstesten Tatsache der menschlichen Existenz, zum Tode, hatte diese Weltanschauung nichts Sinnvolles zu sagen.

Schließlich ist noch Landgerichtsdirektor Bühner zu nennen, der – wie die anderen Genannten – schon vor Anbruch des 3. Reiches der Vorsitzende einer Strafkammer gewesen war. Von weltanschaulichen Fragen wurde er offenbar wenig angefochten, um so mehr hingegen von der Geldnot, in der er sich fortwährend befand. Der Grund seiner finanziellen Misere war nicht leicht einzusehen. Sie hing wohl mit seinen familiären Verhältnissen zusammen; seine Frau war blind. Das Geldbedürfnis Bühners ging so weit, daß er sogar die Landgerichtsräte seiner Kammer anpumpte, so daß diese es vermieden, mit ihm unter vier Augen zusammenzutreffen. In seinem Beruf zeigte er sich ziemlich lässig; er ging meist mit nur ganz oberflächlicher Aktenkenntnis in die Sitzungen.

Nun hatte er aber in seiner Kammer den Landgerichtsrat Wagner, welcher in dieser Hinsicht gerade gegensätzlich veranlagt war. Derselbe war ein Rechtsfanatiker und bereitete seine Fälle mit pedantischer Gründlichkeit vor. Freilich war er ein Beispiel dafür, daß ein Richter darin des Guten zu viel tun kann. In den Verhandlungen war Wagner nur zufrieden, wenn er von den Angeklagten und den Zeugen ganz erschöpfende, prägnante und eindeutige Antworten erhielt. Dies führte dazu, daß er von seinem Fragerecht einen ausschweifenden Gebrauch machte, so daß sich die Sitzungen endlos hinzogen und die Angeklagten und die Zeugen durch seine bohrenden Fragen ganz durcheinandergebracht wurden. Er und Bühner ergänzten sich nicht, sondern gaben miteinander ein schlechtes Gespann.

Kurz vor Kriegsausbruch hatte diese Kammer einen ziemlich umfangreichen und komplizierten Fall wegen Untreue und Betrug zu verhandeln. Immerhin hätte die Verhandlung in einigen Tagen zu Ende geführt werden können. Da Wagner es aber nicht über sich brachte, bei der Aufklärung des Sachverhalts die geringsten Lücken, die offenblieben, so oder so zu überbrücken, und für Bühner, welcher sich die Aktenberge mehr von außen als von innen angesehen hatte, der ganze Fall fast nur aus Lücken bestand, dauerte die Verhandlung ebenso viele Monate, als Tage eigentlich notwendig gewesen wären, zumal es in öffentlicher Sitzung immer wieder zu langen Streitgesprächen zwischen dem Vorsitzenden und dem Berichterstatter kam. Um sich an diesen Auseinandersetzungen zu vergnügen, setzten sich Richter und Staatsanwälte, die zwischendurch einmal eine Arbeitspause machen wollten, gerne für eine Weile als Zuhörer in den Saal. Die beiden Angeklagten hatten einen Offizialverteidiger. Zu diesem sagte ich, nachdem ich eine Viertelstunde zugehört hatte: „Sie haben hier wohl eine Lebensstellung?", was er mit Schmunzeln quittierte. [VI/153-155]

Der „Rasende Roland" und der Volksgerichtshof

Nach dem Ausbruch des Krieges wurden an den Gerichten die Schöffen und Geschworenen abgeschafft, so daß die Urteile nur noch von Berufsrichtern gesprochen wurden, die sich dem Staat gegenüber in einer abhängigen Stellung befanden. Am Volksgerichtshof in Berlin wirkten allerdings noch Laien mit; bei ihnen handelte es sich aber um scharf ausgelesene Parteifunktionäre. Den Vorsitz in diesem Gericht führte seit 1939[60] der berüchtigte Roland Freisler. Derselbe schrieb viele Artikel in juristischen Fachzeitschriften, welche sich jedoch nicht mit fachwissenschaftlichen Fragen, sondern mit der weltanschaulichen Ausrichtung der Juristen befaßten. Sie zeichneten sich durch einen mehr als schwungvollen Stil aus. In ihnen kam die seltsame Geistesstruktur des Verfassers darin zum Ausdruck, daß zahlreiche Stellen durch Fettdruck, Unterstreichungen und Anführungszeichen hervorgehoben wurden und daß mit Ausrufungszeichen nicht gespart wurde. Unter den Juristen wurde von Freisler schon bald als von dem „rasenden Roland" gesprochen.

Er war der Nachfolger von Thierack[61], den Hitler zum Reichsjustizminister ernannt hatte. Mit Spannung hatten vor der Ernennung Thieracks Richter, Staatsanwälte und Rechtsanwälte darauf gewartet, wer wohl als Justizminister an ihre Spitze gesetzt werden würde. Als ich am Morgen, nachdem die Entscheidung gefallen war, in mein Amt ging, rief mir Rechtsanwalt Schöck aus dem Fenster seiner Kanzlei, die in der Olgastraße lag, zu: „Habemus papam!", womit er meinte, daß nun ein Justizminister ernannt worden sei. Kurz zuvor[62] war nämlich Pius XII. zum Papst gewählt worden, eine Wahl, die man in Deutschland mit großer Spannung verfolgt hatte. Der neue Papst galt als Freund Deutschlands und seine Wahl wurde hier einmütig begrüßt. Die deutschen Katholiken hofften, daß er vielleicht eine gewisse Milderung des Druckes, der auf ihnen lastete, erreichen könnte. Dem Traum einer wirklichen Aussöhnung zwischen dem Nationalsozialismus und der katholischen Kirche vermochte sich freilich nur jemand hinzugeben, der seiner Urteilskraft völlig beraubt war. Dies war der Fall bei einem Justizinspektor beim Stuttgarter Landgericht, einem guten Katholiken. Eines Tages schnappte der arme Kerl über und begab sich zu Landgerichtsdirektor Huzel. Vor diesem stand er stramm und erklärte, die Hände an der Hosennaht: „Melde gehorsamst, soeben hat der Papst den Führer zum Kaiser gekrönt."

Mein Bundesbruder Weber, der bisher Richter beim Volksgerichtshof gewesen war, wurde nun von Thierack, der ihn offenbar besonders schätzte, ins Justizministerium nach Berlin mitgenommen, wo er ein wichtiges Referat erhielt. Wenn der Mann aus dem Volk vom Volksgerichtshof sprechen hörte, dann lief ihm ein Schauer über den Rücken. Vor allem hatten zahlreiche Todesurteile gegen Tschechen diesem Gericht den Ruf eines schauerlichen Tribunals eingetragen. Und eben im Tschechensenat hatte mein Freund Weber gesessen. Zu einer Farce eines Gerichtshofs wurde das Volksgericht aber erst während des Krieges unter dem Vorsitz von Roland Freisler. Kurz vor dem Krieg hatte einmal ein Senat des Volksgerichtshofs in einem Hochverratsverfahren im Stuttgarter Schwurgerichtssaal getagt. Ich habe dieser Verhandlung eine Weile als Zuhörer beigewohnt. Den Vorsitz führte damals ein aus Württemberg stammender Senatspräsident, dessen Namen mir entfallen ist. Die Richter trugen blutrote Roben. Ich hatte bei dieser Verhandlung jedoch den Eindruck, daß sich dieselbe immerhin in einem geordneten, gesetzlichen Rahmen abspielte und daß den Angeklagten Gelegenheit gegeben war, sich zu verteidigen. [VI/156 f.]

Die Konzentrationslager

Bald hatte es sich herumgesprochen, daß es auch nach Urteilen anderer Strafgerichte oft vorkam, daß der Verurteilte nach Verbüßung der ihm zugemessenen Freiheitsstrafe von der SS in ein Konzentrationslager gesteckt wurde. Ein solches Lager, das sogleich nach der Machtübernahme auf dem württembergischen Heuberg eingerichtet worden war, hatte noch als eine verhältnismäßig harmlose Angelegenheit gegolten und war es bis zu einem gewissen Grad anscheinend auch gewesen. Aber bald wurde dies anders. Es sickerte durch, daß in den KZ-Lagern die Häftlinge schrecklichen Qualen unterworfen wurden. Bei uns in Württemberg wurde das Lager Dachau allgemein bekannt. Eben die Gerüchte über das, was in den KZ-Lagern vor sich ging, hielten die Bevölkerung in Furcht und Schrecken und veranlaßten sie, jegliche Kritik am Regime zu unterlassen.

Schon vor dem Krieg waren in Stuttgart einmal sogenannte ernste Bibelforscher angeklagt worden, weil sie sich der Wehrpflicht entzogen hätten. Sie wurden freigesprochen. Vor dem Gerichtssaal warteten allerdings Gestapo-Leute, welche die auf freien Fuß gesetzten Angeklagten in Empfang nahmen und sogleich in ein KZ-Lager abführten. Diese Sache rief damals unter der Stuttgarter Richterschaft große Erregung hervor. Aber allmählich gewöhnte man sich an solche Vorgänge.

Auf der Burg Kaltenstein in Vaihingen/Enz war schon zur Zeit der Weimarer Republik ein Arbeitshaus eingerichtet, in dem rückfällige Bettler und Landstreicher auf Grund eines Richterspruchs für einige Zeit untergebracht wurden. Ich erfuhr nun, daß sie von dem Leiter dieses Arbeitshauses namens Walther über die gemessene Zeit hinaus willkürlich festgehalten wurden. Darüber beschwerte ich mich über den Generalstaatsanwalt beim Reichsjustizministerium. Es schaltete sich jedoch der Reichsführer der SS, Himmler, zugunsten des Leiters des Arbeitshauses ein. Jedenfalls blieb meiner Beschwerde jeder Erfolg versagt. Ich half mir dadurch, daß ich in Zukunft keine Unterbringung in einem Arbeitshaus mehr beantragte. Das Arbeitshaus auf dem Kaltenstein wurde bald darauf ganz offiziell in ein KZ-Lager umgewandelt und der frühere Leiter zu seinem Kommandanten bestellt. Es haben sich dann dort schlimme Greueltaten zugetragen.

Im übrigen konnte ich feststellen, daß in der deutschen Bevölkerung, wenn man von dem engen Kreis der Parteifanatiker absieht, die hohen Strafen für politische Delikte durchweg mißbilligt wurden. Die grausamen KZ-Lager als Mittel zur Vernichtung der politischen Gegner und vollends der Juden wurden wohl allgemein als unmoralisch empfunden, selbst von denen, die an solchen Einrichtungen mitwirkten, aber nicht gesonnen waren, sich die Moral zur Richtschnur ihres Lebens zu machen. Dagegen bemerkte ich nicht, daß die harten Strafen, die gegen Kriminelle verhängt wurden, einschließlich der Todesstrafe, und die Unterbringung Asozialer in den KZ-Lagern in der Bevölkerung auf eine nennenswerte Kritik gestoßen wären. Auch Leute, die dem Nationalsozialismus als Weltanschauung durchaus ablehnend gegenüberstanden, fanden die unnachsichtige Verbrechensbekämpfung ganz in Ordnung, besonders nachdem man im Krieg und damit in einem gewissen Notstand lebte. Freilich gab es immer einige, deren Haß gegen das nationalsozialistische Regime so groß war, daß sie grundsätzlich alle Maßnahmen, die von dieser Seite ausgingen, verdammten, auch wenn sie dieselben begrüßt hätten, wenn sie von einer andern Regierung angeordnet worden wären. [VI/157 f.]

Die Sondergerichte gewinnen an Bedeutung

Nachdem der Krieg ausgebrochen war, traten die Sondergerichte mehr und mehr in den Vordergrund. Bis dahin waren sie fast ausschließlich für sogenannte Heimtückevergehen zuständig gewesen, worunter das Gesetz abfällige Äußerungen über Partei- und Regierungsorgane verstand. Da der gewöhnliche Sterbliche, der mit den bestehenden Zuständen nicht zufrieden war, am leichtesten auf diese Weise mit dem nationalsozialistischen Strafgesetz in Konflikt kommen konnte, erschienen der Masse der Bevölkerung vornehmlich die Sondergerichte als diejenigen Instrumente des Regimes, mit welchen das Volk unter der Fuchtel gehalten wurde. An dieser nicht unberechtigten Anschauung änderte sich nichts dadurch, daß von den Sondergerichten für solche

Heimtückevergehen in den meisten Fällen nur mäßige Freiheitsstrafen verhängt wurden. Nach meiner Kenntnis wurde vom Sondergericht Stuttgart wegen einer politischen Straftat nie die Todesstrafe ausgesprochen.

Die Verbreitung staatsfeindlicher Äußerungen konnte aber auch als Vorbereitung zum Hochverrat aufgefaßt werden. Dafür war dann der Strafsenat des Oberlandesgerichts zuständig. Schon längere Zeit vor Kriegsausbruch hatte der Stuttgarter Strafsenat wegen eines solchen Delikts einmal ein paar Kommunisten zum Tode verurteilt. In weiten Kreisen war dies als ein typisches nationalsozialistisches Schreckensurteil angesehen worden. Da jedoch Cuhorst das Amt eines Vorsitzenden des Strafsenats des Oberlandesgerichts Stuttgart in Personalunion mit dem Amt eines Vorsitzenden des Sondergerichts innehatte, wurde in der Meinung der Bevölkerung dieses Urteil dem Sondergericht angelastet. Nachdem dann während des Krieges Cuhorst dazu noch den Vorsitz in anderen Strafsenaten – so beispielsweise im Saargebiet – erhalten hatte und weitere Todesurteile dieser Senate nachfolgten, teilte das Sondergericht Stuttgart immer mehr den Ruf seines Vorsitzenden. [VI/158 f.]

Das Abhören ausländischer Sender

Mit Kriegsausbruch wurde die Zuständigkeit der Sondergerichte erweitert. Nun wurden schon auf das bloße Abhören ausländischer Sender schwere Strafen bis zur Todesstrafe angedroht. Auch für diese „Rundfunkverbrechen" waren nun die Sondergerichte zuständig. Große Bedeutung erlangte diese Seite ihrer Tätigkeit nicht, denn es mußte einer die Sache recht ungeschickt angreifen, wenn es publik werden sollte, daß er allein innerhalb seiner vier Wände ausländische Sender abhörte.

Ich selbst schaffte mir zu diesem Zweck noch im Jahr 1940 einen teuren Rundfunkempfänger an, den ich zufällig von einem Schweizer erwerben konnte. Diesem Empfänger habe ich es zu verdanken, daß ich während des ganzen Krieges über den Gang der Ereignisse gut unterrichtet blieb. Mit den deutschsprachigen Sendungen des Londoner Rundfunks befaßte ich mich allerdings wenig, da dieselben eine allzu plumpe antinationalsozialistische Propaganda machten. Dies galt ebenso von dem sogenannten Österreichischen Freiheitssender, der von England ausgestrahlt wurde. Hier sprach ein Mann in waschechtem Wienerisch. Immer noch klingt mir das „Hallo, hallo! Hier spricht der Österreichische Freiheitssender!“, mit dem er seine Ansprachen begann, und das stereotype „Österreich wird wieder frei!“, mit dem er sie abschloß, in den Ohren. Dagegen ließ sich aus den klug abgewogenen Berichten, welche ein Herr von Salis über den Schweizer Sender Beromünster gab, ein ziemlich objektives Bild von der jeweiligen Kriegslage gewinnen.

Ganz ungefährlich war freilich dieses heimliche Abhören ausländischer Sender auch nicht. Die Sendungen wurden von deutscher Seite so gestört, daß man sie nur verstehen konnte, wenn man den Empfänger laut einstellte. Wenn ich an stillen Abenden Beromünster gehört hatte, so wälzte ich mich hernach oft lange unruhig im Bett, weil ich fürchtete, in unserem leicht gebauten Haus belauscht worden zu sein und eventuell angezeigt zu werden. Ich nahm mir dann vor, in Zukunft um meiner Seelenruhe willen das Abhören ausländischer Sender zu unterlassen. Am nächsten Abend überwog aber doch die Wißbegier wieder meine Ängste.

Mehr Erfolg bei der geistigen Abschließung des deutschen Volkes als durch die harte Bestrafung der „Rundfunkverbrecher“ erzielte die Regierung dadurch, daß sie schon vor dem Krieg den Kauf der billigen Volksempfänger propagiert hatte, mit denen keine ausländischen Sender gehört werden konnten. [VI/159 f.]

Die „Zersetzung der Wehrkraft"

Seit Ausbruch des Krieges spielte ein weiteres politisches Delikt eine immer größere Rolle: die Zersetzung der Wehrkraft. Für die Aburteilung desselben war der Volksgerichtshof in Berlin zuständig. Die Grenze zwischen einem Verbrechen der Wehrkraftzersetzung und einem Vergehen der „Heimtücke" war indes fließend. Die gleiche Äußerung konnte je nach den Umständen als Wehrkraftzersetzung oder als Heimtücke aufgefaßt werden. Wenn nun eine solche Anzeige beim Generalstaatsanwalt bzw. bei der Staatsanwaltschaft beim Oberlandesgericht einging, so hatte sich der Referent darüber schlüssig zu werden, ob die Sache als Wehrkraftzersetzung an den Oberreichsanwalt zur Anklage beim Volksgerichtshof oder ob sie als Heimtückevergehen an die Anklagebehörde beim Sondergericht abzugeben war oder ob er sie selbst als Vorbereitung zum Hochverrat beim Strafsenat beim Oberlandesgericht anklagen wollte. Dies war jeweils eine sehr folgenschwere Entscheidung, denn während beim Volksgerichtshof die Todesstrafe sozusagen die normale Strafe war, kam der Angeklagte beim Sondergericht mit einer mäßigen Gefängnisstrafe, mitunter sogar mit einer Geldstrafe, davon.

Ein solches Referat bei der Staatsanwaltschaft beim Oberlandesgericht hatte ein junger Staatsanwalt namens Gauger inne. Derselbe war beinahe blind, so daß ihm die Akten von seiner Sekretärin vorgelesen werden mußten. Diesem Mann möchte ich hier ein kleines Denkmal setzen, denn er hat vielen Menschen das Leben gerettet, die wohl nie etwas davon erfahren haben, wie entscheidend er in ihr Schicksal eingegriffen hat, und die ihn vielleicht haßten, weil sie in ihm nur einen Staatsanwalt des 3. Reiches sahen, der Andersdenkende verfolgte. Er verstand es nämlich, mit Mut und Geschicklichkeit Fälle, bei denen es sich eigentlich um Wehrkraftzersetzung handelte, so zu drehen und zu wenden, daß sie nur als Heimtückevergehen in Erscheinung traten. Freilich mußte er auch andere Fälle, bei denen dies nicht möglich war, an den Oberreichsanwalt und damit an den Volksgerichtshof abgeben. Hätte er etwa deshalb seine Stelle aufgeben und einem linientreueren Staatsanwalt Platz machen sollen? Wer vermag hier Schuld und Tugend säuberlich zu scheiden? [VI/160 f.]

Die „Volksschädlings"- und Kriegswirtschaftsverbrechen

Mit Kriegsausbruch hörten die Sondergerichte auf, Gerichte ausschließlich für politische Straftaten zu sein. Vielmehr wurde ihnen nunmehr in weitem Umfang die Zuständigkeit für rein kriminelle Delikte übertragen, bei denen aber eine erhebliche Strafverschärfung eintrat. So hatten sie nun die sogenannten Volksschädlingsverbrechen abzuurteilen. Darunter waren Verbrechen zu verstehen, auf die bisher schon Zuchthausstrafen angedroht worden waren, sofern sie unter Ausnützung der Kriegsverhältnisse begangen wurden, also zum Beispiel Einbrüche und Vergewaltigungen von Frauen unter Ausnützung der Abdunkelung. Solche Verbrechen sollten jetzt in schweren Fällen mit der Todesstrafe gesühnt werden. Eben dies führte im Lauf des Krieges zu einer exzessiven Ausdehnung der Todesstrafe. Nach meiner Kenntnis sind fast alle Todesurteile, die je vom Sondergericht Stuttgart gefällt worden sind, wegen solchen Volksschädlingsverbrechen ergangen.

Vor allem mußten aber jetzt die sogenannten Kriegswirtschaftsverbrechen bei den Sondergerichten angeklagt werden. Erwarb oder veräußerte jemand rationierte Verbrauchsgüter in geringem Umfang, ohne dafür die Karten, welche zum Bezug berechtigten, zu geben oder sich geben zu lassen, so stellte dies ein Vergehen gegen die Verbrauchsregelungsstrafverordnung dar, das von den ordentlichen Gerichten abgerügt wurde. Wenn jedoch durch derartige oder andere Handlungen Güter in solchen Mengen dem rationierten Verbrauch entzogen wurden, daß dadurch die „Bedarfsdeckung der Bevölkerung gefährdet" wurde, so handelte es sich um Kriegswirtschaftsverbrechen, die von den Sondergerichten abzuurteilen waren. Auf diese Verbrechen wurde grundsätzlich Zuchthausstrafe, in besonderen Fällen sogar die Todesstrafe angedroht. [VI/161]

Das Sondergericht Stuttgart für den Gau Württemberg

Das Sondergericht Stuttgart war für den ganzen Gau Württemberg zuständig. Der Stuttgarter Oberstaatsanwalt war zugleich Leiter bei der Anklagebehörde beim Sondergericht. Diese wurde als Abteilung 1 unserer Staatsanwaltschaft bezeichnet, so wie etwa die Amtsanwaltschaft die Abteilung 5 derselben bildete. Wie der Oberstaatsanwalt durch innerdienstliche Verfügung einen Staatsanwalt von einer Abteilung seiner Behörde in eine andere versetzen konnte, so konnte er ihm auch ein Referat bei der Anklagebehörde beim Sondergericht übertragen.

Infolge der erwähnten Kriegsgesetze zogen die Sondergerichte allmählich den größten Teil der schweren Kriminalität an sich, während die Strafkammern und ebenfalls die Schöffengerichte mehr und mehr ausgehöhlt wurden. So kam es, daß die Staatsanwälte der Abteilung 1 unter unerträglicher Überlastung seufzten, während die Staatsanwälte der anderen Abteilungen trotz des Krieges ein ganz gemütliches Leben führten. Besonders die Kriegswirtschaftsverbrechen schwollen zu einer uferlosen Lawine an. Schließlich wußte sich der Oberstaatsanwalt nicht mehr anders zu helfen, als daß er Fälle von Kriegswirtschafts- und Volksschädlingsverbrechen auch den Staatsanwälten der anderen Abteilungen zuteilte, so daß fast jeder Stuttgarter Staatsanwalt hin und wieder beim Sondergericht tätig werden mußte.

Den ersten derartigen Fall hatte ich im Sommer 1940 zu bearbeiten. Es war sozusagen ein biblischer Fall. Ein Bauer hatte einem andern, mit dem er verfeindet war, Unkraut in dessen Acker gesät, so daß dieser Acker keinen Ertrag erbrachte. Dem Angeklagten wurde nun zur Last gelegt, daß er durch sein heimtückisches Tun die Bedarfsdeckung des deutschen Volkes gefährdet und damit ein Kriegswirtschaftsverbrechen begangen habe, weshalb ihm ein Jahr Zuchthaus zudiktiert wurde. Ich fand dies angesichts der Kriegsverhältnisse und angesichts der Gemeinheit der Tat ganz in Ordnung. [VI/161 f.]

Das „Euthanasie-Programm"

Nach Kriegsbeginn hatte sich die Regierung ans Werk gemacht, das nationalsozialistische Euthanasie-Programm zu verwirklichen. Trotz aller Heimlichkeit, mit der man dabei vorging, wurde es im Lauf des Jahres 1940 fast allgemein bekannt, daß Geisteskranke aus den Heimen, in denen sie untergebracht waren, in besondere Anstalten verlegt wurden, wo man sie dann tötete. Eine solche Anstalt war bei uns das Schloß Grafeneck auf der Schwäbischen Alb, das im 18. Jahrhundert von Herzog Karl Eugen erbaut worden war. Von Mund zu Mund verbreitete sich das Gerücht, daß dort Schreckliches geschehe. Diese Vorgänge brachten eine große Unruhe in die Bevölkerung. Vor allem von kirchlicher Seite kam der Protest.

Die Regierung ließ es freilich nicht an Propaganda für ihre Sache fehlen. Ein Film von bedeutenden künstlerischen Qualitäten mit dem Titel „Ich klage an"[63] lief in den Kinos und wurde zum Tagesgespräch. Er schilderte die immer unerträglicher werdenden Qualen einer Arztgattin, die an multipler Sklerose leidet und schließlich auf ihr Verlangen von ihrem Ehemann getötet wird, sowie die Verhandlung vor dem Schwurgericht, vor dem sich der Arzt zu verantworten hat. Man erfährt dabei die Einstellung der einzelnen Geschworenen zum Euthanasieproblem, wobei natürlich die Befürworter möglichst sympathisch und überzeugend, die Gegner hingegen als verbohrte und rückständige Menschen dargestellt wurden.

Die Ideen, welche auf diesem Gebiet von den Nationalsozialisten propagiert und praktiziert wurden, waren ja nicht spontan in Hitlers Kopf gewachsen, sondern – wie das meiste von dem, was man jetzt „nationalsozialistische Weltanschauung" nannte – schon längst zuvor ausgesprochen und als vorurteilslos und fortschrittlich angepriesen worden.

Nun enthüllte es sich, wohin die platte Weisheit jener Tabu-Brecher in Wirklichkeit führte. Wenn einmal die Heiligkeit des Menschenlebens, das heißt die alleinige Verfügungsgewalt Gottes über dasselbe, grundsätzlich mißachtet wird und man dem Menschen das Recht zuspricht, über dieses höchste Gut nach seinem Ermessen verfügen zu dürfen, dann wird eine Lawine in Gang gesetzt.

Es wird wohl noch im Jahr 1940 gewesen sein, als ich von Angehörigen eines Geisteskranken, dem man in Grafeneck das Lebenslicht ausgelöscht hatte, eine Anzeige gegen Unbekannt wegen Mords erhielt. Wie in allen solchen Fällen hatte man den Angehörigen mitgeteilt, daß der Pflegling aus Gründen, die mit den Kriegsverhältnissen zusammenhingen, nach Grafeneck habe verlegt werden müssen. Dort sei er erkrankt und trotz sorgsamer Pflege und Behandlung verstorben; aus seuchenpolizeilichen Gründen sei es erforderlich gewesen, den Toten sofort einzuäschern. Mir war natürlich klar, was hier vorgegangen war. Ich gab meinem Oberstaatsanwalt Kenntnis von der bei mir eingelaufenen Anzeige und dieser erklärte, daß er dieses Verfahren selbst bearbeiten oder einem anderen Referenten zuteilen werde. Erleichtert zog ich ab. Was mit der Sache weiter geschah, erfuhr ich nicht, konnte es mir aber denken. [VI/162a: 162a besteht aus zwei Blättern]

Hitlers Weltkrieg

Nach dem siegreichen Ende des Frankreichfeldzugs erwartete man eine Landung der Deutschen auf den Britischen Inseln und zweifelte nicht daran, daß England dann vollends rasch auf die Knie gezwungen werde. Aber das Jahr 1940 ging vorüber und nichts geschah. Also hatte Hitler die Invasion in England offenbar auf das nächste Frühjahr verschoben. Wie sie geschehen werde, darüber gingen allerlei Gerüchte um. Man sprach davon, daß das deutsche Heer unter dem Schutz von Kriegsschiffen und U-Booten auf kleinen Booten auf die Insel übersetzen werde. Andere meinten, es brauche gar keine verlustreiche Landungsoperation mehr, um die Kapitulation Großbritanniens zu erreichen; bei der für das Britische Weltreich verzweifelten Kriegslage werde schon die fortgesetzte Bombardierung der englischen Städte durch Hermann Görings Luftwaffe genügen. Meldete doch der Rundfunk fast täglich von schweren Bombenangriffen deutscher Flugzeuge auf englische Städte. Aber der entscheidende Erfolg schien doch auszubleiben. Dazwischen fand der deutsche Rundfunk immer wieder Veranlassung, das Liedchen erklingen zu lassen: „Und wir fahren, und wir fahren gegen Engeland, gegen Engeland", das die Meldungen von irgendwelchen Erfolgen unserer U-Boots- oder Luftwaffe einleitete, die allerdings nicht viel zu bedeuten hatten. Allmählich langweilten diese Meldungen die Bevölkerung.

Interessanter war, was auf dem Balkan und in Nordafrika geschah. Mussolini wollte es Hitler gleichtun und ließ seine Truppen in Griechenland einfallen und gegen Ägypten marschieren. Doch überall bezogen die Italiener Dresche. Die Deutschen mußten eingreifen, um sie vor Katastrophen zu bewahren. Und die Deutschen taten dies mit der gleichen, unwiderstehlich erscheinenden Kraft, die sie schon bisher auf allen Kriegsschauplätzen gezeigt hatten. Jugoslawien, das sich Hitlers Machtspruch entgegenzusetzen wagte, und ganz Griechenland wurden im Frühjahr 1941 in einem Blitzkrieg besetzt und die Engländer vom Festland verjagt. Solche Unternehmungen waren für Hitlers Armeen offenbar Kinderspiele. Deutsche Soldaten standen auf der Akropolis Wache. Schließlich wurde Ende Mai 1941 auch noch die Insel Kreta in einem kühnen Handstreich von Fallschirmtruppen erobert. Hand in Hand damit ging die friedliche Umwandlung Bulgariens und Rumäniens in deutsche Satellitenstaaten. Welche Bedeutung die Beherrschung der rumänischen Ölquellen hatte, war dem deutschen Volk durchaus bewußt. Das ganze europäische Festland mit Ausnahme Rußlands war nun fest in Hitlers Hand. Auch Italien stellte kaum noch mehr als einen Satelliten des 3. Reiches dar.

Und schon griff Hitler über den europäischen Kontinent hinaus. Unser schwäbischer Landsmann Rommel begann um jene Zeit, sich im afrikanischen Wüstensand seinen legendären Ruhm zu erwerben. Wie sollte es weitergehen? Die vorherrschende Meinung war, daß Hitler schon bald im Nahen Osten und in Indien dem Britischen Weltreich den Todesstoß versetzen werde. Jedenfalls stand Hitler um jene Zeit auf dem Höhepunkt seiner Macht und seines Prestiges. Nicht als ob dies die Masse der deutschen Bevölkerung mit Begeisterung erfüllt hätte! Im Gegenteil. Das Mißvergnügen über die nationalsozialistische Herrschaft war eher im Steigen begriffen. Aber Hitler erschien unüberwindlich. War es unter diesen Umständen nicht unsinnig, ihm zu widerstehen? [VI/162 f.]

Rudolf Heß

Freilich, ein bitterer Tropfen fiel gerade damals in den Becher seiner Siegesfreude. Rudolf Heß, der treueste von Hitlers Paladinen, bestieg am 10. Mai 1941 ohne Wissen des Führers auf dem Augsburger Flugplatz ein Flugzeug, um auf eigene Faust Friedensverhandlungen mit England einzuleiten – ein törichtes und kindisches Unterfangen, das zeigte, wes Geistes Kind dieser Mann war, der dem Volk immer als leuchtendes Vorbild und als Patent-Nationalsozialist vorgestellt worden war. In der deutschen Bevölkerung wußte man sich keinen Reim auf diese seltsame Geschichte zu machen. Daß sie für Hitler eine Blamage war, sah freilich jeder ein und wohl die meisten freuten sich darüber, daß er mit dem prominentesten seiner „alten Kämpfer" hereingefallen war.

Das nationalsozialistische Regime hatte jeder bedeutenden deutschen Stadt einen besonderen Beinamen gegeben. So wurde München „die Stadt der Bewegung", Nürnberg „die Stadt der Reichsparteitage" und unser Stuttgart „die Stadt der Auslandsdeutschen" genannt. Nun flüsterte man sich das Scherzwort zu, Augsburg sei „die Stadt des ungeahnten Aufstiegs" geworden. [VI/163]

Ein „Volksschädlingsverbrechen"
mit Todesurteil und Hinrichtung

Zu Anfang des Jahres 1941 wurde mir vom Oberstaatsanwalt der Fall eines Volksschädlingsverbrechens zugeteilt. Ein wegen Diebstählen schon oft und schwer vorbestrafter Mann hatte im württembergischen Oberland eine Serie von Einbrüchen unter Ausnützung der Abdunkelung verübt. Diese Sache mußte beim Sondergericht angeklagt werden. Von jeder Anklageschrift, die ans Sondergericht ging, war ein Abdruck dem Reichsjustizministerium vorzulegen. Gleichzeitig hatte der Staatsanwalt dorthin zu berichten, welche Strafe er zu beantragen gedenke. Im vorliegenden Fall äußerte ich mich dahin, daß ich eine langjährige Zuchthausstrafe beantragen werde. Aber alsbald erhielt ich vom Reichsjustizministerium die Weisung, die Todesstrafe zu beantragen. Diese Weisung versetzte mich natürlich in eine große innere Unruhe. Konnte ich dies verantworten? Ich fühlte ein inneres Widerstreben, für ein Eigentumsdelikt – und mochte es noch so schwer sein – die Todesstrafe zu beantragen. Unser von nationalsozialistischen Ideen noch unberührtes Strafgesetzbuch hatte nur auf Tötung eines Menschen mit Überlegung, also auf Mord, die Todesstrafe angedroht. Doch was würde geschehen, wenn ich die Weisung des Reichsjustizministeriums nicht befolgte?

Wohl jeder Mensch wird geneigt sein, in solchen Gewissenskonflikten nach Argumenten zu suchen, die es ihm erlauben, eine Entscheidung zu treffen, bei der er einerseits sich nicht selbst schweren Gefahren aussetzt, die aber andererseits doch auch sittlich gerechtfertigt erscheint. Und wer sucht, der findet. Im Prinzip hatte mir die Todesstrafe, die es seit jeher in Deutschland gab, noch nie als verwerflich gegolten. Es stand nur in Frage, ob die Ausdehnung, die ihr der nationalsozialistische Staat gegeben hatte, noch gebilligt werden konnte. War ich nicht ein Staatsanwalt und war nicht jeder Staatsanwalt in der ganzen Welt den Weisungen seiner vorgesetzten Behörde unterworfen? Freilich, unge-

setzlichen Weisungen durfte man nicht folgen, in einem solchen Fall
wäre Widerstand geboten gewesen. Die Todesstrafe für Volksschädlingsverbrechen war jedoch im geltenden Gesetz verankert. Schon als
Studenten hatte man uns im Sinne des Rechtspositivismus erzogen und
dahin belehrt: Recht ist, was der Staat als Recht setzt und weil er es als
Recht setzt.

Solche formalen Überlegungen vermochten allerdings mein Gewissen nicht zu beruhigen. Meine Weltanschauung war ja nicht die nationalsozialistische und ein Gesetzesbefehl, der spezifischen nationalsozialistischen Anschauungen entsprang, konnte mich innerlich nicht
binden. Ich war Katholik und stand nicht mehr auf dem positivistischen
Standpunkt meiner früheren Lehrer; ich glaubte vielmehr an ein Natur-
recht. Hatte man aber nicht einst im christlichen Abendland die Diebe
gehängt und sogar viel harmlosere als meinen Angeklagten, ohne daß
die Kirche jemals auf Grund des katholischen Naturrechts dagegen Einspruch erhoben hätte!

Bei dem, was hier vorlag, handelte es sich nicht um eine politische
Angelegenheit, sondern um einen Fall, der überall und zu allen Zeiten
als ein schweres Kriminalverbrechen gewertet wurde und gewertet worden war. Die Bestrafung eines solchen Verbrechens hatte nicht die
Aufrechterhaltung der nationalsozialistischen Gewaltherrschaft zum
Zweck, sondern diente dem Schutz der Allgemeinheit. Unter den herrschenden Kriegsverhältnissen konnten nur schwere, abschreckende
Strafen diesen Zweck garantieren. Die Abdunkelung stellte für Verbrecher einen starken Anreiz dar, ihrem verbrecherischen Hang freien Lauf
zu lassen. Zu welchen Zuständen müßte es führen, wenn der Staat nicht
mit schärfsten Mitteln dagegen einschreiten würde!

Wir lebten in Zeiten, in denen alltäglich Soldaten, die nur ihre
Pflicht taten, in den Tod gehen mußten und in denen fortgesetzt un-
schuldige Frauen und Kinder dem Luftkrieg zum Opfer fielen. Wenn
man einen Mann wie meinen Angeklagten nun in ein Zuchthaus steckte,

so hatte er bessere Chancen als jeder Soldat, den Krieg lebend zu überstehen. Ein solches Verfahren würde also keine genügende Abschrek-
kung darstellen. Die weit überwiegende Volksmeinung forderte, daß im
Krieg derartige Straftaten mit dem Tod gesühnt würden. Wenn ich trotz
der unabsehbaren Folgen, die dies für mich haben würde, gegen die
Weisung meiner obersten Vorgesetzten rebellieren würde, um das Leben
dieses Mannes zu retten, so würde ich in den Augen meiner Volksge-
nossen nicht etwa als ein Held, sondern als ein Verrückter dastehen.
Und nach menschlichem Ermessen würde er vom Sondergericht trotzdem zum Tode verurteilt werden.

So kam ich zu dem Schluß, daß ich auf Grund meines Diensteides
geradezu verpflichtet sei, der mir erteilten Weisung gemäß zu handeln.
Ich kann darin, wie ich mich damals entschied, auch heute noch keine
schwere Sünde erblicken. Ja, mein Gewissen war ruhiger als damals,
als ich vor dem Krieg wegen eines Mordes zum ersten Mal die Todesstrafe beantragt hatte, denn in dem jetzt vorliegenden Fall lag die Beweisfrage völlig klar.

Der Vorsitzende des Sondergerichts, Cuhorst, fuhr gern mit dem
Auto im Lande umher. Es war auch billiger, wenn das Sondergericht
sich an den Aufenthaltsort der Angeklagten und Zeugen begab, als wenn
man alle Beteiligten nach Stuttgart hätte kommen lassen. Mein Angeklagter saß in Biberach in Untersuchungshaft. So mußte ich zum ersten
Mal an einer Fahrt des Sondergerichts teilnehmen. Unterwegs wurden
auch noch in diesem oder jenem Amtsgericht kleinere Sachen verhandelt, die von anderen Staatsanwälten angeklagt worden waren, aber von
mir in der Hauptverhandlung vertreten werden mußten. Die an sich zuständigen Staatsanwälte hatten mir ihre Handakten mitgegeben, aus
denen jedoch außer einem Abdruck der Anklageschrift nur ein Vermerk
darüber zu entnehmen war, welche Strafe jener Staatsanwalt in dem bestimmten Fall für angemessen hielt. Im einzelnen kann ich mich an
diese Reise nicht mehr erinnern. Ich weiß nur noch, daß wir am frühen

Morgen, als eben der Tag graute, durchs Wurzacher Ried fuhren. Im Wagen saßen, außer dem Fahrer, Cuhorst, zwei Landgerichtsräte vom Sondergericht und ich. Es lag noch eine dünne Schneedecke über dem weiten Ried und im Dämmerlicht huschten die kleinen verkrüppelten Bergföhren mit ihren Schneekappen wie Koboldwesen an uns vorbei.

Von der kurzen Verhandlung im kleinen Saal des Biberacher Amtsgerichts ist mir kaum etwas anderes im Gedächtnis haften geblieben als das kalte Morgenlicht, welches den nüchternen Raum durchdrang. Der Angeklagte war voll geständig. Zuhörer waren, soviel ich mich erinnere, überhaupt nicht anwesend. Sicher zitterte auch diesmal meine Stimme, als ich das Todesurteil beantragte, aber doch nicht mehr so stark wie vor einigen Jahren, als ich dies zum ersten Mal getan hatte. Der Angeklagte nahm das Urteil, das meinem Antrag entsprach, mit Fassung entgegen und schon fuhren wir weiter.

Nachdem wir wieder in Stuttgart angelangt waren, mußte ich sofort das ergangene Todesurteil an das Reichsjustizministerium berichten und gemäß den geltenden Vorschriften dem Bericht von Amts wegen ein Gnadengesuch beifügen. Es mochte dann zwei bis drei Wochen dauern, bis der Staatsanwaltschaft ein Erlaß der Führerkanzlei zuging, wonach der Führer im vorliegenden Fall davon absehe, von seinem Begnadigungsrecht Gebrauch zu machen. Es ist mir nicht zur Kenntnis gekommen, daß irgendein vom Sondergericht Stuttgart Verurteilter von Hitler begnadigt worden wäre.

Sobald jener Erlaß ergangen war, mußten die hastigsten Vorbereitungen für die Hinrichtung getroffen werden. Zunächst wurde diese Urkunde dem Verurteilten, der inzwischen in die Haftanstalt Stuttgart verbracht worden war, in seiner Zelle eröffnet und ihm zugleich bekanntgegeben, daß die Hinrichtung am nächsten Morgen stattfinde. Dieser Akt belastete mich seelisch fast mehr als die eigentliche Hinrichtung, denn mit ihm wurde dem Verurteilten endgültig das Leben abgesprochen und der letzte Hoffnungsfaden, der ihn bis dahin noch mit dem Leben verbunden hatte, grausam durchschnitten. Oberstaatsanwalt Link ließ es sich nicht nehmen, diese Eröffnung selbst vorzunehmen, wie er auch die nachfolgende Hinrichtung persönlich leitete. Es schien mir, als ob er dies gern tue, weil er darin gleichsam die Krönung seines Amtes erblickte und weil er dabei, wie sonst nie, von dem Gefühl der Macht, die er verkörperte, durchdrungen wurde. Für mich war es natürlich angenehm, daß er mir diese Funktionen abnahm; aber er verlangte, daß bei ihrer Ausübung der zuständige Referent – also ich – neben ihm stehe.

Die Hinrichtung mußte vor Sonnenaufgang stattfinden. Inzwischen war der Scharfrichter Reichhart[64], der in München wohnte, mit seinem blutrot angestrichenen Möbelwagen, in dem das Schafott befördert wurde, zusammen mit seinen drei Henkersknechten eingetroffen und hatte in der Nacht die Guillotine in dem Innenhof des Justizgebäudes vor den Fenstern des Saales, in dem tagsüber unsere Schreibmädel saßen, aufgebaut.[65] Reichhart war der Scharfrichter für ganz Süddeutschland. Es ging die Rede, daß er sich nebenbei als Agent für Lebensversicherungen betätigte. Reichhart hatte mit Unterstützung seiner Henkersknechte alles „Technische" zu besorgen, was zu einer Hinrichtung gehört, und durch Ziehen an einem Strick das Fallbeil zu lösen, so daß es niedersauste und dem Delinquenten das Haupt vom Rumpfe trennte.

Einmal hat sich Reichhart mir vorgestellt. Er hatte einen seriösen, schwarzen Anzug an, erinnerte mich aber nichtsdestoweniger an den Typ eines Artisten oder Schaustellers, wie solche auf Jahrmärkten zu sehen sind. Als er mir seine Hand reichen wollte, zog ich meine Hand zurück. Ein unüberwindliches Gefühl hemmte mich, einen solchen Mann mit Handschlag zu begrüßen; es war mir, als ob ich mich dadurch selbst beschmutzen würde. Dabei bedachte ich nicht, daß der Scharfrichter doch gleichsam nur mein verlängerter Arm war. Aber auch sonst scheut man sich ja, bei schmutzigen Geschäften mit der eigenen Hand in den Kot zu greifen und benützt Instrumente dazu.

So eilte ich also nun durch die tief abgedunkelten Straßen zur Hinrichtungsstätte. In einem Zimmer des Justizgebäudes hielt sich der Direktor der zuständigen Strafkammer mit zwei Landgerichtsräten auf, um eventuell sogleich über ein Wiederaufnahmegesuch des Verurteilten, das dieser vielleicht noch im letzten Augenblick anbringen könnte, zu entscheiden; sie brauchten aber nicht in Aktion zu treten.

Die Hinrichtungsstätte war hell erleuchtet. Auf der einen Seite der Guillotine stand ein roh gezimmerter, offener Holzsarg. Auf der anderen Seite war eine kleine Abteilung von Gefängniswachtmeistern angetreten. In einigem Abstand vor der Guillotine stellte sich mein Oberstaatsanwalt auf, flankiert von mir und dem Gerichtsschreiber – wir drei in unseren schwarzen Talaren, auf denen das nationalsozialistische Hoheitszeichen in Silber angeheftet war. Neben mir stand der Gerichtsarzt Dr. Jauch. Hinter uns war eine Gruppe von zwölf Zivilisten zu sehen, die als Zeugen hierher beordert worden waren, natürlich ausgesuchte Parteileute, für die es sozusagen eine Ehrung darstellte, daß man sie an diesem sensationellen Vorgang teilnehmen ließ. Ich hörte, wie sie sich einige rohe und frivole Bemerkungen zuflüsterten. Dann vernahm man im Gang ein Schlürfen und Klirren. Der Delinquent wurde von zwei Wachtmeistern vorgeführt. Ein Geistlicher schritt dicht neben ihm. Die Handschließen wurden ihm gelöst, aber die Gefängnisbeamten hielten ihn an den Armen weiter fest. Aus seinem geöffneten, schneeweißen Hemd schaute sein kräftiger Hals hervor; am Nacken waren die Haare ausrasiert. Halb erstaunt, halb erschrocken schaute er um sich; er ließ keinen Laut vernehmen. Der Oberstaatsanwalt verlas die Urteilsformel und schloß mit den Worten: „Dein Leben ist verwirkt. Ich übergebe dich dem Scharfrichter." Der Geistliche betete: „Der Herr sei deiner armen Seele gnädig." Und schon packten die drei Henkersknechte, die hinter den Delinquenten getreten waren, diesen mit harten Fäusten und banden ihn in Sekundenschnelle auf das Brett, das unter das Fallbeil geschoben wurde. Der Scharfrichter zog am Strick und das Fallbeil sauste mit Getöse herab. Das Haupt des Menschen fiel in einen bereitgestellten Korb. Dann ein Rauschen wie von einem Bach. Das Blut des Enthaupteten entströmte. Und damit war die grausige Szene beendigt.

Der Oberstaatsanwalt begab sich mit mir und Dr. Jauch in das nahe Hansa-Hotel, wo für uns ein Frühstück bestellt war. Link trank dazu ein Glas Pilsner und zeigte sich sehr besorgt darum, daß das Bier richtig temperiert war. Ich aber sah im Geist immer noch den weißen Hemdkragen des Enthaupteten vor mir und hörte sein Blut rauschen. Dieser muß ein Mann mit starken Nerven gewesen sein, denn die Gefängnisbeamten erzählten mir nachher, daß er unmittelbar vor der Hinrichtung das übliche Henkersmahl – auf seinen Wunsch Pfannenkuchen mit Preiselbeeren – mit Appetit verzehrt habe. Dann ging ich in meine Kanzlei und begann mit meiner Arbeit wie an jedem anderen Tag. [VI/164-168]

Etwa im Juni 1941 eröffnete mir Oberstaatsanwalt Link, daß ich ein Referat bei der Abteilung 1, also bei der Anklagebehörde beim Sondergericht, zu übernehmen habe. Wieder wagte ich eine schüchterne Gegenvorstellung und brachte vor, daß ich nicht gern politische Strafsachen bearbeiten möchte. „Was wollen Sie denn", entgegnete er mir unwirsch. „Sie dürfen gar keine politischen Strafsachen bearbeiten. Sie bekommen ein reines Kriegswirtschaftsdezernat, in der Hauptsache Schwarzschlachtungen." Diese Aussicht wirkte beruhigend auf mich. Es handelte sich dabei um ein neutrales Sachgebiet ohne politischen Einschlag. Ja, es schien mir, als würde ich da noch weniger in die Gefahr laufen, in Gewissenskonflikte zu geraten, als in meinem bisherigen Referat.

Seit einigen Jahren bearbeitete ich Jugendschutzsachen und bei dem totalen Anspruch, welchen die Partei auf die Erziehung der deutschen Jugend erhob, befürchtete ich schon lang, daß die latente politische Brisanz, die diese Materie in sich barg, für mich eines Tages recht aktuell werden könnte, zumal auf diesem Gebiet die Spannungen zwischen der Partei und den Kirchen eine besonders unheilschwangere und bedrohliche Atmosphäre entstehen ließen. Bis jetzt hatte ich in meinem Beruf davon allerdings noch nichts unmittelbar zu spüren bekommen.

Es waren fast ausschließlich Sexualdelikte an Jugendlichen, mit denen ich mich zu befassen hatte. Aber das konnte sich jederzeit ändern. Ich dachte an die Welle von politisch ausgeschlachteten Verfahren wegen Sittlichkeitsverbrechen von katholischen Geistlichen, die 1937 über die deutschen Gerichte hinweggegangen war. In jenem Referat, das ich in der damaligen Zeit innehatte, brauchte ich mich mit diesen Dingen nicht zu befassen. Es war zwar nicht sehr wahrscheinlich, daß sich eine solche Welle wiederholen werde. Eher fürchtete ich, daß schließlich noch die Erteilung von Religionsunterricht unter Strafe gestellt werde und daß ich dann in solchen Sachen Anklage erheben müßte.

Demgegenüber erschien mir ein Dezernat für Kriegswirtschaftsverbrechen bei der Anklagebehörde relativ harmlos. Lag es nicht im Interesse des ganzen Volkes, daß die Rationierung der lebenswichtigen Güter ordnungsgemäß funktionierte? Nur zu gut erinnerte ich mich noch an die Hungerjahre während des 1. Weltkrieges, als dies nicht der Fall war. Harte Strafen wegen schweren Verstößen gegen die Verbrauchsregelungsvorschriften konnten nach meiner Überzeugung wohl verantwortet werden. Nur so war es möglich, unter den obwaltenden Umständen die Ernährung des Volkes einigermaßen sicherzustellen; wer aus der allgemeinen Not Gewinn ziehen wollte, verdiente keine Milde. Freilich, die Todesstrafe wegen solcher Delikte hielt ich nicht für gerechtfertigt. Aber ich hatte bis jetzt noch nie gehört, daß jemand wegen eines Kriegswirtschaftsverbrechens tatsächlich zum Tode verurteilt worden wäre. Und schließlich hatte mich ja die Erfahrung gelehrt, daß ich als einfacher Stuttgarter Staatsanwalt in die gleiche Zwangslage geraten konnte wie ein Staatsanwalt bei der Anklagebehörde beim Sondergericht.

So erhob ich gegen meine Versetzung zur Abteilung 1 der Staatsanwaltschaft keine weiteren Einwendungen, die vermutlich sowieso nichts genützt haben würden. Einerseits fühlte ich allerdings bei meiner Versetzung in die Abteilung 1 ein gewisses Mißbehagen, andererseits war es mir aber auch nicht unerwünscht, daß durch den Einsatz bei der Anklagebehörde beim Sondergericht, der als besonders kriegswichtig galt, meine UK-Stellung fester zementiert wurde. Es soll auch in dieser Hinsicht der Wahrheit die Ehre gegeben werden.

Mit Arbeit wurde ich freilich von nun an gleichsam zugedeckt. Bei mir und zwei oder drei Kollegen sammelten sich die schweren Kriegswirtschaftsverbrechen aus dem ganzen Land. Die einzelnen Fälle waren so umfangreich, daß es jeweils schon gründlicher Überlegung bedurfte, wie der Verfahrensstoff zweckmäßig und übersichtlich aufgegliedert werden sollte. Auch rechtlich war ihre Bearbeitung schwierig, gab es doch eine verwirrende Vielfalt von Vorschriften, die eine gerechte Verteilung der vorhandenen Vorräte unter der Bevölkerung sicherstellen sollten! Man mußte wissen, nach welchen Regeln die einzelnen Wirtschaftsstellen ihre Zuteilungen machen und Bezugsberechtigungen ausstellen durften. In welcher Menge durfte der einzelne Metzger Vieh schlachten, der einzelne Müller Getreide verarbeiten? Welche Mengen von Metallen durften von dem einzelnen Rüstungsbetrieb bezogen werden? Es gab besondere Vorschriften für den Handel mit Textilien, mit Leder, mit Milch, mit Eiern, mit Fetten, mit Zucker usw. Kurz, alle lebenswichtigen Güter waren von der Zwangswirtschaft erfaßt und hinter jedem Verstoß gegen sie stand eine Strafnorm. Und sowohl das Gewinnstreben der Geschäftsleute als auch der Warenhunger der Konsumenten suchten nach ungezählten Schleichwegen, um durch die Maschen des lästigen Netzes von Vorschriften, das ihnen der Staat übergeworfen hatte, zu schlüpfen. Zu allem hin mußte möglichst schnell gearbeitet werden; die Strafe sollte der Tat auf dem Fuße folgen. In der Drangsal der Kriegsverhältnisse hatte es keinen Sinn, ein Kriegswirtschaftsverbrechen abzuurteilen, nachdem der Fall beinahe schon historisch geworden war.

Cuhorst, der Vorsitzende des Sondergerichts, pflegte anhand der Anklageschriften zu verhandeln. Für ihn war es bei seiner Überlastung in der Tat unmöglich, sich in jedem Fall eine gründliche Aktenkenntnis zu verschaffen. Ein Rechtsmittel gegen das Urteil des Sondergerichts gab es nicht.

Man wird heute geneigt sein, in allen diesen Dingen einen typischen Einbruch der nationalsozialistischen Gewaltherrschaft in die Rechtsstaatlichkeit zu erblicken. Ich bin aber überzeugt, daß auch in Zukunft, wenn wirklich ein echter Notstand eintreten würde, nur durch derartige drastische Verfahrensmethoden eine gewisse Sicherung des Bedarfs der

Bevölkerung und eine im wesentlichen gleichmäßige Verteilung der beschränkten Gütermenge, die zur Verfügung steht, erreicht werden könnte. Würde man es in einem solchen Fall bei den heutigen Verfahrensvorschriften belassen, so müßte das Prinzip der Rechtsstaatlichkeit mit dem Hungertod von Millionen bezahlt werden.

Jedenfalls verlagerte sich unter diesen Umständen im Strafprozeß das Schwergewicht auf die staatsanwaltschaftliche Tätigkeit. Man verlangte von uns, rasch Anklagen zu erheben, die hieb- und stichfest waren und in denen der ganze Prozeßstoff aufs gründlichste dargestellt und beurteilt wurde. Wenn es zu einer Vertagung oder zu einem Freispruch kam, so hatte der betreffende Staatsanwalt Vorwürfe wegen unzureichender Vorbereitung der Verhandlung zu gewärtigen, die unter Umständen weittragende Folgen für ihn haben konnten. Bei diesem Stand der Dinge lastete ein schwerer Druck – besonders auch der Druck des eigenen Gewissens – auf mir und auf meinen Kollegen. Und ich darf wohl sagen, daß wir keine Mühe scheuten, um gerechte Urteile zu erwirken. Es ist ja ein Aberglaube, wenn man meint, die Gerechtigkeit könnte bloß durch die Kompliziertheit der Verfahrensvorschriften garantiert werden. Anklageschriften von mehr als 20 Seiten Länge waren für uns eher die Regel als eine Ausnahme, was doch wohl auch ein Indiz dafür sein dürfte, daß wir unsere Pflichten ernst nahmen. Jede Anklageschrift mußte auf Wachsmatrizen geschrieben werden, weil sie zahlreichen Dienststellen mitzuteilen war.

Ich erhielt nun anstelle meiner kümmerlichen, aber mir doch so lieb gewordenen Kanzlei, in der ich meine Frau kennengelernt hatte, im unteren Stock des gleichen Gebäudes einen etwas größeren, jedoch fast ebenso dürftig eingerichteten Arbeitsraum, der hinten hinaus, dem Gefängnishof zu, lag. In dieser Kanzlei saß ich nun von früh bis spät in zentnerschwere Aktenstöße, die mich umgaben, vergraben. Und jeden Abend nahm ich eine dick gefüllte Mappe mit Akten nach Hause, über denen ich oft bis lange nach Mitternacht brütete. [VI/168-171]

Krieg gegen Sowjetrussland, Dienstverpflichtungen,
Mangelerscheinungen

In Deutschland dachte noch im Juni 1941 niemand daran, daß Hitler
den Plan hege, Rußland anzugreifen. Es war verwunderlich, wie vollständig die Geheimhaltung dieses Vorhabens auch dem eigenen Volk
gegenüber gelang, obwohl es doch durch gewaltige Truppenverschiebungen vorbereitet werden mußte. Damals tauchte ein junger Assessor
vorübergehend bei der Staatsanwaltschaft Stuttgart auf, der zuvor als
Soldat an der Bessarabischen Grenze gestanden hatte. Er wußte erstaunliche Dinge darüber zu berichten, wie kläglich die russischen Truppen,
die er dort gesehen habe, ausgerüstet seien. Jedenfalls war allenthalben
die Meinung verbreitet, daß das kommunistische Rußland ein überaus
brüchiges Gebilde darstelle, offenbar auch bei Leuten, die es eigentlich
besser hätten wissen müssen. So erzählte mir später ein junger Leutnant, der dem Stab des Generals Guderian zugeteilt war, daß dieser unmittelbar vor dem Angriff auf Rußland seinen Offizieren erklärt habe,
er werde mit seiner Panzerwaffe gleichsam wie mit einem Dolch in eine
Seifenblase in dieses Reich hineinstechen und in einem Zug von der
Ostgrenze des Generalgouvernements bis nach Moskau durchstoßen.

Während man im allgemeinen erwartete, daß nun dem Britischen
Weltreich irgendwo im Vorderen Orient vollends der Gnadenstoß gegeben werde, verkündigte plötzlich am Morgen des 22. Juni der Rundfunk den Angriff der Deutschen auf Sowjetrußland. Es ist schwer zu
beschreiben, welche Wirkung diese Nachricht auf das deutsche Volk
ausübte. Man kann es vielleicht am besten so ausdrücken: Das Volk
hielt erschrocken und bange den Atem an. Jedenfalls sah man an diesem
Tag nur ernste Gesichter. Nicht, als ob man im allgemeinen an der Überlegenheit Hitlers über die Russen gezweifelt hätte. Doch man hatte sich
in dem Glauben gewiegt, daß das Ende des großen, aber bis jetzt nicht
sonderlich verlustreichen Krieges, der einem unaufhaltsamen Siegeszug
glich, nahe sei. Und nun wurde es auf einmal wieder ernst, sehr ernst.

An diesem Tag fuhren ich und Gertrud nach Marbach zu meiner Mutter. In Ludwigsburg hatten wir Aufenthalt und aßen im Stuttgarter Hof in der Myliusstraße zu Mittag. Da erhob sich plötzlich an einem Tisch ein Zivilist und schrie mit einer Donnerstimme, welche durch das ganze Lokal dröhnte, auf einen älteren Soldaten ein, der am Nachbartisch seine Suppe löffelte: Dieser sei ein Vaterlandsverräter und werde sehen, was nachkomme. Offenbar hatte der Soldat irgendeine kritische Bemerkung über die Kriegslage gemacht, welche der Zivilist, der ein Geheimagent der Gestapo war, gehört hatte. Der Soldat duckte sich, als hätte ihn ein Peitschenhieb getroffen; er mußte seine Personalien angeben und hatte wohl das Gefühl, wie wenn sein Kopf nicht mehr sicher auf seinem Rumpfe sitze. Totenstille herrschte im Lokal. Dann beeilten sich die Gäste, einer nach dem andern, möglichst rasch zu bezahlen und zu verschwinden.

Zunächst schien es, als werde auch das Russische Reich unter den Schlägen Hitlers rasch zusammenbrechen. Aber bald gewahrte man, daß dieser Gegner doch viel stärker war, als man ihn eingeschätzt hatte. Man sah, daß dieser Kampf schwer war und viele Opfer kosten werde. Auch das Leben im Inland wurde nun zusehends härter. Immer mehr Männer wurden zur Wehrmacht eingezogen und es spannte an Arbeitskräften. Denen, die zu Hause in Arbeit standen, wurden Leistungen abgefordert, die an die Grenze des Möglichen gingen. Immer mehr wurden auch Frauen zu schweren Arbeiten herangezogen. Die strenge Handhabung der Dienstverpflichtung sorgte dafür, daß sich niemand dem Einsatz in kriegswichtigen Betrieben entziehen konnte.

Größer wurde die Zahl fremdartiger Gestalten in unserem Land, die man aus den besetzten Gebieten zur Arbeit nach Deutschland verschleppte, aus Ungarn, vom Balkan und vor allem aus Polen. Die Polen mußten besondere Abzeichen am Ärmel tragen und wurden kaum besser als Sklaven gehalten. Auch der Mangel an Konsumgütern, besonders an Nahrungsmitteln, machte sich immer stärker bemerkbar, wenn auch die Zustände auf diesem Gebiet dank der strafferen Erfassung der Bestände und der besser funktionierenden Rationierung nicht mit der Not, die in den letzten Jahren des 1. Weltkrieges in den deutschen Groß-städten herrschte, verglichen werden konnten.

Die deutschen Armeen waren im Lauf des Sommers tief in das Innere Rußlands eingedrungen. Sie hatten die Ukraine erobert und die Wehr-machtsberichte meldeten große Siege mit ungeheuren Gefangenenzah-len. Vom Rundfunk wurden diese Meldungen jeweils mit einem dröhnenden Musikstück – und zwar immer demselben – eingeleitet. Man merkte jedoch auch im Volk, daß es sich hier nicht um einen Blitzkrieg handelte wie zuvor in Frankreich, in Norwegen und auf dem Balkan. Immerhin, als der Herbst anbrach, standen die Deutschen dicht vor Mos-kau und Leningrad und man hörte Hitlers Stimme aus dem Radio schreien: „Ich spreche dies erst heute aus, weil ich es heute sagen darf, daß dieser Gegner bereits gebrochen ist und sich nie mehr erheben wird!" Aber eben jetzt stand man vor der ersten, schweren Krise des Rußlandfeldzugs. Der einsetzende Herbstregen verwandelte Rußlands Erde in einen Sumpf, in welchem der deutsche Vormarsch steckenblieb. Und dann brach der russische Winter in seiner ganzen Härte herein. Auch bei uns in Süddeutschland waren die ersten beiden Kriegswinter außergewöhnlich kalt. Da die deutsche Führung des festen Glaubens ge-wesen war, die Sowjetmacht könnte in einem einzigen Sommerfeldzug vernichtet werden, waren die deutschen Truppen nicht für den Winter ausgerüstet und Tausende erfroren in der eisstarrenden russischen Steppe. Und nun mußte man erfahren, daß die Macht, gegen die man hier angetreten war, noch keineswegs am Boden lag. Große, frische, wohlausgerüstete Truppenverbände, die in dem unermeßlichen russi-schen Hinterland aufgestellt worden waren, gingen zum Gegenstoß gegen die wankenden deutschen Linien vor. Nur mit knapper Not konn-ten ein Durchbruch und eine militärische Katastrophe verhindert werden.

Natürlich kamen diese Vorgänge in den deutschen Wehrmachtsberichten lediglich ganz verschleiert zum Ausdruck. Aber man hatte gelernt, zwischen den Zeilen zu lesen und nicht wenige Deutsche pflegten ihre Nachrichten von ausländischen Sendern zu beziehen. Auch derjenige, welcher solche Informationen verschmähte, konnte an den Soldaten, die nun mit erfrorenen Gliedmaßen, an Stöcken daherhumpelnd, abgerissen und jämmerlich in großer Zahl in den deutschen Bahnhöfen auftauchten, einigermaßen erkennen, wie es an der Ostfront wirklich aussah. Heimlich flüsterte man sich zu, daß diese Bilder eine verdammte Ähnlichkeit mit jenen hatten, die man in Geschichtsbüchern vom Rückzug Napoleons aus Rußland im Jahr 1812 gesehen hatte.

Wer geglaubt hatte, die russische Bevölkerung warte sehnsüchtig darauf, durch die Deutschen vom Joch des Bolschewismus befreit zu werden, sah sich schmerzlich enttäuscht. Die Russen kämpften tapfer und rebellierten nicht gegen ihre Regierung. Eigentlich hätte Hitler selbst am besten wissen müssen, daß dies unter einer totalitären Herrschaft gar nicht anders sein kann, besonders wenn die Herrschenden schon ein Vierteljahrhundert an der Macht sind. Und zudem taten die Nazis alles, was in ihren Kräften stand, um im russischen Volk keine Sympathien für diese „Befreier" aufkommen zu lassen. Ganz im Gegenteil züchteten sie mit ihrer Härte und Grausamkeit Partisanenarmeen in ihrem Rücken heran. Andererseits freilich scheint es mir, als habe der Rußlandfeldzug auch dazu beigetragen, die Deutschen von einer Anfälligkeit für den Kommunismus, die unterschwellig immer noch bei einigen vorhanden gewesen sein mochte, zu heilen. Die Soldaten, die von der Ostfront kamen, wußten viel davon zu erzählen, in welch kläglichen Zuständen die Bevölkerung im stalinistischen Rußland dahinvegetiere. Dieser Anschauungsunterricht trug auf weite Sicht seine Früchte. [VI/171-175]

Unmenschlichkeiten gegen die jüdische Bevölkerung

Seit Beginn des Rußlandfeldzugs enthüllte sich im Inland immer mehr die Unmenschlichkeit des Nationalsozialismus. Die Juden mußten den gelben Davidstern an ihrer Kleidung tragen. So sah man sie in einer Umwelt, der sie offiziell als Abschaum der Menschheit hingestellt wurden; scheu, blaß, abgezehrt und kümmerlich gekleidet schlichen sie umher. Aber immer seltener tauchten diese Gestalten in unseren Städten auf. Man wußte, daß sie abtransportiert wurden, irgendwohin nach Osten. Man wußte zwar nicht genau, was dort mit ihnen geschah. Daß sie einem schrecklichen Schicksal entgegengingen, war aber doch wohl jedermann klar.

In unserer Nähe wohnte der ehemalige Rechtsanwalt Mainzer, der zusammen mit Dr. Perlen eines der ersten Stuttgarter Rechtsanwaltsbüros geführt hatte. Im 1. Weltkrieg war er Offizier gewesen und hoch ausgezeichnet worden. Wohl im Vertrauen darauf, daß dieser Einsatz für die deutsche Nation doch einigermaßen gewürdigt werde, hatte er nicht emigriert, solange dies noch möglich war. Von Jahr zu Jahr schwand nun seine einstige dezente Eleganz dahin. Während man früher nichts typisch Jüdisches in seiner Erscheinung feststellen konnte, traten jetzt in Gang und Haltung die Merkmale seiner Rasse immer deutlicher hervor und allmählich unterschied er sich in dieser Hinsicht kaum mehr von einem Ghetto-Juden aus dem Osten. Schließlich verschwand auch er, um in einem Vernichtungslager des 3. Reiches hingemordet zu werden.

Man darf wohl sagen, daß das deutsche Volk in seiner großen Masse die Tragödie der Juden mit Gefühlen des Mitleids, der Beschämung und des Abscheus verfolgte. Aber was sollte der einzelne dagegen unternehmen, wenn er nicht nutzlos Selbstmord begehen wollte? Mich ekelte vor mir selbst, wenn ich daran dachte, daß ich ein Anwalt dieses Staates war. Um der Juden willen zum Märtyrer zu werden, dazu fühlte ich mich aber nicht berufen. So schaute ich ihr Elend zwar mit Empörung, jedoch aus vorsichtiger Distanz. [VI/175 f.]

Deutschland und Japan

Eine in Deutschland viel genannte Persönlichkeit war der japanische Botschafter Oshima. Als dieser einmal Stuttgart besuchte, veranstaltete der Reichsstatthalter Murr zu seinen Ehren einen alkoholischen Abend im Gasthof zum Lamm in Kleinaspach bei Marbach. Diese Gaststätte, die von dem Wirt Michelfelder geführt wurde, stand in einem sehr guten Ruf. Einer, der dabei war, hat mir nachher von dieser Veranstaltung erzählt. Die anwesenden Herren der Gauleitung wollten anscheinend dem kleinen schlitzäugigen Exoten die Trinkfestigkeit der teutonischen Rekken demonstrieren. Aber die Sache nahm einen anderen Verlauf, als sie erwartet hatten. Oshima zog wacker mit. Und als die erwähnten Recken schon völlig besoffen herumwankten, stand der gelbe Mann immer noch bolzengerade wie ein Fels in der Brandung. Am folgenden Tag wurde dann Oshima von Murr und seiner Gattin Lina, von der gemunkelt wurde, daß sie einst Putzfrau gewesen sei, nach Marbach ins Schillermuseum und damit auf die sublimsten Höhen der deutschen Kultur geführt. Bei der Besichtigung des Museums soll die erste Dame unseres Landes, welcher anscheinend der vorausgegangene Abend nicht gut bekommen war, das Mißgeschick ereilt haben, daß sie in den geheiligten Räumen des Museums sich übergeben mußte.

Diese Dinge hatten sich aber noch in der Friedenszeit abgespielt. Nun stand man im dritten Kriegsjahr. Am 7. Dezember 1941 fand der Überfall der Japaner auf die amerikanische Flotte in Pearl Harbor statt. Es scheint mir, daß von den Deutschen damals dieses Ereignis nicht in seiner vollen Bedeutung erfaßt wurde. Die Vorgänge an der Ostfront überschatteten für sie alles andere. Als Hitler kurz darauf den USA, mit denen er längst im Kalten Krieg stand, den richtigen Krieg erklärte, befand ich mich an diesem Tag gerade in Göppingen, wo ich an einer Sitzung des Sondergerichts teilzunehmen hatte. Es war ein trüber, nasskalter Tag. Ein schwerer Druck lastete ersichtlich auf den Gemütern. Der Krieg hatte sich nun ins Uferlose ausgeweitet; erst jetzt war

er wirklich zum Weltkrieg geworden; ein Ende war nicht mehr abzusehen. Ich dachte daran, welche verhängnisvolle Rolle der Kriegseintritt
der Vereinigten Staaten im 1. Weltkrieg für Deutschland gespielt hatte.
Aber dieser Gedanke erfüllte mich nicht mit Furcht, sondern eher mit
Zuversicht, denn innerlich stand ich auf der Seite unserer demokratischen Gegner, allerdings nicht auf der Sowjetrußlands. In den Massen
der deutschen Bevölkerung hatte die nationalsozialistische Propaganda
freilich insofern ihre Wirkung getan, als man auch diesmal die Bedeutung der Amerikaner unterschätzte. Man hielt im Grunde die demokratischen Staaten für zerrüttete und in innerer Zersetzung befindliche
Gebilde, die zu einer kraftvollen Machtentfaltung nicht mehr fähig
seien. Der rasche Zusammenbruch Frankreichs schien diese Meinung
zu bestätigen. Und Hitler war anscheinend der Gefangene seiner eigenen Propaganda geworden. [VI/178 f.]

Fälle von Schwarzschlachtungen

Ich war nun so in meine berufliche Tätigkeit eingespannt, daß ich alles
andere gleichsam nur am Rande meiner Existenz erlebte. In der Hauptsache hatte ich Fälle von Schwarzschlachtungen zu bearbeiten und zwar
die schwersten, die in unserem Land anfielen. Dabei handelte es sich
ausschließlich um gewerbliche Schwarzschlachtungen, also um solche
von Metzgermeistern. Wenn ein Bauer ein Rind oder ein Schwein
schwarzschlachtete, so wurde dadurch ja noch nicht die Deckung des
Bedarfs der Bevölkerung gefährdet. Solche kleineren Delikte stellten
somit noch keine Kriegswirtschaftsverbrechen dar; sie wurden deshalb
von den ordentlichen Gerichten abgeurteilt.

Oft standen sie freilich im Zusammenhang mit Kriegswirtschaftsverbrechen, wenn zum Beispiel ein Bauer ein Stück Vieh einem Metzger,
der fortgesetzt schwarzschlachtete, zu diesem Zweck lieferte. In diesen
Fällen sollten wir die Verfahren gegen die Landwirte abtrennen und an
die zuständigen Amtsgerichte abgeben. Ich habe aber erlebt, daß dann

Verteidiger von Bauern mich baten, das Verfahren gegen diese nicht ab-
zutrennen, sondern auch sie beim Sondergericht mit anzuklagen, weil
die Rechtsanwälte annahmen, daß ihre Mandanten vom Sondergericht
milder bestraft würden. Diese Meinung war nicht falsch, denn in den
Verfahren wegen gewerblichen Schwarzschlachtungen stellten sich die
Straftaten dieser Bauern als unbedeutende Anhängsel dar, während sie
in den Augen der Amtsrichter als eine große Sache erschienen. Zudem
standen die Amtsrichter oft unter dem Druck ortsgewaltiger Kreisleiter,
welche den örtlichen Richter scharfzumachen suchten, besonders dann,
wenn es sich bei dem Landwirt um einen der Partei oder ihren Funktio-
nären mißliebigen Menschen handelte. Die Menge des unerlaubt beiseite
geschafften Fleisches belief sich in den Sondergerichtsverfahren nicht
selten auf 60 Zentner und oft auf noch viel mehr.

Diese gewerblichen Schwarzschlachtungen waren sehr schwierig
festzustellen. Zu vergleichen waren Schluß- und Schlachtscheine, nebst
den Eintragungen der Waagmeister und Fleischbeschauer, mit den von
den Viehwirtschaftsverbänden geführten Viehzuteilungslisten und Ver-
rechnungskarteien sowie mit Bescheinigungen über die von den Metzgern abgelieferten Häute.

Häufig wurden sogenannte Gewichtsdrückungen vorgenommen,
wobei die Waagmeister mit den Metzgern unter einer Decke steckten.
Ich kann mich an einen solchen Fall im Oberland erinnern. Durch sta-
tistische Erhebungen des Viehwirtschaftsverbands kam es an den Tag,
daß das Gewicht der geschlachteten Schweine in einem bestimmten
Dorf durchschnittlich viel geringer war als in allen anderen Orten des
Kreises. Schließlich stellte sich heraus, daß in diesem Dorf mit Wissen
des Bürgermeisters, des Waagmeisters und des Fleischbeschauers vor
jeder Schweineschlachtung immer die gleichen Kümmerlinge auf die
Gemeindewaage getrieben und gewogen und dann andere vollwertige
Schweine geschlachtet worden waren. Die beiden Kümmerlinge, die
sich auf diese Weise für die Gemeinde nützlich machten und sich so

ein langes Leben sicherten, liefen ganz von selbst zur Gemeindewaage, wenn man ihre Stalltüre öffnete.

Die gewöhnlichen Polizeibeamten waren zu den komplizierten Ermittlungen, die bei gewerblichen Schwarzschlachtungen nötig waren, nicht imstande. Früher hatten die Beamten der Zollfahndungsstelle wegen der Schlachtsteuer ähnliche Erhebungen durchführen müssen. Die Zollfahndungsstelle verfügte deshalb über einen Stab von Spezialisten, welche für solche Aufgaben vorzüglich ausgebildet waren. Diese Beamten wurden nun, auch nach Aufhebung der Schlachtsteuer, auf dem hier in Frage stehenden Gebiet eingesetzt. Sie vor allem waren meine Ermittlungsbeamten, wenn es sich um Schwarzschlachtungen handelte.

Die Metzgermeister, gegen welche Verfahren wegen Schwarzschlachtungen bei mir anhängig waren, führten meist zugleich Gastwirtschaften, die weithin bekannt waren und sich großer Beliebtheit erfreuten, weil man in ihnen Fleischspeisen ohne Marken oder doch größere Portionen als sonst erhielt. Vor allem wurden in diesen Gasthäusern angesehene Stammgäste bevorzugt und zu diesen gehörten natürlich die Kreisleiter mit ihrem Anhang. So mußte ich in vielen Fällen erleben, daß, wenn ich einen solchen Schwarzschlächter verhaften ließ, schon am nächsten Tag ein Kreisleiter in lametta-strahlender Uniform bei meinem Oberstaatsanwalt aufkreuzte und sich über den frechen Stuttgarter Staatsanwalt beschwerte, der, ohne vorher mit den zuständigen Parteidienststellen Fühlung zu nehmen, einfach einen der verdienstvollsten Männer seines Kreises in Haft nehmen ließ, obwohl dieser Mann doch über jeden Verdacht volksschädlicher Gesinnung erhaben sei. Solche Einmischungsversuche veranlaßten mich, die Beamten der Zollfahndungsstelle so zu instruieren, daß sie einen Verdächtigen zunächst vorsichtig einkreisten, ohne denselben merken zu lassen, daß etwas gegen ihn im Gange war. Erst wenn sehr viel sicheres Belastungsmaterial beisammen war, daß derselbe keinesfalls mehr entwischen konnte, wurde zur Verhaftung geschritten. Auf diese Weise war dann meist alsbald ein umfassendes Geständnis zu erzielen. Wenn mich darauf der Oberstaatsanwalt beim Erscheinen eines Kreisleiters – mit den meisten von ihnen stand er auf „Du" – zu sich rufen ließ, konnte ich sogleich mit der Meldung aufwarten, der Beschuldigte habe bereits die Verschiebung von -zig Zentnern Fleisch zugegeben. Auf dies hin pflegte Oberstaatsanwalt Link zu dem Kreisleiter, der mich wütend anblitzte, zu sagen: „O, do kanscht nex mache!" Und damit war die Sache erledigt. Ich kann mich nicht an einen einzigen Fall entsinnen, in dem derartige Versuche eines höheren Parteifunktionärs, einen Kriegswirtschaftsverbrecher der Bestrafung zu entziehen, in meinem Referat Erfolg gehabt hätten.

Sehr viele Schwarzschlachtungsverfahren fielen aus dem württembergischen Oberland an, nicht verwunderlich, da in diesem Gebiet die Viehzucht im Vordergrund steht. Auch war das, was in den einsamen Einödhöfen des Allgäus vor sich ging, besonders schwer zu kontrollieren. Dagegen war auffallend, daß ich aus dem Hohenlohischen, einem ebenfalls ganz landwirtschaftlich geprägten Raum, relativ viel weniger Anzeigen wegen Schwarzschlachtungen erhielt, obwohl ich mir nicht vorstellen kann, daß man dort gesetzestreuer lebte als im Oberland. Vielleicht verhielten sich die beweglichen Franken doch etwas schlauer als die schwerfälligen Alemannen. An einige Schwarzschlachtungsfälle kann ich mich noch besonders gut erinnern. [VI/179-182]

Hitler kritisiert die Milde der Richter

Am 26. April 1942, vermutlich an einem Samstag, hielt Hitler die bekannte Rede, in welcher er speziell gegen die Richter Vorwürfe erhob. Sie waren der einzige Berufsstand, dem er als solchem diese Ehre erwies. Er tadelte ihre zu große Milde; nicht das Gesetz, sondern sein Wille würde die oberste Rechtsquelle darstellen, nach der sie sich bei ihrer Rechtsprechung zu richten hätten.[66] Daran schloß sich die Drohung, daß jeder Richter damit rechnen müsse, ohne Rücksicht auf sogenannte wohlerworbene Rechte aus Amt und Würden verjagt zu werden, wenn er in diesem Sinn das von ihm erwartete Fingerspitzengefühl vermissen lasse.

Diese Rede löste in mir eine tiefe Niedergeschlagenheit aus, denn man wußte, daß solche Ansprachen keine theoretischen Deklamationen waren, sondern daß ihnen auf dem Fuß Taten zu folgen pflegten, die in ihrer Härte über das oft noch weit hinausgingen, was die Drohung ihrem Wortlaut nach befürchten ließ. [VI/182]

Die Todesstrafe für Schwarzschlachtung

Am Anfang der folgenden Woche [Mai 1942] hatte ich beim Sondergericht in dem schwersten Schwarzschlachtungsverfahren, das bis dahin in Württemberg angefallen war, die Anklage zu vertreten. Der Hauptangeklagte war ein Mann namens Munz, der im Remstal mehr als 100 Zentner Fleisch beiseite geschafft hatte. Während der Verhandlung schob mir der Vorsitzende, Senatspräsident Cuhorst, welchen die vorausgegangene Hitlerrede scharf gemacht hatte, einen Zettel zu, auf den er geschrieben hatte: „Selbstverständlich Todesstrafe beantragen!"

Wir Staatsanwälte der Anklagebehörden bei den Sondergerichten hatten kurz zuvor die höchst bedenkliche, geheime innerdienstliche Weisung erhalten, bei unseren Strafanträgen keinesfalls unter der Strafe zu bleiben, welche das Sondergericht nach unseren Erkundigungen voraussichtlich aussprechen werde. Da ich die Todesstrafe wegen eines Kriegswirtschaftsverbrechens für untragbar hielt, geriet ich nun in einen schweren Gewissenskonflikt. Nachdem die Beweisaufnahme abgeschlossen war, erhob ich mich und erklärte: „Ich beantrage eine Unterbrechung der Verhandlung; ich muß neue Weisungen einholen." Es gab eine kurze Auseinandersetzung zwischen mir und Cuhorst, der behauptete, zu einer Unterbrechung keine Zeit zu haben, da an diesem Vormittag noch weitere Fälle verhandelt werden müßten. Schließlich stand ich einfach auf und verließ den Saal, womit die Verhandlung unterbrochen war.

Ich eilte zu Oberstaatsanwalt Link und berichtete ihm, daß Cuhorst nun zum ersten Mal wegen einer Schwarzschlachtung eine Todesstrafe aussprechen wolle, was ich nicht für richtig halte. Mein Herz klopfte, als ich dies vortrug. Wie würde mein Chef reagieren? Gott sei Dank! „Eine Todesstrafe wegen Schwarzschlachtung?", sagte er und machte dazu ein bedenkliches Gesicht. Link war ein großer Genießer und vesperte selbst recht gern ohne Marken, weshalb er den Schwarzschlächtern gegenüber ein menschliches Rühren verspürte. Er rief den Generalstaatsanwalt an, der in diesem Punkt zu ähnlichen Anwandlungen neigte. „Cuhorst will einen Schwarzschlächter zum Tode verurteilen; ich meine, das sei doch zu viel."

Generalstaatsanwalt Wagner schickte den Oberstaatsanwalt Wendling. Dieser kam in einem Augenblick in einem Auto vom Schillerplatz herüber, wo die Generalstaatsanwaltschaft ihren Sitz hatte. Wendling war der Sohn eines Stuttgarter Bäckermeisters, ein Mann von pyknischen Körperformen und umgänglichem Wesen. Er war bis vor kurzem mein Kollege gewesen, hatte sich aber dann bei der Organisation des Sondergerichts in Wien verdienstlich gemacht und war deshalb zum Oberstaatsanwalt bei der Generalstaatsanwaltschaft befördert worden. Außerdem zog Link noch den Oberstaatsanwalt Bäuchlen zu, welcher unter der Oberleitung Links der Anklagebehörde beim Sondergericht Stuttgart unmittelbar vorstand und stets die gleiche Meinung wie sein Chef vertrat. Dies alles hatte keine Viertelstunde gedauert.

Dann begaben sich die drei Oberstaatsanwälte mit mir im Geschwindschritt in das Beratungszimmer, in dem Cuhorst ungeduldig und wütend auf mich wartete. Sie bedrängten ihn, im vorliegenden Fall doch von einer Todesstrafe abzusehen, während ich, der die ganze Szene in Gang gebracht hatte, nun im Hintergrund blieb. Es kam zu einem zähen und stürmischen Ringen. Cuhorst schrie: „Auf schwere

Fälle von Kriegswirtschaftsverbrechen steht nach dem Gesetz die Todesstrafe. Wann wollt Ihr denn, daß man eine solche aussprechen soll,
wenn nicht in diesem Fall?"

Am Ende blieb der Ansturm der Oberstaatsanwälte aber doch nicht
ohne Wirkung. Mit grimmig entschlossenem Gesicht stieß Cuhorst hervor: „Gut! Zwölf Jahre Zuchthaus!" Ich schickte insgeheim ein kurzes
Dankgebet zum Himmel. Mein Angeklagter brauchte also nicht zu sterben und dies allein war wichtig. Der Krieg würde nicht ewig dauern.
Ging er verloren, so kamen Gefangene, die wegen solchen Delikten
verurteilt worden waren, ohnehin wieder auf freien Fuß; siegte Hitler
aber, so war nach Friedensschluß für Schwarzschlächter mit Sicherheit
eine Amnestie zu erwarten. Die Oberstaatsanwälte entfernten sich. Ich
nahm erneut meinen Platz als Staatsanwalt ein. Das Gericht trat in den
Sitzungssaal. Ich erhob mich und beantragte zwölf Jahre Zuchthaus,
auf welche sogleich erkannt wurde. Drei davon mußte Munz bis zum
Zusammenbruch des Hitlerreiches verbüßen.

Wie hätte ich mich verhalten, wenn mich mein Oberstaatsanwalt angewiesen hätte, die Todesstrafe zu beantragen? Es ist heute leicht zu
behaupten: „Das hätte ich nie getan." Wahrscheinlich – ja ziemlich sicher – wäre seine Weisung von mir befolgt worden. „Führe mich nicht
in Versuchung!"

In einem einzigen Fall ist später vom Sondergericht Stuttgart doch
wegen Schwarzschlachtungen eine Todesstrafe ausgesprochen worden.
In diesem Fall vertrat aber nicht ich, sondern der junge Staatsanwalt
Sattler die Anklage. Er hat wohl auf Grund einer direkten Weisung die
Todesstrafe beantragt. Nach meiner Kenntnis wurde er wegen dieses
Falles im Zug der Entnazifizierung auf die Dauer aus dem Justizdienst
entlassen. Er ließ sich dann als Rechtsanwalt in Stuttgart nieder und
verdiente ein Vielfaches von dem, was er je im Staatsdienst hätte ver-
dienen können. [VI/182-184]

Ein tragischer Suizid

Es war schon gegen Ende des Krieges, als ich zwei Metzgermeister aus der Umgegend von Stuttgart, Vater und Sohn, wegen umfangreichen Schwarzschlachtungen in Untersuchungshaft hatte. Der Vater war ein unangenehmer, harter und geldgieriger Mann. Der Sohn hingegen, der jung vermählt war, machte einen guten, etwas weichen Eindruck; ohne Zweifel war er durch seinen Vater in die Sache hineingezogen worden. Aus seinen Briefen, die ich zu zensieren hatte, ersah ich, daß er sehr niedergedrückt war und sich über die Strafe, die in Aussicht stand, übertriebene Vorstellungen machte. Ich ordnete an, daß er wegen der Gefahr eines Suizids aus der Einzelhaft herausgenommen werde.

Jeden Samstag besuchte ihn seine junge Frau. Da zur Überwachung der Gespräche in der Besuchsstelle nicht genügend Polizeibeamte zur Verfügung standen, pflegte ich diese Aufsicht selbst zu übernehmen, obwohl sich die damit verbundene Zeitversäumnis bei meiner beruflichen Überlastung für mich recht beschwerlich auswirkte. Ich brachte es aber nicht über mich – so wie dies die meisten meiner Kollegen taten –, die Besuche einfach abzudrosseln, zumal ich, wenn ich dabei anwesend war, interessante Einblicke in das Wesen und in die Verhältnisse meiner Beschuldigten erhielt.

Wenn ich bei diesen Gelegenheiten die Familienangehörigen von Untersuchungsgefangenen, die sich vor der Besuchszelle stauten, musterte, so wollte mir oft scheinen, als würden jetzt – umgekehrt wie früher – die anständigsten Elemente der Gesellschaft die Gefängnisse bevölkern.

Einmal bat mich die Frau des jungen Metzgermeisters, ihren Besuch vom Samstag auf den folgenden Montag verlegen zu dürfen, weil sie am Wochenende in ihrem Geschäft schwer abkommen könne. Ich bewilligte ihr dies gern. Als ich aber am nächsten Montag in mein Amt kam, empfing mich die Nachricht, daß mein Gefangener in der Nacht Selbstmord verübt hatte. Nun erfuhr ich, daß der Vorstand des Untersuchungsgefängnisses meine Weisung, den depressiven Metzgermeister von Einzelhaft zu verschonen, in der Weise ausgeführt hatte, daß er ihm einen zum Tode verurteilten Mann, der auf seine Hinrichtung wartete, als Zellengenossen beigegeben hatte. Beide hatten sich nun in der Nacht mit einem scharfen Gegenstand die Pulsader geöffnet und sich mit den Hosenträgern an den Fensterkreuzen aufgehängt. So wurden sie von den Gefängnisbeamten, als diese am Morgen die Zelle betraten, tot aufgefunden. [VI/184 f.]

Ein Verdachtsfall in Altshausen

Im Frühjahr 1942 hatte ich ein Strafverfahren gegen den Metzgermeister Albert Metzler von Altshausen im württembergischen Oberland wegen Schwarzschlachtung zu bearbeiten. Metzler hatte durch Schwarzschlachtungen über 60 Zentner Fleisch beiseite geschafft und erhielt dafür drei Jahre Zuchthaus. Nun wurde von der Zollfahndungsstelle nachgeforscht, wo das viele Fleisch hingekommen sei, und dabei ergab sich, daß das meiste davon – dazu auch noch schwarzgeschlachtetes Fleisch von zwei anderen Altshauser Metzgern – die dortige Hofhaltung ohne Marken erhalten hatte. Im Schloß von Altshausen residierte nämlich Herzog Philipp Albrecht von Württemberg. Die Fleischeinkäufe hatte die Schloßköchin Josephine Abt unter der Aufsicht des Hofmarschalls Pressel getätigt. Letzterer, ein ehemaliger Zahlmeister, schon 72 Jahre alt, vertrat während des Krieges den eigentlichen Hofmarschall, einen zur Wehrmacht eingezogenen Freiherrn. Insgesamt hatte die Hofhaltung in den ersten eineinhalb Jahren des Krieges mindestens 3000 kg Fleisch zu Unrecht bezogen.

Nun richtete sich der Verdacht eines Kriegswirtschaftsverbrechens auch gegen den Herzog. Dieser entschuldigte sich damit, daß er zu Beginn des Krieges eine schriftliche Anordnung an sein Personal herausgegeben habe, die kriegswirtschaftlichen Gesetze gewissenhaft zu befolgen. Dem wurde entgegengehalten, daß es ihm unmöglich habe

verborgen bleiben können, daß viel mehr Fleisch auf seine Tafel gekommen sei, als ihm nach den Rationierungsvorschriften zugestanden
habe. Eine besondere Rolle spielten in dieser Angelegenheit die beschlagnahmten Ménue-Bücher, die in meiner Kanzlei lagen. Aus ihnen
war zu ersehen, welche Speisen jeden Tag dem herzoglichen Hof aufgetischt worden waren. Hinter den Einträgen standen öfters Bemerkungen von des Herzogs oder seiner Verwandten Hand, die erkennen
ließen, daß die Herrschaften mit der Qualität und der Quantität der auf-
getragenen Fleischspeisen nicht zufrieden waren.

Ohne irgendein Zutun meinerseits wurde die Angelegenheit alsbald
bei der Gauleitung bekannt. Dort herrschte nun eitel Jubel. Endlich
konnte man an diesem verhaßten Aristokraten sein Mütchen kühlen.
Für ihren Groll gegen den Herzog hatten die Nationalsozialisten mehrere Gründe: Er war 1938 nicht zur Wahl gegangen. Seine Gemahlin
war eine Habsburgerin. Zudem war er als strenger Katholik bekannt.
Endlich bestand die Gefahr, daß sich an seine Person monarchistische
und damit staatsfeindliche Tendenzen hefteten. Besonderen Eindruck
machte auf diese Kreise der Umstand, daß besagte Ménue-Bücher französisch geführt wurden. War dies nicht ein deutliches Zeichen für die
vaterlandslose Gesinnung des Herzogs!

Aber gerade das, was den Nazis an diesem Mann mißfiel, machte
ihn mir sympathisch. Es war mir im höchsten Grad widerwärtig, in diesem Fall ein Strafverfahren aufziehen zu müssen, für das, selbst wenn
man eine formale Schuld feststellen mußte, letzten Endes doch nicht
sachliche Beweggründe maßgebend waren, sondern das dazu dienen
sollte, einen politischen und weltanschaulichen Gegner moralisch zu
vernichten.

Da kam mir ein rettender Gedanke. Im Schloß in Altshausen hielt
sich während des Krieges die Schwägerin des Herzogs, die Schwester
des Zaren Boris von Bulgarien, mit ihrer zahlreichen Kinderschar auf
und natürlich hatte diese Familie einen nicht unerheblichen Teil des

schwarzgeschlachteten Fleisches mitgenossen. Ich begab mich zu Oberstaatsanwalt Link, trug ihm die Sache vor und knüpfte daran die Bemerkung, daß ich Bedenken trage, ob die Erhebung einer Anklage gegen den Herzog nicht eine politisch unerwünschte Mißstimmung am bulgarischen Hof hervorrufe. Nach meiner Ansicht sollte zuvor das Auswärtige Amt eingeschaltet werden. „Zum Donnerwetter", sagte Link, „an das habe ich noch gar nicht gedacht. Wie gut ist es, daß Sie mich darauf aufmerksam machen!" Und nun mußte ich einen ausführlichen Bericht an das Auswärtige Amt fertigen. Ich schilderte darin die Beweislage und unterließ nicht, auf die brüchigen Glieder der Indizienkette hinzuweisen. Das Argument des Herzogs, er habe das Fleisch, das auf seinen Tisch kam, nicht nachgewogen, sei nicht von der Hand zu weisen. Zudem müsse damit gerechnet werden, daß viel von dem verschobenen Fleisch bei dem Personal der Hofhaltung hängengeblieben sei. Unter diesen Umständen bleibe die Frage offen, ob dem Herzog auch nur ein bedingter Vorsatz nachgewiesen werden könne. Und umgehend kam ein Schreiben des Auswärtigen Amts zurück, in dem der Oberstaatsanwalt gebeten wurde, das Verfahren gegen den Herzog einzustellen. Gegen den Hofmarschall und die Köchin mußte ich aber Anklage erheben.

Der Ärger der Gauleitung über diesen Gang der Dinge war groß. Nicht weniger groß war er bei Cuhorst, der sich schon sehr darauf gefreut hatte, über den Mann, der, wenn die Geschichte einen anderen Verlauf genommen hätte, nun unser König gewesen wäre, zu Gericht sitzen zu dürfen. Außerdem war gerade bei Cuhorst jener preußisch-protestantische Affekt gegen alles, was mit Habsburg und Rom zusammenhing, noch äußerst virulent.

Die Verhandlung des Sondergerichts gegen den Hofmarschall und die Köchin fand im Sitzungssaal des Amtsgerichts Saulgau statt. Cuhorst konnte sich nicht verkneifen, den Herzog als Zeugen vorzuladen, obwohl dessen Zeugnis für die Urteilsfindung ohne Belang war. „Herr

Herzog Philipp Albrecht von Württemberg", herrschte er den Zeugen an und sein Beisitzer, Landgerichtsrat Greb, ein biederer Schwabe, sagte einmal über das andere zu demselben: „Dös müasset Se aber doch g'merkt han!" Im übrigen blieb der Herzog wegen des Verdachts der Teilnahme unbeeidigt. Während der alte Hofmarschall ziemlich glimpflich davonkam, ließ Cuhorst seine ganze Wut an der Köchin aus und verurteilte sie zu drei Jahren Zuchthaus. Als wir dann durch die Straßen von Saulgau schritten, trafen uns von allen Seiten feindselige Blicke. Wir befanden uns im katholischen Oberland. [VI/185-187]

Schleich- und Kettenhandel und ein Benzindiebstahl

Es war nicht so, als hätte ich nur Verfahren wegen Schwarzschlachtungen zu bearbeiten gehabt. Der Schleich- und Kettenhandel mit anderen Waren beschäftigte mich in gleichem Maße. Von den einzelnen Fällen sind mir die wenigsten in Erinnerung geblieben. Ich entsinne mich jedoch noch an das Verfahren gegen einen Kirchheimer Textilfabrikanten, der große Aufträge zur Herstellung von Uniformtuch für die Marine erhalten hatte. Zu diesem Zweck waren ihm von der Reichsstelle für Wolle entsprechende Mengen von Gespinsten und Wolle zugeteilt worden. Von den hergestellten Tuchen setzte er aber unter der Hand so viel an Private ab – natürlich zu Überpreisen oder im Tausch gegen andere Waren –, daß damit gut ein halbes Regiment Soldaten hätte eingekleidet werden können.

In einem anderen Fall handelte es sich um Fettschiebungen von gewaltigem Ausmaß, die sich über das ganze Reichsgebiet erstreckten und mit einem Netz von Kettenhandelsgeschäften verbunden waren. Als bevorzugtes Schiebernest, von dem aus sich Fäden über das ganze westliche und nördliche Württemberg spannten, erschien mir nach meinen Ermittlungen die Stadt Pforzheim.

Ein besonderes Problem stellte anfangs die Hortung von Waren dar. Teils drehte es sich dabei um Waren, welche Geschäftsleute bereits vor

Beginn des Krieges in Vorbedacht der Zeiten, die kommen würden, aufgestapelt hatten, teils um solche, die ihnen während des Krieges zugeteilt wurden und der Versorgung der Bevölkerung dienen sollten, die aber von ihnen aus dem Verkehr gezogen, zurückgehalten und heimlich verlagert wurden. Es war in diesen Fällen zunächst umstritten, inwieweit man dabei von einem „Beiseiteschaffen" im Sinne des Paragraphen 1 der Kriegswirtschaftsverordnung sprechen konnte; schon bald wurde aber diese Frage bei einem derartigen Verhalten der Geschäftsleute von der Rechtsprechung allgemein bejaht.

Noch gut erinnere ich mich an eine Verhandlung, die in Laupheim stattfand. Dort befand sich ein Fliegerhorst der Luftwaffe. Arbeiter, die daselbst beschäftigt waren, stahlen fortgesetzt aus den Tanks Benzin der Wehrmacht und trieben damit einen schwunghaften Tauschhandel. Der Hauptangeklagte wurde von Cuhorst zu vier Jahren Zuchthaus verdonnert. Es sei ein unerhörter Frevel, erklärte er in der Urteilsbegründung, wenn sich jetzt im Krieg jemand erdreiste, die Schlagkraft unserer Wehrmacht durch Entziehung des so wichtigen Benzins zu schädigen. Ich hatte noch ein großes Faß des gestohlenen Kraftstoffs beschlagnahmen können, das nach der Verhandlung in den Räumen des Amtsgerichts Laupheim stehenblieb. Der Laupheimer Oberamtsrichter rief mich in Stuttgart an und bat mich, doch schnellstens für den Abtransport des Benzins zu sorgen, weil er fürchtete, sein Amtsgericht könnte in die Luft fliegen. Ich tat dies und das Benzin wurde auf meine Weisung zunächst im Hof des Stuttgarter Justizgebäudes gelagert, um es bei nächster Gelegenheit der Wehrmacht zurückzugeben, welcher es gehörte. Ehe dies aber geschah, war der Kraftstoff eines Tages spurlos verschwunden. Meine Nachforschungen ergaben, daß Cuhorst selbst es durch seinen Kraftfahrer hatte entwenden lassen, zwar nicht zum privaten Gebrauch, sondern für Fahrten des Sondergerichts, die er ja leidenschaftlich liebte und die er sonst hätte einschränken müssen, weil die Benzinzuteilung an das Sondergericht nicht mehr ausreichte, um diese Fahrten in dem bisherigen, nicht unbedingt notwendigen Umfang fortzusetzen. Die mißliche Angelegenheit wurde dann durch eine Aussprache zwischen dem Vorsitzenden des Sondergerichts und dem zuständigen General geräuschlos erledigt. Cuhorst durfte das Benzin behalten. Er erlebte allerdings keine große Freude daran, denn es stellte sich heraus, daß es verunreinigt war und auf der nächsten Fahrt blieb das Sondergericht stecken. [VI/187 f.]

Ein „Heimtückeverfahren"

Auf den Dienstreisen des Sondergerichts kam ich in fast allen württembergischen Amtsgerichten herum. Im Oberland pflegte man dabei regelmäßig in der Sonne-Post[67] in Saulgau Rast zu machen und zu übernachten, welcher Gasthof von der Familie Kleber vorbildlich geführt wurde. Cuhorst setzte für eine Reise des Sondergerichts in der Hauptsache Fälle an, die von dem mitfahrenden Staatsanwalt angeklagt worden waren. Es kam aber auch vor, daß dabei kleinere Fälle verhandelt wurden, in denen andere Staatsanwälte die Anklage erhoben hatten, weil die Verhandlungsorte gerade am Wege lagen. Infolgedessen mußte ich manchmal auch in Heimtückeverfahren von geringerer Bedeutung in der Hauptverhandlung die Anklage vertreten.

Es war noch am Anfang meiner Sondergerichtstätigkeit, als einmal in einer solchen Sache in Ulm ein vorzeitig pensionierter Bürgermeister als Angeklagter vor mir stand, weil er negative Vergleiche zwischen Hitler und Alexander dem Großen angestellt hatte – ein stattlicher Mann mit angegrauten Haaren. Im stillen amüsierte ich mich sehr über die Äußerung, die er gemacht hatte. Cuhorst brummte ihm ein paar Monate Gefängnis auf. Wenn ich mich nicht irre, hieß der Mann Scholl[68]. Ich vermute, daß er der Vater der Geschwister Scholl gewesen ist.

Es war mir widerwärtig, daß ich auf diese Weise in Heimtückeverfahren hineingezogen wurde, während mir doch der Oberstaatsanwalt versprochen hatte, daß ich damit nichts zu tun bekommen sollte. Ich sah freilich ein, daß dies in den angeführten Fällen kaum zu umgehen war. Deshalb versuchte ich, mich vor den Dienstreisen mit dem Sondergericht, die bei meinen Kollegen recht beliebt waren, nach Möglichkeit zu drücken. Dazu hatte ich auch noch andere Gründe: Das tagelange, enge Zusammensein mit Cuhorst mißfiel mir, denn dieser mischte sich diktatorisch in die private Lebensweise der mitfahrenden Richter und Staatsanwälte ein und angesichts der Machtstellung dieses Mannes war es nicht empfehlenswert, mit ihm in Konflikt zu kommen. [VI/188 f.]

Die „Polenverordnung"[69]

Bis weit in das Jahr 1941 hinein hatte das Sondergericht auch in Strafverfahren auf Grund der Polenverordnung zu entscheiden. Diese Tätigkeit wurde von seinen Mitgliedern, ja selbst von Cuhorst, als eine fast untragbare Zumutung empfunden, denn in dieser Verordnung wurde das unterworfene Volk der Polen, das Hitler in einen Sklaven-Status versetzen wollte, mit solcher Härte behandelt, daß dies mit Gerechtigkeit, die doch die Quelle des Rechts sein muß, nichts mehr zu tun hatte. Zudem wußte man, daß die verurteilten polnischen Kriegsgefangenen und Zwangsarbeiter nach Verbüßung ihrer Strafen von der SS einer grausamen Sonderbehandlung in Konzentrationslagern unterworfen wurden.

Einmal hatte ich in einer solchen Verhandlung in Waldsee die Anklage zu vertreten. Es handelte sich um einen Polen, der einem bösen Bauernweib zur Arbeit zugewiesen war, die ihn auf jede Weise schikanierte. Als dem armen Polen dann einmal die Hand ausrutschte, kam er sogleich vors Sondergericht. Er erhielt ein oder zwei Jahre Zuchthaus. Das Schlimmere aber war die Behandlung, die ihm nachher – wie vorauszusehen war – von der SS widerfahren würde.

Schließlich wurden die Polensachen der Zuständigkeit der Sondergerichte entzogen und der SS übertragen. Ein Aufatmen ging damals durch die Richter und Staatsanwälte, die bei den Sondergerichten tätig waren. Die SS pflegte dann die Polen, welche gegen jene Verordnung verstoßen hatten, einfach aufzuhängen. Zu diesen Hinrichtungen, die man an abgelegenen Orten vollzog, wurden die polnischen Gefangenen und Arbeiter aus der weiten Umgegend als Zuschauer kommandiert.

Zu der Zeit, als die Sondergerichte noch für Polenstrafsachen zuständig waren, wurde einmal ein Pole in unserem Gefängnishof in Stuttgart mit dem Schafott hingerichtet. Nachdem ihm der Oberstaatsanwalt nochmals das Todesurteil verlesen hatte, räusperte sich der Pole tief und spuckte dem Oberstaatsanwalt ins Gesicht. Dies wurde mir jedenfalls von Kollegen erzählt. [VI/189]

Die Verurteilung und Hinrichtung eines Sittlichkeitsverbrechers

Ich weiß nicht mehr, ob es noch im Jahr 1942 oder schon im Jahr 1943 war, als mir von dem Vertreter des Oberstaatsanwalts Bäuchlen, der sich gerade im Urlaub befand, der Fall eines Volksschädlingsverbrechens zugeteilt wurde. Jener Vertreter war Bogenrieder, der als dienstältester Staatsanwalt Bäuchlen vertrat. Er teilte mir eine Anzeige gegen einen Elsässer namens Marcel König zu, welcher in einem der erwähnten Lager, das in Hohenzollern lag, als Angestellter dienstverpflichtet war und sich an einer großen Zahl der dort untergebrachten Kinder unsittlich vergangen, ja an mehreren sogar mit Gewalt unzüchtige Handlungen vorgenommen hatte.

Ich setzte mich gegen diese Zuteilung zur Wehr, da ich doch ein Spezialreferat für Kriegswirtschaftsverbrechen und nicht ein solches für Volksschädlingsverbrechen hatte, fand indes bei Bogenrieder kein Gehör. Als Bäuchlen von seinem Urlaub zurückkehrte, sagte er auf meine Vorstellungen zu mir, derartige Sachen sollten mir nicht zugeteilt werden; nachdem ich aber den Fall schon einmal bearbeite, müsse ich ihn auch behalten.

Selbstverständlich hatte ich nun gegen König beim Sondergericht Anklage wegen Volksschädlingsverbrechen zu erheben. In meinem gleichzeitig zu erstattenden Bericht an das Reichsjustizministerium schlug ich eine hohe Zuchthausstrafe vor. Die Erfahrung hatte mich gelehrt, daß ich nur so einer strikten Weisung von oberster Stelle entgehen konnte. Machte man einen milden Vorschlag, der aus dem Rahmen der Härte, welche die Staatsführung in der Strafrechtspflege für geboten hielt, auffallend herausfiel, so konnte man mit Sicherheit erwarten, daß man angewiesen wurde, eine extrem hohe Strafe zu beantragen, an welche Weisung der Staatsanwalt dann gebunden war. Aber, was ich befürchtete, trat ein: Unmittelbar vor der Verhandlung erhielt ich von Berlin die telegrafische Weisung, im vorliegenden Fall die Todesstrafe zu beantragen. Natürlich war mir dies zuwider; in Anbetracht der Kriegsverhältnisse glaubte ich jedoch, bei so schweren Verbrechen die Todesstrafe verantworten zu können.

Die Verhandlung fand im Amtsgericht Sigmaringen statt. Vor derselben hielt ich mich, wie üblich, zusammen mit den Herren des Sondergerichts, denen ich Kenntnis davon gegeben hatte, daß ich weisungsgemäß die Todesstrafe zu beantragen habe, im Beratungszimmer auf. Als man dann aufbrach, um sich in den Sitzungssaal zu begeben, tat Cuhorst den Ausspruch: „Auf zur Schlachtbank!" Dies hörte ein zufällig anwesender Referendar, welcher nach dem Krieg im Entnazifizierungsverfahren Cuhorsts diesen Ausspruch der Spruchkammer mitteilte. Derselbe wurde durch die Presse im ganzen Land bekanntgemacht und trug wesentlich dazu bei, daß Cuhorst der Öffentlichkeit als ein besonders gewissenloser Schlächter erschien. Wenn auch die angeführte Redensart, welche der schnoddrigen Sprechweise Cuhorsts entsprach, nicht zu entschuldigen ist, so glaube ich doch, daß sie überbewertet wurde, als es um die Beurteilung der Persönlichkeit des Sondergerichtsvorsitzenden ging. Ich möchte eher annehmen, daß in der Äußerung Cuhorsts ein gewisses Gefühl des Ekels mitschwang über das blutige Handwerk, das ihm – freilich nicht ohne seine eigene Schuld – zugemutet wurde. Im übrigen kann ich mich an jene Verhandlung nicht mehr erinnern. Jedenfalls war der Angeklagte voll geständig. Es war das dritte Todesurteil, das ich in meinem Leben beantragte, und ich machte dabei an mir die Beobachtung, daß mit jedem Mal meine Hemmungen schwächer wurden.

Die Hinrichtung vollzog sich dann in gleicher Weise wie im vorausgegangenen Fall. Den Verurteilten, der Katholik war, begleitete ein junger Priester zur Richtstätte. Dieser hielt dem Delinquenten, unmittelbar bevor er aufs Schafott geschnallt wurde, ein Kruzifix hin und der Todgeweihte, der die letzten Augenblicke andächtig betend verbrachte, küßte es mit allen Anzeichen der Inbrunst. Als er aufs Schafott geschnallt wurde, rief er noch laut: „Mein Jesus, Barmherzigkeit!" Er ist sicher als gläubiger Christ gestorben. Die Gefängnisbeamten erzählten mir nachher, daß er während des ersten Teils der Nacht sehr aufgeregt gewesen sei und mich, den Staatsanwalt, fortgesetzt verflucht habe. Dann sei der Priester zu ihm gekommen. Bei demselben habe er gebeichtet und von diesem Zeitpunkt an sei er ganz ruhig geworden. [VI/190 f.]

Gesinnung und Kompetenz der Juristen beim Sondergericht

Die Partei hielt es offenbar für wichtig, daß an der Spitze des Sondergerichts und der Anklagebehörde Männer standen, die als unbedingt politisch zuverlässig galten und natürlich mußte dies ebenso beim Generalstaatsanwalt der Fall sein. Was aber die anderen Referenten bei diesen Behörden anbetraf, so gab die fachliche Tüchtigkeit den Ausschlag. Tatsächlich wurden nur besonders qualifizierte Juristen herangezogen; auf die politische Einstellung der einzelnen wurde dabei wenig Rücksicht genommen. Der Stellvertreter des Vorsitzenden des Sondergerichts, Landgerichtsdirektor Bohn, war nicht einmal Parteimitglied. Trotzdem kann ich über diesen Herrn nicht viel Lobenswertes berichten. Der materielle Lebensgenuß, das Streben, sich das Leben möglichst angenehm zu machen, stand bei ihm durchaus im Vordergrund. Auf Dienstreisen richtete sich sein Hauptinteresse darauf, im Gasthof ein gutes Essen und besonders einen guten Wein zu erhalten. Wenn ich in der Hauptverhandlung in einer schweren Sache auf gründliche Durchführung der Beweisaufnahme drang, so pflegte er auf seine Uhr zu zeigen und mir zuzuflüstern: „Herr Kollege! Das Essen wird kalt."

Während des Krieges wurden zwei junge Juristen gegen ihren Willen ans Sondergericht versetzt. Sie waren zwar formal Parteigenossen wie ich auch, es war indes allgemein bekannt, daß sie der Partei im Grunde ablehnend gegenüberstanden. Es war dies Landgerichtsrat Frey, welcher infolge einer Krankheit, die er in der Kindheit durchgemacht hatte, im Gehen leicht behindert war, und Landgerichtsrat Maisenhälder. Sie bemühten sich, mildernd auf die Rechtsprechung des Sondergerichts einzuwirken. Ihr Einfluß war aber gering. Zu beiden stand ich in einem nahen Verhältnis. Maisenhälder war praktizierender Katholik. Er gestand mir, daß ihm die Mitwirkung an politischen Verfahren und an Verfahren wegen Volksschädlingsverbrechen, zu der er beim Sondergericht gezwungen war, schwer auf der Seele laste. Sein Ziel gehe dahin, zur Anklagebehörde beim Sondergericht versetzt zu werden und dort ein ähnliches Kriegswirtschaftsreferat wie ich zu bekommen. Schließlich gelang ihm dies auch, indem er bewußt Spannungen zwischen sich und Cuhorst herbeiführte, während Link, der mit Cuhorst schlecht stand und keine weltanschaulichen Vorurteile hatte, mit Vergnügen dem Vorsitzenden des Sondergerichts einen tüchtigen Mann ablistete, zumal seine Behörde mit Kriegswirtschaftssachen immer mehr überschwemmt wurde. Cuhorst aber war anscheinend befriedigt darüber, daß es nach dem Ausscheiden Maisenhälders bei seiner Behörde keinen einzigen Katholiken mehr gab.

Zum Unterschied zu dem besagten Frey wurde ein anderer gleichnamiger Richter beim Sondergericht „der schöne Frey" genannt, wohl wegen seinen blonden Haaren und seinen blauen Augen. Entsprechend diesen Rassenmerkmalen scheint er für den Nationalsozialismus eine gewisse naive Bewunderung empfunden zu haben. Im übrigen war er ein anständiger Charakter.

Zu den wenigen Stuttgarter Richtern, die von der Mission Hitlers ehrlich überzeugt waren, gehörte auch Landgerichtsdirektor Hegele, der ebenfalls beim Sondergericht eingesetzt war. Im Grunde war er ein gewissenhafter Richter, der es sich sehr angelegen sein ließ, daß die Verhandlungen gründlich und in fairer Weise geführt wurden. Einmal saß mein Freund Krüger als Zuhörer in einer Verhandlung, in welcher ich die Anklage gegen einen Schwarzschlächter vertrat und Hegele den Vorsitz führte. Eduard Krüger – obwohl mein bester Freund – konnte im allgemeinen die Juristen nicht leiden. Nach der Verhandlung sagte er zu mir: „Das war einmal eine vorbildliche Gerichtssitzung! Wie väterlich hat der Vorsitzende den Angeklagten behandelt!“ Daß Hegele anschließend ein Urteil verkündete, das wesentlich härter ausfiel, als es nach meiner Ansicht Cuhorst ausgesprochen hätte, irritierte ihn nicht, weil er meinte, das müsse eben so sein. So war Hegele, der seinem verehrten Führer unbedingte Gefolgschaft leisten zu müssen glaubte, suaviter in modo, fortiter in re[70] – letzteres sehr gegen seine eigene Veranlagung. Wegen seiner nationalsozialistischen Linientreue berief man ihn an das Sondergericht Warschau. Er wurde allerdings nach kurzer Zeit wieder zurückgeschickt. Dort konnte man einen Mann seiner Art nicht gebrauchen.

Neben Cuhorst und Bohn spielten beim Sondergericht Stuttgart die Hauptrolle die Landgerichtsdirektoren Payer und Eckert und der Landgerichtsrat Azesdorfer, welcher unter den Richtern dieses Gerichts als Spezialist in Kriegswirtschaftsstrafsachen galt. Diese drei Männer waren von religiösen und weltanschaulichen Bindungen unbelastet, im Grunde Skeptiker, denen es leicht fiel, mit dem Strom zu schwimmen – nach meinem Eindruck ziemlich harte und kalte Naturen. Politisch kamen sie wohl alle aus dem deutschnationalen Lager, wenn sie auch dieser Partei formell nicht angehört haben. Damit soll jedoch nicht geleugnet werden, daß sie danach strebten, die Rechtsprechung des Sondergerichts in rechtsstaatlichen Anschauungen zu halten. Als intelligenten Juristen lag ihnen diese Einstellung gewissermaßen im Blut.

Tatsächlich galt aber ebenso beim Sondergericht das Führerprinzip; die Unabhängigkeit der einzelnen Richter stand mehr oder weniger auf dem Papier. Es ist heute leicht, den Richtern des 3. Reiches einen Mangel an moralischem Rückgrat vorzuwerfen. Wer diese Dinge selbst miterlebt hat, wird milder urteilen. Für die einzelnen Richter des Sondergerichts hätte es schon eines außergewöhnlichen Heldenmuts, ja des Entschlusses zu einem – wenn auch unblutigen – Martyriums bedurft, um einem Mann wie Cuhorst, hinter dem die ganze Macht der Partei stand, ins Gesicht hinein unbedingt zu widerstehen. Nur durch eindringliche Überredung konnten sie hoffen, bei ihm etwas zu erreichen. Und ich zweifle nicht, daß sie sich, wenn es not tat, in diesem Sinn auch eifrig bemüht haben. [VI/191-193]

Der Sondergerichtsvorsitzende Cuhorst

So kam es denn wesentlich auf die Person des Sondergerichtsvorsitzenden an. Über Cuhorst habe ich in diesen Blättern schon des öfteren gesprochen. Er stammte aus einer Familie, aus der überwiegend höhere Beamte und Offiziere hervorgegangen waren und in der eine scharf ausgeprägte protestantisch-preußische und nationalistische Gesinnung herrschte. Auf diesem Weg war Cuhorst bereits früh zum Nationalsozialismus gestoßen. Daneben neigten die Glieder dieser Familie, soweit ich sie kannte, zu gewissen kauzigen Sonderlichkeiten. Sicher war Cuhorst ein fanatischer Nationalsozialist.

Durch die Erziehung und Bildung, die er genossen hatte, unterschied er sich aber doch etwas von dem primitiven Landsknechthaufen, welchen die Masse der „alten Kämpfer" darstellte. Freilich ging seine Bildung weder ins Allgemeine noch in die Tiefe. Auch als Jurist konnte er kaum dem Durchschnitt zugerechnet werden. Immerhin: Es wächst der Mensch mit seinen höheren Zwecken. An dieses Wort mußte ich oft denken, wenn ich erlebte, wie er in den Verhandlungen beim Sondergericht schwierige Prozeßstoffe beherrschte und die Urteile mündlich knapp und treffend begründete. Ich hätte ihm früher solche Leistungen nicht zugetraut. Schriftliche Urteilsbegründungen auszuarbeiten war allerdings nicht seine Sache. Dies überließ er seinen Referenten. Früher, als er noch Amtsrichter gewesen war, hatte man seine Urteilsbegründungen in Kollegenkreisen viel belächelt.

Cuhorst war ein unausgeglichener Mensch mit einem gewalttätigen Charakter. Es schien, als würde er von einer inneren Unrast umgetrieben. Wenn das Sondergericht ausnahmsweise einmal eine Dienstreise nicht mit dem Auto, sondern mit der Eisenbahn machte, so mußte unaufhörlich Skat gespielt werden und zwar in einem atemberaubenden Tempo. Andererseits war Cuhorst ein begeisterter Alpinist und das dem Deutschen Alpenverein gehörende Harpprechtshaus auf der Schwäbischen Alb war sozusagen seine zweite Heimat.

Es wäre falsch, wenn man ihm Gewissenhaftigkeit absprechen würde. Diesen Vorwurf hätte man eher seinem Vertreter Bohn machen können. Nur hatte Cuhorsts Gewissen eben einen nationalsozialistischen Inhalt. Er war auch nicht korrupt; in dem Fall mit dem Laupheimer Benzin glaubte er, seine Handlungsweise mit dem Interesse seines Amtes, das er für außerordentlich wichtig hielt, rechtfertigen zu können. Wenn man auf Dienstfahrten in Gasthäusern einkehrte, achtete er streng darauf, daß jeder Teilnehmer korrekt seine Lebensmittelkarten abgab. Sehr lag ihm am Herzen, die immer weiter um sich greifende Korruption zu bekämpfen, besonders, wenn Parteifunktionäre darin verwickelt waren. Es wurde sogar einmal ein Parteiverfahren gegen ihn eingeleitet wegen herabsetzender Äußerungen, die er in einer Sondergerichtsverhandlung über Parteifunktionäre getan hatte.

In Heimtückeverfahren zeigte er sich oft recht mild. Ich kann mich an folgenden Fall erinnern: Als der Krieg schon ziemlich weit vorangeschritten war, stand ein reicher Müller vom württembergischen Oberland als Angeklagter vor dem Sondergericht. Dieser war in einem Gasthaus eingekehrt und hatte dort zur Wirtin gesagt: Hitler regiere in Wirklichkeit nicht mehr, er befinde sich in einem Irrenhaus; das werde dem Volk verheimlicht. Ein zufällig anwesender Gestapo-Mann hörte dies und brachte den Müller zur Anzeige. Für diesen sah die Sache um so schlimmer aus, als gegen ihn bereits einmal ein Verfahren wegen Heimtücke anhängig gewesen war. Cuhorst fragte den Angeklagten: „Wie kommen Sie zu einem so dummen Geschwätz?" Der Angeklagte erwiderte: „Herr Präsident! Bei mir ist eben die Gosche oft schneller als das Hirn." Diese Antwort gefiel offenbar dem Vorsitzenden und der Müller kam mit einer Geldstrafe von 300 Reichsmark davon.

Man kann freilich nicht sagen, daß Cuhorst auf diesem Gebiet ohne Ansehen der Person gerichtet habe. Er ließ vielmehr seiner subjektiven Einstellung recht unbedenklich die Zügel schießen. Katholische Geistliche durften bei ihm auf keine Gnade rechnen. Zwar bin ich in solchen Verfahren als Staatsanwalt nie tätig geworden, interessierte mich aber sehr für sie. Es ist wohl nicht übertrieben, zu sagen, daß für die gleiche Äußerung ein katholischer Geistlicher fast ebenso viele Jahre Zuchthaus wie ein evangelischer Wochen Gefängnis zu erwarten hatte.

Im übrigen aber galt das Sondergericht Stuttgart nach dem Sondergericht München als das mildeste im Reich, während das Nürnberger besonders berüchtigt war; auch östlich der Elbe war man viel schärfer als im Westen. Hin und wieder kamen mir Urteile von Kriegsgerichten in die Hände. Die Härte, mit welcher in ihnen über politische Äußerungen geurteilt wurde, ließ mich erschauern; dagegen behandelten Kriegsgerichte Wirtschaftsdelikte eher als Bagatellen.

Etwa im Oktober 1944 wurde Cuhorst vom Sondergericht abberufen und zur Wehrmacht eingezogen, angeblich wegen zu großer Milde.[71]

Ich habe aber den Verdacht, daß Cuhorst dabei selbst die Hand mit im Spiele hatte. Der Krieg neigte sich damals offensichtlich seinem bitteren Ende zu. Cuhorst glaubte wohl, den bevorstehenden Zusammenbruch besser überstehen zu können, wenn er von ihm als einfacher Soldat ereilt würde, als wenn er zu diesem Zeitpunkt noch Vorsitzender des Sondergerichts gewesen wäre. Das Sondergericht Stuttgart wurde in den letzten Monaten des Krieges von Bohn geleitet.

Man muß sich fragen, was die Gründe waren, welche Cuhorst in der Bevölkerung den Ruf eingetragen haben, der schlimmste Bluthund in unserem Lande zu sein. Von dem Nürnberger Tribunal wurde er nach dem Krieg freigesprochen. Was Cuhorst als Sondergerichtsvorsitzenden so verhaßt machte, war einmal der Name der Sondergerichte, welche nach der Machtübernahme Hitlers eingeführt und bis zum Ausbruch des Krieges fast ausschließlich für politische Delikte, wenn auch nur für solche von geringerer Bedeutung, zuständig waren. An sie heftete sich von Anfang an das Odium einer typisch nationalsozialistischen Einrichtung zum Zweck der Niederhaltung der Bevölkerung und zwar nicht zu unrecht. Dieses Odium blieb an ihnen hängen, nachdem mit Kriegsausbruch nahezu die ganze schwere Kriminalität in ihre Zuständigkeit übertragen wurde. Das Volk unterschied nicht; Todesurteile, welche das Sondergericht fällte, erschienen in seinen Augen als politische Todesurteile. Ich habe die Beobachtung gemacht, daß selbst Oberlandesgerichtsrat Gasser, der nach dem Krieg von der Militärregierung als Personalchef für die nordwürttembergische Justiz eingesetzt wurde, in dieser Hinsicht über die Tätigkeit der Sondergerichte ganz unklare Vorstellungen hatte; er war während des Krieges Zivilrichter gewesen.

Dazu kam, daß Cuhorst ebenfalls den Vorsitz in den Strafsenaten mehrerer Oberlandesgerichte führte. Ich habe oben ausgeführt, daß Todesurteile in politischen Sachen, welche diese Oberlandesgerichte aussprachen, nicht den Oberlandesgerichten, die es ja bereits vor dem 3. Reich gegeben hatte, sondern dem Sondergericht angelastet wurden.

Die Hauptschuld Cuhorsts aber lag in seiner Verhandlungsführung. Ich pflegte schon während des Krieges zu meiner Frau zu sagen: „Selbst wenn einer von Cuhorst auffallend milde verurteilt oder freigesprochen wird, geht der Angeklagte mit dem Gefühl aus dem Sitzungssaal, daß ihm Unrecht geschehen sei." Natürlich war es in der Drangsal des Krieges nicht mehr möglich, in der Strafrechtspflege mit der gleichen Akribie vorzugehen wie in ruhigen Friedenszeiten. Natürlich war Cuhorst sehr überlastet. Die schnoddrige und zynische Art, mit der er die Angeklagten behandelte, lag indes in seinem Wesen und da von der Staatsführung gewünscht wurde, daß er Schrecken verbreite, sah er keine Veranlassung, diesem Zug seines Charakters Zügel anzulegen. Er tobte ihn in der Verhandlungsführung, jedoch nicht in der Urteilsfällung aus. Vor letzterem hielt ihn doch ein gewisser Gerechtigkeitssinn zurück. Es tat ihm wohl, wenn man ihn fürchtete. Nicht nur die Angeklagten, sondern auch die Rechtsanwälte und die Staatsanwälte behandelte er mit betonter Geringschätzung. Die Rechtsanwaltschaft erschien ihm als ein nicht einmal notwendiges Übel. Am meisten empörte mich, daß er die riesigen Aktenberge, die oft in einem Kriegswirtschaftsverfahren anwuchsen, dem Verteidiger vor der Hauptverhandlung nur ein oder zwei Tage lang zur Einsichtnahme überließ. Dadurch wurde die Verteidigung zu einer Farce. Ich versuchte auf die Weise Abhilfe zu schaffen, daß ich die Verteidiger vor der Anklageerhebung die Akten in meiner Kanzlei durcharbeiten ließ, obwohl dies nicht statthaft war.

Es mag schon im Jahr 1944 gewesen sein, als in einem Verfahren wegen Mehlschiebungen, in welchem ich im Amtsgericht Saulgau die Anklage vertrat, dem Verteidiger Rechtsanwalt Bentel von Ravensburg, der nach dem Krieg Oberlandesgerichtspräsident von Südwürttemberg wurde, das Wort entschlüpfte: „Wir essen doch heute das Brot des Jahres 1918!" Cuhorst unterbrach ihn, blitzte ihn drohend an und erklärte: „Herr Rechtsanwalt, diese Äußerung werde ich mir merken." Bentel, mit dem ich mich in der Beratungspause unterhielt, geriet in höchste

Aufregung; er sah sich im Geist schon als KZ-Häftling. Ich tröstete ihn, denn ich kannte ja Cuhorst. Tatsächlich ist Bentel nichts geschehen. Cuhorst war es nur darum zu tun gewesen, dem ihm unsympathischen Rechtsanwalt Angst einzujagen.

Es ist begreiflich, daß sich unter diesen Umständen bei den württembergischen Rechtsanwälten ein heftiger Groll gegen den Vorsitzenden des Sondergerichts aufstaute, den er dann in seinem Spruchkammerverfahren zu spüren bekam. Im Einzelfall konnte Cuhorst aber auch anders sein. Rechtsanwalt Dieterich, der einzige protestantische Rechtsanwalt in Ravensburg, genoß offensichtlich sein Wohlwollen und was dieser vortrug, hatte bei Cuhorst durchaus Gewicht.

Zwischen Cuhorst und Oberstaatsanwalt Link herrschte ein gespanntes Verhältnis, warum weiß ich nicht. Aber es war ja ein offenes Geheimnis, daß unter den Parteigrößen bis in die obersten Ränge hinein Zwietracht und Gegnerschaft geradezu das Normale darstellten. Was dieses Konglomerat unerfreulicher Menschentypen zusammenhielt, das war die unantastbare Autorität Hitlers, der wie eine Gottheit über ihren Häuptern schwebte, und zwar wie eine furchtbare Gottheit, vor der auch sie zitterten. Mehr und mehr war es aber auch die Angst vor dem, was einem Zusammenbruch der Hitlerherrschaft folgen würde, und vor der Rache der Mißhandelten, was diese gegeneinander intrigierende Gesellschaft zu einer verschworenen Gemeinschaft zusammenschweißte. Jedenfalls sprach Link uns Staatsanwälten, seinen Untergebenen, gegenüber von dem Vorsitzenden des Sondergerichts als von „dem Burschen da oben", von dem wir uns nichts vormachen lassen sollten. [VI/193-197]

Unbedenklichkeitszeugnis der Partei

Wie ich hörte, durfte nur solchen Staatsanwälten der Anklagebehörde ein politisches Referat übertragen werden, die ein Unbedenklichkeitszeugnis von der Partei erhalten hatten. Anders wäre es ja auch nicht zu erklären, daß ich keine Heimtückeverfahren bearbeiten durfte. Die bloße

Parteimitgliedschaft von Beamten, welche in die Partei gepreßt worden waren, besagte für ihre politische Überzeugung wenig oder gar nichts. Jedoch kann ich nicht sagen, daß die jungen Staatsanwälte, welche bei der Anklagebehörde in Stuttgart Spezialreferate für Heimtückeverfahren innehatten, als besondere Fanatiker in Erscheinung getreten wären.

Bezeichnend ist, daß beim Sondergericht und bei der Anklagebehörde anscheinend niemand darauf achtete, ob von den Beamten der Hitlergruß entboten wurde. Bei uns Richtern und Staatsanwälten geschah dies im alltäglichen Verkehr überwiegend nicht und dies wurde auch nicht beanstandet, während in anderen Behörden und Betrieben ein solches Verhalten meist scharfe Maßregelungen nach sich zog. Vielleicht erachtete man bei uns solche Loyalitätskundgebungen für überflüssig, da uns die Partei ohnehin fest in den Klauen hielt. [VI/197]

Junge Staatsanwälte

Als eine ziemlich zwielichtige Gestalt galt der junge Staatsanwalt Rimelin, ein Katholik, allerdings nur dem Taufschein nach. Im Kreis der Kollegen sprach man von der Virtuosität, mit der es ihm gelang, ein Verfahren so zu drehen und zu wenden, daß es nach dem Wunsch der Partei erledigt werden konnte, besonders wenn es darauf ankam, einen prominenten Parteigenossen der Bestrafung zu entziehen. Als Mensch wurde er selbst von Cuhorst gering geschätzt.

Eine ähnliche Erscheinung wie Rimelin war der ebenfalls noch junge Staatsanwalt Wacker, ein evangelischer Pfarrersohn, der die ihm zugewiesenen Aufgaben allerdings mit weniger Raffinesse und mit primitiveren Mitteln erfüllte. Oberstaatsanwalt Link bezeichnete ihn einmal dem Generalstaatsanwalt gegenüber als sein „bestes Pferd im Stall"; später kühlte sich sein Verhältnis zu Wacker merklich ab. Cuhorst sagte einmal zu mir über Wacker: „Brauchbar, aber nicht gleichmäßig durchleuchtet."

Allen diesen jungen Staatsanwälten – auch mir – war es natürlich ein wichtiges Anliegen, daß ihre UK-Stellung nicht aufgehoben wurde. Bei keinem anderen stand aber diese Sorge so brennend im Vordergrund wie bei dem Assessor Dorer. Er war ein kleiner, dicker Mensch von schwerfälligem Körperbau, mit kurzen Beinen und Plattfüßen. Trotzdem war er in den ersten Kriegsjahren zur Wehrmacht eingezogen und ausgebildet worden. Dabei hatte er natürlich eine lächerliche Figur gemacht. Man schickte ihn dann wieder heim. Aber diese Zeit muß für ihn ein wahres Martyrium dargestellt haben. Seitdem war er völlig von der Angst beherrscht, er könnte noch einmal in diese Hölle gesteckt werden. Nun hielt er seine donnernden Anklagereden gegen Volksschädlinge, mit denen er es vorwiegend zu tun hatte, hoffend, daß er dadurch das ihm selbst drohende Schicksal abwenden könnte. Dies ist ihm auch gelungen, allerdings wohl weniger wegen der von ihm bei seinen Plädoyers entwickelten Lautstärke als wegen seiner absoluten militärischen Unbrauchbarkeit.

Mein Kanzleinachbar war in jenen Jahren Staatsanwalt Handtmann. Er war ein paar Jahre jünger als ich, hatte ein rötliches Gesicht, hellblonde Haare und schaute mit seinen blauen Augen ein bißchen listig durch seine Brillengläser. Man hätte ihn für einen Schullehrer halten können. Im ganzen entsprach er dem Typ des altwürttembergischen Beamten, wenn er auch mit der Tochter eines wohlhabenden Bierbrauers aus dem Oberland, jedoch – wie er – protestantischer Konfession, verheiratet war. Auch Handtmann hatte in der Hauptsache Kriegswirtschaftsverbrechen zu bearbeiten und er tat dies sehr eifrig und mit großer Gründlichkeit. So kam es, daß wir oft unsere Fälle miteinander besprachen und einander um Rat fragten. Allmählich stellte sich bei mir ein gewisses Vertrauensverhältnis zu ihm ein. Ich mochte ihn gut leiden und er erschien mir ein biederer Mann zu sein. Was die Politik anbetraf, so traute ich ihm freilich doch nicht ganz. Erst nach dem Krieg erfuhr ich, daß er von Oktober 1943 an als sogenannter V-Mann des SD in unserer Behörde wirkte. [VI/197 f.]

Anklage gegen das Kloster der Barmherzigen Schwestern in Untermarchtal

Noch im Jahr 1941 war das Kloster der Barmherzigen Schwestern in Untermarchtal mitsamt den damit verbundenen Anstalten und Heimen, darunter auch dem Marienhospital in Stuttgart, von der Regierung beschlagnahmt worden.[72] Es handelte sich um eine große Vermögensmasse, auf die es die Nationalsozialisten abgesehen hatten. Dieser flagrante Bruch des Konkordats rief natürlich unter der katholischen Bevölkerung des Landes eine große Erregung hervor. Die Maßnahme der Regierung wurde damit begründet, daß sich das Kloster schwerer Verstöße gegen die Kriegswirtschaftsgesetze schuldig gemacht habe.

Bald lief denn auch ein Verfahren hiewegen bei der Anklagebehörde beim Sondergericht an und die Bearbeitung desselben wurde Staatsanwalt Handtmann übertragen. Ich dankte Gott, daß dieses Los nicht mich getroffen hatte. Heute weiß ich, daß ich als Staatsanwalt für diese Sache überhaupt nicht in Frage gekommen bin. Nach dem Willen der Partei sollte durch dieses Verfahren der Schein eines Rechtsgrunds für die Beschlagnahme und die nachfolgende Einziehung des Klostervermögens geschaffen werden. Jedenfalls gehörte der Untermarchtaler Fall zu jenen Verfahren bei der Stuttgarter Anklagebehörde, welche in der Öffentlichkeit am meisten Aufsehen erregten.

Handtmann war stolz darauf, daß gerade er gewürdigt worden war, mit einer solchen Aufgabe betraut zu werden, wenn ihn auch andererseits die damit verbundene Bürde recht niederdrückte. Darüber, daß das Verfahren einen politischen Hintergrund hatte, konnte er nicht im Zweifel sein, was jedoch nicht bedeutet, daß er nicht trotzdem den juristischen Vorwurf, welchen man den Klosterschwestern machte, für begründet gehalten hätte. Infolge seiner protestantischen Erziehung mag er der Ansicht gewesen sein, daß es jedenfalls moralisch nicht verwerflich sei, wenn man katholischen Nonnen ihr obskures Handwerk lege, sofern man hiefür nur eine juristische Legitimation finden könnte.

So kämpfte er sich mit geradezu übermenschlichem Fleiß durch die Aktenmassen hindurch. Halb verzweifelt jammerte er mir oft vor, daß er durch die Materie immer noch nicht hindurchschaue.

Freilich war es beinahe unmöglich, daß in einer so umfangreichen Organisation wie dem Kloster Untermarchtal, welchem ein großer Gutshof angegliedert war, die komplizierten kriegswirtschaftlichen Vorschriften restlos eingehalten wurden. Es stellte sich dann heraus, daß von den landwirtschaftlichen Erzeugnissen des Klosterguts viel zu wenig abgeliefert worden waren und daß das Kloster Lebensmittelzuteilungen erhalten hatte, auf die es keinen Anspruch hatte, was freilich fast ausschließlich den Pfleglingen, die in den Heimen und Krankenhäusern des Klosters untergebracht waren, zugute kam.

Wer war für diese Verfehlungen verantwortlich? Als Hauptschuldiger entpuppte sich ein „alter Kämpfer", den die Partei als Bürgermeister in Untermarchtal eingesetzt hatte, obwohl er kriminell erheblich vorbestraft war. Aber auch die übergeordneten Stellen bis hinauf zum Landrat hatten sich grober Verletzungen ihrer Aufsichtspflicht schuldig gemacht. Handtmann sagte zu mir mit pfiffigem Lächeln: „Der Schuß geht nach hinten los." Die Schwestern erklärten, sie hätten die Lebensmittelzuteilungen durch den Landrat und den Bürgermeister in dem guten Glauben hingenommen, diese Zuteilungen seien gesetzmäßig. Eine Nachprüfung der behördlichen Zuteilungen sei ihnen angesichts der vielfältigen und häufig wechselnden Vorschriften und ihrer eigenen Überlastung mit Arbeit völlig unmöglich gewesen. Aus der Nichtablieferung von Eiern und Milch könne ihnen ebensowenig ein Vorwurf gemacht werden, da ja auch die mit der Erfassung dieser Lebensmittel beauftragten amtlichen Stellen nicht an eine weitergehende Ablieferungspflicht gedacht und das Kloster nie auf eine solche hingewiesen hätten.

Es war klar, die eigentliche Schuld lag bei dem Bürgermeister und in der Nachlässigkeit der ihm vorgesetzten Ämter. Aber, was man von Handtmann erwartete, war ja nicht, einen „alten Kämpfer" zur Strecke zu bringen, sondern das Material zu liefern, das zur Vernichtung des Klosters erforderlich war. Er geriet dadurch in arge Bedrängnis, denn so war Handtmann doch nicht geartet, daß es ihm leicht gefallen wäre, ohne eine einigermaßen stichhaltige Begründung jemanden anzuklagen, von dessen Unschuld er überzeugt war.

Mehrmals ließ er sich die Generalökonomin des Klosters und die Ordensschwester, welche für dasselbe die Einkäufe getätigt hatte, aus der Untersuchungshaft vorführen, um sie persönlich zu vernehmen. Beide waren ältere Frauen, die letztgenannte beinahe erblindet, was die Folge einer Krankheit war, die sie sich während des 1. Weltkrieges als Krankenschwester in einem Frontlazarett zugezogen hatte.

Handtmann äußerte sich dann mir gegenüber immer bewundernd über die außergewöhnliche Intelligenz der Generaloberin und über die ausgezeichnete Ordnung, welche in der Buchhaltung des Klosters herrschte. Und eben auf diese Umstände baute er seine Anklage auf. So kluge Frauen, welche in ihren eigenen Angelegenheiten eine solche Sorgfalt walten ließen, die mußten auch das durchschaut haben, was den zuständigen Amtsstellen entgangen war. Dazu kam, daß der Bürgermeister von Untermarchtal hin und wieder kleine Geschenke vom Kloster erhalten hatte, wie solches seit alters üblich war. Im vorliegenden Fall wurde dies als aktive Bestechung gewertet.

Und so wurde denn im Sommer 1942 vom Sondergericht die Generalökonomin zu zwei Jahren und die andere Schwester zu eineinhalb Jahren Gefängnis verurteilt. Der Bürgermeister allerdings erhielt drei Jahre Zuchthaus. Dieser Ausgang des Verfahrens war für die Partei nicht ganz befriedigend. Immerhin hatte es seinen Zweck erreicht. Um das scheinbar milde Urteil gegen die Schwestern den Parteileuten verständlich zu machen, unterließ es das Sondergericht nicht, in seiner Begründung gleichzeitig die zugunsten der Schwestern sprechenden Umstände gebührend herauszustreichen. [VI/198-200]

Bespitzelung durch den SD

Jede Beamtenschaft ist hierarchisch gegliedert. Im Hitlerreich über-
schnitten sich aber die Beamtenhierarchie und die Hierarchie der Partei.
Der Untergebene im Amt konnte in der Parteisphäre der Übergeordnete
seines Vorgesetzten sein. Entsprechendes gab es ebenfalls in der privaten Wirtschaft. Dadurch kam ein sozialrevolutionäres Element von großer Sprengkraft in unsere Gesellschaft, das tief und nachhaltig wirkte.
Nichts ist falscher, als im Nationalsozialismus eine konservative und
reaktionäre Bewegung zu erblicken. Er hat auf die bestehenden Gesell-
schaftsstrukturen viel auflösender eingewirkt als die sogenannte Revolution von 1918.

Schon bevor ich zur Anklagebehörde beim Sondergericht versetzt
worden war, hatte ich einen Sekretär namens Thiele, welcher beim
Landgericht Stuttgart das „Amt für Beamte" innehatte, das als Partei-
instanz für jeden Beamten sehr bedeutsam werden konnte. Ich vermied
deshalb, so weit wie möglich, auch die leiseste Rüge meines Sekretärs,
verkehrte mit Thiele auf freundschaftlichem Fuß und ließ seine Frau
von meiner Frau zum Kaffee einladen, belieferte ihn zudem im Herbst
mit Äpfeln aus meinen Gärten. Er honorierte mir dies, indem er eine
gute Meinung über meine politische Gesinnung verbreitete. Thiele
sonnte sich in seinem Glanz, war jedoch sonst ein einfacher, gutmütiger
Mensch.

Anderes mußte ich bei der Anklagebehörde beim Sondergericht erleben. Dort wurde mir eine Schreibkraft zugeteilt, die schon in reiferem
Alter stand, aber noch ledig war. Diese nahm sich allerlei Frechheiten
gegen mich heraus. Ich beschwerte mich über sie bei Oberstaatsanwalt
Bäuchlen und auch bei Oberstaatsanwalt Link, fand jedoch keinen Anklang. Aufseufzend meinten die beiden Herren: Das sei eben ihre Eigenart und nicht so tragisch zu nehmen; im übrigen sei sie ja tüchtig
und man müsse froh sein, daß man sie habe. Schließlich bemerkte ich,
daß diese Dame enge Beziehungen zum SD unterhielt und offenbar den

Auftrag hatte, mich politisch zu überwachen. Nun verwandelte ich mich natürlich in den nachsichtigsten Vorgesetzten. Doch immer wieder hatte ich unter den Ausbrüchen ihres weiblichen Sadismus zu leiden.

Der SD stellte für uns Staatsanwälte und Richter die unheimlichste Einrichtung des 3. Reiches dar – wußten wir doch, daß jeder von uns von dieser mächtigen Organisation beschattet wurde. Aber keiner wußte, wer die geheimen Berichte über unsere politische und weltanschauliche Einstellung dieser Behörde lieferte und was in ihnen stand. Es konnte irgendein Kollege sein, dem man ein besonderes Vertrauen entgegenbrachte und von dem man trotzdem ausgespitzelt wurde. Allmählich machte ich die Erfahrung, daß sich der SD ebenfalls in die bei der Anklagebehörde anhängigen Verfahren einmischte.

Der Sitz des Stuttgarter SD befand sich in einem Gebäude in der Nähe des Stadtgartens. Dort war auf einem Schild zu lesen: „Firma Erwin Vogel"; dies war der Deckname des SD in Stuttgart. Bevor ich davon Kenntnis erlangt hatte, klingelte es einmal an meinem Diensttelefon. Es meldete sich eine Stimme: „Hier Erwin Vogel." Nun ergab es der Zufall, daß ich einen Vetter dieses Namens hatte, der Oberlandwirtschaftsrat in Tuttlingen war. „Ja, Erwin, bist du denn in Stuttgart! Das ist schön, daß ich wieder einmal etwas von dir höre", rief ich ins Telefon. „Hier Firma Erwin Vogel! Hier Firma Erwin Vogel!", schallte es stereotyp zurück. Jetzt wurde ich stutzig. Schließlich hängte man am anderen Ende der Leitung ab, nachdem man dort erkannt hatte, daß der Angerufene nicht zu den Eingeweihten gehörte.

Es kam allerdings auch vor, daß sich der SD ganz offiziell in ein Verfahren einschaltete. Einmal hatte ich ein Verfahren gegen einen Prokuristen der Firma Böhringer Maschinenfabrik in Göppingen, namens Mengelberg, zu bearbeiten. Derselbe verwaltete die Werkkantine dieses Betriebs und zweigte aus ihr eine beträchtliche Masse von begehrten Mangelwaren für sich ab. Aus der Untersuchungshaft schrieb Mengelberg, der Katholik war, einen Brief an einen ihm bekannten Pater, an den er sich als Seelsorger wandte. Dieser Brief ging durch meine Zensur. Im ersten Abschnitt des Briefes schilderte Mengelberg die Verhältnisse in seinem Betrieb und diese Verhältnisse ließen seine Tat in einem milderen Licht erscheinen. Im letzten Abschnitt aber schrieb er, anscheinend aus einer Art Haftpsychose heraus: „Ich weiß, daß jetzt mein Leben verwirkt ist." Davon konnte keine Rede sein, wenn auch derartige Verfehlungen in den letzten Kriegsjahren recht schwer genommen wurden. Ich wies nun meine oben erwähnte Schreibkraft an, den ersten Abschnitt des Briefes abzuschreiben und die Abschrift zu den Akten zu nehmen, weil ich vermutete, daß die darin gegebene Schilderung zugunsten des Angeklagten ins Gewicht falle. Dagegen unterschlug ich den Schlußabschnitt, da nach meiner Kenntnis von der Persönlichkeit Cuhorsts dieser die zerknirschte Selbstanklage Mengelbergs nur als das Eingeständnis einer schweren Schuld und damit nachteilig für den Angeklagten werten würde.

Nach einiger Zeit wurde ich zum Oberstaatsanwalt gerufen und gefragt, warum ich in der Abschrift, welche ich dem Sondergericht zugeleitet hatte, den Schlußabschnitt des Briefes unterschlagen habe; der SD habe dies beanstandet. Wie hatte der SD davon erfahren? Es stellte sich heraus, daß die an den Pater gerichteten Briefe fortlaufend von der Gestapo heimlich geöffnet und abgeschrieben wurden, ohne daß der Adressat davon Kenntnis hatte. So erfuhr der SD, welcher die Akten gegen Mengelberg vom Sondergericht einverlangt hatte, daß meine diesen Akten beigefügte Abschrift nicht vollständig war. Für mich war diese Angelegenheit nicht ganz unbedenklich, da der SD aus meinem Verhalten schloß, daß ich dem Angeklagten helfen wolle.

Ich nahm die Zuflucht zu einer dreisten Lüge. In der Hoffnung, daß sich meine Schreibkraft an die Weisungen, die ich ihr gegeben hatte, nicht mehr im einzelnen erinnern könne, behauptete ich, diese habe offenbar vergessen, den Schlußabschnitt des Briefes abzuschreiben. Dann begab ich mich zu ihr und erklärte: „Da haben Sie mir etwas Schönes eingebrockt; Sie haben den letzten Abschnitt von Mengelbergs Brief nicht mit abgeschrieben. Gehen Sie sogleich zum Oberstaatsanwalt und stellen Sie die Sache richtig!" Tatsächlich war meine Schreibkraft nun der Meinung, es sei ihr ein Versehen unterlaufen. Sie tat, wie ich ihr gesagt hatte, und entschuldigte sich wegen ihrer angeblichen Nachlässigkeit. Damit hatte ich meinen Hals aus der Schlinge gezogen. Meine Schreibkraft hatte im Hinblick auf ihre Beziehungen zum SD nichts zu befürchten.

Mengelberg muß politisch sehr schlecht präjudiziert gewesen sein. Nachdem er vom Sondergericht Stuttgart eine angemessene Strafe erhalten hatte, veranlaßte der SD, daß gegen dieses Urteil, weil es zu mild sei, vom Oberreichsanwalt Nichtigkeitsbeschwerde eingelegt und das Verfahren zur neuen Verhandlung an das berüchtigte Sondergericht Nürnberg verwiesen wurde. Dies war der einzige Fall, in dem ich so etwas erlebte.

Im letzten Kriegsjahr tauchte immer wieder ein Mann namens Geier bei meiner Behörde auf, ohne daß mir klar wurde, was er dort zu schaffen hatte, bis er mir schließlich von meiner Schreibkraft ganz offiziell als ein Funktionär des SD vorgestellt wurde. Er war noch ziemlich jung, natürlich UK-gestellt, und machte auf mich den Eindruck eines hinterhältigen Schleichers, der gern im Trüben fischte. Es fiel mir auf, daß er nie das Parteiabzeichen trug, obwohl er doch ohne Zweifel Parteimitglied war. Vor allem interessierte er sich für ein Lager im Untergeschoß des Justizgebäudes, in welchem Waren, die man in Kriegswirtschaftsverfahren beschlagnahmt hatte, verwahrt wurden. Meine Schreibkraft hatte im Auftrag des Oberstaatsanwalts dieses Lager zu verwalten. Sie durfte Stücke daraus an Referenten der Anklagebehörde und an andere Personen, denen Einkäufe vom Oberstaatsanwalt gestattet wurden, verkaufen. Zu diesen Personen gehörte gleichfalls Geier. Einige meiner Kollegen nützten sehr eifrig diese Gelegenheit aus, um sich Dinge anzuschaffen, die im Handel längst nicht mehr zu erhalten waren. Mir erschien dieser Vertrieb nicht ganz korrekt. Immerhin konnte ich der Versuchung nicht widerstehen, auf solche Weise eine Aktenmappe, eine Flasche Kölnisch Wasser und einen Anzug zu kaufen; letzterer erwies sich freilich als so schlecht, daß er kaum getragen werden konnte. Als ich im Lauf der Zeit die Vorgänge besser durchschaute, bekam ich den Eindruck, daß die Herren des Stuttgarter SD ihre Zeit vorzugsweise mit Schiebergeschäften verbrachten, zu denen ich die Einkäufe Geiers bei unserem Lager erst gar nicht rechnen will. [VI/200-203]

Das Hotel Silber

Während des Krieges fand einmal eine Führung der Abteilungsvorstände der Staatsanwaltschaft Stuttgart und der Referenten der Anklagebehörde beim Sondergericht durch die Geschäftsräume der Stuttgarter Gestapo, die ihr Lager im ehemaligen Hotel Silber[73] in der Nähe des Charlottenplatzes aufgeschlagen hatte, statt. Man unterrichtete uns nur über den dortigen Kanzleibetrieb; sonst wurde uns nichts gezeigt. Besonders spitzten wir aber die Ohren, als man uns mitteilte, daß die Gestapo eine Kartei über einen großen Teil der württembergischen Bevölkerung führte. In dieser Kartei war für jeden einzelnen eine Karte angelegt, in die auf Grund einer geheimen Spitzeltätigkeit fortlaufend Einträge über seine politisch-weltanschauliche Haltung gemacht wurden. Eisenbacher flüsterte mir zu: „Herr Kollege, da stehen wir auch drin." Wir wurden von dem Leiter der Gestapo, Mußgay[74], geführt, von dem die Rede ging, daß er früher einer christlichen Sekte angehört habe. Nachher saßen die Teilnehmer an dieser Führung mit Mußgay und unserem Oberstaatsanwalt noch eine Weile in einem Nebenzimmer der Bahnhofsgaststätte zusammen. Mußgay war eine seltsame Persönlichkeit, ein schweigsames, schmächtiges Männlein mit einem schütteren, rötlich-braunen, schon etwas graumelierten Spitzbart. Jeder, der nicht wußte, wer er war, hätte ihn wohl für einen subalternen Kanzlei- oder Registraturbeamten gehalten. In der Tat, ich hatte mir von dem Leiter einer Dienststelle, die überall Furcht und Schrecken verbreitete, eine andere Vorstellung gemacht. [VI/203 f.]

Wirbel um die Bahnhofsgaststätte

Um die erwähnte Bahnhofsgaststätte gab es in Stuttgart – es war wohl in der ersten Zeit des Krieges – einen großen Wirbel. Die Ehefrau des Pächters Bürkle neigte zur Astrologie und hatte einen Kreis um sich geschart, in dem Horoskope gestellt wurden. Dabei stellte man auch das Horoskop Hitlers, aus dem herausgelesen wurde, daß der Tod des Führers nahe bevorstehe. Solche Prophezeiungen waren natürlich im 3. Reich nicht erwünscht. Durch einen Kellner, der heimlich im Dienst der Gestapo stand, kam die Sache heraus. Die Horoskop-Steller wurden verhaftet und es wurde gegen sie ein Verfahren bei der Anklagebehörde beim Sondergericht eingeleitet. Dort hatte ich Gelegenheit, zwei derselben einmal zu sehen. Der eine war ein weltfremder, verträumter Studienrat, der andere ein offenbar etwas heruntergekommener Baron, ein windiger Geselle, den im Grund wohl mehr die nahrhaften Produkte der Gaststätte als astrologische Erkenntnisse interessierten. Aber das waren nur Nebenerscheinungen. Der obersten Schicht der Stuttgarter Parteileute ging es darum, einen wichtigen Grund zu finden, um dem Pächter Bürkle seinen Vertrag zu kündigen, der noch lange nicht abgelaufen war. Nicht als ob Bürkle ihnen politisch suspekt gewesen wäre. Auch für das Treiben seiner Ehefrau war er nicht ohne weiteres verantwortlich zu machen, zumal bekannt war, daß es mit der Ehe Bürkle nicht zum besten stand. Doch dies alles zählte hier nicht. Man wollte den Bruder des Landesbauernführers Arnold an die Stelle Bürkles setzen. Und so geschah es dann auch. Damit hatte sich die Stuttgarter Parteiführerschaft ein Lokal geschaffen, in dem sie sich während des ganzen Krieges ungestört ihren Schlemmereien und Zechgelagen hingeben konnten, denn Arnold erhielt an Lebens- und Genußmitteln zugeteilt, was man dazu brauchte. Besonders mein Oberstaatsanwalt Link gehörte zu dieser Runde. [VI/204]

Neue Erfolge und dann Stalingrad

Die Kriegslage schien in diesem Sommer [1942] für Hitler noch einmal eine günstige Wendung zu nehmen. Die U-Boot-Waffe meldete beträchtliche Erfolge. Rommel stieß in Nordafrika in unaufhaltsamem Siegeszug bis El Alamein vor und pochte an die Tore Ägyptens. Diese Nachricht erfuhr ich in Breslau durch angeschlagene Extra-Blätter, als wir uns auf der Rückreise[75] einige Stunden in Schlesiens Hauptstadt aufhielten. Auch die neue Offensive der Deutschen im Osten entwickelte sich zügig. Am Don und am Donez wurden die Russen geschlagen. Wiederum meldete der Wehrmachtsbericht gewaltige Gefangenenzahlen. Als es sich dem Herbst zuneigte, war auf dem höchsten Gipfel des Kaukasus die deutsche Flagge gehißt und unsere Armeen standen in Stalingrad an der Wolga.

Aber diese Erfolge wirkten auf mich nicht erhebend, sondern im höchsten Grad niederdrückend. Es war mir klar, daß wir die Tyrannei Hitlers nur loswerden konnten, wenn er diesen Krieg nicht gewinnen, sondern verlieren würde. Und dieser Gedanke ließ mir alle anderen Überlegungen wesenlos erscheinen. Ich identifizierte Hitler nicht mit dem deutschen Volk, wie dies damals viele Deutsche taten, sondern sah in ihm die Schmach und Schande unserer Nation verkörpert. Im übrigen war ich von jeher der Ansicht, daß die Nation nicht den höchsten aller Werte darstelle.

Obwohl Hitler nun den weitaus größten und wichtigsten Teil Europas samt der Nordküste Afrikas mit Ausnahme von Ägypten beherrschte, zeichneten sich eine wirkliche Entscheidung und ein Ende des Krieges immer noch nicht ab. Als es Herbst geworden war, durchbrachen die Briten die deutsche Stellung bei El Alamein und Rommel befand sich auf raschem Rückzug durch die libysche Wüste. Der November brachte als große Überraschung die Landung britisch-amerikanischer Truppen in Marokko. Auch im Osten gab es Rückschläge. Jedoch blieb das Verhängnis, das sich dort anbahnte, für die deutsche Bevölkerung noch längere Zeit im Dunkeln. Schließlich konnte es aber nicht mehr verschwiegen werden, daß in Stalingrad ein deutsches Heer abgeschnitten worden war.

Im Januar 1943 feierten meine Schwiegereltern in Schlesien die Goldene Hochzeit. Solange wir in Reichenstein waren, vollendete sich das Schicksal der 6. deutschen Armee in Stalingrad. Am Rundfunk verfolgten wir die Tragödie, die sich dort abspielte. Goebbels versuchte, das, was in jenen Tagen in Stalingrad geschah, vor dem Volk in ein großes deutsches Heldenepos umzumünzen. Mich täuschte er dadurch nicht. Ich war damals schon der Überzeugung, daß mit der Vernichtung der deutschen Armee in Stalingrad die große Wende des Krieges eingetreten sei. Bei unserer Abreise von Reichenstein sagte ich zu meiner Schwägerin Eva, die uns auf den Bahnhof begleitete: „Wenn sich die Russen nähern, so haut rechtzeitig ab und kommt zu uns nach Stuttgart!" Sie lachte mir ins Gesicht, als habe da ein Narr gesprochen. Bei der Familie Assmann in Reichenstein war das Vertrauen, das sie in Hitler setzte, noch ganz unerschüttert.

In Breslau erwartete uns meine Schwägerin Li auf dem Bahnhof. Ein eiskalter Wind wehte von Rußland herüber und trieb Schneeflocken vor sich her. Im Bahnhofsgebäude sahen wir eine Gruppe von Judenmädchen, jedes durch den gelben Judenstern gezeichnet. Da saßen die jungen, blassen Dinger in leichten Sommermänteln auf ihren armseligen Kleiderbündeln, eng aneinandergepreßt, um sich vor der Kälte zu schützen. Ihr Anblick erschütterte mich tief. Man wußte damals in der deutschen Bevölkerung noch nichts von den Vernichtungslagern von Auschwitz und Mauthausen. Man wußte aber, daß die Juden nach dem

Osten abgeschoben wurden, und ich zweifelte nicht, daß diese armen Menschenkinder ihrem Verderben entgegengingen.

Ich habe während des größten Teils meines Lebens Tagebücher geführt, als Jüngling sehr ausführlich, später meist nur in Stichworten. In der Drangsal des 3. Reiches und des Krieges fehlte mir aber selbst dazu die Zeit und die Ruhe. Daneben hatte ich als junger Mann einmal angefangen, Gedanken über Gott und die Welt, die in mir auftauchten und die mir wichtig erschienen, schriftlich festzuhalten, damit sie nicht wieder spurlos verwehen sollten. Nachdem ich diese Übung mehr als ein Jahrzehnt unterbrochen hatte, nahm ich sie im Jahr 1941 wieder auf und habe sie bis heute fortgeführt. Auf die Jahre 1941 und 1942 entfallen nur wenige Aufschriebe. Ich ersehe aus ihnen, daß es die Nationalsozialisten verstanden haben, mir das Nationalgefühl gründlich auszutreiben.

Im übrigen wagte ich meine wahren Ansichten über Hitler und den Nationalsozialismus sogar meinen privaten Aufzeichnungen nicht in voller Schärfe anzuvertrauen. Wer konnte wissen, ob nicht irgendeinmal die Gestapo eine Durchsuchung bei mir vornehme? Wenn dann Aufschriebe staatsfeindlichen Inhalts bei mir gefunden würden, so würde mir dies zum Verhängnis werden. [VI/205-208]

Die UK-Stellungen für Beamte „wackeln"

Im Sommer 1942[76] wackelte meine UK-Stellung einmal bedenklich; sie wurde aber doch wieder verlängert. Ich war mir freilich bewußt, daß die Gefahr, meine zivile Existenz mit dem Soldatenleben vertauschen zu müssen, wie ein Damoklesschwert über mir hing und daß diese Gefahr immer näher rückte. Die Niederlage im Osten hatte große Lücken in die deutsche Wehrmacht gerissen und auch auf anderen Kriegsschauplätzen hatte sich die Lage unheildrohend gewandelt.

Um jene Lücken zu schließen, setzte Hitler einen General als Kommissar mit großen Vollmachten ein, der die Aufgabe hatte, alle Amtsstellen durchzukämmen und von Männern herauszuziehen, was irgend noch entbehrlich und fähig schien, die Waffen zu tragen. Dieser General hieß – wenn ich mich nicht täusche – Unruh[77] und trug diesen Namen zurecht, denn er verbreitete Unruhe bei allen, die sich bisher noch einigermaßen in Sicherheit gewähnt hatten. Im Volk nannte man ihn den „Heldenklau", wobei man an den „Kohlenklau" anknüpfte, eine einprägsame Personifizierung, welche die Parteipropaganda im letzten Winter erfunden hatte, um die angebliche Verschwendung von Kohlen und Brennstoffen durch die Bevölkerung anzuprangern.

Meine Veranlagung und meine Erziehung hatten bewirkt, daß mir alles Soldatische von Herzen zuwider war. Jetzt hatte ich weniger Lust als je, zum Ruhme Hitlers als Soldat zu kämpfen, und ich kochte innerlich vor Wut, wenn ich daran dachte, daß mir dieses Los bevorstehe. Mochten doch diejenigen, welche sich vor Begeisterung für ihren Führer überschlugen, auf den Exerzierplätzen und im Feld ihre Einsatzbereitschaft beweisen! Auch mein Schwager Jörg, welcher jünger als ich und mit Unterstützung der Partei Regierungsbaumeister in Bremen geworden war, saß noch zu Hause und baute für die Bewohner der Hansestadt Luftschutzbunker. Da wurde ich im März nochmals zu einer Nachmusterung vorgeladen. Ich nahm ein ärztliches Zeugnis mit von jenem Arzt, der mich bei meinem Herzanfall im Frühjahr 1941 behandelt hatte. Und siehe! Meine Wehrtauglichkeit wurde auf GV-Heimat heruntergesetzt. Damit war ich vorläufig gerettet.

Im Frühjahr 1943 wurden tatsächlich mehrere meiner gleichaltrigen Stuttgarter Kollegen, die bisher UK-gestellt gewesen waren, zur Wehrmacht eingezogen. Die Rekrutenzeit war für sie sehr beschwerlich; einer gestand mir, daß er dabei dem Selbstmord nahegekommen sei. Nachher war aber fast allen von ihnen das Schicksal hold. Ein Stuttgarter Jurist, welcher einem großen Kriegsgericht in Lyon vorstand, holte sie zu sich. Dort verblieben sie und lebten wie Gott in Frankreich bis zum Kriegsende. [VI/208 f.]

Ein Todesurteil, die Hinrichtung
und das anschließende Gelage

Es war nach meiner Erinnerung noch im Jahr 1943, vielleicht jedoch auch schon im Jahr 1944, als ich einen Fall zu bearbeiten hatte, bei dem es sich um umfangreiche Schleichhandelsgeschäfte mit Stoffen handelte. Die Nachforschungen ergaben, daß sie aus fortgesetzten Diebstählen eines Lastkraftwagenführers namens Wirbel stammten, der sie aus Lagerhäusern in der Nähe des Stuttgarter Hauptbahnhofs entwendet und seine Beute durch Hehler im Wege des Schleichhandels abgesetzt hatte. Insgesamt waren mehrere Wagenladungen gestohlen worden. Nur die besonderen Kriegsverhältnisse hatten es Wirbel möglich gemacht, diese Diebstähle auszuführen. Somit mußte ich ihn nicht nur wegen eines Kriegswirtschaftsverbrechens, sondern auch wegen eines Volksschädlingsverbrechens anklagen.

Allerdings gab es noch einen Haken. Der Diebstahl von ein paar Ballen Tuch durch Wirbel war bereits vorher entdeckt worden und man hatte ihn deswegen zu vier Monaten Gefängnis rechtskräftig verurteilt. Ich hatte nun zu prüfen, ob nicht res iudicata[78] vorliege. Dies tat ich, indem ich in der Bibliothek des Oberlandesgerichts die diesbezügliche Rechtsprechung des Reichsgerichts gründlich studierte. Dabei gelangte ich zu der sicheren Überzeugung, daß in einem Fall wie dem vorliegenden das rechtskräftige Urteil einer neuen Anklage nicht entgegenstehe, daß ich vielmehr ohne Rücksicht auf jenes Urteil Wirbel nun wegen eines Volksschädlingsverbrechens anklagen müsse. Wirbel war schon mehr als zwölf Mal einschlägig vorbestraft, unter anderem mit mehrjährigen Zuchthausstrafen. Es war vorauszusehen, daß ich in diesem Fall vom Reichsjustizministerium angewiesen werden würde, die Todesstrafe zu beantragen. Trotzdem schlug ich nur eine längere Zuchthausstrafe mit Sicherheitsverwahrung vor. Prompt kam dann auch die erwartete Weisung des Ministeriums. Wirbel wurde vom Sondergericht zum Tode verurteilt.

Die Hinrichtungsszene ist mir in diesem Fall in besonders furchtbarer Erinnerung. Es wurden an diesem Morgen im Hof unseres Gerichtsgebäudes etwa neun Menschen mit dem Fallbeil zum Tode befördert und Wirbel kam als letzter dran. Unser Hof diente nämlich auch den Kriegsgerichten der Luftwaffe als Hinrichtungsstätte und mehr als die Hälfte der an jenem Morgen Geköpften waren von solchen Gerichten abgeurteilt worden.

Wirbel hatte den Beistand eines Geistlichen abgelehnt. Ich erfuhr, daß er in der vorhergehenden Nacht noch versucht hatte, sich mit seinen Brillengläsern die Schlagader zu öffnen. Die ärztliche Kunst hatte ihn aber retten können. Ein absurder Vorgang!

Um nicht neun Mal das entsetzliche Bild vor Augen zu haben, hielt ich mich, solange die ersten acht guillotiniert wurden, in einer Kanzlei in der Nähe des Hofes, in dem die Hinrichtungen stattfanden, auf. Ich hatte angeordnet, daß ich dort geholt werde, bevor Wirbel an die Reihe kommt. Ich hörte die Jammerrufe der Delinquenten, die aus dem Gefängnis zur Richtstätte geführt wurden. Dann mußte auch ich mich dorthin begeben. Auf dem Korridor, über den die Leiber der zuvor Gerichteten weggetragen worden waren, mußte ich buchstäblich durch Blut waten. Dann sah ich vor mir im grellen Scheinwerferlicht die Guillotine. Die Beleuchtung der Richtstätte war damals schon zum Problem geworden, denn jeden Augenblick konnte Luftalarm erwartet werden. Ich stellte mich neben meinen Oberstaatsanwalt auf und mußte alle Willenskraft zusammennehmen, um mich aufrechtzuhalten. Der süßliche Blutgeruch war allzu widerlich und würgte mich in der Kehle. Dann schleifte man Wirbel zum Schafott; es schien mir, als ob er mehr schwebe als gehe. Sein Gesicht war wachsgelb. Dann fiel das Fallbeil krachend hernieder. Es rauschte das Blut und alles war vorüber.

Oberstaatsanwalt Link forderte mich auf, mit ihm zum Frühstück zu gehen, das diesmal nicht wie früher im Hansa-Hotel, sondern im Bahnhofsrestaurant eingenommen werde. Ich folgte ihm. Auch die Zeu-

gen, die zur Hinrichtung zugezogen worden waren, und Obermedizinalrat Dr. Jauch gingen mit.

In dem reservierten Sternensaal neben der öffentlichen Bahnhofsgaststätte trafen wir eine große Gesellschaft an, die in munterer Stimmung an einem gedeckten Tisch saß. Alle diese Herren, ebenso
Generalstaatsanwalt Wagner, waren von meinem Oberstaatsanwalt eingeladen worden, der an die Massenhinrichtung offenbar ein gemütliches
Saufgelage anschließen wollte. Ich hatte wenig Neigung, an einem solchen Schlachtfest teilzunehmen. Der Oberstaatsanwalt forderte mich
aber ziemlich energisch zum Bleiben auf. Noch verwirrt von dem soeben Erlebten setzte ich mich an den Tisch. Obgleich es noch früh am
Tage war, ließ man ausgezeichneten Remstäler Wein auffahren, wie er
sonst kaum mehr zu bekommen war. In dem Bedürfnis, das Grauen,
das meine Seele erfüllte, zu betäuben, stürzte ich einige Gläser hinunter.
Dann wurde eine Mahlzeit aufgetischt, die, was Quantität und Qualität
anbetraf, dem Wein entsprach. Wie in einen Nebel gehüllt, saß ich da,
während es rings um mich her laut und lustig zuging. Die leise sich re-
gende Stimme des Gewissens unterdrückte ich mit neuem Weingenuß.
Für das, was hier vorging, trug ja nicht ich die Verantwortung, sondern
mein Chef. In was für Zeiten lebten wir! Der Tod war nahe bei jedem.
Jetzt war schon alles gleich. Solche Gedanken etwa zogen dumpf durch
mein alkoholisiertes Gehirn.

Oberstaatsanwalt Link, der bekanntlich ein Freund der leichten
Muse war, hatte zu dieser Zecherei auch den mit ihm befreundeten
Pächter des Stadtgartenrestaurants, Jamnig, eingeladen. Jamnig war in
der Stadt dadurch bekanntgeworden, daß er vor dem Krieg im Stadt-
garten ein beliebtes Varieté aufgezogen hatte. Nach dem opulenten Mittagsmahl forderte derselbe einen kleinen Kreis der Anwesenden auf, in
seiner Wohnung noch einen Kaffee zu trinken. Ich weiß nur, daß ich
mich auf einmal in der elegant möblierten Privatwohnung Jamnigs befand, zusammen mit Oberstaatsanwalt Link, Generalstaatsanwalt Wag-

ner und dem Landesbauernführer Arnold. Nach dem Kaffee wurden weiter scharfe Sachen gereicht. Von dem, was folgte, ist mir nur noch ein Bild im Gedächtnis geblieben. Ich sah, wie Wagner und Arnold völlig besoffen auf dem Zimmerboden saßen und der Generalstaatsanwalt grinsend mit der Hand den dicken Kopf des Bauernführers streichelte. Wagner verlor in der letzten Zeit des Krieges völlig seine früher so disziplinierte Haltung. Er war intelligent genug, um zu erkennen, daß man der Katastrophe zusteuerte, die ihn mit Sicherheit in den Abgrund reißen werde. Deshalb war er nur von dem Streben erfüllt, die kurze Frist des Lebens, welche er noch vor sich sah, ungehemmt in seinem Sinne zu genießen. Wie ich am Abend dieses Tages nach Hause gekommen bin, weiß ich nicht mehr.

Am nächsten Tage sah ich die blutigroten Plakate an den Litfaßsäulen kleben, auf denen dem Publikum mitgeteilt wurde, daß das Todesurteil gegen Wirbel vollzogen worden sei. Auf diese Weise machte die Regierung um jene Zeit die vollstreckten Todesurteile zum Zwecke der Abschreckung der Öffentlichkeit bekannt. Mich hatte das Erlebte irgendwie an Szenen aus der Französischen Revolution erinnert, als unter der Herrschaft der Jakobiner die Guillotine ihr blutiges Handwerk tat. Im übrigen festigte sich in mir durch solche Vorkommnisse der Eindruck, daß das nationalsozialistische System sich auch von innen heraus aufzulösen beginne. Über mein eigenes Verhalten im Zusammenhang mit der Hinrichtung Wirbels machte ich mir zunächst keine Gedanken. Erst nach dem Zusammenbruch belastete es mein Gewissen, daß ich an diesem Zechgelage teilgenommen hatte und zwar viel mehr, als die Tatsache, daß ich in drei Fällen Todesurteile beantragt hatte, die mir auch heute noch in Anbetracht der damaligen Zeitumstände gerechtfertigt erscheinen.

Glücklicherweise war es im Fall Wirbel das letzte Mal, daß mir die Stellung eines solchen Antrags zugemutet wurde, obgleich sich gegen das Ende des Krieges die Todesurteile häuften. Für meinen Oberstaatsanwalt Link scheinen aber in der Folgezeit derartige Saufgelage im Anschluß an Hinrichtungen zu einem festen Ritus geworden zu sein. Ein Kollege, der einmal dabei war, erzählte mir, daß bei einem solchen Link plötzlich sinnlos betrunken zu Boden fiel. Man habe dann die Rote-Kreuz-Wache im Bahnhof gerufen, von welcher der Oberstaatsanwalt auf einer Tragbahre durch das öffentliche Gaststättenlokal hinausgetragen wurde. Die dort anwesenden Gäste seien der Meinung gewesen, es sei da ein Mann vom Schlage gerührt worden.

Im Jahr 1943 wurden zahlreiche Geschäfte stillgelegt, eine Maßnahme, die dazu dienen sollte, die Kriegsproduktion durch Rationalisierung und Konzentration der deutschen Wirtschaft zu stärken, besonders aber dazu, Menschen für den Wehrdienst und für kriegswichtige Arbeiten und Fabrikräume für Rüstungsbetriebe freizustellen. Bei der Frage, welche Betriebe stillgelegt werden sollten und welche nicht, hatte die Partei ein entscheidendes Wort mitzureden. Dies hatte zur Folge, daß bei der Stillegungsaktion sachliche Gesichtspunkte in den Hintergrund traten und daß es in erster Linie darauf ankam, welcher Unternehmer bessere Beziehungen zu einflußreichen Parteileuten hatte. Natürlich mußte diesen Herren für ihre Bemühungen von den Unternehmern, die sich noch im Besitz von begehrten Mangelwaren befanden, auch etwas geboten werden. So löste diese Aktion innerhalb der Partei eine neue Korruptionswelle aus. Eine erste derartige Welle hatte vor dem Krieg im Anschluss an die „Arisierung" jüdischer Geschäfte, als es sich um die Verteilung der Beute handelte, die Partei überschwemmt. [VI/212-215]

Der militärische Rückzug beginnt

[Wir lebten] nun wieder bei meiner Mutter in Marbach, die in ihrem Alter den Unbilden der Zeit ziemlich hilflos gegenüberstand und froh war, an ihrer Schwiegertochter eine Stütze gefunden zu haben.

Seit Stalingrad befand sich Hitler in der Defensive. Zwar zeigte er nochmals seine alte Tatkraft, indem er nach dem Zusammenbruch Italiens rasch den größten und wichtigsten Teil dieses Landes von deutschen Truppen besetzen ließ und indem er sich durch einen tollkühnen Handstreich der Person des gestürzten Diktators [Mussolini] bemächtigte. Es konnte aber nicht verhindert werden, daß sich die Alliierten in Unteritalien festsetzten und die deutschen Linien langsam nach Norden zurückdrängten. Noch viel weiter mußten in der zweiten Hälfte des Jahres 1943 die deutschen Heere im Osten zurückweichen. Wie es dort stand, wurde für jedermann sichtbar, als am 6. November die Russen in Kiew einzogen. Es fehlte bei uns an Soldaten und es fehlte noch mehr an Kriegsmaterial, indessen die Kräfte der Feinde ständig wuchsen. Die fortgesetzten Luftangriffe, die an Intensität zunahmen, begannen sich auszuwirken und riefen in der Wirtschaft und im Verkehr bedenkliche Störungen hervor. Aber eine letzte Entscheidung war doch noch nicht gefallen. Mir ging die Entwicklung viel zu langsam. Mit Ungeduld wartete ich auf den Sturz des nationalsozialistischen Regimes.

Es war schon die Rede davon, daß ich die Gepflogenheit hatte, Gedanken, die mir wichtig erschienen, aufzuschreiben. Von der zweiten Hälfte des Jahres 1943 an häufen sich auf einmal diese Aufschriebe. Der Niedergang des Nationalsozialismus belebte meinen Geist. Vielleicht wagte ich auch jetzt, da das Ende der Tyrannei Hitlers abzusehen war, das, was mich bewegte, offener dem Papier anzuvertrauen. [VI/218]

Die „Nation" hat keine Zukunft

Unablässig kreisen meine Gedanken um den Begriff der Nation, die ja von den Nationalsozialisten für den höchsten aller Werte erklärt wurde. Das, was sie mit dem Schlagwort „Blut und Boden" ausdrückten, lag auch mir am Herzen. Der in Raum und Zeit existierende Mensch muß in seiner Umwelt und in ihren Kulturtraditionen verwurzelt sein, wenn er sein natürliches Wesen zur Entfaltung bringen will. Dies war meine Überzeugung. Ich hielt es aber für einen verhängnisvollen Irrweg der neueren europäischen Geschichte, daß der absolute Staat diese Werte ergriffen, sie zu Gegenständen der Machtpolitik gemacht und sie dadurch pervertiert habe. Das nationalstaatliche Denken erschien mir als ein Anachronismus.

„In Deutschland und in Italien, wo im Mittelalter die Zentren der europäischen Einheit gewesen waren, hat sich der Nationalismus erst im 19. Jahrhundert nach den Befreiungskriegen allmählich durchgesetzt. Gerade hier wurde er aber im 20. Jahrhundert bis zum Überschnappen gesteigert. Heute kann man mit Sicherheit sagen, daß der Nationalismus seinem Ende entgegengeht, einfach deshalb, weil die Lebensräume der Nationen für die moderne Technik zu eng geworden sind. Der Staat der nahen Zukunft muß Kontinente, der Staat der ferneren Zukunft den ganzen Planeten umfassen. ... Der Nationalsozialismus will zwar mit aller Macht modern sein, aber als Nationalismus bleibt er einer überlebten Vorstellungswelt verhaftet und ist deshalb den Aufgaben, welche die Zukunft stellt, nicht gewachsen. (25.7.43)"

„Der Nationalismus entsteht nur dort, wo eine Nation in den Winkel gedrängt wurde, aus dem Gefühl heraus, daß man beiseite geschoben worden ist. Völker, welche wirklich große Geschichte machen, Weltvölker, sind sich ihrer nationalen Eigenart meist überhaupt nicht bewußt. Sie sehen ihre Eigenart mit Selbstverständlichkeit als die normale Art der ganzen Menschheit an und identifizieren sich mit dieser. Man denke an die Griechen, an die Chinesen, an die Briten und auch an die mittelalterlichen Germanen! Rom war überhaupt nie eine Nation, sondern eine Stadt, die zum Weltstaat wurde. (31.10.43)"

Auch ich neigte freilich zu der Ansicht, daß den Deutschen als dem größten und vitalsten Volk in der Mitte des Kontinents ein natürlicher Anspruch auf die Hegemonie im Abendland zugestanden hätte. Sie hätten aber die Chance auf die Verwirklichung dieses Anspruchs durch die Glaubensspaltung und die sich anschließenden Glaubenskriege verspielt. Sozusagen freiwillig hätten sie den Briten und den Franzosen die Herrschaft über die Welt überlassen. Nun wollten die Nationalsozialisten diese Entwicklung rückgängig machen. Es sei aber unmöglich, das Rad der Geschichte zurückzudrehen. „Als Volk der Mitte können wir nur gedeihen, wenn wir das Einende lieben und das Trennende hassen, wenn wir allumfassend, das heißt katholisch denken. (31.10.43)" [VI/218 f.]

Eine Besichtigung von KZ-Lagern

Es war wohl noch im Spätjahr 1943, als die Referenten der Staatsanwaltschaft beim Generalstaatsanwalt und bei der Anklagebehörde beim Sondergericht sowie die Abteilungsvorstände der Staatsanwaltschaft Stuttgart zu einer Besichtigung des KZ-Lagers, das im ehemaligen Amtsgericht Welzheim eingerichtet worden war, kommandiert wurden. Auch der Generalstaatsanwalt selbst fuhr im Omnibus mit.

Das KZ-Lager Welzheim war nur ein kleines Übergangslager für Leute, die später in eines der großen KZ-Lager abgeschoben wurden, oder für solche, welche man nur für kürzere Zeit festhalten wollte. Was ich aber dort sah, war sehr niederdrückend. Die kleinen, düsteren Räume waren überfüllt mit Gefangenen, deren gestreifte Drillichanzüge um ihre abgezehrten Leiber schlotterten.

Dann ging es weiter nach Rudersberg, wo in einer stillgelegten Fabrik ein Frauen-KZ-Lager eingerichtet worden war. Hier erregten vor allem die Wärterinnen, die mit Lederpeitschen umhergingen, meinen Abscheu. Offenbar fühlten sie sich in ihrer Rolle als Peinigerinnen ihrer Geschlechtsgenossinnen sehr stolz. Rohheit und Sadismus wirken ja beim weiblichen Geschlecht, das von Natur zur Bewahrung und Hegung des Lebens bestimmt ist, noch viel abstoßender als beim männlichen Geschlecht. Nach dem Rundgang durch dieses KZ wurde ein Abendessen mit alkoholischen Getränken gegeben, an welchem Bankett gleichfalls die Wärterinnen mit ihrer Kommandeuse teilnahmen. Als wir schon zur Abfahrt bereit im Omnibus saßen, stürmte die etwas beschwipste Kommandeuse noch in unseren Wagen herein, fuchtelte mit

den Armen herum und schrie mit lauter, krächzender Stimme: „Wir grü-
ßen unseren Führer!" [VI/222 f.]

Mehlschieberei, Intervention des Gauleiters und Fliegeralarm

Solange die Deutschen die Ukraine besetzt hielten, war man bei der Bewirtschaftung von Getreide und Mehl ziemlich großzügig verfahren.
Dies wurde jetzt anders. Hatten bisher die Getreidewirtschaftsverbände
Mehlschiebungen recht erheblichen Umfangs im Ordnungsstrafverfah-
ren gerügt, so galten solche nunmehr als Kriegswirtschaftsverbrechen.
Die Verfahren wurden von jenen Verbänden, wenn sie der Ansicht
waren, daß dadurch die Bedarfsdeckung der Bevölkerung gefährdet
worden sei, an die Anklagebehörde abgegeben, welche beim Sondergericht Anklage erheben mußte.

Einen derartigen Fall gegen einen Müller von Laiz bei Sigmaringen,
der in besonders schwerer Weise gegen die Bewirtschaftungsbestimmun-
gen verstoßen hatte, klagte ich im Frühjahr 1944 an. In dieses Verfahren
mischte sich der Regierungsdirektor Dreher, der sozusagen der Gauleiter
von Hohenzollern war, mit einem Schreiben an meinen Oberstaatsanwalt
zugunsten des Beschuldigten ein. Vermutlich hatte er auch zu den Ab-
nehmern des Mehlschiebers gehört. Andererseits wurde ich vom Reichsjustizministerium angewiesen, eine Zuchthausstrafe von mindestens drei
Jahren zu beantragen. Bevor ich nun zu der Sitzung des Sondergerichts
fuhr, die in Sigmaringen stattfand, erteilte mir Oberstaatsanwalt Link
den Auftrag, mich nach der Verhandlung zu Dreher zu begeben und ihn
mündlich darüber aufzuklären, daß uns in dieser Sache die Hände gebunden gewesen seien. Ich beantragte weisungsgemäß drei Jahre Zuchthaus; das Sondergericht, das von der Einmischung Drehers Kenntnis
erlangt hatte, verurteilte den Angeklagten zu zwei Jahren.

Nach der Verhandlung begab ich mich in etwas gedrückter Stimmung zu dem Mann, der mit unumschränkter Gewalt nach unten hin
das Zollernländchen beherrschte. Der unwahrscheinlich blaue Himmel

eines schönen Maientags wölbte sich über Sigmaringen. Dreher, der einst in Ulm das Schlosserhandwerk erlernt hatte, empfing mich in seinem Arbeitszimmer, das mit seiner Privatwohnung in unmittelbarer Verbindung stand. Er trug eine schwarze Uniform und auf seiner Brust prangten viele Orden und Ehrenzeichen. Ich zeigte ihm die schriftliche Weisung, die ich vom Reichsjustizministerium erhalten hatte, und versuchte ihn zu überzeugen, daß bei aller Würdigung der Verdienste des guten Müllers von Laiz die Anklagebehörde außerstande gewesen sei, von der Weisung des Reichsjustizministeriums abzuweichen. Während meines Vortrags, den er mit verdrießlicher Miene anhörte, kam eines seiner Kinder aus dem Nebenzimmer und kletterte ihm auf den Schoß. Man sprach noch über die Möglichkeit eines Gnadenerweises.

Indessen klingelte fortwährend das Tischtelefon. Dreher ließ es lange klingeln. Als er endlich doch den Hörer abnahm und ans Ohr hielt, sprang er schnell auf. „Feindliche Verbände sind im Anflug. Wir müssen Schluß machen. Ich muß Alarm geben." Offenbar hatte er sich diesen Regierungsakt, der darin bestand, auf einen Knopf zu drücken, persönlich vorbehalten. Froh, das Gespräch hinter mir zu haben, machte ich mich aus dem Staub, während das Sirengeheul auf- und abschwoll. Als ich ins Freie trat, sah man schon die feindlichen Verbände silbern am Himmel glitzern. Ich war die Ursache gewesen, daß die Bewohner Hohenzollerns zu spät gewarnt worden waren. Es ist ihnen aber deshalb nichts passiert. Die Flugzeuge überflogen das Ländchen, ohne eine einzige Bombe abzuwerfen. Ich dachte, daß es nun auch keinen Sinn mehr habe, einen Luftschutzraum aufzusuchen. Dabei rechnete ich indes nicht mit der preußischen Zucht und Ordnung, die hier herrschten. Sogleich wurde ich von Männern mit weißen Armbinden von der Straße weggejagt. Schließlich kam ich in einem riesigen Luftschutzstollen zur Ruhe, der in den mächtigen Felsen eingesprengt worden war, welcher das Fürstenschloß, das Wahrzeichen Sigmaringens, trägt. Dieser Stollen war dicht gefüllt mit Menschen; anscheinend diente er der ganzen Einwohnerschaft des Städtchens als Unterschlupf. [VI/229 f.]

Eine halbjüdische SS-Braut kommt auf die SS-Bräuteschule

Im Jahr 1933 hatte ich eine Schreibhilfe, ein junges, hübsches und intelligentes Mädchen, das die uneheliche Tochter eines Juden und einer „Arierin" und somit Halbjüdin war. Mit Hilfe einflußreicher Gönner war es ihr gelungen, einer Entlassung zu entgehen; man hatte sie nur zur Amtsanwaltschaft versetzt. Bei unserer Behörde war es bekannt, daß sie ein Liebesverhältnis mit dem Staatsanwalt Hildenbrand, einem Junggesellen, unterhielt und als Hildenbrand im Frühjahr 1943 als Major an der italienischen Front fiel, hatte sie auf Anordnung des Gefallenen dessen persönlichen Nachlaß zu regeln.

Wie es bei großen Behörden oft der Fall ist, kam ich mit ihr, nachdem sie in eine andere Abteilung versetzt worden war, nur noch wenig zusammen. Etwa im August 1943 begegnete ich einmal diesem Fräulein Waiss, als ich eben nach Dienstschluß das Amtsgebäude verließ. Sie war sehr elegant gekleidet. „Sind Sie immer noch bei der Amtsanwaltschaft?", fragte ich sie. „Ja", erwiderte sie, „aber nicht mehr lange. Am 1. September komme ich auf die SS-Bräute-Schule in Tübingen." Man kann sich vorstellen, welche Überraschung über mein Gesicht glitt, als sie mir diese Eröffnung machte. Ich erkundigte mich anderwärts darüber, was da vorgegangen war, und erfuhr, daß man Fräulein Waiss arisiert hatte. Ihre Mutter, die von Marbach gebürtig war, erklärte, daß sie einst den Juden nur als Zahlvater angegeben habe; der wirkliche Erzeuger ihrer Tochter sei ein anderer gewesen, der nicht mehr am Leben war. Dies genügte, amtlich zu bestätigen, daß Fräulein Waiss rein arischer Abstammung sei, obwohl sie durchaus den Charme einer jungen Jüdin besaß.

Ich hielt mich einmal im sogenannten Schreibzimmer auf, wo die Schreibmädel der Staatsanwaltschaft ihre Plätze hatten. Dort war auch ein Referendar, der mit Fräulein Waiss flirtete. Sie tanzte dabei im Zimmer herum. Der junge Mann sagte zu ihr: „Wenn Sie solche Faxen machen, könnte man gerade meinen, Sie seien eine Jüdin." Dies war arglos gesagt und als derber Scherz gemeint. Die anderen Schreibmädel, welche natürlich über die persönlichen Verhältnisse ihrer Kollegin Bescheid wußten, starrten peinlichst betroffen auf ihre Schreibmaschinen. Fräulein Waiss jedoch konterte schlagfertig; scheinbar ganz unbefangen umschiffte sie gewandt mit einem Scherzwort die klippenreiche Situation, in die sie geraten war.

So sehr Staatsanwalt Hildenbrand auch dem Mädchen zugetan gewesen war, sie zu heiraten erschien ihm trotz ihrer Arisierung doch allzu bedenklich. Er machte sie mit einem Freund von ihm, welcher als Offizier der Wehrmacht zur Waffen-SS übergewechselt war, bekannt. Dieser verliebte sich umgehend in Fräulein Waiss, verlobte sich mit ihr und befreite so Hildenbrand aus aller Verlegenheit. Dies hatte sich noch vor dem Tod Hildenbrands zugetragen.

Kurz bevor die einstige Halbjüdin in Tübingen in nationalsozialistischer Weltanschauung geschult wurde, um einen SS-Offizier heiraten zu können, war ein junger, begabter Staatsanwalt namens Sattler bei der Anklagebehörde beim Sondergericht eingetreten, ein sympathischer Mensch. Dieser gefiel Fräulein Waiss besser als der ältliche SS-Offizier. Solange sie sich auf der SS-Bräuteschule befand, wechselte sie ihre Bräutigämer. Nachdem es bei der Staatsanwaltschaft ruchbar geworden war, daß Sattler das Fräulein Waiss heiraten wolle, erschien eines Tages Oberstaatsanwalt Link in meiner Kanzlei und bat mich um ein vertrauliches Gespräch. Er ging dann auf die Affäre Sattler-Fräulein Waiss ein und ersuchte mich, meinen Kollegen von seinen Heiratsplänen abzubringen. Ich würde doch mit Sattler auf vertrautem Fuße stehen. „Herr Oberstaatsanwalt! Das ist ein schwieriger dienstlicher Befehl", sagte ich. Als ich den schüchternen Versuch machte, ihn dennoch auszuführen, stieß ich bei Sattler auf glatten Widerstand: Es sei für ihn Ehrensache,

Fräulein Waiss zu heiraten. Anscheinend war schon ein Kind unterwegs. Für Sattler hatte die Angelegenheit aber die nachteilige Folge, daß seine UK-Stellung alsbald gekündigt wurde; noch im April 1944 mußte er zur Wehrmacht einrücken. Offenbar reichte die erfolgte Arisierung in den Augen der Justizbehörde doch nicht aus, den Makel, welcher der Person von Fräulein Waiss anhaftete, gänzlich zu tilgen, während die SS von diesem Makel wohl überhaupt keine Kenntnis erlangt hatte.

Nach dem Krieg trat die nunmehrige Frau Sattler natürlich wieder als Halbjüdin auf. Aber auch dadurch konnte sie nicht bewirken, daß ihr Gatte in den Justizdienst zurückkehren durfte. Derselbe hatte nämlich das Pech gehabt, während seiner Tätigkeit bei der Anklagebehörde beim Sondergericht Stuttgart, das einzige Todesurteil gegen einen Schwarzschlächter beantragen zu müssen, das dann unter bedenklichen Umständen von Cuhorst ausgesprochen und vollzogen worden war. Sattler eröffnete darauf in Stuttgart eine glänzend florierende Rechtsanwaltspraxis, die ihm gewiß keine Veranlassung gab, dem ihm verschlossenen Justizdienst nachzutrauern. Er war übrigens Katholik und als ich kurz nach dem Krieg als Gast zu der Veranstaltung einer katholischen Verbindung in Marbach eingeladen wurde, traf ich dabei das junge Ehepaar Sattler und konnte meine ehemalige Schreibkraft in einer neuen Rolle bewundern. [VI/230-232]

Ein „Sabotagefall" und die rettende Prozessverschleppung

Nachdem Sattler zur Wehrmacht eingezogen worden war, mußte ich aus dessen Referat ein Verfahren gegen einen gewissen Alois Stehle übernehmen, welcher in Untersuchungshaft saß. Derselbe war Betriebsleiter bei der Karosserie-Fabrik Bauer & Co. in Stuttgart-Berg und hatte sich vom einfachen Arbeiter in diese Stellung hinaufgedient. Der Firma Bauer & Co. waren Rüstungsaufträge erteilt. Unter anderem sollte in diesem Betrieb der Typ eines kleinen Wagens entwickelt werden, welcher von Fallschirmtruppen abgeworfen werden konnte.

Ich machte die Beobachtung, daß der Perfektionismus der Deutschen für ihre Kriegsführung mitunter von nachteiligen Folgen war. Man hatte schon bald einen Wagentyp konstruiert, der durchaus brauchbar war, aber dem Vollkommenheitsstreben der Ingenieure nicht genügte. Man konstruierte ihn immer wieder um und als man endlich zur serienmäßigen Herstellung übergehen konnte, neigte sich der Krieg bereits dem Ende zu. Demgegenüber verstanden es die Russen, den Krieg mit Kampfmitteln zu führen, deren technische Primitivität die Deutschen belächelten, die aber rasch in großen Massen ausgestoßen wurden, einfach zu bedienen waren, geringer Pflege bedurften, leicht zu reparieren und zu ersetzen waren und sich jedenfalls in der Praxis bestens bewährten.

Die Firma Bauer & Co. brauchte für ihre Produktion vielerlei Stoffe, vor allem Metalle, aber auch Holz, Leder, Farben usw. und alle diese Dinge waren Mangelwaren. Stehle hatte nun dadurch, daß er über den Bedarf an solchen Materialien zur Ausführung der Rüstungsaufträge falsche Angaben machte, die Zuteilung viel zu hoher Kontingente durch die Bewirtschaftungsstellen erschlichen. Was von diesem Material von der Firma Bauer & Co. nicht benötigt wurde, verschob er in geheime Lager. Zudem stellte er den Wehrmachtsstellen, welche der Firma die Rüstungsaufträge erteilt hatten, auf betrügerische Weise sehr überhöhte Rechnungen aus. Am gravierendsten jedoch war, daß er tonnenweise Zinn und Zink in einer Grube im Fabrikgelände versteckt hatte. Dadurch wurden diese Metalle, an denen es in Deutschland am allermeisten mangelte und die zur Fortführung des Krieges am dringendsten benötigt wurden, der Rüstungsproduktion entzogen. Alle diese verschobenen Stoffe wurden von mir bei der Firma Bauer & Co. beschlagnahmt.

Das Nächste, was ich tat, war, daß ich bezüglich der Verwertung des Materials eine Besprechung mit einem Major der Rüstungsinspektion und dem zuständigen Gauwirtschaftsberater, der natürlich ein prominenter Parteigenosse war, abhielt. Dieselbe fand im Büro des letzteren statt, welcher in Vaihingen a. d. F. ein ähnliches Unternehmen wie die Firma Bauer & Co. betrieb. Ich forderte die beiden Herren auf, dafür zu sorgen, daß die beschlagnahmten Stoffe, vor allem das Zinn und der Zink, auf schnellstem Weg der Rüstungsproduktion zugeführt werden. Sie erklärten mir: Das sei ihre Sache; darum brauche ich mich nicht weiter zu kümmern.

Alsdann holte ich – wie dies in solchen Fällen vorgeschrieben war – eine Stellungnahme der Reichsstelle für Metalle in Berlin ein. Die Äußerung dieser Stelle ging dahin, daß es sich hier nicht nur um ein Kriegswirtschaftsverbrechen, sondern um ein Verbrechen im Sinne der sogenannten Rüstungsschutzverordnung[79], also um Sabotage, handle. Solche Verfahren waren aber von der Anklagebehörde an den Oberreichsanwalt zur Anklage beim Volksgerichtshof in Berlin abzugeben. Es war mir klar, daß, wenn ich das tun würde, es um Stehle geschehen wäre; Freisler würde ihn mit Sicherheit zum Tode verurteilen.

Nun war Stehles Verhalten freilich auch unter moralischen Gesichtspunkten verwerflich. Er hatte aus rein eigennützigen Motiven gehandelt, nicht etwa in der Absicht, zur Abkürzung des sinnlos gewordenen Krieges das Seinige beizutragen. Objektiv wäre um jene Zeit allerdings zu wünschen gewesen, daß noch viele so gehandelt hätten wie er. Sollte nun, da der Krieg längst verloren war, woran ich nicht zweifelte, dieser Mann wegen eines solchen Delikts sozusagen im letzten Augenblick noch ums Leben kommen? Seine Frau kam mit ihren beiden Kindern öfters zu mir, um eine Sprecherlaubnis zu erbitten. Ich brachte es nicht übers Herz, eine Verfügung zu treffen, die mit ursächlich dafür werden würde, daß man diese Familie ihres Vaters beraubte. So entschloß ich mich dazu, das Verfahren nicht an den Oberreichsanwalt abzugeben und deutete diese Absicht auch dem Verteidiger Stehles, Rechtsanwalt Schöck, der mir vertrauenswürdig erschien, an. Ich rechnete damals fest damit, daß der Krieg noch im Laufe des Sommers zu Ende gehen werde.

Natürlich war es völlig ausgeschlossen, den Beschuldigten auf freien Fuß zu setzen. Es blieb keine andere Möglichkeit, ihm das Leben zu retten, als das Verfahren bis zum Kriegsende hinauszuziehen und ihn so lange in Haft zu behalten, obwohl es in jenen Monaten eine höchst prekäre Sache war, Gefangener in der Haftanstalt Stuttgart zu sein. Das Gefängnis war überfüllt; die Verköstigung erreichte kaum das Existenzminimum. Vor allem standen bei Luftangriffen für die Gefangenen keine auch nur einigermaßen ausreichenden Schutzräume zur Verfügung. Aber über unseren Untersuchungsgefangenen waltete eine gütige Vorsehung. Der alte Kasten der Haftanstalt blieb unbeschädigt, während der größte Teil des Justizkomplexes in Trümmer sank. Im übrigen war Stehle ein vitaler und robuster Mann.

Im Spätsommer 1944 wurde auf einmal vom Oberreichsanwalt in Berlin bei der Anklagebehörde in Stuttgart angefragt, warum das Verfahren gegen Stehle noch nicht abgegeben worden sei. Man hatte also höheren Orts von dem Verfahren Kenntnis erhalten, vermutlich durch den Anzeigeerstatter, einen Sachsen namens Deutschmann, der ebenfalls bei der Firma Bauer & Co. angestellt war. Derselbe hatte Stehle seine Stellung im Betrieb geneidet, was ihn offenbar zu seiner Denunziation bewogen hatte. Dieses Männlein, das schon äußerlich einen widerwärtigen Eindruck machte, tauchte in kurzen Abständen bei mir auf, stellte sich dabei als eifriger Nationalsozialist dar und drängte auf Beschleunigung des Verfahrens. Nachdem das Ende des Nazi-Systems immer näher zu rücken schien, wurde ihm selbst bei der Sache schwummrig. Er fürchtete nicht ohne Grund die Rache seines Opfers und war aufs höchste daran interessiert, derselben zuvorzukommen. Ich berichtete an den Oberreichsanwalt, daß noch wichtige Ermittlungen laufen, nach deren Abschluß ich die Akten vorlegen würde. Angesichts der Kriegslage hoffte ich, daß es mir möglich sein werde, diese Ermittlungen länger hinauszuziehen, als es Hitler gelingen werde, das Ende seiner Macht zu verzögern.

Bei dem furchtbaren Luftangriff auf Stuttgart in der Nacht vom 12. auf 13. September wurde die Fabrik der Firma Bauer & Co. vollständig zerstört. Gleich darauf meldete mir die Polizei, daß das beschlagnahmte Zinn und Zink immer noch in der Grube im Fabrikhof gelegen habe, daß diese Metalle infolge der Hitze zusammengeschmolzen seien und sich dabei mit Erde vermischt hatten, so daß sie nicht mehr verarbeitet werden könnten. Ich war nach den Erklärungen der Herren von der Rüstungsinspektion und von der Gauwirtschaftsberatung der Meinung gewesen, daß die Metalle, welche damals in Deutschland wegen ihrer Seltenheit einen geradezu unschätzbaren Wert darstellten, längst der Rüstungsproduktion zugeführt worden seien. Nun wollte ich den Major von der Rüstungsinspektion anrufen, erfuhr aber, daß derselbe seit Monaten an die Ostfront abgestellt und sein derzeitiger Aufenthalt unbekannt sei. Dann telefonierte ich mit dem Gauwirtschaftsberater und machte ihm Vorhalte, warum er das Versprechen, das er mir im Mai gegeben hatte, nicht gehalten habe. Dieser leugnete jedoch die damalige Unterredung glattweg ab; er wisse nichts davon und habe keine Ahnung davon gehabt, daß bei der Firma Bauer & Co. Zinn und Zink lagerte. Ich hege den Verdacht, daß er die Absicht hatte, die Metalle seinem eigenen Betrieb zuzuführen und daß er nur auf eine günstige Gelegenheit wartete, dies unbemerkt tun zu können.

Jedenfalls verwünschte ich meine Vertrauensseligkeit und meinen Leichtsinn. Warum hatte ich mir von den beiden Herren die Übergabe der Metalle nicht schriftlich bescheinigen lassen! Nun blieb die Verantwortung für ihren Untergang an mir hängen. Die Angst stieg mir in die Kehle. Wenn der Verlust solcher Mengen äußerst kriegswichtiger Metalle höheren Parteistellen bekannt wurde, so hatte ich das Schlimmste zu befürchten. Wie wollte ich unter den gegebenen Umständen meine Unschuld dartun! Der Terror der SS überstieg in diesen letzten Kriegsmonaten alles bisher schon Gewohnte. Vielleicht würde man mich selbst wegen Sabotage beim Volksgerichtshof anklagen. Vielleicht würde man mich ohne förmliches Gerichtsurteil aufhängen, um ein Exempel zu statuieren. Von derartigen Fällen hörte man immer häufiger. Bei dieser Lage der Dinge hatte ich erst recht keine Veranlassung, die Akten dem Oberreichsanwalt vorzulegen. Ich konnte nur noch auf den baldigen Zusammenbruch des nationalsozialistischen Staates hoffen.

So gestalteten sich die letzten Kriegsmonate für mich zu einem Wettlauf mit der Weltgeschichte, wobei es nicht nur um das Leben Stehles, sondern jetzt auch um mein eigenes Leben ging. Gegen Ende des Jahres wurde ich vom Reichsjustizministerium, bei dem offenbar eine Beschwerde Deutschmanns eingelaufen war, aufgefordert, die Akten umgehend vorzulegen und mich über die Gründe der Verschleppung des Verfahrens zu äußern. Nun war kein Ausweichen mehr möglich. Am 19. Februar 1945 legte ich die Akten mit einem langen Bericht dem Reichsjustizministerium vor. Infolge des nun einsetzenden allgemeinen Durcheinanders kamen sie dort nicht an; jedenfalls wurden sie nicht mehr bearbeitet. Der Wettlauf war gewonnen. [VI/232-235]

Dunkle Andeutungen unter Kollegen

Wenden wir unseren Blick nochmals zurück! Seit Frühjahr 1944 erwartete man einen Landungsversuch der Alliierten an der atlantischen Küste Frankreichs oder am Kanal. In der Propaganda spielte der Atlantikwall eine große Rolle; derselbe würde mit Sicherheit jeden solchen Versuch zum Scheitern bringen. Als dann am 6. Juli tatsächlich die Invasion in der Normandie erfolgte, war dies eigentlich keine Überraschung mehr. Jedoch hatten wohl die wenigsten damit gerechnet, daß dieses Unternehmen so rasch und leicht gelingen würde. Wie ein Kartenhaus brach die deutsche Macht in Frankreich zusammen.

Schon seit längerer Zeit traf ich mich immer wieder mit einigen Kollegen von der Staatsanwaltschaft in der Kanzlei irgendeines [sic] von ihnen, wo wir die allgemeine Lage besprachen. Selbstverständlich waren dies nur Männer, die sich gegenseitig voll vertrauten: Mein Kollege Halder, Staatsanwalt Heinzelmann, ein junger Assessor namens Krebs, manchmal auch Erster Staatsanwalt Eisenbacher, der inzwischen seinen Sohn im Feld verloren hatte, und Amtsrichter Gebhard Müller, der spätere Ministerpräsident von Baden-Württemberg. Diese Zusammenkünfte hatten mit einer politischen Verschwörung nichts zu tun. Angesichts der einseitigen, oft falschen und stets unvollständigen Informationen, die man durch den Rundfunk und die Zeitungen erhielt, wollten wir uns eben über die wirkliche Situation klar werden, wobei freilich der baldige Zusammenbruch der Hitlerherrschaft der sehnlichste Wunsch von uns allen war. Heinzelmann, ein älterer Mann, der bis vor kurzem Oberstleutnant bei der Wehrmacht gewesen war, aber aus unbekannten Gründen nach Hause geschickt worden war, und Gebhard Müller, der Verbindungen zu einstigen führenden Zentrumsmännern hatte, machten dabei dunkle Andeutungen, daß bald etwas Entscheidendes geschehen werde. Offenbar wußten sie mehr als wir andern. [VI/235 f.]

Erinnerungen an Gebhard Müller

An dieser Stelle will ich einige persönliche Erinnerungen an Gebhard Müller einflechten. Dieser hatte 1940 den Frankreich-Feldzug mitgemacht und dabei einen Unfall erlitten, dessen Folgen er es zu verdanken hatte, daß er nicht mehr als wehrdienstfähig galt. Er war nun beim Amtsgericht Stuttgart als Amtsrichter tätig. Erst in dieser Eigenschaft habe ich ihn näher kennengelernt, obwohl ich einstens gleichzeitig mit ihm in Tübingen studiert hatte. Da er ein überzeugter Katholik und ich Konvertit war, ergaben sich bald recht gute Beziehungen zwischen uns.

Noch im Jahr 1943 saß ich einmal in seiner Kanzlei auf der Tischplatte seines Schreibtisches und unterhielt mich mit ihm. Dabei zeigte er sich sehr erfreut darüber, daß sich die nationalsozialistische Herrschaft ihrem Ende zuneige. Es sei für ihn bitter gewesen, die Zurücksetzung zu ertragen, die ihm unter diesem Regime widerfahren sei.

Über diese Äußerung wunderte ich mich, denn was die berufliche Carrière anbetraf, so hätte ich nach meiner Examensnote noch größere Chancen als er gehabt und hatte die gleiche Zurücksetzung ganz freiwillig auf mich genommen, um nicht noch mehr in die Schußlinie der Partei zu kommen, ohne daß dies mir nennenswerten Kummer bereitete. Es fehlte ihm offenbar nicht an Ehrgeiz und mit Recht fühlte er sich zu Höherem berufen als ich. Gebhard Müller war aber ohne Zweifel nicht nur ein intelligenter Mann, sondern auch ein rechtschaffener Mensch, ein fleißiger und gewissenhafter Arbeiter, dem freilich der Schwung und die Wendigkeit des geborenen Politikers gefehlt haben mögen.

Im Sommer 1944 mußte ich wegen des Bereitschaftsdiensts einen Sonntag in Stuttgart verbringen. In der vorausgegangenen Nacht hatte erneut ein Luftangriff stattgefunden. Gebhard Müller wohnte damals in der Charlottenstraße und nicht weit von ihm entfernt – ich glaube in der Uhlandstraße – wohnte der von mir bereits erwähnte Staatsanwalt Gauger, dessen segensreiche Wirksamkeit bei der Staatsanwaltschaft beim Oberlandesgericht auch Müller bekannt war. Die Familien beider Männer waren damals schon aufs Land evakuiert. Am Morgen dieses Sonntags traf ich Gebhard Müller, übernächtigt und rußgeschwärzt. Er führte mich in seine Wohnung und zeigte mir, daß alle dahinter liegenden Gebäude in der Nacht niedergebrannt waren. Kurz darauf traf ich gleichfalls Gauger, in dessen Haus es gebrannt hatte. Der beinahe erblindete Mann stand solchen Ereignissen natürlich hilflos gegenüber. Gauger erzählte mir, daß sich Gebhard Müller alsbald bei ihm eingefunden, sein Mobiliar, soweit möglich, aus dem brennenden Haus herausgeschleppt und dann beim Löschen geholfen habe, und dies, obwohl um die gleiche Zeit Müllers eigene Wohnung noch von den Flammen bedroht gewesen sei. „Dies werde ich Gebhard Müller nie vergessen", schloß Gauger seine Erzählung. An jenem Sonntag begab ich mich dann mit Müller zum Gottesdienst, der, nachdem die Eberhardskirche ausgebrannt war, im überfüllten Saal des St. Vinzenzhauses in der Friedrichstraße stattfand.

Im Sommer 1943[80], als wir noch in Stuttgart wohnten, war ich wieder einmal von unserem Ortsgruppenleiter bedrängt worden, in der Ortsgruppe mitzuarbeiten. Auf dem Heimweg von meinem Amt klagte ich darüber einem Herrn Helfferich, welcher in unserer Nachbarschaft wohnte. Derselbe hatte vor dem 1. Weltkrieg an den Kämpfen in Deutsch-Südwestafrika gegen den Herero-Aufstand teilgenommen und spielte nun im Reichskolonialbund[81] eine führende Rolle. Als nicht ganz leere Entschuldigung schützte ich meine dienstliche Überlastung vor. Helfferich sagte zu mir, ich solle ihm drei Mitglieder für den Kolonialbund werben. Dann werde er der Ortsgruppe melden, daß ich in seiner Organisation tätig sei, worauf man mich sicher in Ruhe lassen werde. Dies leuchtete mir ein. Es war aber in der zweiten Hälfte des Jahres 1943 nicht mehr leicht, Mitglieder für den Reichskolonialbund zu gewinnen. Ich begab mich zu Kollegen, die nicht Parteimitglieder waren und hielt ihnen vor, daß es doch ihre Lage etwas erleichtern würde, wenn sie sich wenigstens als Mitglieder des Reichskolonialbundes bekennen könnten. Auf diese Weise gewann ich zwei. Als dritten suchte ich Gebhard Müller auf. Dieser verhielt sich zunächst ganz ablehnend: „Ich bin in nichts und geh' in nichts hinein; von den Kerlen will ich überhaupt nichts wissen!" Darauf verlegte ich mich aufs Bitten und stellte ihm vor, aus welcher Verlegenheit er mir helfen würde. Die Mitgliedschaft im Reichskolonialbund könne für ihn doch keine schwere Gewissensbelastung darstellen, zumal ein so guter Katholik wie der bayerische Ritter v. Epp an der Spitze dieses Bundes stehe. In Parteikreisen nannte man Epp spöttisch den „Muttergottes-General". Schließlich sagte Gebhard Müller: „Geben Sie mir den Wisch her! Ich erkläre aber deutlich: Nur Ihnen zu Liebe!" Und dann setzte er seine Unterschrift auf meine Liste.

Als ich mich nach dem Zusammenbruch einmal nach Stuttgart begab (es war wohl im Winter 46/47), um mich zu erkundigen, ob ich mein Amt wieder antreten könne, suchte ich den mir wohlbekannten

ehemaligen Landgerichtsrat Felix Walter auf, welcher von der Militärregierung als Personalchef für die nordwürttembergische Justiz eingesetzt worden war. Er saß in einem kleinen Zimmer des Amtsgerichts in
der Archivstraße, das stehen geblieben war. Drinnen hörte ich sprechen
und antichambrierte deshalb eine Weile vor der Türe. Auf einmal kam
Gebhard Müller heraus. Als er mich sah, schritt er auf mich zu und rief:
„Sie mit ihrem Sch… Kolonialbund! Wenn Sie nicht gewesen wären,
könnte ich jetzt Ministerpräsident von Nordwürttemberg werden!" Die
Amerikaner hatten an diesem einzigen Fleck an seiner weißen Weste
Anstoß genommen. Er wich deshalb in die Besatzungszone der Franzosen aus, die sich weniger kleinlich zeigten. Am Ende ist er dann doch
noch Ministerpräsident geworden und zwar nicht nur von Nordwürttemberg, sondern von dem großen Land Baden-Württemberg, das
hauptsächlich ihm seine Entstehung verdankt. [VI/236-238]

Reaktionen auf das Attentat vom 20. Juli 1944

Es war ein schöner Hochsommertag, als das Attentat vom 20. Juli gegen
Hitler bekannt wurde. Die Masse des deutschen Volkes reagierte darauf
mit starrem Erstaunen. So verworren auch die amtlichen Verlautbarun-
gen waren, soviel war doch für jeden klar, daß es sich diesmal um einen
ernsthaften Putsch höherer Offizierskreise gehandelt hatte. Der Mißer-
folg desselben rief natürlich bei allen, welche grundsätzliche Gegner
des Systems waren, und ebenso bei jenen, welche die Hoffnungslosig-
keit der Kriegslage durchschauten, tiefe Niedergeschlagenheit hervor.
Sie hatten allen Grund zu schweigen, denn es war vorauszusehen, daß
diese Vorgänge eine neue Terrorwelle hervorrufen würden.

   Die Mehrheit der Bevölkerung stand aber nach meiner Überzeugung
nicht hinter den Männern des Widerstands, war vielmehr noch immer
– trotz allem, was sich ereignet hatte – von der nationalsozialistischen
Propaganda in Bann geschlagen. Wenige Tage nach dem Attentat wurde
auf dem Stuttgarter Marktplatz eine Demonstration gegen die Putschi-

sten inszeniert. Ich habe sie nicht gesehen. Selbstverständlich war es eine befohlene Sache.

An jenem Abend nahm ich im Hotel Banzhaf in Stuttgart mein Abendessen ein, wobei an meinem Tisch lauter Soldaten, meist ältere Landsturmmänner, saßen. Sie schimpften, offenbar mit aufrichtiger Entrüstung, über die Offiziere, welche Hitler hatten stürzen wollen. In ihren Augen war dies nur ein schändliches Unternehmen der sozialen Reaktion gewesen. Die Offiziere hätten nichts anderes im Schild geführt, als sich wieder in den Besitz der Vorrechte zu setzen, die sie einst im preußisch-deutschen Kaiserreich gehabt hatten.

Nichts hat Hitler bei der Truppe populärer gemacht als die Tatsache, daß er dem einfachen Landser die Offizierslaufbahn eröffnete. Ein alter Bauer vom oberen Bottwartal, der es im 1. Weltkrieg bis zum Feldwebel gebracht hatte und dessen Sohn jetzt als Leutnant im Feld stand, rühmte mir deshalb den Führer in den höchsten Tönen. „Wer hätte in meiner Jugend so etwas für möglich gehalten! Hitler ist mein Mann!" Jedenfalls brachten mich derartige Erfahrungen zu der Überzeugung, daß die Generalität die Hoffnung aufgeben müsse, mit einer Truppe, die von einem solchen Geist beseelt war, den Nationalsozialismus in Deutschland niederzuwerfen.

Die klassenkämpferische Tendenz, welche dem Nationalsozialismus innewohnte, die sich aber nicht gegen das Kapital, sondern gegen die Intelligenz und gegen die traditionellen oberen Ränge der Gesellschaft richtete, blieb nicht ohne Wirkung auf breite Volksschichten. So fand die Flüsterpropaganda der Partei, daß ein Verrat der Generale an der Niederlage in Frankreich schuld sei, bei ihnen Gehör.

Der wichtigste Propaganda-Dreh angesichts der hoffnungslosen Kriegslage war die Behauptung, daß der Führer noch eine Wunderwaffe in Reserve habe, deren Einsatz die Situation mit einem Schlage total verändern werde. Die Deutschen neigen nun einmal, wohl mehr als andere Völker, dazu, sich von der unerfreulichen Realität zu entfernen und an Wunschbilder zu glauben.

Die Nationalsozialisten hatten einen großen Teil des Volkes in ihre Organisationen gelockt oder gepreßt. Von besonderer Bedeutung war, daß es den Nationalsozialisten dadurch gelungen war, diese Leute an ihre Partei zu binden. Viele von ihnen waren nun der Überzeugung, daß sie wegen ihrer Tätigkeit in den Parteiorganisationen nach einem Zusammenbruch des 3. Reiches persönlich schweres Unheil zu erwarten hätten. Bis hinunter zum kleinsten Amtswalter oder SA-Mann waren sie von dieser Furcht erfüllt. Viele Fliegergeschädigte glaubten, nur dann auf einen Ersatz ihres Schadens hoffen zu können, wenn Hitler an der Macht bleibe und den Krieg nicht verliere.

Dies alles ist in Ansatz zu bringen, wenn man sich darüber wundert, daß das deutsche Volk, ohne zu rebellieren, bis zum bittersten Ende durchgehalten hat, besonders aber der immer schrankenloser waltende Terror, der das geringste Aufmucken mit dem Tod bedrohte. Schließlich ist hier auch noch an die chaotischen Verhältnisse, welche der Luftkrieg in den letzten Kriegsmonaten hervorrief, zu denken. Wie sollte sich, als alle Verbindungen abrissen, eine weitverzweigte Verschwörung bilden? Jeder war nur damit beschäftigt, sein nacktes Leben zu retten und konnte an nichts anderes mehr denken.

Ich selbst traf am Tag nach dem Attentat vom 20. Juli vor dem Zimmer meines Oberstaatsanwalts den mehrfach erwähnten SD-Mann Geier. Er konnte den Schock, den dieses Ereignis bei ihm ausgelöst hatte, nicht verbergen. Zu mir sagte er: „Das haben die Jesuiten und die Zentrumsleute angezettelt. Der politische Katholizismus ist der größte Feind des Führers." Ohne Zweifel sagte er dies, weil er wußte, daß ich Katholik war, um mich einzuschüchtern.

In der Tat überstieg die Gewaltherrschaft, die nun einsetzte, alles Dagewesene. Die Serie der Todesurteile gegen die Männer des 20. Juli verbreitete allenthalben Furcht und Schrecken. Bei den württembergischen Katholiken wurde besonders das Schicksal von Eugen Bolz mit

Bewegung verfolgt. Ich hatte den ehemaligen württembergischen Staatspräsidenten noch oft beim Gottesdienst in der Eberhardskirche gesehen. Er war gegen früher sehr gealtert und zusammengefallen. Auch der ehemalige und spätere württembergische Justizminister Beyerle wurde sofort nach dem Attentat in Haft genommen, aber nach wenigen Tagen wieder auf freien Fuß gesetzt. Selbst die führenden Parteikreise unseres Landes traten für seine Freilassung ein. Der etwas steife und lederne, aber biedere und politisch harmlose Mann tat im 3. Reich Dienst als Oberlandesgerichtsrat im Erbhofsenat und stand allgemein in gutem Ansehen. Man hörte auch schon damals, daß der Stuttgarter Oberbürgermeister Dr. Strölin, ein „alter Kämpfer", in die Verschwörung verwickelt gewesen sei, konnte aber nichts Gewisses darüber erfahren. Jedenfalls war nun die letzte und furchtbarste Phase des 3. Reiches angebrochen, in welcher Himmler und Bormann das Szepter führten. [VI/238-240]

Fliegerangriffe auf Stuttgart

Die Serie schwerster Luftangriffe vom 25. bis 27. Juli 1944[82] vernichtete Stuttgarts Innenstadt und zerstörte das historische Stadtbild. Obwohl schon an vieles gewöhnt, griff es mir tief ans Herz, als ich vor den Trümmerhaufen stand, in welche die schönen alten Patrizierhäuser am Marktplatz verwandelt worden waren, darunter das älteste und schönste, das meines Onkels Gustav Haufler, an das sich so viele meiner Kindheitserinnerungen hefteten. Bei dem Luftangriff vom 25. Juli, der überhaupt die meisten Menschenleben kostete, kamen auch die mir gut bekannte Frau Carle, geb. Hoss, und ihre Schwiegermutter ums Leben. Sie wohnten im westlichen Stadtteil, der damals zu einer Todeszone geworden ist. Ihr Ehemann, der sich bei der Wehrmacht befand und darauf einen kurzen Urlaub erhielt, konnte nachher im Keller nur noch einige halbverkohlte Überreste von den Frauen auffinden. [VI/240]

Das Näherrücken der Front, häufige Luftangriffe und erschwertes Arbeiten

Im Lauf des Spätsommers sank die Stimmung der Bevölkerung, welche bisher trotz aller Nöte, die sie auszustehen hatte, nicht nur durch den Terror, sondern auch durch die Propaganda der Partei in erstaunlicher Weise bei der Stange gehalten worden war, auf einen bis jetzt noch nie erreichten Tiefpunkt. Der Hauptgrund dafür war der rasche Verlust von ganz Frankreich. Nicht nur ich, sondern auch sehr viele andere erwarteten, daß die Alliierten unaufhaltsam in schnellem Tempo weiter nach Osten und nach Deutschland herein vordringen würden und daß dann die nationalsozialistische Herrschaft zusammenbrechen würde. Nach den hochgespannten Erwartungen brachte ebenso der Einsatz der V1 eine ziemliche Enttäuschung.

Mit dem Näherrücken der Front nahm der Luftkrieg einen anderen Charakter an. War man bisher tagsüber im allgemeinen unbehelligt geblieben (abgesehen von dem ersten Tagesangriff auf Stuttgart im September 1943), so häuften sich nun die Alarme auch bei Helligkeit. Dadurch wurde die Arbeit in den Betrieben aufs schwerste gestört. Meist nahm jedoch die Bevölkerung die Tagesangriffe mit größerem Gleichmut hin als die schweren Nachtangriffe. Man sah, was um einen her vorging, und dies machte die Ereignisse weniger unheimlich als das, was im Dunkel der Nacht geschah. Für uns Justizbeamte war es günstig, daß wir den auf der anderen Seite der Olgastraße gelegenen Wehrmachtbunker schnell erreichen konnten. Als der sicherste Luftschutzraum in der ganzen Stadt galt der Wagenburgtunnel, der damals noch nicht dem Verkehr übergeben war.

Niemand bei der Staatsanwaltschaft war so um sein Leben besorgt wie der Assessor Dillenz, ein aufgeschwemmter, junger Mann von sehr mäßiger Intelligenz. Obwohl er der SS angehörte, wurde er nie zum Wehrdienst eingezogen. Dafür wirkte er aber in unserer Behörde als Vertrauensmann des SD, woraus er auch gar keinen Hehl machte.

Handtmann wurde in dieser Funktion sein Nachfolger. Natürlich nahm man sich vor Dillenz entsprechend in acht. Seinem Taufschein nach war er Katholik. Trotzdem prahlte er mir gegenüber, daß er einen katholischen Geistlichen vom Oberland, weil er mit demselben während eines Urlaubsaufenthalts in Streit geraten war, ins KZ gebracht habe. Wenn nun morgens der Telefonfunk meldete, daß feindliche Flieger den Rhein überflogen hätten, so wartete er einen Alarm erst gar nicht ab. Vielmehr sah man ihn dann sogleich mit einem Köfferchen dem Wagenburgtunnel zustreben, wo er die meiste Zeit des Tages verblieb. Seine Arbeitsleistung dürfte unter diesen Umständen gleich Null gewesen sein. Mehrmals forderte er mich auf, seinem Vorbild zu folgen. „Nur der Wagenburgtunnel ist das Wahre", sagte er zu mir. „Im Wehrmachtbunker kann man leicht verrecken." Als einmal bei einem unvermuteten Nachtangriff eine Brandbombe in die Wohnung seiner Vermieterin, deren Mann im Feld stand, fiel, ließ er es brennen, ohne beim Löschen zu helfen, und eilte, obwohl bereits entwarnt worden war, seinem geliebten Wagenburgtunnel zu, weil er fürchtete, der Alarm könnte sich wiederholen. Die Vermieterin meldete diesen Vorfall dem Generalstaatsanwalt, weil eine solche feige Flucht einem Staatsanwalt, der dazu noch SS-Mann sei, schlecht anstehe. Am Verhalten von Dillenz änderte sich dadurch jedoch nichts.

Nach den Angriffen von Ende Juli [1944] hatte sich allmählich der Verkehr zwischen Stuttgart und Marbach so ziemlich wieder eingespielt. Da erfolgte der schwere Luftangriff in der Nacht vom 12. auf 13. September. Man wollte zunächst gar nicht glauben, daß er abermals Stuttgart galt, da diese Stadt schon im Juli in ihrer Bedeutung im wesentlichen vernichtet worden war. Aber der Feuerschein am Himmel ließ keinen Zweifel darüber. Ich beschloß nach dem Angriff, in der schönen Spätsommernacht mit meiner Frau und den Eheleuten Brosig[83] noch auf die Eck zu gehen, von wo aus man ins Stuttgarter Tal hineinsehen kann. Dort bot sich uns ein grandioser, schauerlicher Anblick.

Das Tal in seiner ganzen Breite war von Flammen erfüllt und auch an den Hängen züngelten sie hinan. Schwerer, von unten beleuchteter Qualm schwelte über der Stadt. Und dabei der Gedanke, daß in diesem Augenblick dort Tausende unter Qualen ihr Leben endeten!

Am nächsten Morgen hatte ich beim Sondergericht einen Termin. Von Feuerbach aus mußte ich zu Fuß gehen. Vom Pragsattel aus sah ich die rauchende und brennende Stadt vor meinen Augen liegen. Ich ging meiner Arbeitsstelle zu. An den stehengebliebenen steinernen Fundamenten von Häusern, die zusammengestürzt oder ausgebrannt waren, sah man oft mit Kreide geschrieben die Worte: „Wir leben und wohnen jetzt in der …straße Nr. … NN." So kündeten Überlebende ihren Verwandten an, daß sie dem Tod entronnen waren und wo sie zu finden seien.

Als ich vor das Justizgebäude kam, traf ich dort nur noch Ruinen an. Das Haus, in dem ich 17 Jahre gearbeitet hatte, war bis auf die Grundmauern zerstört. Die von mir in vielen Jahren gesammelten Verordnungen, Gerichtsentscheidungen und Muster von Anklageschriften, meine Bücher, meine Amtstracht – alles war vernichtet. Nur die wichtigsten Akten, welche ich täglich, bevor ich nach Hause ging, in den tiefen Keller hatte verbringen müssen, konnte ich unter Lebensgefahr – weil die stehengebliebenen Mauerreste einzufallen drohten – noch retten.

In der Folge wurde die Staatsanwaltschaft in einem noch stehenden, aber ebenfalls stark beschädigten Haus in der Olgastraße untergebracht. Uns drei Kriegswirtschaftsreferenten Kleinknecht, Handtmann und Maisenhälder wurde zusammen ein mittelgroßes Zimmer angewiesen. So arbeiteten wir unter den primitivsten Verhältnissen. Wir besaßen weder Gesetzestexte noch Kommentare, weder Tinte noch Feder, noch Aktenklammern. Was wir brauchten, mußten wir von zu Hause mitbringen. Wir waren genötigt, fortgesetzt einander zu stören, da ein großer Teil unserer Arbeit in Vernehmungen und Maschinendiktaten bestand. Besonders schlimm war, daß die Wasserspülung nicht mehr funktionierte. Man stellte im Souterrain für die Belegschaft unseres Gebäudes eine große Kufe auf und stellte uns anheim, diese als Abort zu benützen; sie verpestete alsbald das ganze Haus. Man half sich jedoch damit, daß man im Bedürfnisfall in die Ruinen ging. Mein Oberstaatsanwalt erlaubte mir, daß ich in der Woche ein bis zwei Tage daheim in Marbach an meinen großen Fällen arbeiten durfte. Im allgemeinen zeigte die Arbeitsdisziplin schon bald eine bedenkliche Lockerung. Den Fliegergeschädigten mußte besondere Freizeit zur Besorgung ihrer Angelegenheiten gegeben werden. Die Mehrzahl der Belegschaft wohnte nicht mehr in Stuttgart, sondern zum Teil weit weg, etwa in Reutlingen oder in Bietigheim. Dabei stelle man sich die stundenlangen Verspätungen der Züge vor und die zeitweilige gänzliche Unterbrechung des Verkehrs, wenn durch Luftangriffe eine Strecke beschädigt war!

Jedenfalls fingen für mich nun die Kriegsleiden erst recht an. Es wurde bereits winterlich kalt; unsere Arbeitsräume wurden gleichwohl nicht geheizt. Die Kohlenmengen, welche im Keller des Hauptgebäudes gelagert hatten, waren beim Angriff vom 12./13. September alle verbrannt. Die Schreibmädel suchten aus dem Schutt der Ruinen Holz zusammen und heizten damit ein. Schließlich erhielten wir wieder Heizung, aber natürlich ungenügend. Überall zog es durch die Fenster und Türen, die nicht mehr richtig geschlossen werden konnten, herein. Noch mehrmals fanden leichtere Luftangriffe auf das zerstörte Stuttgart statt. Dabei wurden die notdürftig geflickten Fenster und Türen erneut eingeschlagen und jedesmal dauerte es geraume Zeit, bis die Räume wieder einigermaßen in Ordnung gebracht waren. Das Wohnen in halbruinierten Gebäuden und das tägliche Umhergehen zwischen Ruinen, unter denen noch Tote begraben lagen, drückte an trüben Wintertagen doppelt aufs Gemüt.

Ich verlegte deshalb meine Arbeit, so gut es ging, nach Marbach. Aber die Bahnfahrten wurden immer unerträglicher und auch gefährlicher, weil die Feinde mehr und mehr dazu übergingen, bei Tag die Bahnlinien zu beschießen.

Das Publikum auf der Bahn war sehr bunt. Außer den Deutschen, meist Frauen und Mädchen, ebensoviele oder noch mehr Ausländer: Die Leute aus dem Osten in unglaublich zerlumpten und schmutzigen Anzügen, mit Kappen mit Ohrenschützern, die wie Flügel zu beiden Seiten vom Kopf abstanden und winters und sommers in dick auswattierten Jacken. Teils waren sie aschblond und hatten wasserblaue Augen, teils hatten sie dunklen Teint und schwarzes Haar; andere waren 100%ige Mongolen. Dazu kamen: Die Ostfrauen mit ihren breiten, unter Kopftüchern halbverborgenen Gesichtern. Dann die Polen, nicht weniger zerlumpt wie die Russen, kenntlich an dem auf die Kittel genähten P. Zur Arbeit abkommandierte französische Kriegsgefangene in abgeschossenen khaki-farbenen Uniformen, Zivilfranzosen mit Baskenmützen und kleine Französinnen, die selbst in diesen Zeiten nicht auf Lippenstift und Schminke verzichten wollten. Weiter Italiener, die besonders verlottert aussahen, wenn sie in ihren alten Uniformen staken; blonde, schlaksige Holländer mit Hornbrillen und vieles sonstiges fremdes Volk, von dem man nicht wußte, von wo es herkam, meist schmächtige junge Männer mit kurzgestutzten Bärtchen auf den Oberlippen, vielleicht Tschechen, Kroaten, Ungarn, Bulgaren oder Serben. Regelmäßig sah man auf irgendeinem Bahnsteig Gruppen von Zivilgefangenen stehen in gestreiften Anzügen und in Holzschuhen, streng bewacht, bleiche, ausgemergelte Jammergestalten. [VI/243a und 243b-246]

Der Volkssturm wird aufgerufen

Im Oktober [1944] wurde von Himmler der Volkssturm aufgerufen, was in den betroffenen Bevölkerungskreisen Bestürzung hervorrief. Viele waren schließlich geneigt, die Sache doch nicht so ernst zu nehmen und mehr eine propagandistische als eine militärische Angelegenheit im Volkssturm zu erblicken. Eine verbreitete Ansicht ging dahin, Himmler wolle eben jeden deutschen Mann unter Kriegsrecht stellen, um dadurch alle Widerstände von vornherein zu ersticken.

An einem Sonntagvormittag Ende Oktober oder Anfang November mußte ich mich im Kronensaal in Marbach zum Volkssturm melden. Viele Pflichtige waren nicht erschienen, was immerhin ein bedenkliches Zeichen dafür darstellte, daß die Staatsautorität nicht mehr auf festen Füßen stand. [VI/246]

Im Januar kamen Fronttruppen – Infanterie – nach Marbach ins Quartier. Sie wurden zur Ausbildung des Volkssturms herangezogen. Jeden Sonntagvormittag und jeden Mittwochabend fand theoretische Ausbildung an der Waffe statt, meist im alten Schulhaus. Gewehre, Pistolen, Maschinengewehre, Sturmgewehre und Panzerfäuste wurden uns gezeigt, von uns auseinandergenommen und wieder zusammengefügt. Ihren Instruktionen zuwider führten die Soldaten die Panzerfäuste in einem geschlossenen Raum vor. Es waren eben verwegene junge Kerle, richtige Landsknechte, die seit Jahren gewohnt waren, fast täglich dem Tod ins Auge zu sehen. An einem Abend gab es einen gewaltigen Donnerschlag. In einem Schulzimmer, in dem die Ausbildung der Volkssturmmänner erfolgte, war versehentlich eine Panzerfaust losgegangen. Glücklicherweise war der Kopf nicht geladen gewesen. Alles ging noch glimpflich ab.

An einem Sonntagvormittag wurden uns im Aichgraben Panzerfäuste aller Kaliber, Handgranaten und sonstige Sprengmittel von den Soldaten vorgeführt. Ich kann aber nicht behaupten, daß unsere Ausbildung wirklichen Wert gehabt hätte. Wer noch nicht beim Militär gewesen war, lernte nicht einmal, ein Gewehr richtig zu handhaben. Wenn ausnahmsweise an einem Sonntag nicht ausgebildet wurde, so mußte man an einer sogenannten weltanschaulichen Schulung im Kronensaal teilnehmen. Diese Veranstaltungen wurden in der Hauptsache von Studiendirektor Herrmann von der Karlsoberschule und von Studiendirektor Grau von Marbach bestritten und zeichneten sich durch außergewöhnlichen Stumpfsinn aus.

An einem Sonntag im Februar machte das Militär eine Gefechtsübung auf dem Gelände zwischen Erdmannhausen und dem Lemberg, wobei der Marbacher Volkssturm zuschauen mußte. Schon der geschlossene Anmarsch gestaltete sich gefährlich, denn bereits als wir antraten, wurde Luftalarm gegeben. In der Ferne hörte man Flakfeuer und das Surren von Fliegerverbänden. Da standen wir nun auf der Hochfläche, dicht geschlossen, nirgends Bäume oder irgendeine sonstige Möglichkeit zur Deckung. Die Soldaten in ihren feldgrauen Uniformen, die ausgeschwärmt in den Äckern lagen, waren besser dran als wir. Es wurden einige Leute aufgestellt, welche den Horizont nach nahenden Tieffliegern absuchen mußten. Falls solche kämen, sollte jeder von uns, wo er gerade stand, hinliegen; fortlaufen durfte niemand, um durch die Bewegung nicht die Aufmerksamkeit der Flieger zu erregen. In der Tat! Auf einmal ertönte der Ruf: „Achtung Tiefflieger!" Ich drückte mich in die Furche eines Kartoffelackers und schon hörte ich das Motorengeräusch der Flugzeuge, die ziemlich tief hinter einer Bodenerhebung hervorkamen. Jetzt – jetzt müssen die Bordwaffen anfangen zu bellen und dann ist alles aus! Aber es erfolgte nichts. Das Motorengeräusch entfernte sich. Die Flieger waren wenige 100 m nördlich von uns vorbeigeflogen, anscheinend, ohne uns zu bemerken. Ziemlich unmilitärisch löste sich nach diesem Schrecken der Marbacher Volkssturm auf. Die Männer gingen gruppenweise nach Hause. Drecküberzogen kam ich daheim an. Nachher schalt der Ortsgruppenleiter gewaltig über unsere Feigheit vor dem Feind. Er selbst war aber ebenso undiszipliniert weggelaufen wie die andern. [VI/257 f.]

Dienstunfähig für den Volkssturm

Inzwischen hatte ich eine Vorladung zu einer Untersuchung beim Staatlichen Gesundheitsamt in Ludwigsburg erhalten. Ich zog Erkundigungen ein und erfuhr, daß es sich um den Einsatz beim Volkssturm handelte. So wanderte ich an einem Nachmittag im Februar [1945] – eben war der Schnee weggeschmolzen – nach Ludwigsburg.

Der Vorstand des Gesundheitsamts untersuchte mich. Ich fragte, wie es zu dieser Untersuchung gekommen sei. Darauf erfuhr ich folgendes: Wenn ein Beamter dem 1. Aufgebot des Volkssturms zugeteilt wurde, hatte sein Behördenvorstand das Recht, entweder seine UK-Stellung oder seine Untersuchung zu beantragen. Das 1. Aufgebot sollte nämlich eingezogen werden. Nun gehörte ich ganz am Anfang dem 1. Aufgebot an. Dies hatte Oberstaatsanwalt Link zum Anlaß genommen, den Antrag auf meine Untersuchung zu stellen. Auf den Antrag hatte er die Bemerkung geschrieben: „Ist dienstunfähig!"

Nach der Untersuchung erklärte mir der Obermedizinalrat, ein freundlicher Herr, der mir ungeschminkt zu verstehen gab, daß er mit dem alsbaldigen Zusammenbruch des deutschen Widerstands sicher rechne, er habe mich „zeitlich dienstunfähig" geschrieben. Tatsächlich war ich ja auch wegen meines Bruchleidens zu irgendwelchen nennenswerten körperlichen Anstrengungen unfähig. Am 3. März wurde mir von der Ortsgruppe Marbach eröffnet, daß ich auf Grund amtsärztlicher Untersuchung dem 4. Aufgebot des Volkssturms zugeteilt worden sei.
[VI/259]

Günstlinge der Partei sitzen in den Ämtern

Während solche Zustände in Deutschland herrschten, ging ich unbeirrt meinem Beruf als Staatsanwalt nach und arbeitete meine Anklageschriften wegen Kriegswirtschaftsverbrechen mit der gewohnten Akribie aus. Dabei kam es mir gar nicht zum Bewußtsein, daß sich meine Tätigkeit mehr und mehr in einer gespensterhaft unwirklichen Sphäre abspielte. Es waren vor allem größere Korruptionsfälle, die mich in dieser letzten Zeit des Krieges beschäftigten. Durch den Einfluß der Partei waren viele ihrer Günstlinge in Bewirtschaftsämtern untergebracht worden. Es handelte sich dabei zum großen Teil um zweifelhafte Elemente, die jetzt nur noch daran dachten, aus ihren Stellungen für sich persönlich Vorteile herauszuschlagen.

So bearbeitete ich damals ein Verfahren gegen einen gewissen Döll, einen wegen kriminellen Delikten schon vorbestraften „alten Kämpfer", der im Viehwirtschaftsverband Reutlingen eine maßgebende Rolle spielte; sein Sohn war SS-Mann. Dieser Döll hatte sich bestechen lassen und mehrere hunderte Zentner Fleisch Metzgern und anderen Personen zugeschoben, denen keine Bezugsberechtigungen dafür zustanden. Der Krieg endigte vor Abschluß meines Verfahrens, sonst wäre es wohl um den Kopf Dölls geschehen gewesen.

Neben den alltäglichen Bürden und Gefahren hing in jener Zeit meine Sorge wegen der Vernichtung des von mir in dem Verfahren gegen Alois Stehle beschlagnahmten Kriegsmaterials fortgesetzt wie ein dunkler Schatten über mir. [VI/259]

Der „Fall Fink" und der Reichsstatthalter Murr

Im Lauf des Februar ließ mich Oberstaatsanwalt Link einmal auf sein Zimmer kommen, das vor den anderen nur den einzigen Vorzug hatte, daß es ihm allein zur Verfügung stand. Es konnte in dem kleinen Raum passieren, daß einem während einer Dienstbesprechung Mäuse über die Beine liefen. Link eröffnete mir, daß er mir einen wichtigen Fall zuteilen würde. Die Beschuldigte sei eine Frau Fink, welche in der kleinen Königstraße ein Herrenkonfektionsgeschäft betrieb. Diese Frau Fink sei die Geliebte des Regierungsrats Gutbrod, des persönlichen Adjutanten des Reichsstatthalters [Murr]. Gutbrod wolle die Fink heiraten, obwohl dieselbe bereits zwei- oder dreimal geschieden sei. Der Reichsstatthalter und seine Frau würden die Heirat nicht wünschen. Jedoch ließ Link durchblicken, daß der Reichsstatthalter trotzdem der Fink seinen Schutz angedeihen lassen wolle. Die Kripo werde die Verhaftung der Frau Fink betreiben. Ein höherer Beamter der Kripo, ein Österreicher – der Name ist mir entfallen –, habe ihm, Link, am Telefon unverschämte Vorhalte gemacht und behauptet, Link wolle das Strafverfahren gegen die Fink unterdrücken. Es sei deshalb zwischen dem Österreicher und ihm zum Krach gekommen. Ich solle nun beim Amtsgericht einen Haftbefehl gegen die Fink beantragen und ihm dann so rasch wie möglich über den Sachverhalt berichten. Es handle sich anscheinend darum, daß die Fink beschuldigt werde, Waren verschoben und beim Kriegsschädenamt einen betrügerischen Antrag gestellt zu haben. Mußgay, der Leiter der Stuttgarter Gestapo, habe ihm gesagt, wenn sich der Sachverhalt bestätige, so gehe es um den Kopf der Fink. Ich solle den Fall bevorzugt behandeln und ihn durch Oberstaatsanwalt Bäuchlen stets auf dem Laufenden halten. Er trete nämlich jetzt einen längeren Krankheitsurlaub an, den er in Stetten im Remstal, wo seine Familie evakuiert war, verbringen werde.

Aus den Akten ergab sich folgendes: Im Jahr 1943 war die bekannte Konfektionsfirma Englisch in der Königstraße in Stuttgart stillgelegt worden. Soviel ich hörte, habe sich dies der Inhaber so zu Herzen genommen, daß er Selbstmord beging. Die Wirtschaftsgruppe Einzelhandel wollte dann das vorhandene Warenlager im Wert von 200 000 bis 300 000 Reichsmark unter die angesehenen einschlägigen Geschäfte in Stuttgart – Breuninger, Lorenz, [Wilhelm] Benger Söhne und Braun – verteilen. Im letzten Augenblick aber verfügte das Landeswirtschaftsamt „auf höhere Weisung", daß das ganze Warenlager der unbedeutenden und bis dahin ziemlich unbekannten Firma der Frau Fink überlassen werden sollte. Letztere war die Tochter eines Lokomotivführers von Neu-Ulm und hatte eine Zeitlang in Stuttgart als Bedienung gearbeitet. Bei den Luftangriffen vom 25. Juli und vom 12. September [1944] verbrannten fast sämtliche Waren der Fink, soweit sie nicht Teile des Warenlagers Englisch bereits nach auswärts verlagert hatte. Gerettete Reste der Warenlager verbrachte sie in die Mangelstube der Frau Reichsstatthalter und in das Pförtnerhaus der Reichsstatthalterei. Sodann verlagerte sie ihre ganze übrige Ware nach Ellwangen, wo sie angeblich ihre Geschäfte weiter betreiben wollte.

Nun wurde der Frau Fink zur Last gelegt, daß sie beim Kriegsschädenamt einen viel zu hohen Schaden angemeldet, nach Übernahme des Wagenlagers Englisch die Waren nicht zum Verkauf angeboten, sondern zurückgehalten und einen Teil derselben an andere Personen ohne Entgegennahme von Bezugsberechtigungen veräußert und auf sonstige Weise beiseitegeschafft habe. Die Ermittlungen der Kripo machten einen reichlich verworrenen Eindruck. Ob sich hinsichtlich der wesentlichen Beschuldigungen ein sicherer Beweis führen lassen werde, erschien mir ziemlich fraglich, da bei den genannten Luftangriffen alle notwendigen Unterlagen verbrannt waren. Immerhin ergab sich aus den Akten, daß sich die Fink mit einer Reihe von dunkeln Geschäften befaßt hatte, die indes wohl nicht mehr restlos aufgeklärt werden konnten, zumal die Beteiligten in alle Winde zerstreut und unter den bestehenden Verhältnissen nicht mehr zu erreichen waren.

Das Erstaunlichste an der Sache waren die Hintergründe. Offensichtlich hatte der Reichsstatthalter aus unsachlichen Motiven der Fink das Warenlager der Firma Englisch verschafft. Der Verdacht, daß ein Teil dieser Waren an hohe Parteibonzen verschoben worden war, lag nahe; ein Beweis in dieser Richtung war gleichwohl kaum zu erbringen. Wie konnte unter diesen Umständen die Kripo es wagen, in solch aggressiver Weise gegen einen Schützling des Reichsstatthalters vorzugehen? Von verschiedener Seite wurde mir angedeutet, daß es sich um einen Fall von großer politischer Bedeutung handle. Eine sehr mächtige Stelle mußte hinter der Anzeige stehen, durch welche der Reichsstatthalter selbst schwer belastet wurde. Dies konnte niemand anders sein als Himmler und die SS. Man wollte offenbar durch das in Gang gebrachte Verfahren den Reichsstatthalter, der bei Hitler nicht besonders beliebt war, zu Fall bringen. Reichsstatthalter Murr stand allgemein in dem Ruf, zu Korruption zu neigen. Darin dürfte er sich jedoch nicht allzusehr von den andern hohen Parteifunktionären unterschieden haben. Nach dem Krieg stellte es sich heraus, daß Murr mit seinem Ge folge in den Zivilkleidern, welche die Frau Fink in die Reichsstatthalterei verbracht hatte, aus Stuttgart geflohen war.

Oberstaatsanwalt Link gab mir sofort die Weisung, dem Rechtsanwalt Glück, dem Führer des NS-Rechtswahrerbundes in Württemberg, eine Sprecherlaubnis mit der Frau Fink zu geben. Selbstverständlich war dies im augenblicklichen Stadium des Verfahrens sachlich recht bedenklich. Aber ich war an die strikte Weisung meines Vorgesetzten gebunden. Glück hatte eine Verteidigungsvollmacht noch nicht vorgelegt. Dies erschien mir zunächst bedeutungslos. Erst später erfuhr ich, daß Glück die Verteidigung überhaupt erst dann übernehmen wollte, wenn feststand, daß bei dem Verfahren nicht viel herauskomme.

Die Fink wurde auf meinen Antrag von Amtsrichter Elben, der nicht Parteimitglied war, verhaftet. Dem Oberstaatsanwalt Link übersandte ich nach Stetten einen kurzen Bericht über den Stand der Sache. Dann leitete ich die Akten mit einem eingehenden Ersuchen um weitere Erhebungen der Kripo zu.

Noch ehe diese Erhebungen ganz zum Abschluß gekommen waren, wurden Oberstaatsanwalt Bäuchlen und ich von Oberstaatsanwalt Link telefonisch nach Stetten beordert, wo ich ihm über den Fall Fink einen eingehenden mündlichen Bericht erstatten sollte; es handle sich um eine besonders wichtige Besprechung, sagte Link. Um diese Zeit war es schon schwierig, das nahe bei Stuttgart liegende Stetten pünktlich mit der Bahn zu erreichen. Link teilte mir mit, daß mich, wenn ich mit dem Frühzug von Marbach her in Stuttgart eintreffe, Justizrat Glück und Oberstaatsanwalt Bäuchlen am Bahnhof mit einem PKW erwarten würden. Um ja in Marbach den Zug nicht zu versäumen, stellte ich am Abend vorher den Wecker. Als wir erwachten, war aber der Zug bereits abgefahren. Der Wecker hatte nicht funktioniert. In meiner Bedrängnis begab ich mich in die Stadt in der Hoffnung, vielleicht einen LKW zu finden, der mich nach Stuttgart oder wenigstens nach Ludwigsburg mitnehme. Auf dem Marktplatz stand ein Werkomnibus der EVS. Als blinder Passagier mischte ich mich in die Menge der Arbeiter, obwohl ich kein Recht zur Mitfahrt hatte. Als am Werk die meisten Fahrgäste ausstiegen, erfolgte eine Prüfung der Fahrtberechtigungen der übrigen. Der Wagenführer bestand darauf, daß ich seinen Wagen verlasse. Da zeigte ich einem zufällig anwesenden Gendarmeriemeister meinen Dienstausweis und erklärte ihm, daß ich unbedingt zu einer wichtigen Besprechung müsse. So gelang es mir, durch Vermittlung des Polizeibeamten, meine Mitfahrt zu erzwingen und doch noch rechtzeitig nach Stuttgart zu gelangen.

Bäuchlen flüsterte mir, bevor wir nach Stetten abfuhren, zu, ich solle mich möglichst gegen eine Entlassung der Fink aus der Untersuchungshaft aussprechen. Link bewohnte in Stetten mit seiner Familie ein hübsches Häuschen. Zunächst begab er sich mit Bäuchlen, Glück und mir in den Gasthof Zur Linde, wo er uns eine gewaltige Platte mit Metzelsuppe auftischen und einen guten Wein vorsetzen ließ. Ich wurde von ihm vollständig freigehalten und mußte zudem keine Fleischmarken abgeben. Es war bekannt, daß in der Linde in Stetten viele höhere Parteipersönlichkeiten Stammgäste waren. Auch der Generalstaatsanwalt verkehrte hier häufig. Vor dem Krieg war gegen den Besitzer Idler einmal ein umfangreiches Verfahren wegen Schlachtsteuerhinterziehung anhängig gewesen. Im Auftrag von Link mußte mein Kollege Halder damals die Sache unterdrücken. Link und Glück standen sowohl mit dem alten als auch mit dem jungen Idler auf „Du".

Anschließend fand die Besprechung in der Privatwohnung Links statt. Sie wurde damit eingeleitet, daß Glück die absolute Sauberkeit des Herrn Reichsstatthalters herausstrich und im übrigen die Frau Fink als ein Opfer von Verleumdungen hinstellte, wobei er immer wieder durch Zornesausbrüche Links über den Leiter des Stuttgarter SD, Busemann, unterbrochen wurde; dieser sei der letzte, der ein Recht zu moralischer Entrüstung habe, meinte Link, und hatte damit wohl recht. Aus den Ausführungen Glücks erfuhr ich, daß Link selbst ohne mein

Wissen die Fink im Gefängnis aufgesucht hatte. Auch erzählte Link, daß er inzwischen die Sache eingehend mit dem Reichsstatthalter durchgesprochen habe.

Darauf erstattete ich meinen Bericht, wahrheitsgemäß, indem ich auf der einen Seite die Schwierigkeiten der Beweisführung hervorhob, auf der anderen Seite aber darlegte, daß doch dringende Verdachtsgründe vorhanden seien und daß nach meiner Ansicht im gegenwärtigen Augenblick eine Haftentlassung nicht verantwortet werden könne. Bäuchlen stimmte mir zu. Link jedoch erklärte unumwunden, er wünsche, daß ich die Frau Fink so bald wie möglich aus der Haft entlasse; bei der Lebensgefahr, welche die häufigen Luftangriffe für sie zur Folge hätten, sei es nicht zu verantworten, daß sie auch nur einen Augenblick länger als unbedingt nötig im Gefängnis belassen werde. (Sonst zeigte er sich den Häftlingen gegenüber nicht so besorgt und rücksichtsvoll). Ich merkte, daß er dem Reichsstatthalter irgendwelche Zusagen gemacht hatte.

Ich empfahl, den Eingang der Ermittlungen, um welche ich die Kripo ersucht hatte und mit dem in Kürze zu rechnen war, noch abzuwarten, und schließlich stimmte mir Link, wenn auch mit sichtlichem Unbehagen, zu. Da bat Glück den Oberstaatsanwalt um eine kurze Unterredung unter vier Augen. Beide begaben sich in ein daneben liegendes Zimmer. Nach einigen Minuten erschienen sie wieder. Jetzt erklärte Link, die Frau Fink müsse sofort auf freien Fuß gesetzt werden. Ich gab zu verstehen, daß ich für die sofortige Freilassung der Fink nicht die Verantwortung übernehmen möchte, worauf Link sagte, er gebe mir die dienstliche Weisung dazu. Durch mancherlei Erfahrungen gewitzigt, bat ich Link, dies schriftlich zu tun. Nun wurde Link ungehalten, gab mir aber dann doch die erbetene schriftliche Weisung. Trotzdem äußerte ich weitere Bedenken: Es mache nach außen hin einen schlechten Eindruck, wenn ich die Fink nun auf einmal auf freien Fuß setze, ohne daß seit ihrer Inhaftnahme die Ermittlungen etwas Neues ergeben hätten. Damit fand ich Anklang.

Ich schlug vor, daß ich am nächsten Tag die Fink nochmals selbst vernehme. Diesen Vorschlag nahm man an. Weiter meldete ich Bedenken dagegen an, die Haftentlassung über den Kopf des Generalstaatsanwalts zu verfügen. Mit dem Generalstaatsanwalt hatte ich einmal auf dem Gang des Gerichts einige Worte über den Fall Fink gewechselt. Er hatte mir dabei erklärt: „Bearbeiten Sie den Fall sine ira et studio[84]!" Bäuchlen unterstützte alle meine Bedenken. Link war damit einverstanden, daß ich nach Vernehmung der Beschuldigten die Sache dem Generalstaatsanwalt vortrage, wobei ich diesem aber eröffnen solle, Link habe mir die Weisung gegeben, die Fink aus der Haft zu entlassen.

Damit war die dienstliche Besprechung zu Ende. Man begab sich zu einem nochmaligen kleinen Gelage in die Linde. Link behandelte mich über die Maßen wohlwollend. Glück ließ sich von Idler noch ein ordentliches Fleischpaket zum Mitnehmen hinrichten. Dann führte er mich und Bäuchlen in seinem Auto nach Stuttgart zurück. In Cannstatt gab es nochmals einen längeren Aufenthalt. Glück suchte das Frauengefängnis auf; offenbar instruierte er dort die Fink über ihr Verhalten bei der bevorstehenden Vernehmung.

Am nächsten Tag begab ich mich mit meiner Sekretärin in das Frauengefängnis nach Cannstatt und vernahm dort in einer Zelle die Fink. Sie erwies sich als eine sehr intelligente Person, welcher man die Bewegtheit ihrer Vergangenheit nicht ansah. Ohne Kenntnis der Akten hätte ich einen durchaus guten Eindruck von ihr gehabt. Jedenfalls war ich nach Abschluß der Vernehmung der Ansicht, daß sich für die wichtigsten Beschuldigungen gegen sie ein Beweis wohl kaum werde erbringen lassen.

Am folgenden Vormittag, einem Freitag, mußte ich zusammen mit Bäuchlen beim Generalstaatsanwalt erscheinen, um ihm über den Stand des Verfahrens gegen die Frau Fink zu berichten. Als wir ins Zimmer traten, war dort noch der Vorstand irgendeiner Strafanstalt anwesend, der – wie ich hörte – mit dem Generalstaatsanwalt darüber gesprochen hatte, ob und welche Strafgefangene beim Herannahen des Feindes evakuiert werden könnten und welche liquidiert werden sollten.

Der Generalstaatsanwalt zeigte sich sehr ungehalten darüber, daß Link am vorausgegangenen Tag die Besprechung in Stetten veranstaltet hatte. „Der Herr Oberstaatsanwalt befindet sich doch im Krankheitsurlaub. Entweder ist er krank oder gesund! Solange er beurlaubt ist, hat er sich jeder dienstlichen Handlung zu enthalten." Weiter betonte er, es handle sich bei dem Fall Fink um eine heikle Angelegenheit. Im Zusammenhang mit der Übertragung des Warenlagers der Firma Englisch an die Frau Fink sprach er ungeschminkt von Korruption, was nur auf den Reichsstatthalter Murr Bezug nehmen konnte. Bei der Frau Fink handle es sich um eine Frau, die nur mit halbem Herzen bei ihrem Geschäft gewesen sei und sich in Dinge eingelassen habe, von denen ein vorsichtiger Kaufmann die Finger weggelassen hätte. Freilich gab er zu, daß wohl das wenigste davon kriminell faßbar sein werde. An sich würde er gegen eine Entlassung der Beschuldigten aus der Untersuchungshaft nichts einzuwenden haben, wenn nicht die ganze Sache durch die Besprechung in Stetten einen fatalen Beigeschmack bekommen hätte. Die Verantwortung dafür, daß diese stattfand, schob er dem Oberstaatsanwalt Bäuchlen zu, welcher doch der Vertreter Links sei. Bäuchlen – eine ängstliche Natur – rutschte aufgeregt auf seinem Sessel herum. In meinem Bericht hatte ich gesagt, daß die Beweisfrage vor allem davon abhänge, ob ein in Ellwangen wohnhafter Hauptzeuge, der bisher die Fink belastet hatte, bei seinen Aussagen bleibe. Schließlich wurde ich beauftragt, am kommenden Montag selbst nach Ellwangen zu fahren und diesen Zeugen nochmals zu vernehmen. Wenn derselbe in wesentlichen Punkten umfalle, dürfe ich die Fink sogleich aus der Haft entlassen. Bei dieser Besprechung erfuhr ich, daß die Fink im letzten Jahr mehrere Monate lang sich zusammen mit dem Reichsstatthalter als dessen sogenannte Gesellschafterin in einem Sanatorium aufgehalten hatte.

Der Befehl zu der Dienstreise nach Ellwangen kam mir sehr ungelegen. Ich fühlte mich seit einiger Zeit in meinem Gesundheitszustand geschwächt und eine solche Reise war unter den gegebenen Umständen mit erheblichen Strapazen und auch Gefahren verbunden. Erst vor kurzer Zeit war auf dieser Strecke einer unserer Beamten in der Bahn durch Tieffliegerbeschuß getötet worden. Am Nachmittag rief mich Link von Stetten aus an. Bäuchlen hatte ihn inzwischen von dem Ergebnis der Besprechung beim Generalstaatsanwalt in Kenntnis gesetzt. Er teilte mir mit, daß mich schon am nächsten Tag morgens in der Frühe der Regierungsrat Gutbrod persönlich in Marbach mit einem Auto abholen und nach Ellwangen fahren werde. Er wünsche nicht, daß durch die Vernehmung des Zeugen in Ellwangen die Freilassung der Fink verzögert werde. Ich solle dem Generalstaatsanwalt mitteilen, daß ich Gelegenheit zu einer Autofahrt nach Ellwangen habe, ohne ihm aber zu sagen, daß es sich um den Kraftwagen Gutbrods handle. Ich war sehr froh darüber, auf diese Weise leichter nach Ellwangen zu kommen, und eilte zum Generalstaatsanwalt, um ihm zu melden, daß ich bereits am nächsten Tag die Fahrt dorthin antreten werde.

Unterwegs hielt mich Staatsanwalt Steimle auf, der anscheinend eine Liste darüber anzufertigen hatte, welche Insassen des Untersuchungsgefängnisses bei Annäherung des Feindes beseitigt werden sollten. Steimle fragte mich, ob zwei Untersuchungsgefangene, gegen welche in meinem Referat Verfahren anhängig waren, als gemeingefährlich anzusehen seien, und wies darauf hin, daß meine Stellungnahme eventuell ein Todesurteil bedeuten könnte. Solche Fragen wurden zwischen Tür und Angel besprochen. Selbstverständlich erklärte ich bei dieser Sachlage meine Gefangenen für durchaus ungefährliche Menschen.

Generalstaatsanwalt Wagner war mit meiner verfrühten Abreise einverstanden. Bei diesem Gespräch ließ er die Bemerkung fallen: „Ein 4. Reich werde ich jedenfalls nicht mehr erleben."

Am nächsten Morgen wurde ich in Marbach von Regierungsrat Gutbrod mit einem kleinen, feldgrau angestrichenen Kraftwagen, einem Volkswagen, abgeholt. Er trug eine mir unbekannte Parteiuniform, die einige Ähnlichkeit mit einer Arbeitsdienstuniform hatte. Seine Gestalt war groß und schlank und von seiner Persönlichkeit wurde ich eigentlich angenehm überrascht. Die Fahrt ging durchs Murrtal und über die Limpurger Berge, die noch tief verschneit waren, nach Ellwangen. Dort vernahm ich im Amtsgericht den Zeugen, der auf mein telefonisches Ersuchen vorgeladen worden war – einen windigen Burschen, der seine früheren Aussagen in allen wesentlichen Punkten widerrief. Ich hatte den bestimmten Eindruck, daß er inzwischen von irgend jemand bearbeitet, vielleicht sogar bestochen worden war. Jedenfalls ließ sich auf Grund seiner jetzigen Darstellung der Fink nichts Sicheres nachweisen.

Im Gasthaus zum Schwarzen Adler aß ich zu Mittag. Es wimmelte dort von SS-Leuten, die sich widerwärtig aufführten. An einem Nebentisch tafelte eine Hochzeitsgesellschaft, die beiden Väter des Brautpaars in Parteiuniform. Wie schon erwähnt, hatte man gleich zu Anfang des 3. Reiches eine SS-Garnison nach Ellwangen gelegt in der Hoffnung, dadurch diese Bastion des Katholizismus sprengen zu können. Diese Hoffnung hatte sich als trügerisch erwiesen. Nun konnte ich selbst beobachten, wie sich die SS-Männer in der Stadt benahmen, gleichsam, als wären sie eine feindliche Besatzung.

Nach einiger Zeit holte mich Gutbrod, der inzwischen in der Nähe von Ellwangen verschiedene Geschäfte erledigt hatte, im Schwarzen Adler ab. Von Ellwangen aus fuhren wir über Aalen nach Gmünd. An der Straße hingen gelb-blaue Fähnchen, eine Warnung für Autofahrer, daß hier mit Tieffliegertätigkeit zu rechnen sei. Gutbrod verließ deshalb die Landstraße und fuhr einen steilen Waldweg aufwärts. Auf demselben blieben wir im Schnee stecken; nur mit Mühe konnte der Wagen nach einiger Zeit erneut flottgemacht werden. Auf der Weiterfahrt zeigte Gutbrod mit der Hand immer wieder auf das Gelände rechts oder links der Straße und erklärte: „Diese Jagd gehört dem Herrn Reichsstatthalter. Diese Jagd gehört mir." Wir erreichten die Höhe beim Hohenstaufen und hatten einen herrlichen Ausblick aufs Filstal. Schließlich gelangten wir nach Göppingen. Ein Stadtteil war durch Fliegerangriffe stark mitgenommen; die Industrie schien wenig betroffen. Gutbrod hatte in Göppingen für den Herrn Reichsstatthalter Besorgungen zu machen. Aus einer Mühle holte er ein stattliches Säckchen weißes Mehl und verstaute es im Wagen. Dann ging's das Fils- und Neckartal abwärts bis Esslingen. Von dort aus bog man über den Schurwald nach Stetten im Remstal ab.

Mit Gutbrod hatte ich auf der ganzen Fahrt nichts über den Fall Fink gesprochen. Jetzt erstattete ich meinem Oberstaatsanwalt Bericht über das Ergebnis der Vernehmung in Ellwangen. Er befahl mir, die Fink noch am gleichen Abend auf freien Fuß zu setzen. Dann trank Link mit mir und Gutbrod in der Linde noch ein Glas Wein; mir bestellte er auf seine Rechnung ein reichliches Vesper. Link und Gutbrod unterhielten sich darüber, wer wohl hinter der Anzeige gegen die Fink steckte, ob nur Busemann oder bedeutendere Hintermänner. Im Reichsjustizministerium laufe das Verfahren als „Sonderfall". Tatsächlich war ich schon am Tag vorher vom Reichsjustizministerium durch Funkspruch zu einem eiligen Bericht aufgefordert worden, den ich inzwischen auch entworfen hatte. Er wurde nachher vom Oberstaatsanwalt abgesandt.

Gegen 18 Uhr fuhren wir durch die traurig ruinierten Straßen Cannstatts und hielten vor dem Frauengefängnis an. Ich gab dem steinalten Inspektor der Haftanstalt die Weisung, die Fink noch am gleichen Abend auf freien Fuß zu setzen. Dann fuhr mich Gutbrod mit seinem Auto nach Marbach. Auf dem Rückweg nach Stuttgart wollte er die Fink abholen.

Dieser Samstag, der 10. März 1945, war der letzte Tag, an dem ich als Staatsanwalt des nationalsozialistischen Reiches Dienst tat.

[VI/259-267]

Der „Glücksfall" Erkrankung

Nachdem die Spannung des Tages nachgelassen hatte, fühlte ich schon auf der Fahrt von Stuttgart nach Marbach ein steigendes Unwohlsein. Am Abend brach heftiges Fieber aus, das nach vorübergehender Besserung am Sonntag und Montag erneut anstieg. Am Mittwoch, den 14. März, schrieb mich unser Nachbar, Dr. Reuss, auf zwei Wochen krank. Es handelte sich um eine Grippe, an die sich eine hartnäckige Bronchitis anschloß.

Meine plötzliche Erkrankung war für mich ein unerhörter Glücksfall. Unsere Behörde hatte den Befehl, sich bei Annäherung des Feindes zusammen mit dem Oberlandesgericht nach Oberschwaben abzusetzen und dabei unsere Gefangenen mitzunehmen. Daß dies nicht gut ausgehen konnte, war vorauszusehen. Auf Nichtbefolgung des Befehls stand aber die Todesstrafe.

Meine Kollegen fielen dann in Ravensburg den Franzosen in die Hände.[85] Diese nahmen sie gefangen und setzten die Häftlinge, die von Stuttgart mitgeschleppt worden waren, als ihre Gefangenenwärter ein. Von diesen wurden die Richter und Staatsanwälte so mißhandelt, daß viele von ihnen nachher mit eingeschlagenen Kiefern und gebrochenen Rippen monatelang in Ravensburg im Krankenhaus lagen, darunter manche, die nie der Partei angehört hatten und innerlich Gegner derselben gewesen waren.

Gleich in der ersten Zeit nach der Gefangennahme wurde Generalstaatsanwalt Wagner umgebracht. Ein Amtsanwalt, der Augenzeuge dieses Vorgangs war, erzählte mir später, daß man den Generalstaatsanwalt mitten in der Nacht nackt aus seiner Zelle herausgerissen und auf dem Gang des Gefängnisses mit Prügeln totgeschlagen habe. Etwa um dieselbe Zeit wurde Oberstaatsanwalt Link in einem Ofenloch aufgehängt vorgefunden. Nur meiner Krankheit hatte ich es zu verdanken, daß ich von den Schreckenstagen in Ravensburg verschont blieb.

Auch Justizrat Glück hat den Zusammenbruch nicht überlebt. Wie ich später hörte, soll er infolge Verwechslung mit einem andern schwer belasteten Nazi-Führer erhängt oder erschossen worden sein. Frau Fink vergiftete sich im Oberland, als sie keinen Ausweg mehr sah. Auch Reichsstatthalter Murr und seine Frau gaben sich auf der Flucht in Egg in Vorarlberg den Tod durch Gift. Dagegen soll Gutbrod am Leben geblieben sein. Man erzählte mir, daß er zugegen gewesen sei, als seine Braut Selbstmord beging. Auf die Frage, warum er sie nicht daran gehindert habe, soll er erklärt haben, daß er versucht habe, ihr das Gift von den Lippen zu küssen. [VI/267]

Näherrücken der Amerikaner, Tieffliegerangriffe und mögliche Evakuierung

Inzwischen hatten die Anglo-Amerikaner Köln erobert, fast überall den Rhein erreicht und bei Remagen einen Brückenkopf über dem Schicksalsstrom gebildet. Während ich fiebernd im Bett lag, verschlechterte sich die Kriegslage von Tag zu Tag. An einem Abend zog ein gewaltiger Bomberstrom über unsere Köpfe nach Osten. Tagsüber sah ich mehrmals, wie riesige feindliche Fliegerverbände über uns hinwegzogen. Weiße Kondensstreifen – einer neben dem andern, nicht zu zählen – hoben sich vom blauen Himmel ab, gingen schließlich ineinander über und woben einen leichten Schleier über das Firmament. Deutsche Flugzeuge zeigten sich überhaupt nicht mehr. Aber diese Bilder waren trotz des damit verbundenen Dröhnens der Maschinen nicht weiter aufregend.

Viel schlimmer war die bei dem beständig schönen Wetter den ganzen Tag über anhaltende Tieffliegertätigkeit. Regelmäßig morgens zwischen 7 und 8 Uhr wurde Voralarm gegeben – drei langgezogene Sirenentöne. Und schon hörte man in geringer Höhe einige Flieger heranbrummen. Irgendwo knallte die Flak drauflos. Dann schwieg sie. Plötzlich vernahm man in der Ferne einen Flieger aufheulend im Tiefflug niedersausen und sogleich hämmerten die Bordwaffen. Fast alle diese Angriffe galten der Bahnlinie: Lokomotiven, Zügen oder Bahnhöfen. In solchen Augenblicken pries ich mich glücklich wegen meiner Krankheit, durch die ich von Bahnfahrten in dieser Zeit verschont wurde. Mehrmals am Tag wiederholten sich in der Umgegend solche Angriffe. Dazwischen hinein wurde Vollalarm gegeben: ein auf- und abschwellender Sirenenton von ein bis zwei Minuten Dauer. Meist flogen dann größere Verbände über uns hinweg. Diese hatten aber nicht unsere ländlichen Gegenden zum Ziel. Es dauerte oft stundenlang, bis wieder Vorentwarnung gegeben wurde. Der Zustand des Vollalarms ging dann in das Stadium der gewöhnlichen Luftgefahr über. Auch während des Vollalarms ruhte die Tieffliegertätigkeit nicht. Es kam um jene Zeit noch ein neues Alarmzeichen hinzu, das akute Luftgefahr bedeutete, bestehend aus zwei kurzen, auf- und abheulenden Sirenentönen. Im allgemeinen achtete man jedoch nicht mehr viel auf die verschiedenen Alarmstufen, zumal das Warnsystem mit dem Näherrücken der Front immer unsicherer wurde. Es war wichtiger, auf das Motorengeräusch der Flugzeuge zu horchen. Erst abends bei Beginn der Dämmerung wurde regelmäßig entwarnt. Die Nächte waren nun im allgemeinen ruhiger.

Der Bahnverkehr kam unter diesen Umständen allmählich ganz zum Erliegen. Zuletzt fuhr täglich nur noch ein Zug von Marbach nach Stuttgart hin und her, morgens vor Tagesanbruch und abends, wenn die Dunkelheit bereits eingetreten war.

Am Morgen des 23. März, gegen 10 Uhr, erfolgte ein Tieffliegerangriff auf die Marbacher Eisenbahnbrücke, was man schon lange erwartet hatte. Wie viele Flugzeuge angriffen, kann ich nicht sagen. Ich hörte eben, wie sie heulend herniedersausten. Dann gab es einige Detonationen, welche die Fenster erklirren ließen. Etwa 16 Bomben leichten Kalibers waren abgeworfen worden. Ein Teil davon war in die Gärten auf der Marbacher Seite des Neckars gefallen. Dort befand sich, wie zu Beginn des Krieges, seit ein paar Wochen wieder eine Flakstellung. Unter den Flaksoldaten soll es einige Leichtverwundete gegeben haben. Die

Brücke wurde nur unerheblich beschädigt. Schon am Abend fuhr wieder die Bahn über sie. Den Marbachern wäre eine starke Beschädigung der Brücke erwünscht gewesen, denn man hoffte, daß dann die Angriffe aufhören würden.

Ein wahrer Schreckenstag war der Palmsonntag, der 25. März. Morgens 7.15 Uhr war eben der Stuttgarter Zug auf dem etwa fünf Minuten von uns entfernten Bahnhof eingelaufen, da erschienen Tiefflieger; soviel ich beobachten konnte, waren es zwei. Zuerst kreuzten sie in einiger Höhe; dann stürzten sie unter furchtbarem Heulen auf den Bahnhof herab. Zugleich krachte und ratterte es, als wäre die Hölle losgebrochen. Ganz tief brausten die Flugzeuge über unser Haus hinweg. Ich sprang aus dem Bett und legte mich auf dem Fußboden nieder. Das gleiche tat meine Mutter. Als ich mich wieder erhoben hatte, sah ich durchs Fenster, wie in der Gegend der Poppenweiler Straße dunkle Rauchwolken aufstiegen und sich dem Städtchen zu wälzten. Eine Feldscheuer war durch Tieffliegerbeschuß in Brand geraten.

Kurze Zeit darauf erschien meine Schwägerin Marga, ganz aufgelöst, blaß und mit schlotternden Knien. Sie war mit dem Stuttgarter Zug angekommen und hatte eben das Bahnhofsgebäude verlassen, als der Zug und die Fahrgäste, die ausgestiegen waren, beschossen wurden. Sie kauerte sich in eine Hausnische. Vor, neben und hinter ihr schlugen die Geschosse ein, wie kleine, blitzende Flämmchen. Ein ziemlich großes Geschoß, das kaum einen halben Meter von ihr entfernt eingeschlagen hatte, brachte sie mit. Es gab beim Bahnhof mehrere Tote und Verwundete. Die Dächer unseres Hauses und unserer Scheuer waren von Geschossen durchschlagen, die eine Anzahl von Ziegeln zertrümmert hatten. In der Speisekammer von Frau Nesch hatte ein Geschoß sowohl die Außenwand als auch die Innenwand durchschossen; sie selbst hatte gerade in der Küche gesessen. Weit schlimmer als das Dach unseres Hauses sahen die Dächer der Häuser in der Ziegelstraße aus. Das Ereignis jagte uns allen einen gelinden Schrecken ein. In den nächsten Tagen brachten wir nicht mehr denselben Gleichmut auf wie bisher, wenn Tiefflieger über uns kreisten.

Am gleichen Tag, mittags etwa um 11.45 Uhr, erfolgte ein zweiter Tieffliegerangriff, diesmal auf die Eisenbahnbrücke. Nach meiner Erinnerung waren es wieder zwei Flugzeuge, die angriffen. Eine Bombe fiel dicht hinter das Lazarett. Aber diesmal wurde auch ein Pfeiler der Brücke richtig getroffen. Jedenfalls fuhr von diesem Augenblick an kein Zug mehr über die Brücke. Marga mußte am nächsten Morgen früh um 4 Uhr zu Fuß nach Benningen gehen. Allein der Bahnverkehr nach Backnang und ins Bottwartal wurde zunächst noch mit größten Einschränkungen aufrechterhalten. In der folgenden Woche versuchte man jeweils bei Nacht, die Brücke auszubessern.

Indessen hatten die Amerikaner auch in Rheinhessen den Rhein überschritten und waren nach Darmstadt vorgestoßen. Eine andere Heeresgruppe stieß das Neckartal aufwärts und besetzte Heidelberg. Dies war für unsere Gegend besonders alarmierend. Zeitungen erschienen nur noch ganz selten. Die meisten Leute gaben nun offen zu, daß sie feindliche Sender abhörten. Aber auch der Deutsche Wehrmachtsbericht zeigte sich zu meiner Überraschung ziemlich zuverlässig. Trotzdem wurden die abenteuerlichsten Gerüchte von Haus zu Haus getragen.

In der letzten Märzwoche führte die Frage der Evakuierung zu den aufregendsten Auseinandersetzungen. Die Partei machte für die allgemeine Evakuierung Propaganda und setzte Greuelmärchen über die Behandlung der Zivilbevölkerung durch die feindlichen Truppen in die Welt. Diese Nachrichten fanden wenig Glauben. Ein großer Teil der Bevölkerung sehnte sich nach der Besetzung durch die Alliierten. Die Hauptsorge der Leute galt der Erhaltung ihrer Wohnstätten. Zunächst hieß es, die Evakuierung solle freiwillig sein. Unter der Leitung des Studienrats Waser, eines fanatischen „Gottgläubigen", sollte ein Flüchtlingstreck von Frauen und Kindern organisiert werden; das 4. Aufgebot des Volkssturms sollte sich für die Führung dieses Zugs bereithalten. Die Politischen Leiter wurden zu den einzelnen Familien geschickt, um festzustellen, wer sich dem Flüchtlingszug anschließen wolle. Dabei zeigte sich, daß fast die ganze Einwohnerschaft entschlossen war, zu Hause zu bleiben. Die Leute wollten ihre Heimstätten nicht im Stich lassen; auch fürchtete man, irgendwo ohne Lebensmittel liegenzubleiben und zu verhungern. Zudem war das Ziel unbekannt. Im allgemeinen hieß es, man wolle sich im Welzheimer Wald verbergen. Aber, wo man auch hingehen wollte, bald würden die Feinde auch diese Gegend erreichen. Nur Familien von bekannten Parteileuten, die sich nichts Gutes zu versehen hatten, waren zur Flucht bereit. Ein paar Frauen mit Kindern, begeisterte Nationalsozialistinnen, machten den Versuch, sich auf eigene Faust ins Oberland abzusetzen, kehrten allerdings nach wenigen Tagen wieder zurück. Nur die vielgehaßte Frauenschaftsführerin Maurer machte sich stillschweigend aus dem Staub.

Nach dem kläglichen Ergebnis der Umfrage zog gegen Ende der Woche die Partei stärkere Saiten auf. Während Ortsgruppenleiter Luckscheiter bisher erklärt hatte, seine eigene Frau werde hier bleiben, verkündete er jetzt, alles müsse weg; nichts dürfe zurückbleiben, was dem Feind nützen könne, kein Mann, kein Jüngling und kein junges Mädchen. Die Bauern müßten ihr Vieh abschlachten und ihre Vorräte verbrennen. Offenbar hatte er von der Parteileitung eine neue scharfe Weisung erhalten. Eine allgemeine ungeheuere Aufregung und Entrüstung war die Folge. Zum ersten Mal äußerte sich fast jedermann ganz offen in dem Sinn, daß man diese Befehle unter keinen Umständen befolgen werde. Wieder gingen die Politischen Leiter von Haus zu Haus und schrieben sämtliche Familienmitglieder auf. Dr. Reuss schimpfte gewaltig und sagte, daß eine Evakuierung den sicheren Tod meiner Mutter bedeuten würde.

Unter solchen Umständen erlebten wir das Osterfest 1945. An diesem Tag herrschte wieder außerordentlich starke Fliegertätigkeit über unserer Gegend. Unter Lebensgefahr besuchten Gertrud und Marga, die von Stuttgart gekommen war, den Gottesdienst, zu dem sich eine kleine Gemeinde eingefunden hatte. Wir verbrachten den Tag in ähnlicher Weise wie den Palmsonntag, immer voll Aufregung, zwischen der Wohnung, dem Garten, dem Souterrain und dem Keller, mit Handtaschen und Köfferchen bepackt, hin- und herrennend.

Marga war von ihrer Bank, der Württembergischen Landessparkasse, dazu bestimmt worden, zusammen mit einigen Kollegen bei weiterer Annäherung des Feindes mit wertvollen Gegenständen nach Bayern zu flüchten. Erregt über die unsinnigen Evakuierungsanordnungen der Regierung geriet ich mit Marga in Streit, indem ich ihr vorwarf, daß sie und ihre Familie wegen ihrer nationalsozialistischen Gesinnung an unserem Elend mit schuldig seien.

Der Ostermontag war – soviel ich mich erinnern kann – hinsichtlich der Fliegertätigkeit etwas ruhiger. Nachmittags versammelten sich bei uns sehr viele Besuche. Lebhaft wurde die Lage nach allen Seiten besprochen. Jeder wollte wissen, was der andere zu tun gedenke. An diesem Tag kam die Nachricht, daß die Amerikaner nach Heilbronn vorgestoßen seien. Man mußte nun fast jeden Augenblick damit rechnen, daß sie in Marbach erscheinen könnten.

Leute, die aus dem oberen Bottwartal kamen, erzählten, daß in den Bergen um Beilstein alles voll von deutschen Soldaten liege. Sie würden die Bauernhäuser ausessen. Es seien lauter Norddeutsche. Wenn es unsere Landsleute wären, dann würden sie sicher nach einer Gelegenheit suchen, sich kampflos zurückzuziehen, um ihre Heimat nicht zum Schlachtfeld zu machen. Die Bevölkerung hatte allmählich vor dem Auftauchen der eigenen Soldaten mehr Angst als vor den Amerikanern, denn wo immer sich deutsches Militär sehen ließ, da schlugen feindliche Geschosse, sei es von Tieffliegern, sei es von Artillerie, ein und brachten den Zivilisten Tod und Zerstörung; wo aber die Amerikaner hinkamen, da war der Krieg zu Ende, dieser Krieg, der, wie jetzt schließlich jeder einsehen mußte, sinnlos und damit verbrecherisch geworden war. [VI/268-273]

Das Verstecken von Wertsachen und das Aufgebot des Volkssturms

In der folgenden Woche wurde in den meisten Hausgärten Marbachs nach Einbruch der Nacht eifrig gegraben. Die Leute versteckten ihre Wertsachen für den Fall, daß sie vorübergehend flüchten müßten. In unserem Garten gruben mit unserem Einverständnis zuerst Lepps[86], dann Erlenspiels und Gayers[87]. Gertrud und Frau Nesch vergruben gemeinschaftlich die besten Weinvorräte.

Zu Beginn dieser Woche wurde der Volkssturm aufgeboten. Zwischen dem 1. und dem 2. Aufgebot wurde kein Unterschied mehr gemacht. Die Männer wurden notdürftig eingekleidet, die meisten mit horizontblauen Kappen versehen, die von Uniformen stammten, welche von Deutschland der Türkei hätten geliefert werden sollen. Der Marbacher Volkssturm lag zunächst im neuen Schulhaus am Wilhelmsplatz. Dann mußten die Volkssturmmänner ins Bottwartal, nach Kleinbottwar, abmarschieren. Natürlich suchte sich jeder, so gut es ging, zu drücken.

Marbach hatte jedoch in den letzten Tagen einen Stadtkommandanten erhalten, einen „alten Kämpfer" wildester Sorte. Er nannte sich Hauptmann Keller, kam von Backnang und war früher ein einfacher Polizeibeamter gewesen. Hauptmann Keller war in den nächsten Tagen die gefürchtetste und gehaßteste Persönlichkeit in Marbach. Er kommandierte auch den Volkssturm; Buhl war abgesetzt. Mit fortgesetzter Androhung von „Henken" und „Erschießen" versuchte er nach allerhöchstem Vorbild, den „Kampf bis zum letzten Mann" zu organisieren.

Wer behauptete, krank zu sein, wurde dem Stabsarzt Dr. Lutz im Lazarett vorgestellt. In einem überaus kläglichen Zustand befand sich mein Vetter Alfred Stängle. Unter Lebensgefahr hatte er sich noch in den letzten Tagen in Stuttgart ein ärztliches Zeugnis von Obermedizi-

nalrat Kohlhaas beschafft, der ihm bescheinigte, daß er an schwerer Tu-
berkulose leide. Er ist etliche Jahre später an einem Blutdruckleiden
gestorben. Auf Grund dieser Bescheinigung und seines Aussehens
wurde er von Dr. Lutz dem 4. Aufgebot zugeteilt. Auch sein Bruder
Karl meldete sich krank. Aber obwohl dieser seinen Rheumatismus
durch bucklige Haltung und entsetzliches Hinken dokumentierte, mußte
er beim 2. Aufgebot bleiben. Er half sich freilich auf andere Weise.
Ortsgruppenleiter Luckscheiter, mit dem er gut stand, stellte ihn auf un-
bestimmte Zeit zur Abwicklung seiner Geschäfte zurück.

Studiendirektor Grau, ein „alter Kämpfer", der seit zwölf Jahren in
Marbach bei fast allen Parteiveranstaltungen begeisterte Reden gehalten
hatte und sich noch vor wenigen Wochen zum Führer des 1. Aufgebots
hatte machen lassen, wobei er verkündete, wenn es ans Hämmern gehe,
wolle er Hammer und nicht Amboß sein, meldete sich, als es nun ans
Ausrücken ging, ebenfalls krank.

Neben Keller spielte Studiendirektor Herrmann, der Leiter des
Karlsgymnasiums, beim Volkssturm eine Rolle. Er gab die Devise aus:
„Verrecken oder siegen!" Das 4. Aufgebot und ältere Männer über
50 Jahre wurden zum Feuerwehr- und Wachdienst verwendet. Nachts
mußten sie zu je zwei mit Gewehren auf den Straßen umhergehen; sie
sollten fahnenflüchtige Soldaten und herumstrolchende Ausländer fest-
nehmen, gaben sich aber Mühe, nichts zu sehen. Ein Teil des 4. Aufgebots wurde zum Schanzen befohlen. Auf der Höhe in Richtung Murr
und beim Bughof wurden Deckungsgräben ausgehoben. Diese Tätigkeit
war wegen den Tieffliegern nicht ungefährlich.

Mich selbst schrieb Dr. Reuss am 1. April auf weitere 14 Tage krank.
Das Original des ärztlichen Zeugnisses sandte ich meiner Behörde,
einen Durchschlag an Alfred Mammele, den Führer des 4. Aufgebots.
Niemand kümmerte sich um mich und ich verhielt mich still.

Mein Vetter Friedrich Lepp, der 60 Jahre alt und fußleidend war,
mußte das Telefon im Ortsgruppenhaus in der Affalterbacherstraße be-

dienen. Nachmittags pflegte er mich zu besuchen und mir zu erzählen, was sich in der Nacht ereignet hatte. So erfuhr ich, daß gemeldet worden war, die Panzerspitzen des Feindes hätten Crailsheim erreicht. Es schien ihm, als ob sich in jener Nacht der Ortsgruppenleiter schon vorbereitete, um abzuhauen. Bald traf dann die Nachricht ein, daß es gelungen sei, den Feind aufzuhalten. Tatsächlich wurden ja die Amerikaner in den nächsten Tagen dort noch einmal zurückgeschlagen. [VI/273-275]

Die Räumung von Warenlagern, feindliche Flugzeuge und Rückzug deutscher Soldaten

Eines morgens wurde bekanntgegeben, daß die Warenlager der Geschäfte geräumt werden sollten und daß man Lebensmittel ohne Marken und Textilien ohne Punkte kaufen könne. Aber bald wurde der allgemeine Verkauf wieder eingestellt, so daß sich nur wenige Leute eindecken konnten. Es erregte großes Ärgernis, als ruchbar wurde, daß die Freigabe des Verkaufs in einer Versammlung der Frauenschaft bekanntgegeben worden war und daß somit eigentlich bloß Mitglieder der NS-Frauenschaft Gelegenheit gehabt hatten, die Waren einzukaufen. Immerhin wurden nachher noch die Lager der Landwirtschaftlichen Bezugs- und Absatzgenossenschaft geräumt. Die Einwohner konnten sich dort Kartoffeln, Weizen und Gerste holen und den ganzen Tag zogen Karawanen mit Handwägelchen an unserem Haus vorbei. Im Kraftwerk der EVS war die Arbeit eingestellt worden. Von dem Werk wurde nun Kohlenstaub an die Bevölkerung abgegeben, je 4 Zentner für die Haushaltung. Viele Leute – so auch wir – kamen aber nicht zum Bezug, weil es an Transportmitteln fehlte. Ganz zuletzt gab noch Karl Stängle[88] Oberleder an die Bevölkerung ab. So war alles in Bewegung.

Dabei kreuzten fast den ganzen Tag feindliche Flieger über der Stadt. Man gewöhnte sich daran. Die Furcht vor ihnen ließ allmählich etwas nach, seit man merkte, daß sie auf das Städtchen keine Bomben mehr abwarfen und ebenso im Weichbild kein Beschuß mit Bordwaffen mehr erfolgte. Nach Einbruch der Dämmerung, wenn die Fliegertätigkeit nachließ, hörte man von Heilbronn her die Geschütze donnern. Meist waren es Kanonaden von vielleicht einer Viertelstunde Dauer; dann war es wieder längere Zeit still. Tagsüber machte sich das Artilleriefeuer weniger bemerkbar.

Während des Tages sah man auch im Städtchen verhältnismäßig wenig Soldaten. Gewöhnlich handelte es sich nur um einen Lastkraftwagen mit einigen Soldaten, hin und wieder auch um ein Geschütz, das durchfuhr. Man sah das nicht gern. Öfters kamen kleinere Gruppen von Soldaten zu Fuß durch die Stadt, ohne Offiziere und ohne militärische Ordnung. Man hatte manchmal den Eindruck, daß sie nur nach einer günstigen Gelegenheit Ausschau hielten, um sich gefangenzugeben oder in Zivilkleidern zu verschwinden, obwohl Fahnenflüchtige, wenn sie ergriffen wurden, ohne Umschweife erschossen oder gehenkt wurden, und man auch nicht selten von solchen Exekutionen hörte. Viele dieser durchziehenden Soldaten erklärten offen, daß sie keine Lust hätten, am Schluß noch den Heldentod zu sterben. Jedenfalls zeigten sich in der Wehrmacht bereits deutliche Zeichen der Auflösung.

Wenn die Dunkelheit hereinbrach, wurde es auf den Straßen mit einem Schlag lebendig. Und die ganze Nacht ging es fort: Kolonnen von Personenautos oder Lastautos, Fuhrwerke, Pferdegetrappel, bisweilen auch das schwere Rattern von Geschützlafetten oder gar einzelne Panzer. Dann hörte man wieder Truppen zu Fuß, nur selten im Marschschritt. Dazwischen hinein ertönten Geschrei, einzelne Rufe oder Fluchen. Das waren die nächtlichen Truppenverschiebungen.

Eines Tages kam das Gerücht auf, Marbach werde zur Lazarettstadt erklärt. Die Ärzte des Lazaretts und Fräulein Dr. Mauk würden sich darum bemühen. Der Vater der letzteren war vor dem 1. Weltkrieg Gerichtsschreiber in Marbach gewesen und hielt sich nun mit seiner Tochter als Evakuierter in der Stadt auf. Sie hätten beim kommandierenden

General einen entsprechenden Antrag gestellt. Auch der Bürgermeister
setze sich dafür ein. Es war dies ein Hoffnungsschimmer für die geäng-
stigte Einwohnerschaft. Alles klammerte sich an diese Hoffnung. Der
eine wollte dies, der andere jenes gehört oder beobachtet haben, was
dafür oder dagegen spreche, daß Marbach Lazarettstadt werde. Was dagegen sprach, war, daß immer noch zu viele Soldaten in der Stadt
waren. [VI/275 f.]

Trotz alledem Feier der Erstkommunion

Am Sonntag, den 15. April, fand ungeachtet aller Gefahren, in denen
wir schwebten, die Erstkommunion der Kinder statt. Der Dekan der
evangelischen Pfarrgemeinde hatte zu diesem Zweck die schöne Alexanderkirche zur Verfügung gestellt. Zum ersten Mal nach 411 Jahren
wurde in diesem mittelalterlichen Gotteshaus wieder die Hl. Messe gefeiert. Obwohl die katholische Gemeinde in Marbach nur sehr klein, allerdings durch Evakuierte verstärkt war und obwohl fast alle Männer
abwesend waren, füllte sich die große Kirche. Auch viele Evangelische
waren aus Neugierde gekommen. Man fühlte deutlich, wie sich der
schwere Druck des Nationalsozialismus von den Gemütern löste und
die Katholiken innerlich aufatmeten, daß sie endlich, endlich ihren
Glauben wieder frei bekennen und ausüben konnten.

Es war ein herrliches Bild, wie sich die Erstkommunikanten in ihren
weißen Kleidchen und mit brennenden Kerzen um den Altar scharten,
während zu den hohen Fenstern der Kirche das Licht in die weite fei-
erliche Halle hereinflutete. Stolz und Freude erfüllten das Herz, obwohl
man sich nach den Aufregungen der letzten Wochen und Monate ganz
zerschlagen und zerschunden fühlte. Man achtete kaum darauf, als während der Feier starke feindliche Verbände brausend die Kirche überflogen und die Flakgeschütze heftig ratterten. [VI/281 f.]

Die Parteigrößen verlangen Widerstand und verschwinden dann

An diesem Tag wurde von der Partei eine Bauernversammlung einberufen, in welcher Luckscheiter wieder vom Widerstand bis zum letzten Mann, vom Abschlachten des Viehs und von der Zerstörung der Vorräte sprach. Anna Seeger[89] kam nachmittags zu uns und erzählte uns davon. Diesmal scheinen aber die Bauern nicht geschwiegen zu haben. Sie widersprachen offen und erhoben Vorwürfe gegen die Partei. Die nationalsozialistische Schreckensherrschaft ist am Ende.

Zu Beginn der folgenden Woche verließen Ortsgruppenleiter Luckscheiter und Ortsbauernführer Schmid in einem Auto, das der Lehrer Wirth lenkte, insgeheim die Stadt. Hauptmann Keller war schon vorher verschwunden. Die Obrigkeit der Partei hatte damit aufgehört. Bürgermeister Kopf war geblieben. Er hatte sich zwar auch in der Partei betätigt, jedoch nur soweit, als dies – wenn man so sagen darf – zu seinem Amt gehörte. Aus einer eingesessenen Marbacher Familie stammend, hatte er schon vor 1933 der Stadt vorgestanden. Damals hatte er gut mit den Sozialdemokraten zusammengearbeitet. Aber mit diplomatischem Geschick hatte er sich nach der Umwälzung im Amte gehalten. [VI/282]

Die letzten Kriegstage

Am Abend des 19. April war übrigens von der Rielingshäuser Gegend her der Bahnhof von Erdmannhausen von Artillerie beschossen worden. Zwei Geschosse schlugen ein und zerstörten das einfache Bahnhofsgebäude. Dabei wurde ein Kind getötet und seine Mutter schwer verletzt.

An den folgenden zwei Tagen, am 20. und 21. April, waren wir in Marbach sozusagen herrenlos und dieser Zustand wurde nicht unangenehm empfunden, nachdem man so lange unter der Knute geseufzt hatte. Dies war um so mehr der Fall, als nun die feindliche Fliegertätigkeit so gut wie ganz aufhörte. Zu mancherlei Betrachtungen gab es Anlaß, daß der 20. April der Geburtstag Hitlers war. Obwohl es bei uns keine Obrigkeit mehr gab und sich immer noch viele ausländische Arbeiter und Kriegsgefangene im Städtchen aufhielten, habe ich nichts von Ausschreitungen in diesen Tagen gehört. Noch am Nachmittag des 20. wurde bekannt, daß sich Ludwigsburg kampflos ergeben hatte. Am nächsten Abend hörte man das gleiche von Stuttgart. Dies war unerwartet. Nach den Proklamationen der Parteiführer hatte man einen heftigen Widerstand in diesen Städten in Aussicht genommen. Später erfuhr man allerdings, daß beim Einzug der Alliierten in Stuttgart doch leicht gekämpft worden war. Natürlich freuten wir uns sehr darüber, daß es in unserer Gegend zu keinen schweren Kämpfen kam, bei denen unser Städtchen sogar noch von deutschen Granaten hätte zerstört werden können.

Am Sonntagnachmittag, den 22. April, machte ich mit meiner Frau einen Spaziergang an den Neckar und an die Murr, um die gesprengten Brücken anzusehen. Man konnte ja nun wieder ungefährdet von Tieffliegern übers Feld gehen. Der Viadukt, mit seinen gewaltigen, in den Fluß hinabgerutschten Teilgliedern bot einen grotesken Anblick. Aber auch die Murrbrücke und die schöne altertümliche Holzbrücke bei Benningen, ja sogar das malerische Steinbrückchen über die Murr beim Floßhaus, waren vollständig zerstört. Marbach war nach allen Seiten hin abgeschnitten.

Zahlreiche Spaziergänger beschauten mit uns das Zerstörungswerk. Alle entrüsteten sich aufs heftigste über die sinnlosen Maßnahmen. Nun auf einmal nannte man in aller Öffentlichkeit die Parteileute „Verbrecher und Halunken". Es war ein eigentümliches Gefühl, das nach so langen Jahren der Unterdrückung diese plötzlichen Ausbrüche des Volkszorns in mir hervorriefen.

Zwischen 17 und 18 Uhr kehrten wir über den Mühlweg durchs Städtchen nach Hause zurück. Nach kurzen Regenschauern schien die Sonne wieder. Als wir am Rathaus vorbeikamen, war dort noch alles ruhig. Bei der Wendelinskapelle stand Bürgermeister Kopf in ernstem

Gespräch mit Bankdirektor Jäger. Als wir in der Güntterstraße uns unserem Haus näherten, lief unser Nachbar Lochmann hinter uns drein und rief uns zu: „Die Amerikaner sind da! Sie stehen vor dem Rathaus." Sie waren anscheinend aus umgekehrter Richtung, nämlich von Poppenweiler her gekommen. Wir kehrten nochmals zum Rathaus zurück. Schon hatte sich eine große Menschenmenge vor demselben angesammelt, welche einige kleine dort stehende Panzer oder Panzerspähwagen umringte. Es handelte sich um etwa vier Wagen. Bereits waren Kinder auf die Wagen hinaufgeklettert. Die oben sitzenden Amerikaner schauten unter ihren großen Stahlhelmen gleichmütig herab. Ein beträchtlicher Teil der Menschenmenge bestand aus Ausländern, welche sich zur Begrüßung ihrer Bundesgenossen eingefunden hatten. Anschließend begab ich mich mit Erlenspiels und Stängles, die wir unterwegs trafen, in die Gastwirtschaft Klumpp, wo wir miteinander ein Glas Wein tranken. Die Wirtsstube saß [sic] voll von lustigen Ausländern.

Am Abend wurde durch Ausschellen bekanntgemacht, daß die Bevölkerung nur von morgens 6 bis abends 18.30 Uhr ihre Wohnungen verlassen dürfe. Jedes Haus müsse bis nächsten Mittag um 12 Uhr mit einer weißen Fahne beflaggt werden. Die ängstlichen Gemüter warteten am nächsten Morgen, bis vom Rathaus oder vom Haus des Bürgermeisters eine weiße Fahne heraushing; dann erst wagten sie, ihre Tisch- oder Leintücher anzubringen. Es war nämlich bekanntgeworden, daß in Heilbronn das Hinaushängen von weißen Fahnen zu einer schweren Bluttat geführt hatte. Dort waren am Südrand der Stadt, am Schweinsberg, einige Einfamilienhäuschen unversehrt geblieben. Als sich nun die deutschen Truppen aus der Stadt zurückzogen, gab der Offizier, welcher die Nachhut führte, den Bewohnern den Rat, weiße Fahnen hinauszuhängen, um zu verhindern, daß die Amerikaner mit Artillerie in die Siedlung hineinschossen. Das taten die Leute auch. Die Deutschen machten aber dann noch einmal einen Rückstoß in die Stadt hinein. Im Gefolge der zurückkehrenden deutschen Truppen erschien auch der gefürchtete Kreisleiter Drauz wieder, der einige Männer als Leibgarde um sich geschart hatte. Als er nun die erste weiße Fahne aus einem Haus heraushängen sah, fragte er, wer dort wohne. Das Haus gehörte einem alten, pensionierten Pfarrer, einem Bundesbruder von mir. Bei ihm hielten sich sein Schwager, der Stadtamtmann Kling, und dessen Frau auf, die in der Stadt ausgebombt worden waren. Der Kreisleiter hatte auf dem Rathaus jahrelang mit dem Stadtamtmann zusammengearbeitet. Dies hinderte ihn aber nicht daran, sämtliche Hausbewohner in ihren Wohnungen auf der Stelle erschießen zu lassen.

Solche Nachrichten machten jetzt die Marbacher begreiflicherweise vorsichtig. Nachdem wir aber an dem einen oder dem andern Nachbarhaus bereits weiße Fähnchen gesehen hatten, zogen ich und meine Frau an der Stange neben unserem Gartentörchen, an dem in den vergangenen zwölf Jahren, so oft es verlangt worden war, eine kleine Hakenkreuzflagge gebaumelt hatte, ein weißes Laken auf. Während wir dies taten, kam der alte Landgerichtsdirektor Albrecht vorbei, stellte sich vor uns in Positur und begann zu singen: „Die Fahne hoch! Die Reihen fest geschlossen! SA marschiert in ruhig, festem Schritt."

Am nächsten oder übernächsten Vormittag machte ich mit meiner Frau den ersten Spaziergang. Wir gingen durch die grünenden Fluren zur Eck. Kein Kanonendonner war mehr zu hören, kein Geknatter von Bordwaffen, kein Heulen von Sirenen, kein Dröhnen von Fliegerverbänden, kein Brummen von Tieffliegern. Nur eine Lerche trillerte in der blauen Luft. Welch ein Gefühl! Friede! Wir hatten überlebt! Unser Heim war nicht zerstört! Ein Gefühl der Dankbarkeit wallte im Herzen auf. Der Druck der Tyrannenherrschaft, unter der wir zwölf Jahre lang geseufzt hatten, lastete nicht mehr auf dem Gemüt. Man konnte wieder sagen, was man dachte! Man konnte seinen Glauben frei bekennen, ohne befürchten zu müssen, das Opfer eines Denunzianten zu werden. Freiheit! Aber nur zu bald merkte man, daß dieser Freiheit enge Grenzen gezogen waren.

Ich hatte das Kommen der Amerikaner wie das von Befreiern begrüßt. Jetzt bekam man sogleich zu spüren, daß man in einem vom Feind besetzten Land lebte. Neue Gefahren drohten. Am 23. [April] wurde die Ausgeizeit für die Bevölkerung verkürzt; nach 18 Uhr durfte sich niemand mehr auf der Straße blicken lassen, sonst wurde er ins Gefängnis abgeführt. Am 26. wurde eine lange Verordnung der Militärregierung an der Litfaßsäule auf dem Marktplatz angeschlagen. Im übrigen wurden die Anordnungen der Militärregierung durch Ausschellen und Anschlagen bekanntgemacht. Die Ausgeizeit wurde bald darauf bis abends 20 Uhr verlängert. Die Gehwege, auf denen sich in den letzten Wochen dicke Staubschichten aufgelagert hatten, mußten bis zu einem bestimmten Zeitpunkt von den Anwohnern gereinigt werden. Unsere Straße belebte sich mit Leuten, die eifrig mit Besen die Gehwege reinfegten. An jeder Haustüre mußten Zettel angebracht werden, auf denen geschrieben stand, wer in dem Haus wohnte. Alle diese Maßnahmen fanden bei der Bevölkerung volles Verständnis.

Weniger war dies der Fall, als der Befehl erging, daß Rundfunkgeräte, Photoapparate, Fernrohre und Feldstecher, die man im Besitz hatte, am 27. auf dem Rathaus abzuliefern seien. Mir ging dies sehr gegen den Strich, zumal keine Zeitungen mehr erschienen und man überhaupt nicht mehr wußte, was in der Welt vorging. Um so größer war die Freude, als die Rundfunkapparate am 7. Mai wieder abgeholt werden durften; den ehemaligen Parteigenossen wurde dies erst einen Tag später gestattet.

Damals wurde bereits von Einwohnern an der Herstellung einer behelfsmäßigen Holzbrücke über die Murr gearbeitet, die oberhalb der gesprengten Brücke zwischen der Murrmündung und der Häldenmühle gebaut wurde. Natürlich mußten auch alle Waffen abgeliefert werden. Es erregte begreifliche Aufregung im Städtchen, als am 29. verkündet wurde, es sei festgestellt worden, daß ein Einwohner seine Schußwaffe vergraben habe (es handelte sich um den ehemaligen Politischen Leiter

Zick); im Wiederholungsfall würden zehn beliebige Männer von Marbach erschossen werden. Wir standen somit unter strengstem Kriegsrecht und unser Leben war nach wie vor bedroht.

Am 2. Mai erschien ein Flugzeug über der Stadt, das Flugblätter abwarf, in denen mitgeteilt wurde, daß Hitler tot sei. Am gleichen Tag mußten sich sämtliche Wehrmachtsangehörige melden. Ehemalige deutsche Soldaten wanderten in Zivil, Landstreichern gleich, in Massen durch das Land, ihrer Heimat zu. Verschiedene schöne Kraftwagen, so auch der von Karl Stängle, wurden von der Besatzungsmacht beschlagnahmt. Am 4. Mai mußten die Politischen Leiter eine Liste aller Parteigenossen aufstellen, was in den beteiligten Kreisen Beunruhigung hervorrief. [VI/285-288]

Befreit im besetzten Land

Am Abend des 6. Mai gegen 20 Uhr wurde auf einmal die sogenannte Schillerglocke auf dem Turm der Alexanderkirche [in Marbach] geläutet. Als man zum Fenster hinausschaute, sah man die hohen Chorfenster der Kirche hell erleuchtet. Es ist schwer zu beschreiben, welchen Eindruck dies nach mehr als 5,5 Jahren dauernder vollständiger Abdunkelung machte. Nachdem die Glocke eine Weile geläutet hatte, verstummte sie und nun ertönte die Alarmsirene und gab das Signal „Entwarnung". Erlenspiel, der gerade bei uns war, sagte: „Das Glockengeläute gilt den Siegern, das Sirengeheul gilt uns." Der Krieg war zu Ende. [VI/289]

III. DIE NACHKRIEGSZEIT
1945 BIS 1949

Mit dem Ende des 2. Weltkrieges war die staatliche Ordnung total zusammengebrochen. Die Besatzungsmächte versuchten, die öffentliche Ordnung mit militärischen Kräften aufrechtzuerhalten, um dann die öffentliche Verwaltung und die Justiz wieder in Gang zu bringen. Dies gestaltete sich aus unterschiedlichen Gründen schwierig. Erwähnenswerte Ursachen waren zunächst politischer Art, denn Beamte, die Parteimitglieder der NSDAP waren, durften ihre Dienste nicht wieder aufnehmen; sie mussten sich zuerst einem Entnazifizierungsverfahren unterziehen. Viele Soldaten waren noch in Kriegsgefangenschaft. Ein weiterer Grund waren die Ströme von Heimatvertriebenen und Flüchtlingen, die dringend untergebracht und versorgt werden mussten.

Otto Kleinknecht war nach dem Kriegsende zunächst noch einmal in Stuttgart tätig, wurde dann aber als ehemaliges Parteimitglied aus dem Staatsdienst entlassen. Seine erste juristische Tätigkeit erhielt er hierauf als „Juristischer Hilfsarbeiter" bei der Staatsanwaltschaft in Heilbronn. Von April 1947 an war er in Heilbronn als Staatsanwalt tätig. Danach wirkte er ab 1948 beim Amtsgericht Marbach als Amtsgerichtsrat und ab 1951 als Oberamtsrichter. Seine juristische Tätigkeit endete mit dem Ruhestand 1966.

Überfälle und Beschlagnahmung von Häusern

Am Himmelfahrtsfest 1945 [10. Mai], einem herrlichen Frühsommer-
tag, waren meine Mutter, Gertrud und ich nachmittags nach Erdmannhausen eingeladen. Unsere Gastgeber waren sehr einfache Landleute.
Es sollte aber Kaffee, Apfelkuchen und Hefegebäck geben und dies
hatte in jener Zeit den Wert eines kostbaren Diners. Natürlich mußten
wir zu Fuß in den Nachbarort gehen. Unterwegs begegneten wir Ausländern, die uns so komisch anschauten, daß es uns unheimlich wurde.
Immer öfters hörte man davon, daß auf freiem Feld Personen von Ausländern, besonders Polen, ausgeraubt wurden. Am meisten gefährdet
waren einsame Gehöfte. So wurde auch der Makenhof bei Marbach in
jenen Tagen von einer Polenbande ausgeplündert, nachdem seine Bewohner vorher von den Polen mit vorgehaltenen Pistolen in einen Raum
getrieben und dort eingesperrt worden waren. Manchmal gab es bei solchen Überfällen auch Tote. Wir gelangten aber wohlbehalten nach Erdmannhausen.

Als wir am Abend gestärkt und hocherfreut über das Genossene nach
Marbach zurückgekehrt waren, erwartete uns dort ein neuer Schrecken.
Die Franzosen hatten den Kreis Ludwigsburg an die Amerikaner abgegeben. Nun waren die Amerikaner erschienen und beschlagnahmten
Häuser. Während sich nämlich die Franzosen in ihrer Besatzungszone
bei den Deutschen einquartierten, beschlagnahmten die Amerikaner jeweils ganze Häuser, die von ihren Bewohnern binnen kürzester Frist
unter Zurücklassung des Mobiliars geräumt werden mußten. Es hing

dies wohl mit dem Fraternisierungsverbot zusammen, das für die amerikanischen Truppen bestand. Anscheinend waren die Amerikaner der irrigen Meinung, die deutsche Bevölkerung sei in ihrer großen Mehrheit fanatisch nationalsozialistisch gesinnt. Die amerikanische Regierung befürchtete deshalb von einem engen Kontakt der deutschen Bevölkerung mit ihren Truppen einen demoralisierenden Einfluß auf dieselben, besonders ihre Ansteckung mit antisemitischen Ideen.

Wenn ich mich recht erinnere, erschien schon am nächsten Tag ein amerikanischer Captain mit einer Dolmetscherin, um unser Haus zu besichtigen und es eventuell zu beschlagnahmen. Die Dolmetscherin war eine Kanadierin, die mit einem Marbacher verheiratet war. Sie stand im Städtchen in einem sehr schlechten Ruf, stieg nun aber zu einer mächtigen Persönlichkeit empor, die viel umschmeichelt wurde. Nachdem der Captain jedes Stockwerk besichtigt hatte, verschwand er wieder, ohne eine Beschlagnahme auszusprechen. Erst später erfuhren wir, wem wir dieses Glück zu verdanken hatten. Nach dem Ende der Kriegshandlungen war Heinz Mundinger wieder zu seiner Mutter zurückgekehrt; dies konnte er nun, weil sein Stiefvater, der ihm das Haus verboten hatte, gestorben war. Er trug einen eleganten weißen Sommeranzug, der gegen seinen dunklen Teint vorteilhaft abstach. Als der Captain an der Glastüre mit seiner Mutter sprach, humpelte Heinz an einem Stock aus dem Zimmer heraus und sagte zu dem ungebetenen Gast: „Ich bin ein jüdischer Arzt, der soeben aus dem Konzentrationslager entlassen wurde. Sie werden meiner Mutter ihre Wohnung nicht nehmen." Nach seinem Aussehen konnte man Heinz eine nichtarische Abstammung wohl glauben. Die Dolmetscherin übersetzte die Rede von Heinz, der Offizier machte eine stramme militärische Ehrenbezeugung und verließ sogleich unser Haus, während fast alle besseren Häuser in der Nachbarschaft von den Amerikanern besetzt wurden. Auch mein Vetter Karl Stängle wurde aus seiner Villa verjagt.

Freilich war dies noch nicht die endgültige Rettung unseres Heims.

Einheiten des amerikanischen Militärs zogen ab und andere kamen als neue Besatzung; einzelne beschlagnahmte Häuser wurden wieder freigegeben und andere dafür beschlagnahmt. Wir brachten unsere Wohnung absichtlich in eine gräßliche Unordnung, damit sie auf die Amerikaner einen abstoßenden Eindruck machen sollte. Frau Gayer im unteren Stock hatte solche Maßnahmen nicht nötig, denn ihre Wohnung befand sich von vornherein in einem entsprechenden Zustand, zumal ihr Gatte, der sonst nach dem Rechten sah, immer noch abwesend war. Als wieder einmal ein Captain kam, um unser Haus zu besichtigen und in die Gayersche Wohnung als erste hineingeschaut hatte, machte er sogleich wieder kehrt. Den Amerikanern gefiel wohl auch nicht unser allzu großer Garten mit seinen vielen Hecken, in denen sich Heckenschützen verbergen konnten. Einmal sah ich, wie zwei Soldaten mit angeschlagenen Gewehren ihn durchstreiften. Zwei andere läuteten eines Tages an unserer Glastüre, kamen dann ungefragt in unsere Wohnung herein und schauten mißtrauisch in unserer Küche herum, ohne ein Wort zu sprechen. Uns kam die Sache recht ungemütlich vor. Nach einer Weile zogen sie jedoch wieder ab, schweigend, wie sie gekommen waren.

Etwas später sollte das uns schräg gegenüberliegende Haus des Rechtsanwalts Rommel von den Amerikanern beschlagnahmt werden. Innerhalb von 24 Stunden mußte das Haus geräumt sein. Die Familie Rommel sollte dann bei uns untergebracht werden. Während Gertrud und meine Mutter zwei Zimmer zu diesem Zweck freimachten, halfen ich und Amtsgerichtsrat Kettenacker dem Rechtsanwalt Rommel, dessen Lebensmittel- und Kohlenvorräte sowie sonstige wertvolle Gegenstände aus seinem Haus fortzuschaffen. Tag und Nacht arbeiteten wir im Schweiß unseres Angesichts. Am andern Morgen aber erklärten die Amerikaner, daß sie dieses Haus freigeben würden. Unsere ganze Mühe war umsonst gewesen.

Die Amerikaner sahen im Vergleich zu der deutschen Bevölkerung sehr wohlgenährt aus. Auf die Deutschen, die an den strammen preußischen Drill gewöhnt waren, machte das Auftreten des amerikanischen Militärs einen laschen Eindruck. Da saßen die Wachhabenden auf Klappstühlen und hatten ihr Gewehr an die Hauswand gelehnt. Es schien kaum zu glauben [sic], daß solche Soldaten die Deutschen besiegen konnten. Einmal sah man, wie amerikanische Soldaten im Vorgarten eines Hauses ihre Leckerbissen verzehrten – Dinge, die man bei uns in Deutschland seit Jahren kaum mehr vom Hörensagen kannte. Eine Menge davon blieb übrig, weil es die Amerikaner nicht mehr aufessen konnten. Hungernde deutsche Kinder streckten durch die Zaunlatten bettelnd ihre Hände danach aus. Die Amerikaner aber stampften mit ihren Stiefeln lachend das übrig Gelassene in den Boden. Solche Vorkommnisse trugen nicht dazu bei, die Besatzungsmacht den Deutschen sympathisch zu machen.

Immer wieder kam es auch vor, daß amerikanische Soldaten in Uniform in abgelegeneren Gegenden deutschen Passanten Armbanduhren oder sonstige Wertsachen abnahmen. Solche Exzesse, wie man sie von der französischen Besatzungszone hörte, kamen bei ihnen aber doch nicht vor. Eines Tages hieß es im Städtchen, auch von den Amerikanern würden nun deutsche Frauen vergewaltigt. Die Sache klärte sich jedoch harmlos auf. Eine schlecht beleumundete Frauensperson, die in einer der Holdergassen wohnte, hatte mit einem amerikanischen Soldaten auf die Nacht ein Stelldichein in ihrem Hause vereinbart. In der Dunkelheit geriet der Soldat an ein anderes Haus, wo man ihn nicht einließ. In der Wut schlug er dann fürchterlich Krach. [VII/1-3]

Nachrichten und „mein Radio"

Da keine Zeitungen erschienen, stellte der Rundfunk die einzige Informationsquelle dar. Die Amerikaner sendeten von Zeit zu Zeit deutsche Nachrichten. Da wurde unter anderem mit höhnischem Vergnügen erzählt, wie jetzt die Deutschen in jedem kleinsten Gärtchen mit Eifer in der Erde buddelten. Dies traf in der Tat zu, denn die Ernährungslage wurde zusehends schlechter und jedermann war bemüht, nach Möglichkeit wenigstens seinen Kohl selbst anzubauen. Offensichtlich waren jene amerikanischen Sendungen von dem Morgenthau-Plan inspiriert, der darauf abzielte, daß die Deutschen in der Zukunft nur von der Landwirtschaft leben sollten. Mit Schrecken erfuhr man, daß die Amerikaner Sachsen und Thüringen den Bolschewisten auslieferten. Zwischen die amerikanischen Sendungen krächzten Jazzklänge, eine richtige Katzenmusik, was unsere neuen Beherrscher den Deutschen nicht gerade als Kulturbringer erscheinen ließ.

Irgendwoher hörte ich, daß amerikanische Offiziere, welche in der Krone einquartiert waren, meinen Rundfunkapparat beschlagnahmen wollten. An ihm hing ich in zäher Liebe, nachdem er mich während des ganzen Krieges durch ausländische Sendungen stets über die wahre Kriegslage unterrichtet hatte; jetzt glaubte ich ihn noch weniger entbehren zu können. Als nun zwei amerikanische Soldaten an unserer Hausglocke läuteten, offensichtlich, um meinen Radioapparat abzuholen, tat ich, wie wenn niemand zu Hause wäre. Sie kamen noch einmal und ich machte es wieder so. Am folgenden Tag erschien ein Zivilist in bunter Texasjacke, den ich einließ. Er war ein aus Pleidelsheim gebürtiger Deutschamerikaner namens Kraut, dem die Nazis übel mitgespielt hatten. Nun war er von den Amerikanern als Polizist eingesetzt worden. Er warnte mich eindringlich davor, mich weiterhin vor den Amerikanern zu verleugnen und der Abgabe meines Apparats Widerstand entgegenzusetzen, da ich sonst unweigerlich in Haft genommen würde. Er setzte aber hinzu, daß nach seiner Kenntnis die Offiziere bald von Marbach wegversetzt würden und er wolle dann nach Möglichkeit dafür Sorge tragen, daß mein Rundfunkapparat für mich wieder sichergestellt werde. Ich übergab ihm darauf meinen Apparat und versprach ihm für seine Bemühungen, wenn sie Erfolg hätten, eine Flasche Schnaps. Tatsächlich brachte er mir nach einigen Wochen mein Gerät unbeschädigt zurück und nahm dafür die versprochene Flasche in Empfang. [VII/3 f.]

Erste Begegnungen mit alten Kollegen

Bald darauf erfuhr ich, daß in Stuttgart die Gerichte wieder eröffnet worden seien. Ich beschloß, mich nach Stuttgart zu begeben, um zu sehen, ob ich meinen Arbeitsplatz wieder einnehmen könne. Dabei mußte ich den Weg nach Ludwigsburg zu Fuß zurücklegen, da es noch lange Zeit dauerte, bis die Bahnstrecke Marbach-Ludwigsburg aufs neue in Betrieb genommen wurde. Bei meiner Behörde in Stuttgart traf ich nur unsere Schreibmädel an. Als sie mich sahen, erschraken sie und rieten mir mit beschwörenden Gebärden, doch ja unsichtbar zu bleiben. Meine Kollegen, die mit mir beim Sondergericht beschäftigt gewesen waren, seien im Untersuchungsgefängnis eingesperrt und würden dort übel behandelt. Auf dies hin machte ich mich schleunigst aus dem Staub.

Auf der Straße traf ich den beinahe erblindeten Staatsanwalt Gauger. Wir beglückwünschten uns gegenseitig, daß wir überlebt hatten, und Gauger sagte zu mir: „Das e i n e haben mich die letzten zwölf Jahre gelehrt: Wer keine Religion hat, dem ist alles zuzutrauen." Dabei war Gauger nichts weniger als ein Frömmler gewesen, sondern eher ein lauer Christ.

Um jene Zeit erschien bei uns in Marbach mein Kollege Maisenhälder, der ja – ebenso wie ich – ein Kriegswirtschaftsreferat bei der Anklagebehörde beim Sondergericht innegehabt hatte und bat uns, ihn eine Nacht zu beherbergen. Er befand sich gleichsam auf der Flucht aus Stuttgart und war auf dem Weg nach Heilbronn, wo seine Mutter wohnte. Einer seiner einstigen Angeklagten hatte ihn bei der Militärregierung angezeigt und diese wollte ihn verhaften lassen. Natürlich gewährten wir ihm Unterkunft. Zu einer Verhaftung Maisenhälders kam es nicht. Die Militärregierung mußte vielmehr feststellen, daß sie einem üblen Gauner auf den Leim gekrochen war, den sie selbst wegen neuer Untaten, die er beging, nach kurzer Zeit ein weiteres Mal in Haft nahm. [VII/4]

Fürsprache für einen KZ-Wachmann

Ich betätigte mich nun in meinem Garten. Damals besuchte mich [...] Theodor Müller, in Marbach „der Strickmüller" genannt. Seine außerordentliche Sprachbegabung hatte ihn schon vor dem Krieg dazu bewogen, Russisch zu lernen, ein Unterfangen, das bei einem Mann seines Standes zu jener Zeit ganz ungewöhnlich war. Er hatte sein Studium mit solchem Erfolg betrieben, daß er, nachdem er zur Wehrmacht eingezogen worden war, an der Ostfront als Dolmetscher eingesetzt wurde, womit er den Status eines Wehrmachtsbeamten erlangte. Am Schluß des Krieges glückte es ihm, auf einem selbstgezimmerten Floß in tollkühner Fahrt die Elbe zu überqueren und den Russen zu entwischen. Müller war ein Mann mit stahlharten Nerven. Inzwischen war er zu seiner Familie heimgekehrt. Er wohnte jetzt in Lauffen, wo er ein Textilgeschäft erworben hatte, das sich allmählich zum ersten der Stadt entwickelte.

Der Grund von Müllers Besuch war folgender: In unserem Nachbarort Murr gab es einen Lehrer namens Schmauder, einen braven, frommen Mann alter Schule. Derselbe war 1933 der Partei beigetreten, hatte aber dann wegen des Kirchenstreits seinen Austritt erklärt, also einen Schritt getan, der sonst kaum vorgekommen ist. Bis heute ist es mir rätselhaft, wie es möglich war, daß er dennoch – trotz vieler Schikanen – im Amt belassen wurde. Die Rache der Partei kam während des Krieges. Schmauder wurde eingezogen, obwohl dies sonst bei Männern seines Alters und seines Berufes nicht mehr der Fall war, und mit allen Mitteln zur SS gepreßt. Die Perfidie der Nazis gipfelte darin, daß sie ausgerechnet diesen Mann zum Wachdienst im KZ-Lager Dachau abkommandierten. Nach Kriegsende waren nun seine Freunde um sein Schicksal sehr besorgt. Am nächsten Tag setzte ich zusammen mit Müller und dem Fabrikanten Zinsser in Murr in der Villa des letzteren ein Schreiben an die amerikanische Militärregierung auf, in dem wir schilderten, auf welche Weise Schmauder Wachmann im KZ geworden war. Durch dieses

Schreiben erreichten wir, daß Schmauder alsbald aus der Gefangenschaft entlassen wurde. Er hat mir später erzählt, daß er unter seinen SS-Kameraden auch einige recht anständige Burschen getroffen habe. [VII/4 f.]

Wiedereröffnung der Staatsanwaltschaft Stuttgart

Als ich eben einmal in meinem Garten unter Johannisbeersträuchern Unkraut jätete, suchte mich der ehemalige Erste Staatsanwalt Eisenbacher auf. Derselbe hatte – wie ich bereits berichtet habe – während des 3. Reiches mancherlei Anfechtungen zu erdulden. Etwa Ende 1943 war er pensioniert worden, wenn ich mich recht erinnere, vorzeitig, noch bevor er die Altersgrenze ganz erreicht hatte. Dazuhin war sein einziger Sohn gefallen und er selbst in seiner Cannstatter Wohnung ausgebombt worden, weshalb er nun mit seiner Frau als Evakuierter im Haus des Gendarmeriemeisters Röhrle in Kleinaspach wohnte. Röhrle war von den Amerikanern als Nazi eingesperrt worden.

Eisenbacher erklärte mir, die Militärregierung habe ihn in Stuttgart zum Oberstaatsanwalt eingesetzt und er wolle nun mit mir und Halder die Staatsanwaltschaft Stuttgart wieder eröffnen. Ich wies ihn darauf hin, daß ich doch Parteigenosse gewesen sei, worauf er mir entgegnete: „Jetzt bin ich Oberstaatsanwalt und suche mir meine Mitarbeiter selbst aus!" Niemand wisse besser als er, wie ich zum Nationalsozialismus gestanden habe.

Von der Art und Weise, wie die kommende Entnazifizierung durchgeführt werden sollte, hatte man zu diesem Zeitpunkt noch keine Ahnung. Grundsätzlich war ich freudig bereit, meinen Beruf wieder aufzunehmen. Aber vorläufig hatte ich noch einige Bedenken. Stuttgart war von den Franzosen besetzt und man erfuhr, daß sie junge Männer von der Straße wegholten, nach Frankreich transportierten und dort beim Wiederaufbau zerstörter Städte einsetzten. Diesem Schicksal wollte ich mich keinesfalls aussetzen. Es war allerdings damals schon bekannt, daß Stuttgart zu einem nahen Zeitpunkt von den Franzosen in die amerikanische Besatzungszone übergeben werden sollte. Ich einigte mich mit Eisenbacher dahin, daß ich meinen Dienst in Stuttgart erst antrete, wenn dort die Amerikaner das Regiment übernommen hätten. Dies geschah schon nach wenigen Tagen.

Es war Ende Juni 1945, als Eisenbacher mit mir und Halder die Staatsanwaltschaft Stuttgart aufs neue in Gang brachte, und dies war in der Tat ein Abenteuer. Wir arbeiteten in zwei aneinandergrenzenden Zimmern eines einstigen Privathauses an der Südseite der Olgastraße, das ziemlich unbeschädigt stehen geblieben war. So standen in Stuttgart bald hier, bald dort vereinzelte Häuser, fast keines ganz unbeschädigt, mitunter auch längere Straßenzüge, allerdings immer wieder unterbrochen von eingestürzten oder ausgebrannten Gebäuden. Sonst aber, wohin man sah, nichts als Ruinen, Fassaden mit leeren Fensterhöhlen und Trümmer. Manchmal war ein fester gemauertes unteres Stockwerk erhalten geblieben, an dem zerbrochene Fensterscheiben zum Teil durch Pappdeckel ersetzt waren. Irgendwo ragte aus einem solchen Fenster ein Ofenrohr auf die Straße heraus; man wußte dann: Hier wohnen noch Menschen. Und die Trümmerberge auf den Straßen! Man war dabei, sie zusammenzuschaufeln, um Passagen freizumachen. [VII/5 f.]

Tragische Nachkriegsereignisse im Kienle

Ich hatte mir vorgenommen, in dem Schlafzimmer unserer früheren Wohnung im Kienle, das wir uns bei der Weitervermietung vorbehalten hatten, die Woche über zu nächtigen. Die Hausbewohner erzählten mir von einem tragischen Vorfall, der sich in einem Haus in der Nähe abgespielt hatte. Dort wohnte ein älteres Ehepaar, das fanatisch nationalsozialistisch gesinnt war, zusammen mit seinen zwei verheirateten Töchtern, deren Männer irgendwo Kommandanten von KZ-Lagern gewesen waren. Am Vorabend, bevor die Franzosen die Stadt besetzten, beschlossen diese Leute, durch Gift Selbstmord zu begehen. Im gleichen Haus wohnte die Witwe des Landgerichtsdirektors Winter, mit dem ich einst in Ludwigsburg, als er dort noch Amtsrichter war, viel zusammengearbeitet hatte, den aber im Jahr 1943 in Paris, wo er als Offizier stand, die galoppierende Schwindsucht dahingerafft hatte. Seine Witwe, die mir auch wohlbekannt war, hatte ihn nach einer gescheiterten Ehe geheiratet und sehr gut mit ihm zusammengelebt. Nach seinem Tod fühlte sie sich völlig verlassen. Der erwähnte ältere Mann, der den Untergang seiner Familie beschlossen hatte, lud sie ein, ebenfalls diesen Weg zu beschreiten, und sie tat dies auch. Nach der Besetzung Stuttgarts durch die Franzosen fand man die Leichen in dem Haus, in dem sonst niemand wohnte. Der Mann, der sich als letzter vergiftete, hatte den Zeitpunkt des Todes eines jeden der Verstorbenen genau auf einem Zettel niedergeschrieben. Man meldete den Vorgang dem für diesen Bezirk zuständigen französischen Offizier. Dieser besah sich die Sache, erwies den Toten eine militärische Ehrenbezeugung und entfernte sich wieder. In den folgenden Tagen verpestete der Geruch der Leichen die ganze Umgegend, bis sich schließlich Leute fanden, die sie in der Erde verscharrten.

Unser Schlafzimmer befand sich noch in dem desolaten Zustand, in den es durch die hinter dem Haus niedergegangene Luftmine versetzt worden war. Die Ostwand hatte so mächtige Löcher, daß man, wenn man eine ungeschickte Bewegung machte, durch dieselben in den Garten hinunterfallen konnte. Nachdem ich ein- oder zweimal dort geschlafen hatte, kam ich zu dem Entschluß, lieber den täglichen Fußmarsch von Marbach nach Ludwigsburg und zurück auf mich zu nehmen, als weiter hier zu nächtigen. [VII/6 f.]

Eine persönliche öffentliche Beschimpfung

An einem jener ersten Tage, an denen ich in Stuttgart wieder Dienst tat, befand ich mich abends nach Eintritt der Dämmerung auf dem Heimweg in meine Wohnung. Als ich über den Platz bei der Olga-Ecke ging, schrie plötzlich jemand mit lauter Stimme hinter mir her: „Das ist auch einer von den Mördern!" Ich drehte mich um und sah, daß es Alois Stähle[90] war, gegen den ich das Verfahren wegen Kriegswirtschaftsverbrechen geführt hatte, welches mir soviel Kummer bereitete. Er war nach langer Haft jetzt auf freien Fuß gekommen. Sogleich umringten uns zahlreiche Menschen. Viele drohende Blicke waren auf mich gerichtet. In Sekundenschnelle überlegte ich mir, daß es für mich gefährlich werden könnte, wenn ich jetzt schweige und den Vorwurf auf mir sitzen lasse. So rief ich ebenfalls mit lauter Stimme Stähle zu: „Sie haben gerade das Recht, mich zu beschimpfen! Wenn ich nicht gewesen wäre, dann hätten Sie heute keinen Kopf mehr." Stähle bemerkte: „Das sagt heute jeder!" Darauf entgegnete ich: „Wenn Sie es mir nicht glauben, dann fragen Sie Ihren Verteidiger, Rechtsanwalt Schöck!" Diesen hatte ich seinerzeit in meinen Plan zur Rettung Stähles eingeweiht. Jedenfalls ließ sich Stähle in Rede und Gegenrede mit mir ein. Dies hatte zur Folge, daß sich die Umstehenden allmählich wieder zerstreuten.

Über das nächste Wochenende hielt ich mich bei meiner Frau und meiner Mutter in Marbach auf. Am Samstag Nachmittag läutete es an der Glastüre. Als ich öffnete, stand Alois Stähle draußen. Er erklärte: „Ich habe mich bei Rechtsanwalt Schöck erkundigt. Es stimmt, was Sie zu mir gesagt haben. Ich bin nun nach Marbach gekommen, um Ihnen zu danken und mich wegen meines Verhaltens in Stuttgart zu entschuldigen." Dann verschwand er wieder. Er durfte aber die goldene Freiheit nur kurz genießen. Kaum zwei Wochen später wurde er von der Militärregierung erneut verhaftet. Solange er während des Krieges in Untersuchungshaft saß, hatte man ihn zum Capo der bei Arbeiten eingesetzten Gefangenen bestimmt. Als solcher hatte er einmal einen Ausländer verprügelt, welcher ihn deshalb jetzt bei der Militärregierung anzeige.

Stähle war auch PG gewesen. Im Jahr 1947 wurde ich in seinem Entnazifizierungsverfahren vor die Spruchkammer Stuttgart als Zeuge geladen. Stähle brachte in Bezug auf das bei mir gegen ihn anhängig gewesene Ermittlungsverfahren vor, daß er eigentlich ein Verfolgter des

Nazi-Regimes sei. Ich versuchte ihm nach Möglichkeit zu helfen, da ich davon ausging, daß er durch seine lange Haft genug gebüßt habe. Dabei dachte ich vor allem an den Anzeigeerstatter Deutschmann, der sich stets als linientreuer Nationalsozialist aufgespielt hatte. Die Spruchkammer hielt aber das frühere Verfahren gegen Stähle wegen Kriegswirtschaftsverbrechen für eine ganz unpolitische Angelegenheit und verdonnerte ihn zu einer recht fühlbaren Buße. Beinahe 20 Jahre später habe ich Stähle nochmals getroffen. Er machte dabei den Eindruck eines gebrochenen alten Mannes, der in seinem Leben nur Mißerfolge zu verzeichnen hatte. [VII/7 f.]

Hilflose Polizisten

Die Polizisten sind die Hilfsbeamten der Staatsanwaltschaft. Welcher Art waren im Sommer 1945 in Stuttgart unsere Hilfsbeamten? Bekanntlich war im 3. Reich die ganze Polizei Himmler und der SS unterstellt worden. Wenn ein Land vom Feind besetzt wird, hört die einheimische Polizeigewalt auf. Die Militärregierung stellte fast ausnahmslos neue Männer als Polizisten an. Sie trugen die Uniformen der alten – aber wie! Man sagte, daß sich viele Kommunisten unter ihnen befinden würden. Auf jeden Fall waren sie durchaus ungeschult.

Eines morgens erschienen zwei dieser Polizisten bei der Staatsanwaltschaft, um sich einen Rat zu holen. Sie erzählten, daß ein ihnen wohlbekannter Mann jede Nacht Einbrüche in der Gegend der Brennerstraße machen würde. Dort war ein kleiner Teil der Altstadt erhalten geblieben. Sie, die Polizisten, hätten diesen Mann aufgefordert, mit ihnen zu kommen, aber er habe sie nur ausgelacht. Er würde seine Tätigkeit fortsetzen und sie könnten nichts gegen ihn unternehmen, weil sie keinen richterlichen Haftbefehl hätten. So war jener Mann Nacht für Nacht, gleichsam unter den Augen der Polizei, bald in dieses, bald in jenes Haus eingestiegen oder eingebrochen, um zu stehlen. Man hatte diesen Polizisten, bevor sie ihren Dienst antraten, nur die e i n e Lehre

gegeben, sie dürften ohne richterlichen Haftbefehl niemanden festneh-
men. [VII/8]

Die „Säuberung" von ehemaligen Parteigenossen in der Beamtenschaft

Indessen fing man in der amerikanischen Besatzungszone an, die Beamtenschaft von ehemaligen Nationalsozialisten zu säubern. Zuerst hatten nur Eisenbacher, Halder und ich die ganze Staatsanwaltschaft
Stuttgart repräsentiert. Eines Tages wurden sämtliche frühere Staatsanwälte, sofern sie nicht in Haft saßen, zu einer Versammlung einberufen.
In derselben wurde uns bekanntgegeben, daß alle Beamte, welche Mitglieder der Partei gewesen waren, ohne jegliche Ansprüche auf Gehalt
oder Pension entlassen seien; diejenigen, welche der Partei nicht angehörten, könnten ihren Dienst wieder aufnehmen. Zu ihnen gehörten
nach meiner Erinnerung außer Eisenbacher nur Sigel und Heilig. Man
kann sich vorstellen, wie niedergeschlagen alle andern Teilnehmer an
der Versammlung nach Hause gingen. Mit solchen drastischen Maßnahmen hatte man nicht gerechnet, besagte doch die formale Mitgliedschaft bei der NSDAP, besonders bei Beamten, für die wirkliche
Gesinnung der Betreffenden so gut wie nichts.

Eisenbacher erreichte durch ein Gesuch bei der Militärregierung,
daß ich und Halder vorläufig weiterbeschäftigt werden durften; er hatte
erklärt, daß er genötigt sein würde, die Staatsanwaltschaft wieder zu
schließen, wenn man ihm auch noch uns wegnehme. Dies änderte aber
nichts an der Tatsache, daß auch wir entlassen waren. Wir durften nichts
mehr unterschreiben, an keiner Sitzung mehr teilnehmen, sondern nur
noch in unserer Kanzlei arbeiten; wir waren offiziell überhaupt nicht
mehr vorhanden. Untereinander sagten wir, daß wir jetzt Schatten oder
Gespenster seien.

Während ich und Halder in einem Zimmer neben Eisenbacher arbeiteten, ließen sich Sigel und Heilig schmunzelnd in einem Gebäude

an der Urbanstraße nieder, wo eine Art Amtsanwaltschaft eingerichtet wurde; zu schwierigeren Fällen waren sie nicht zu gebrauchen. Wohl kein anderer von uns Staatsanwälten hatte aus der nationalsozialistischen Herrschaft soviel Nutzen gezogen wie Heilig und wohl kein anderer bis in die letzten Jahre hinein solche Lobreden auf den „Führer" gehalten wie er.

Die schematische Art, mit welcher die Entnazifizierung durchgeführt wurde, brachte absurde Situationen hervor. Landgerichtsdirektor Bohn hatte sich bei Kriegsende als Evakuierter in Schorndorf aufgehalten. Die Besatzungsbehörde suchte im ganzen Kreis nach einem Juristen, der nicht Parteimitglied gewesen war und fand schließlich Bohn. Er wurde nun als neuer Vorstand des Amtsgerichts Schorndorf eingesetzt. Bald stellte es sich freilich heraus, daß er Vorsitzender des Sondergerichts gewesen war, und nun vertauschte er seine sella curulis mit dem Gefängnis. Studienrat Waser in Marbach, welcher die Schulkinder aufgefordert hatte, ihre Eltern anzuzeigen, wenn sie abfällige Bemerkungen über Hitler machen würden, war der einzige Lehrer der Marbacher Oberschule, der weiter unterrichten durfte, denn er war nicht Parteimitglied gewesen. Als fanatischer „Gottgläubiger", wie sich die Antichristen im 3. Reich nannten, hatte er es nicht nötig gehabt, der Partei beizutreten und Mitgliedsbeiträge zu zahlen. [VII/8 f.]

Ein „Schlauberger"

Ein besonderes Kunststück brachte mein Bundesbruder Kurt Weber fertig, der ja eine Zeitlang Landgerichtsdirektor beim Volksgerichtshof in Berlin gewesen war und dann eine einflußreiche Stelle bei dem nationalsozialistischen Reichsjustizminister Thierack innegehabt hatte. Etwa anfangs 1944 war er auf einmal wieder in Stuttgart aufgetaucht und zwar in einer für seine Verhältnisse sehr bescheidenen und politisch ganz harmlosen Stellung bei der Präsidialabteilung. Die Kollegen in Stuttgart wunderten sich über diesen Abbruch seiner hoffnungsvollen

Karriere. Näheren Aufschluß hierüber erhielt ich von seinem Vater, als ich denselben einmal traf. „Wie froh bin ich, daß es Kurt fertiggebracht hat, von Berlin wegzukommen", sagte er. „Man sieht doch: Die Sache geht schief." Bei Kriegsende war Weber mit seiner Familie nach Rottenburg evakuiert. In der französischen Zone wurde die Entnazifizierung weniger gründlich gehandhabt als in der amerikanischen. Er ging darauf aus, in ein anderes Departement überzuwechseln, in dem seine berufliche Vergangenheit unbekannt war, denn er war sich bewußt, daß ihm bei der Justiz keine Rosen mehr blühten. So gelang es ihm, bald nach dem Krieg beim Finanzamt Tübingen eine Beschäftigung zu finden. Als Ministerialdirigent beim Badisch-württembergischen [sic] Finanzministerium und engstem Vertrauten des Finanzministers hat er schließlich seine Laufbahn beschlossen. Ein tüchtiger Beamter muß er auf jeden Fall gewesen sein. [VII/9 f.]

Betrügern schlägt jede Stunde

Ich bearbeitete bei der Staatsanwaltschaft Stuttgart ein Ermittlungsverfahren gegen einen gewissen Pirngruber. Dieser Mann hatte einst in der französischen Fremdenlegion gedient, was mancher tat, welchem in Deutschland der Boden zu heiß wurde. Nachdem die Franzosen Stuttgart besetzt hatten, erbot sich Pirngruber ihnen gegenüber, einen Schatz des Reichsstatthalters Murr, den dieser angeblich vor seiner Flucht versteckt hatte, ausfindig zu machen und wieder beizuschaffen. Dadurch gelang es ihm, die Erlaubnis zu erhalten, im sogenannten Haus des Deutschtums in Gaisburg, wo früher eine Parteidienststelle ihren Sitz hatte, eine Art von Büro mit mehreren Angestellten aufzuziehen. Dorthin lud er Ehefrauen von SS-Männern vor, deren Gatten gefallen oder vermißt waren oder sich in Gefangenenlagern befanden. Diese Frauen wurden von ihm in nicht wiederzugebender Weise gefoltert. Ohne Zweifel ging es ihm bei dieser Sache nicht um den Schatz des Reichsstatthalters, der wohl nur in seiner Phantasie existierte, sondern darum, einen Job auszuüben, der einträglich war und ihm gefiel und bei dem er seine sadistische Sexualität austoben konnte. Die Vernehmungen der Frauen begannen immer damit, daß sie sich nackt ausziehen mußten.

Als ich noch im Vollbesitz meines staatsanwaltlichen Amtes war, hatte ich die Verhaftung Pirngrubers erwirkt. Nun tauchten eines morgens zwei Zivilisten bei meiner Behörde auf, die zwar ihre Rockaufschläge mit Bändchen in den Farben der Trikolore geziert hatten, ansonsten aber recht zweifelhaft ausschauten. Stürmisch forderten sie, mich zu sprechen, und als ich ihnen gegenübertrat, fuchtelten sie mir drohend mit den Händen vor dem Gesicht herum. Soviel aus ihrem Kauderwelsch zu entnehmen war, überhäuften sie mich mit Vorwürfen, weil ich einen französischen Staatsbürger verhaftet habe. Pirngruber habe durch seinen Dienst bei der Fremdenlegion das französische Bürgerrecht erworben. Ich müsse ihn sofort wieder auf freien Fuß setzen. Jede Maßnahme gegen ausländische Staatsbürger war deutschen Justizbehörden strengstens verboten. Doch ganz abgesehen davon, daß ich es nicht glaubte, daß Pirngruber französischer Staatsbürger geworden sei, war ich, nachdem ich mich inzwischen zum Schatten eines Staatsanwalts verflüchtigt hatte, gar nicht mehr berechtigt, einen Untersuchungsgefangenen freizulassen.

Oberstaatsanwalt Eisenbacher war an diesem Tag nicht bei der Staatsanwaltschaft anwesend und die Franzosen ließen sich nicht abspeisen. Schließlich bewog ich sie dazu, mit mir zum Generalstaatsanwalt zu gehen. Als Generalstaatsanwalt hatte die Militärregierung den ehemaligen Rechtsanwalt Richard Schmid eingesetzt, der im 3. Reich politisch verfolgt worden war. Dieser war allerdings auch nicht aufzufinden. An seiner Stelle empfing uns Schabel, der später selbst zum Generalstaatsanwalt in Stuttgart avancierte. Schabel war aber damals auch nur ein Schatten wie ich und Halder, denn er war ebenfalls Parteimitglied gewesen. Er hatte den Vorteil, fließend französisch sprechen zu können.

Ihm kam der rettende Gedanke, mit den Franzosen zur Militärregierung zu gehen, welche in einem stattlichen Gebäude Ecke Ulrichs- und Olgastraße residierte. Dort wurden wir zu einem amerikanischen Offizier geführt, einem Mann von kleiner, zierlicher Gestalt, seinem Aussehen nach einem Juden. In dem Raum, in dem wir mit dem amerikanischen Offizier verhandelten, lümmelten andere Uniformierte herum, die ihre Beine auf die Tischplatte gelegt hatten. Von einer Verhandlung von mir und Schabel mit dem Offizier war eigentlich keine Rede. Dieser sprach vielmehr nur mit den beiden Franzosen; ich und Schabel standen indessen im Hintergrund und schienen für ihn überhaupt nicht vorhanden zu sein. Die Franzosen wiederholten mit gallischem Temperament ihre Vorwürfe gegen mich. Als der Offizier sie angehört hatte, wandte er sich endlich mir zu. Ich überreichte ihm eine Abschrift meiner Anklageschrift gegen Pirngruber, die ich mitgebracht hatte. Er las sie durch, gab sie mir wieder zurück und sagte dann in perfektem Deutsch: „Ich hoffe, daß dieser Mann von den deutschen Gerichten die schwere Strafe erhält, die ihm gebührt." Damit waren wir entlassen.

Ich habe noch nie Menschen gesehen, die sich so schnell wandeln konnten wie jene beiden Franzosen. Kaum hatte sich die Türe zum Dienstraum der amerikanischen Militärregierung hinter uns geschlossen, so behandelten sie mich, als wären wir gute, alte Bekannte, klopften mir freundschaftlich auf die Schulter, steckten mir Zigarettenpackungen in die Taschen und flehten mich an, bei Pirngruber doch Gnade walten zu lassen. Damit endigte diese Episode. Mit der Hauptverhandlung gegen Pirngruber hatte ich nichts mehr zu tun. [VII/10 f.]

Beamte im „automatischen Arrest"

Als nun ein neuer Antrag Eisenbachers bei der Militärregierung, mich und Halder weiter beschäftigen zu dürfen, abgelehnt wurde und wir beide etwa anfangs November [1945] endgültig aus unseren Ämtern gejagt wurden, bereitete dies mir keinen großen Schmerz mehr, denn den ganzen Winter über hätte ich die mit meinem Dienst in Stuttgart verbundenen Strapazen ja doch nicht ausgehalten. Fast mehr bemitleidete ich Eisenbacher. Als wir uns von ihm verabschiedeten, saß der alte Mann, bei dem sich bereits körperliche und geistige Abbauerscheinungen bemerkbar machten, verstört und verlassen in seiner Kanzlei. Der Kälte wegen hatte er sich ein schwarzes Käppchen über den Kopf gestülpt.

Gleichwohl war es für mich als einen Mann im Alter von 44 Jahren recht bedrückend, nun arbeitslos und ohne Einkommen dazusitzen. Zwar hatten wir uns in den ersten zwölf Jahren unserer Ehe ein kleines Vermögen erspart, das aber infolge der Entwertung der Reichsmark rapid an Kaufkraft verlor. Im Hintergrund stand allerdings noch meine Mutter, die gut situiert war und nach wie vor ihre Pension bezog. Wir konnten unentgeltlich bei ihr wohnen und brauchten auch für die Verköstigung nichts zu bezahlen, zumal meine Frau die Hauptlast der Hausarbeit trug. Doch wer liegt schon in diesem Alter seiner Mutter gern auf der Tasche! [VII/13]

„Neue" Bürgermeister

Nach dem Zusammenbruch des Staates waren die Gemeinden als letzte Ordnungszellen übriggeblieben. Nun begann auch bei ihnen wieder der Neuaufbau. Die Militärregierung setzte in sämtlichen Gemeinden neue Bürgermeister ein. Die bisherigen kamen dafür nicht in Frage, da sie alle der Partei angehört hatten. Für die Militärregierung war bei der Auswahl der neuen Männer der wichtigste Gesichtspunkt, daß dieselben mit dem Nazi-Regime auf dem Kriegsfuß gestanden hatten. Da jedoch fast jedermann, der im öffentlichen Leben etwas leisten konnte und wollte, irgendwie von der NS-Partei erfaßt worden war, stand für die Gemeindeämter nur ein eng begrenzter Kreis von Personen zur Verfügung. So war es nicht verwunderlich, daß es unter den neuen Bürgermeistern viele unerfreuliche Gestalten gab. Bei den Bürgern genossen sie im allgemeinen wenig Ansehen und die meisten von ihnen wurden sogleich abgewählt, nachdem die Bürger ihr Wahlrecht wieder erlangt hatten. [VII/13 f.]

Große Wohnungsnot

Eine wahre Katastrophe jedoch war die Wohnungsnot, besonders unerträglich bei einem Volk wie dem deutschen, das so hohen Wert auf
Wohnkultur legt. Die Gemeinden sahen sich hier der Herausforderung
gegenüber, das Unmögliche möglich zu machen. Man stelle sich vor,
wie es in unserem Land aussah! Die Großstadt Stuttgart und volkreiche
Städte wie Pforzheim, Heilbronn und Ulm waren weithin in Trümmer-
felder verwandelt; auch in andern Orten wie zum Beispiel in Neckarsulm
und Lauffen hatte der Bombenkrieg viele Wohnräume vernichtet. Zuletzt
noch hatte das Kriegsgeschehen Freudenstadt und kleinere Orte wie beispielsweise Löwenstein, Beilstein und Waldenburg ganz oder teilweise
zerstört. Alle jene Menschen, welche auf solche Weise obdachlos geworden waren, hatte man in die nicht zerstörten Gebäude in den andern
Orten hineingestopft. Dazu kam, daß sich noch unzählige ausländische
Arbeiter in Deutschland aufhielten und daß die Besatzungsmacht unbe-
schädigten Wohnraum – und gerade den besten – beschlagnahmte.

Und nun setzte schon im Sommer der immer ungeheurer anschwel-
lende Strom der Flüchtlinge und Heimatvertriebenen aus den Ostgebieten ein. Als ersten Vorläufer dieser Invasion sah ich bereits im Frühsommer ein paar mit mageren Kleppern bespannte und mit allerlei Ge-
rümpel beladene Planewagen auf dem Marbacher Cotta-Platz stehen.
So waren die Zigeuner seit Jahrhunderten als Nomaden durch die Länder gezogen. Aber aus diesen Wagen schauten Kinder mit blauen Augen
und blonden Haaren heraus. Es waren Bessarabiendeutsche, welche von
Hitler in den Warthegau um Posen umgesiedelt worden waren und die
im vergangenen Winter mit den endlosen Flüchtlingstrecks unter un-
säglichen Leiden vor den anrückenden Russen her quer durch Deutschland nach Westen gezogen waren. Diese Bessarabiendeutsche hatten
noch eine Erinnerung daran gehabt, daß ihre Vorfahren einst aus Württemberg gekommen waren und suchten nun in der alten Heimat ihres
Stammes eine neue.

Die nachfolgenden Heimatvertriebenen zogen nicht mehr auf eigene Faust, sondern wurden, solange Marbach noch nicht wieder ans Bahnnetz angeschlossen war, in Lastkraftwagen hergeführt. In Bietigheim befand sich ein Lager, von wo sie auf die Orte der Umgegend verteilt wurden. Im ehemaligen Amtskörperschaftsgebäude in der Hauffstraße in Marbach wurde eine Betreuungsstelle für die Flüchtlinge eingerichtet (die Bezeichnung „Heimatvertriebene" kam erst später auf). Außerdem gab es Sammelunterkünfte für die Neuankömmlinge im Gasthof zum Schillerhof und im Kronensaal.

Es waren nicht gerade gastfreundliche Gefühle, mit denen die eingesessenen Marbacher diesen neuen Bevölkerungszuwachs betrachteten. Die Gefühle des Mitleids waren flüchtig; man hatte genug eigene Sorgen. Die Heimatvertriebenen waren bis aufs letzte ausgeplündert und sahen natürlich meist recht abgerissen aus. In der oberflächlichen Kurzschlüssigkeit, die nun einmal eine Schwäche des Menschengeschlechts ist, waren die Eingesessenen geneigt, anzunehmen, daß diese Leute immer so herumgelaufen seien und daß man hier einen zurückgebliebenen und nicht besonders vertrauenswürdigen Bestandteil unseres Volkes vor sich habe.

Nun gingen die Herren der Stadtverwaltung umher und beschlagnahmten Unterkünfte für die Heimatvertriebenen. Dabei mußten in erster Linie die ehemaligen Parteigenossen dran glauben. Die Familie Brosig hauste nach wie vor im Dachstock unseres Hauses und kochte in unserer Küche. Ein anderes Dachstockzimmer war dadurch freigeworden, daß Uli, der Schüler des Karlsgymnasiums, und seine Mutter nach Stuttgart zurückgekehrt waren.[91] Dasselbe bezog jetzt mein Vetter Friedrich Lepp mit seiner Frau und ihrem jüngsten Sohn, während ihr ältester Sohn Helmut, welcher Zahnarzt war, ein Zimmer unserer Wohnung innehatte. Bei Frau Nesch wohnte noch ihre Schwägerin, die alte Diakonissin.

Nun sollten zwei weitere Zimmer der Wohnung meiner Mutter mit Flüchtlingen belegt werden. Wenn auch jedermann geneigt ist, den Anteil an einem allgemeinen Übel, den er selbst zu tragen hat, höher einzuschätzen als die Übel, welche andern aufgebürdet werden, so glaube ich doch objektiv feststellen zu können, daß das Marbacher Wohnungsamt uns nicht gewogen war. Maßgebend im Wohnungsamt war Robert Lauer. Ich meinte, ihm besonders nahezustehen. Als wir während des 3. Reiches oftmals miteinander mit der Bahn nach Stuttgart fuhren, hatte ich ihm gegenüber ganz offen über die Partei geschimpft und meine pessimistischen Ansichten über das Kriegsgeschehen kundgetan. Ich glaubte, dies wagen zu können, weil sich Lauer zur evangelischen Bekenntnisfront hielt, obwohl ich wußte, daß seine Tochter, welche Sprechstundenhilfe bei dem Münchener SS-Arzt Fahrenkamp[92] war, damals noch ein junges Mädchen, eine fanatische Hitlerbegeisterung an den Tag legte. Freilich wunderte ich mich, daß Lauer meinen Schimpfereien stereotyp die Bemerkung entgegensetzte: „Der Führer wird's schon recht machen." Jetzt begab ich mich zu ihm und hoffte, durch ihn eine gewisse Milderung der Massnahmen des Wohnungsamts gegen meine Mutter erreichen zu können. Als ich zu ihm kam, saß er gerade mit seiner Familie im Garten und trank Kaffee. Er empfing mich recht kühl. Nachdem ich mein Anliegen vorgebracht hatte, erhob er sich, erklärte, daß er schnell aufs Rathaus müsse und ließ mich stehen, wobei er noch im Weggehen zu mir sagte: „Wären Sie nicht in die Partei eingetreten!" Ich vermute, daß Lauer, ein etwas kleinkarierter Pietist, wegen meiner Konversion einen stillen Groll gegen mich hegte, den er bisher verborgen hatte. Auch sonst hat Lauer freilich den großen Fundus von Vertrauen, den er bei der Marbacher Bürgerschaft besaß, schnell verwirtschaftet, was allerdings für den Inhaber eines Wohnungsamts in der damaligen Zeit auch kein Kunststück war. [VII/15-17]

Geheime Verdächtigungen werden offenbar

Andere ähnliche Enttäuschungen blieben mir nicht erspart. Uns gegenüber bei Dr. Reuss wohnte ein Zeichenlehrer des Karlsgymnasiums namens Hils, der gegen Ende des Krieges mit seiner Schule nach Marbach gekommen war. Hils war ein gut katholischer Mann. Ich hatte ihn bei Gottesdiensten in der überaus ärmlich ausgestatteten Notkapelle, die während des Krieges in Marbach eingerichtet worden war, flüchtig kennengelernt. Wenige Tage, nachdem unsere Stadt von den Amerikanern besetzt worden war, sagte Hils zu mir: Es werde mir aufgefallen sein, daß er mir oft ausgewichen sei. Er wolle mir nun die Erklärung dafür geben. Kaum sei er in Marbach gewesen, so habe eine Studienrätin ihn vor mir gewarnt. Ich sei der heimtückischste Parteigegner, der in der Stadt herumlaufe, habe sie gesagt. Da er ohnehin politisch suspekt gewesen sei, habe er sich durch einen nahen Verkehr mit mir nicht noch mehr belasten wollen.

Daß ich in Marbach in einem so schlechten Ruf stand, hatte ich nun doch nicht gedacht. Offenbar hing das damit zusammen, daß in der protestantischen Kleinstadt mein Übertritt zur katholischen Kirche sehr mißliebig aufgenommen worden war. Mit Recht nahm man an, daß ich unter diesen Umständen innerlich kein überzeugter Nationalsozialist sein könne. Da ich aber dennoch Parteimitglied war, hielt man dies für eine typisch jesuitische Hinterlist. Die Marbacher waren sich anscheinend nicht ganz im klaren gewesen über die Rolle, die ich im 3. Reich spielte. Viele wären mir ohne Zweifel gern an den Kragen gegangen. Aber ich war ja Parteimitglied und sogar Staatsanwalt bei der Anklagebehörde beim Sondergericht in Stuttgart. Demnach mußte ich nach ihrer Ansicht in der Partei mächtige Beschützer haben.

Wenn ich nun meinte, meine antinationalsozialistische Gesinnung müßte mir nach dem Zusammenbruch des 3. Reiches günstig zu Buche schlagen, so irrte ich sehr. Ich bedachte nicht, daß ich im allgemeinen nur eine Faust im Sack gemacht hatte, während ich nach außen hin als loyales Parteimitglied aufgetreten war. Und dies war eine Tatsache, an die man sich halten konnte. Man konnte dies auch dann, wenn man jetzt ganz andere Rechnungen mit mir begleichen wollte. Dabei zeigte es sich schon um jene Zeit, daß nach dem Sturz Hitlers die Einheitsfront seiner Gegner im Zerbrechen war. Die alten Gegensätze erhielten wieder Gewicht, auch die konfessionellen. Ich zog aus dem allem den wehmütigen Schluß, daß die Erde rund sei und sich drehe, daß es aber das Schicksal so wolle, daß ich bei dieser Drehung immer unten sein müsse. Vielleicht wäre es richtiger gewesen, einzusehen, daß der Grund für meine Misère in einem inkonsequenten Verhalten meinerseits lag, wobei die Frage, wie schwer dabei meine Schuld wog, dahingestellt bleiben mag.

Jedenfalls wurden nun Flüchtlinge in zwei Zimmer unserer Wohnung eingewiesen. Es war eine junge Frau aus Danzig und ihr kaum dem Knabenalter entwachsener Bruder. Etwa eine halbe Stunde nach ihrer Ankunft erschien ein Polizist und nahm eine Haussuchung bei ihnen vor, weil sie beschuldigt wurden, im Lager andere Flüchtlinge bestohlen zu haben. Die polizeiliche Handlung bestand allerdings nur in der Untersuchung von zwei kleinen Rucksäcken, denn sonst besaßen die beiden nichts, abgesehen von dem, was sie auf dem Leibe trugen. Die Durchsuchung war erfolglos, diente jedoch nicht dazu, das Vertrauen zu unseren neuen Hausgenossen zu stärken. Der Mann der jungen Frau tauchte nur selten für kurze Zeit auf, sonst war er in undurchsichtigen Geschäften unterwegs. [VII/17 f.]

Kriegsgefangene und Internierte

Fast alle deutsche Soldaten, die nicht gefallen waren, gerieten am Schluß des Krieges in Gefangenschaft, sofern sie dieses Schicksal nicht schon früher ereilt hatte. Ein Teil derer, die sich in Kriegsgefangenenlagern innerhalb Deutschlands befanden, wurde bald wieder entlassen. Sie kamen im Lauf des Sommers und des Herbstes so nach und nach wieder zu ihren Angehörigen zurück. Die meisten Kriegsgefangenen schmachteten aber noch jahrelang in Frankreich, England oder Amerika hinter Stacheldraht. Von den Hunderttausenden, die in russische Kriegsgefangenschaft geraten waren, fehlte meist jegliche Nachricht; man wußte nicht, lebten sie noch oder waren sie gefallen oder gestorben – sie waren einfach vermißt. So lastete auf vielen Familien eine quälende Ungewissheit.

Die Amerikaner hatten bei Heilbronn-Böckingen[93] ein riesiges Kriegsgefangenenlager eingerichtet, in das Tausende und Abertausende deutsche Soldaten eingeschleust wurden, die bei den letzten Kriegshandlungen in unserem Raum als Gefangene in amerikanische Hände fielen. Dieses Lager war berüchtigt. Die Gefangenen mußten dort monatelang bei Wind und Wetter unter freiem Himmel auf der bloßen Erde schlafen und waren oft dem Verhungern nahe. Seuchen brachen aus und manche starben an Erschöpfung. Man mag es den Amerikanern zugute halten, daß es für sie nicht leicht war, die Gefangenen, die ihnen damals in einer Unmenge zuströmten, rasch menschenwürdig unterzubringen. Der Hauptgrund für diese Zustände lag aber wohl darin, daß die Kriegspropaganda in den Verantwortlichen einen Haß gegen den Feind erzeugt hatte, der alle menschlichen Regungen verschüttete.

Im Böckinger Lager ist auch mein lieber Eugen Koch von Murrhardt an der Ruhr gestorben. Er war trotz seines fortgeschrittenen Alters in den letzten Wochen des Krieges als Veteran des 1. Weltkrieges noch zur Wehrmacht eingezogen worden. Wie mag er mit seinen letzten Blicken noch sehnsüchtig durch die Stacheldrahtzäune hindurch zu den nahen Hügeln hinübergeschaut haben, hinter denen sein Haus lag! Seine Frau, meine alte Freundin Gertrud, nahm die Nachricht von seinem Tod scheinbar gelassen auf; freilich, exaltierte Gefühlsäußerungen entsprachen nicht ihrem Wesen.

In der Bevölkerung fehlten somit viele Männer der besten Altersklassen, die in Gefangenenlagern zurückgehalten wurden. Lager wie dasjenige von Böckingen waren bis zum Jahresende 1946 so ziemlich wieder geleert. Dafür wurden aber fortlaufend Leute, die während der nationalsozialistischen Herrschaft in der Partei und ihren Gliederungen oder auf andere Weise sich allzu sehr exponiert hatten, als Zivilgefangene interniert. Eigentlich fielen alle Beamte des 3. Reiches von der Ratstufe an aufwärts unter den sogenannten automatischen Arrest[94]. Zu diesen Beamten gehörte auch ich. Aber lediglich ein Teil von ihnen wurde tatsächlich eingesperrt. Ob dies geschah, hing nicht nur von dem früheren Verhalten dieser Leute ab, sondern auch davon, ob sie von irgendeiner Seite denunziert wurden. Dann dauerte es oft jahrelang, bis sie wieder auf freien Fuß kamen, denn die Internierung sollte nach der Absicht der Amerikaner der Umerziehung ehemaliger Nationalsozialisten dienen. Dieser Versuch dürfte meist fehlgeschlagen haben, sofern bei den Betroffenen nicht bereits durch den Gang der Ereignisse ein Gesinnungswandel bewirkt worden war. In vielen hat die lange, harte Internierung wohl eher eine Trotzreaktion hervorgerufen.

Schon bevor ich in Stuttgart beschäftigt worden war, scheint man in Marbach davon gesprochen zu haben, daß ich verhaftet würde. Jedenfalls erzählte mir Erich Brosig davon und so, wie er dies tat, konnte man aus seiner Erzählung eine gewisse Genugtuung darüber heraushören, daß meine Situation eine so mißliche geworden war. Nicht, als ob wir miteinander verfeindet gewesen wären! Nachdem er aber selbst in seinem Leben so ziemlich gescheitert war, würde es ihm wohl ein Gefühl der Befriedigung verschafft haben, wenn ich auch einmal von meiner Höhe herabgestürzt wäre. Für mich war es nicht ungefährlich, daß so etwas überhaupt herumgesprochen wurde. Es geschah jedoch nichts und meine vorübergehende Wiederverwendung bei der Staatsanwaltschaft Stuttgart brachte jene Gerüchte offenbar zum Schweigen.

Wenn ich in der Nacht von Ludwigsburg nach Marbach wanderte, sah ich jeweils das große, hellerleuchtete Internierungslager, das die Amerikaner bei Oßweil[95] eingerichtet hatten. Da stieg dann der unbehagliche Gedanke in mir auf, ob ich nicht doch noch genötigt sein würde, dort einen längeren, unfreiwilligen Aufenthalt zu nehmen. Immerhin war ich ja Staatsanwalt bei der Anklagebehörde beim Sondergericht gewesen und der Name dieses Gerichts hatte einen üblen Klang. [VII/18 f.]

Schlechte allgemeine Versorgung

Man lebte sehr kümmerlich in jener Zeit. Die Rationierung aller wichtigen Bedarfsgüter bis zu den Tabakwaren, wie sie zu Anfang des Krieges eingeführt worden war, bestand fort; allein auf Marken, Karten oder Bezugsscheine konnten die notwendigen Dinge erworben werden. Die zugeteilten Rationen waren aber dürftiger als je. Bis ins letzte Kriegsjahr herein war es immer noch möglich gewesen, Lebensmittel aus den landwirtschaftlichen Ostgebieten nach Westdeutschland einzuführen. Das hatte jetzt aufgehört.

Der Hauptgrund für die Verschlechterung der Ernährungslage war jedoch ein anderer. Die Militärregierung konnte und wollte nicht mehr die harten Maßnahmen anwenden, welche während des Krieges eine ziemlich weitgehende Erfassung der vorhandenen Vorräte ermöglicht hatten, obwohl die strengen Kriegswirtschaftsgesetze auf dem Papier in Geltung blieben. Der strikten Durchführung der Zwangsbewirtschaftung stand besonders der Umstand entgegen, daß die Angehörigen der Besatzungsmacht und viele Ausländer, die noch in Deutschland lebten, außerhalb der deutschen Gesetze standen. Diese Personenkreise waren bestens versorgt und bildeten eine nicht zu verstopfende Quelle des Schleichhandels, mit dem sich auch die deutsche Bevölkerung befassen mußte, wenn sie nicht bittere Not leiden wollte.

Diese illegalen Geschäfte vollzogen sich in der Form des Tauschhandels, da die deutsche Währung, die Reichsmark, ihren inneren Wert verloren hatte. Niemand wollte sie mehr als Gegenleistung in Zahlung nehmen, wenn dies irgendwie zu umgehen war. Man nannte diesen Tausch „Ware gegen Ware" Kompensationsgeschäfte. Eigentlich waren

sie verboten. Aber selbst die Ladeninhaber rückten mit ihren zurück-
gehaltenen Waren oft nur heraus, wenn sie dieselben – wie man so sagte
– unter dem Ladentisch verkaufen konnten, das heißt, wenn man ihnen
dafür heimlich Sachwerte zusteckte. Besonders die Bauern, denen es
unter diesen Umständen wieder einmal am besten ging, gaben ihre Er-
zeugnisse bloß dann her, wenn sie dafür nicht Geld, sondern andere be-
gehrenswerte Dinge erhielten. Eine gängige Währung auf dem
„Schwarzen Markt" stellten vor allem amerikanische Zigaretten dar.

Ich selbst, der ich ein starker Pfeifenraucher war, pflanzte mir Tabak
in meinen Garten, trocknete ihn in der Scheuer und fermentierte ihn mit
Zuckerwasser. Selbst die Streichhölzer, mit denen ich meine Pfeife an-
zündete, waren eine Kostbarkeit. Wenn ich darüber nachdenke, was für
ein Kraut ich damals geraucht habe, so wundere ich mich noch heute,
daß ich diesen Rauchergenuß überlebt habe.

Daß bei der Lebensweise, zu der die durcheinandergewirbelte und
auf engstem Wohnraum zusammengepferchte deutsche Bevölkerung
gezwungen war, keine schweren Seuchen ausbrachen, war nur den großen Fortschritten zu verdanken, welche die Medizin in den letzten Jahrzehnten gemacht hatte. Immerhin traten vereinzelt Typhusfälle auf,
auch in Marbach. [VII/19 f.]

Als Parteigenosse 60 Tage Hilfsarbeit zur „Sühne"

Der von der Militärregierung eingesetzte Landrat Dr. Jäger in Ludwigsburg, ein Jurist, ordnete an, daß alle ehemaligen PG in seinem Kreis
zur Sühne 60 Tage lang als Hilfsarbeiter bei den Gemeinden körperliche
Arbeit zu leisten hatten. Zu diesem Dienst mußte ich mich eines morgens im Dezember mit meinen Marbacher Leidensgenossen im Rathaus
stellen. Ich merkte sogleich, daß ich mich in guter Gesellschaft befand,
denn beinahe jedermann, der während des 3. Reiches Rang und Namen
besaß, war Parteimitglied gewesen. In der Folgezeit arbeitete ich oft
neben dem Präsidenten der Ministerialabteilung für das Körperschafts-

wesen, Gerhardt; derselbe trug dabei Handschuhe, um seine schön gepflegten Hände nicht durch Schwielen zu verunstalten.

Da in Marbach nichts zerstört war, machte es der Stadtverwaltung kein geringes Kopfzerbrechen, wie sie die große Menge von Hilfsarbeitern, die ihr plötzlich zuströmte, sinnvoll beschäftigen sollte. Man teilte uns in verschiedene Arbeitstrupps ein, je unter einem städtischen Vorarbeiter. Im städtischen Bauhof wurden wir mit Pickeln, Spaten und Schaufeln ausgerüstet und dann ging es an die Arbeit. Zuerst hatte ich mit vielen andern den Straßengraben am Viehweg, der während des Krieges zugewachsen war, zu säubern. Dann wurde ich zu ähnlichen Aufräumungsarbeiten in anderen Gegenden der Markung eingesetzt. Solange die stärkste Winterkälte herrschte, half ich beim Fällen und Zersägen alter Kastanienbäume auf der Schillerhöhe. Als die Witterung schon wieder wärmer geworden war, setzten wir den arg verwilderten Friedhof instand.

Unser Eifer war sehr mäßig. Aber bald merkte ich, daß dies das normale Arbeitstempo bei den städtischen Arbeitern war. Bei meinem Trupp befand sich Bauder, ein verkrachter Schulmeister, der als Conférencier in Varietés aufgetreten war, bis ihm als einem „alten Kämpfer" die Partei dann eine angenehme und gut bezahlte Stelle beim Arbeitsamt in Ludwigsburg verschafft hatte. Dieser Bauder unterhielt uns aufs beste. Die meiste Zeit standen wir zusammen mit unserem Vorarbeiter Gempe um ihn herum und hörten seinen Witzen zu. Als wir uns dann endlich einmal veranlaßt fühlten, die Spaten wieder in Bewegung zu setzen, sagte Gempe: „No net hudle! Uff Hudler han e no nie ebbes g'halte."[96] Ich hatte als Mann, der am Schreibtisch saß, immer einen mächtigen Respekt vor körperlicher Arbeit gehabt. Nun sank dieser Respekt auf ein Minimum zusammen. Wohl noch nie in meinem Leben habe ich so gefaulenzt wie in diesen 60 Tagen im Winter 1945/46. Anders war es nur in der letzten Woche, als ich und Rechtsanwalt Rommel einen kleinen Luftschutzbunker aus Beton hinter dem Amtskörperschaftsgebäude zusammenschlugen. Die Militärregierung hatte angeordnet, daß derartige Anlagen für den zivilen Luftschutz zerstört werden mußten. Dies war in der Tat eine schwere Arbeit. Wir hatten uns aber freiwillig dazu gemeldet, weil diese Arbeitsstätte in der Nähe unserer Wohnungen lag, und betrachteten die Sache mehr von der sportlichen Seite. Obwohl den PG für ihre 60-Tage-Arbeit der niedrigste Hilfsarbeiterlohn ausbezahlt wurde, stellte sich die ganze Aktion für die Gemeindekasse nachher als ein rechtes Verlustgeschäft heraus.

Das Volk, das nicht bei der Partei gewesen war, schaute uns bei unseren Arbeiten schmunzelnd, jedoch nicht unfreundlich zu. Nur einmal, als wir eine Straße reinigten, erlebte ich, wie vorübergehende Weiber auf eine Pfütze deuteten und uns zuriefen: „Da sollte man euch Nazis mit eurer Gosche[97] hineintunken!" Eines Tages war Landrat Jäger zu einer Gemeindevisitation in Marbach. Dabei kam er auch an einer Gruppe von uns Hilfsarbeitern vorbei. Er fragte einen: „Sind Sie auch bei der Partei gewesen?" „Jawohl." „Dann sind Sie entweder ein Verbrecher oder ein Dummkopf", sagte der Landrat. Später entdeckte man, daß auch Jäger früher Gliederungen der Partei angehört hatte und daß er eigentlich von Rechts wegen zusammen mit uns die Straße hätte fegen müssen.

Psychologisch war die 60-Tagearbeit so etwas wie eine Neugründung der NSDAP. Viele von denen, die mit mir arbeiteten, hatten einst Parteiämter innegehabt und ich war ihnen deshalb aus dem Weg gegangen, wo immer ich konnte. Nun stellten sie sich, ihrer Macht entkleidet, als ganz angenehme Kameraden dar. Wir lernten uns als Schicksalsgenossen fühlen, die von der Volksgemeinschaft ausgeschlossen waren, und so erwuchs nun zwischen uns ein neues Zusammengehörigkeitsgefühl, wie es vorher nie bestanden hatte.

Nachdem im Frühjahr die 60 Tage zu Ende gegangen waren, arbeitete ich freiwillig weiter als städtischer Hilfsarbeiter, denn diese Tätigkeit hatte mir gar nicht so übel gefallen. Es lag mir nicht, unbeschäftigt zu Hause herumzusitzen, und der kärgliche Wochenlohn, den ich erhielt, gab mir immerhin das Gefühl, für den Unterhalt von mir und meiner Frau selbst aufzukommen. In jener Zeit half ich bei dem Bau einer Baracke beim Marbacher Krankenhaus, dessen Räume sich als unzureichend erwiesen. [VII/20-22]

Verhaftung nach dem Gottesdienst

Am Ostermontag 1946 befand ich mich mit Karl Rempel, einem Architekten, welcher inzwischen die Tochter von Erich Brosig geheiratet hatte, auf dem Heimweg vom Gottesdienst. Dieser fand in der Stadtkirche statt, welche die evangelische Pfarrgemeinde den Katholiken zur Messe am Sonntagvormittag und an Feiertagen zur Verfügung stellte. Vor meinem Anwesen an der Einmündung der Ziegelstraße in die Güntterstraße unterhielten wir uns noch eine Weile miteinander.

Da kam ein Jeep, in dem sich einige amerikanische Soldaten befanden, und hielt neben uns. Die Soldaten winkten uns. Wir waren der Meinung, sie wollten uns nach dem Weg fragen. Als wir an den Jeep herantraten, forderten sie uns auf, unsere Kennkarten zu zeigen. Allen erwachsenen Einwohnern waren nämlich Kennkarten zugeteilt worden, die sie stets bei sich zu tragen hatten. Kurze Zeit hernach wurden andere Kennkarten ausgegeben in deutscher, französischer und englischer Sprache. Wir zeigten unsere Kennkarten. Der Amerikaner, der sie einsah, erklärte: „Nicht gut Pass -- Deutsch, Französisch, Englisch!" Wir sagten, daß wir keine anderen Pässe hätten. „Einsteigen!", kommandierte der Amerikaner, ... „police man!" Wir mußten uns hinter die Amerikaner in den Jeep setzen und ihnen den Weg zur Polizeiwache zeigen. Die Amerikaner stanken stark nach Alkohol. Offenbar hatten sie eine durchzechte Nacht hinter sich und wollten sich mit unserer Festnahme noch ein Extra-Vergnügen leisten.

Als der Jeep die Ziegelstraße abwärtsfuhr, kam mir plötzlich in den Sinn, daß in meiner Brieftasche noch mein alter Ausweis als Staatsanwalt bei der Anklagebehörde beim Sondergericht steckte. Welche Unvorsichtigkeit, daß ich diesen Ausweis nicht längst beseitigt hatte! Wenn die Amerikaner ihn sahen, würde ich wohl auf Jahre in einem Internierungslager verschwinden. Ich saß ganz hinten im Jeep. Zuerst durchzuckte mich der Gedanke, den Ausweis aus dem Fahrzeug nach hinten hinauszuwerfen. Aber vielleicht würde ich dadurch die Amerikaner gerade auf ihn aufmerksam machen. Dann steckte ich den Ausweis in mein Meßbuch zu den Heiligenbildchen, die dort lagen. So würde er wohl den Amerikanern am wenigsten in die Augen fallen.

In der Polizeiwache versuchten die deutschen Polizisten den Amerikanern klarzumachen, daß in Marbach noch niemand eine andere Kennkarte als wir besaß. Die Amerikaner füllten jedoch das Formular eines Haft-Reports aus, unterschrieben ihn und gaben ihn den Polizisten. Haftgrund: „No pass!" Dann fuhren sie ab. Wir waren Gefangene. Der Abteilungsführer der Polizisten erklärte uns, daß man uns beide den Tag über auf der Polizeiwache behalten könne; am Abend aber müßten wir in das Marbacher Gefängnis und am nächsten Tag ins Zuchthaus nach Ludwigsburg überführt werden. Das erste, was ich tat, war, daß ich bat, austreten zu dürfen. Dann warf ich in Erwartung einer etwa nachfolgenden Durchsuchung meinen Staatsanwalts-Ausweis in den Abort.

Rempel war aufs tiefste niedergeschlagen, obwohl für ihn die Haft nur wenige Tage dauern konnte. Er war nicht bei der Partei gewesen. Eben deshalb war er auf etwas derartiges nicht gefaßt gewesen. Für mich sah die Sache sehr viel bedenklicher aus. Fiel ich doch unter den „automatischen Arrest"! Aber ich hatte schon längst damit gerechnet, in Haft genommen zu werden. Nun hatte es mich eben erwischt. Wann ich wieder auf freien Fuß kommen würde, das erschien höchst ungewiß. In dieser Lage vergegenwärtigte ich mir, wie viele Menschen ich als Staatsanwalt in meinem Leben schon ins Gefängnis gebracht hatte. Jetzt hatte mich dieses Schicksal selbst getroffen. Meine Selbstachtung erforderte, daß ich es mit Fassung ertrug. Während ich dies erwog, wurde ich ganz ruhig.

Alsbald erschien meine Frau, die gesehen hatte, wie ich von den Amerikanern mitgenommen worden war. Wir hatten auf diesen Tag einen Stallhasen geschlachtet. Ich bat meine Frau, mir den Hasenbraten zu bringen nebst meiner Pfeife, einem Päckchen Tabak und einer Flasche Rotwein, die wir für eine besondere Gelegenheit aufbewahrt hatten, da ich mir wahrscheinlich für absehbare Zeit solche Genüsse nicht mehr würde leisten können. Nachdem mir meine Frau dies gebracht hatte, verdrängte ich alle Gedanken an die Zukunft und ließ es mir bei Braten und Wein wohl sein. Meinen Genossen Rempel lud ich vergeblich ein, mitzuhalten.

Als ich hernach noch mein Pfeifchen schmauchte, erschien der Abteilungsführer der Marbacher Polizeidienststelle namens Dürr und erzählte mir, daß er und seine Leute an einem Kurs teilnehmen würden (es handelte sich um lauter neu eingestellte Polizisten). Sie hätten nun eine strafrechtliche Aufgabe erhalten. Ob ich ihnen nicht bei der Lösung derselben helfen würde. Dies tat ich gern. So verging der Nachmittag, indem ich die Polizisten unterrichtete, und diese freuten sich sehr, daß sie ihrem Kursleiter eine so gute Arbeit würden präsentieren können.

Aus Dankbarkeit erbot sich der Abteilungsleiter dann dazu, mit amerikanischen Militärdienststellen nochmals zu verhandeln, ob wir nicht doch vielleicht entlassen werden könnten. Als Dolmetscher rief er den Kaufmann Jochen herbei, der sich jahrelang in den USA aufgehalten hatte und fließend Englisch sprach. Ihm stellte ich eine Flasche Schnaps in Aussicht. Lange wurde herumtelefoniert, bis wir schließlich die zuständige amerikanische Stelle erreichten. Sehr nachdrücklich setzte sich Dürr für uns ein. Endlich erhielt er den Bescheid: Man könne uns nach Hause lassen. Unsere Kennkarten müßten aber der Militärregierung in Ludwigsburg zur Überprüfung eingesandt werden. Bis das geschehen sei, hätten wir Hausarrest. So kehrte ich am späten Abend zu den Mei-

nigen zurück. Nach ein paar Tagen brachte mir Dürr meine Kennkarte
wieder. Unser Hausarrest war zu Ende. Die Ludwigsburger Militärregierung hatte sich offenbar mit einer formalen Prüfung meiner Kennkarte begnügt. [VII/22-24]

Alte Beziehungen bleiben erhalten, gefeiert wird im Bottwartal

Auch nach meiner Entlassung aus dem Justizdienst unterhielt ich mit
Oberstaatsanwalt Eisenbacher weiterhin enge Beziehungen. Nachdem
er in Stuttgart eine neue Wohnung bekommen hatte, half ich ihm bei
seinem Umzug von Kleinaspach nach Stuttgart, wobei ich den weiten
Weg von Marbach durch den Hardtwald nach Kleinaspach zu Fuß zurücklegen mußte. Durch die Evakuierung nach Kleinaspach war Eisenbacher in unserer Gegend heimisch geworden. Nun kam er gern über
das Wochenende von Stuttgart hierher, um die von ihm so sehr geliebten
Bottwartäler Weine zu probieren. Für einen Oberstaatsanwalt war es
damals aus verschiedenen Gründen leichter als für einen gewöhnlichen
Sterblichen, die Wirte und Weingärtner dazu zu bewegen, mit ihren
Kostbarkeiten herauszurücken.

Sein Standquartier war der Ochsen in Oberstenfeld. Der Ochsenwirt
Betz hatte während des Krieges wegen umfangreichen Schwarzschlachtungen zwei Jahre lang im Zuchthaus gesessen. Dadurch war aber bei
ihm der Strafzweck keineswegs erreicht worden, denn die großen
Fleischportionen, die man in seiner Gaststätte erhielt und durch die
viele Gäste – unter ihnen auch Eisenbacher – angelockt wurden, zeigten, daß er fleißig weiter schwarzschlachtete. Dies war jetzt nicht mehr
so gefährlich wie früher. Mit den Mitteln, welche seit dem Zusammenbruch den Staatsanwaltschaften zur Aufklärung solcher Delikte zur Verfügung standen, konnten gewerbliche Schwarzschlachtungen kaum
mehr sicher nachgewiesen werden. Um gegen alle Eventualitäten ge-
wappnet zu sein, kam es Betz aber doch sehr gelegen, daß er den Stutt-

garter Oberstaatsanwalt zu seinen Stammgästen zählen konnte, und dieser durfte sich im Ochsen in Oberstenfeld einer bevorzugten Sonderbehandlung erfreuen.

An einem Sonntagmorgen erschien Eisenbacher in aller Herrgottsfrühe, als ich noch im Bett lag, bei mir in Marbach, um mich zu einer Weinreise ins Bottwartal abzuholen. Er kam in einem Dienstwagen mit Chauffeur, die ihm jetzt zur Verfügung standen, freilich nicht gerade zu solchen Zwecken. Er wollte den Chauffeur vom Bottwartal aus wieder nach Hause schicken und in der folgenden Nacht bei uns übernachten, was er öfters tat. Natürlich lehnte ich die Einladung nicht ab, sondern zog mich schleunigst an und fuhr mit, obwohl ich noch nicht gefrühstückt hatte. Im Bottwartal ging es von einem Ort zum andern und von einem Wirtshaus ins andere. Am Abend lieferte mich Eisenbacher so beschwipst zu Hause ab, wie ich sonst nie in meinem Leben gewesen bin. Er selbst stand noch stramm auf seinen Beinen. Mit einem Seitenblick auf mich sagte er einmal um das andere zu meiner Mutter und zu meiner Frau: „Entschuldigen Sie! Entschuldigen Sie!" Dann setzte er hinzu: „Wissen Sie, in unserer Zeit muß man die Feste feiern, wie sie fallen!" Und damit hatte er recht. [VII/26 f.]

„Juristischer Hilfsarbeiter"

Die Entlassung aus dem Staatsdienst hatte mich schwer getroffen. Bei meiner mehr kontemplativen und wenig aktiven Veranlagung war der Status des Beamten die für mich angemessene Lebensweise. Im Grunde aber blieb ich doch zuversichtlich. Wenn ein widriges Schicksal einen allein trifft, ist es schwer zu ertragen, verhältnismäßig leicht hingegen, wenn man zahlreiche Genossen hat. Und die hatte ich. Der großen Mehrzahl der Beamten erging es nicht anders als mir. Und darauf stützte sich meine Zuversicht. Irgendwie mußte ja der Staat neu aufgebaut werden und dies erschien unmöglich, wenn nicht die meisten der entlassenen Beamten wieder in ihre Ämter eingesetzt würden. Nun war ich zwar

Staatsanwalt bei der Anklagebehörde beim Sondergericht gewesen. Aber ich hatte kein politisches Referat innegehabt. Die drei Todesurteile, die ich auf höchste Weisung beantragen mußte, hatten sich gegen gemeine Verbrecher gerichtet; es handelte sich um Fälle ohne jeden politischen Einschlag. In der Partei war ich nur ein formales Mitglied gewesen. Andererseits war vielen der Herren, die jetzt in der Justiz unseres Landes obenanstanden, bekannt, wie sehr ich die Nazi-Herrschaft gehaßt hatte. Ich hatte also nach meiner Ansicht gute Chancen, in absehbarer Zeit wieder in Gnaden angenommen zu werden.

Um die anfallende Arbeit auch nur einigermaßen bewältigen zu können, ging man dazu über, Richter und Staatsanwälte, die zwar bei der Partei gewesen, jedoch nur gering belastet waren, als sogenannte juristische Hilfsarbeiter wieder einzustellen. Dieselben erhielten nur die Bezüge eines Hilfsarbeiters, durften in Sitzungen nicht auftreten und auch nichts unterschreiben. Ihre Stellung war also eine überaus bescheidene. Trotzdem strebte ich zunächst eine solche an, denn nicht ohne Grund sah ich sie als Vorstufe für eine vollständige Rehabilitierung an.

Auch der alte Amtsgerichtsrat Mejer in Marbach, der während des 3. Reiches mit den örtlichen Parteigrößen manchen Strauß ausgefochten hatte, durfte als juristischer Hilfsarbeiter wieder auf seinem früheren Gericht arbeiten. Als ich einmal den mir gut bekannten früheren Landgerichtsrat Felix Walter, der jetzt in Stuttgart als Personalchef der nordwürttembergischen Richter und Staatsanwälte fungierte, aufsuchte, um mich in Erinnerung zu bringen, wies ich auf den Amtsgerichtsrat Mejer hin, wobei ich anfügte, daß ich freilich kein solcher Widerstandskämpfer wie dieser gewesen sei. Walter entgegnete: „Vom politischen Widerstand reden Sie da! Der Mejer ist doch nur ein unverträglicher Mensch, der mit jedem System in Konflikt geraten wird." Diese Meinung wurde rasch bestätigt. Kaum arbeitete Mejer auf dem Marbacher Amtsgericht, so brach er alsbald einen erbitterten Streit mit Landgerichtsdirektor Albrecht vom Zaun, obwohl er es nur diesem, der sich bei der Militärregierung nachdrücklich für ihn verwendet hatte, verdankte, daß er auf dem Amtsgericht seiner gewohnten Arbeit nachgehen durfte und nicht – wie ich – auf der Straße zu schippen brauchte.

Wenn ich mich unter den gegebenen Verhältnissen dem Oberstaatsanwalt Eisenbacher möglichst angenehm zu machen suchte, so geschah dies nicht ganz ohne Berechnung, denn zweifellos hatte sein Wort bei der Militärregierung einiges Gewicht.

Eines Tages wurde mir wirklich vom Justizministerium eröffnet, daß ich als juristischer Hilfsarbeiter bei der Staatsanwaltschaft Heilbronn angestellt werde. Fürs erste war dies kein großer Gewinn. Ich war genötigt, in Heilbronn ein Zimmer zu mieten und mich dort zu verköstigen; der Hilfsarbeiterlohn, den ich erhielt, war so bemessen, daß ich noch draufzahlen mußte. Aber ich wurde trotzdem von vielen meiner Kollegen um diese Gunst beneidet. Am 4. Juni 1946 trat ich meine Stelle an.

Heilbronn war damals eine grauenvolle Trümmerstätte. Am Lerchenberg waren jedoch ein paar herrschaftliche Villen stehen geblieben. In einer derselben, welche dem Fabrikanten Hagenbucher gehörte, hatte die Staatsanwaltschaft nunmehr ihren Sitz. Außerdem hielt in ihr auch das amerikanische Militärgericht seine Sitzungen ab. Als ich das Haus betrat, kam mir als Erster Staatsanwalt Hagedorn entgegen, der inzwischen aus seiner Haft entlassen und nach Heilbronn versetzt worden war. Dies schien mir nicht gerade als ein glückverheißendes Omen. Ich teilte die Kanzlei mit dem jungen Staatsanwalt Habermayer. Sonst bestand das ganze Personal der Staatsanwaltschaft, abgesehen von dem Oberstaatsanwalt Franz, nur noch aus einem Assessor, einem Amtmann und zwei Schreibmädeln. Franz, ein Junggeselle, war schon lange vor dem Zusammenbruch Staatsanwalt in Heilbronn gewesen. Er war ein mittelmäßiger Jurist und galt als ziemlich träge. Da er aber nicht Parteimitglied gewesen war, hatte ihn die Militärregierung als Oberstaatsanwalt eingesetzt.

Die erste Sorge für mich war, wie ich in der zerstörten Stadt eine

Unterkunft finden könnte. Überraschenderweise gelang mir dies bereits am ersten Tag durch Vermittlung eines der beiden Schreibmädel. In einem neueren Haus, das einer Frau Stöckle gehörte, der Witwe eines früh verstorbenen Studienrats, mietete ich ein Zimmer. Dieses Zimmer war in Wirklichkeit freilich nur eine vor der Küche gelegene, unheizbare Glasveranda und das „Glas" derselben bestand beinahe zur Hälfte aus Pappdeckel. Der Raum war aber hübsch möbliert und das wichtigste war: Meine Vermieterin erbot sich, daß ich bei ihr essen könne. In der Stadt war nämlich, soviel ich bemerken konnte, noch nicht ein einziges Wirtshaus wieder geöffnet. Meine Kollegen speisten in einer Volksküche, die man in einer halb zerstörten Fabrik eingerichtet hatte. Sie versicherten mir, daß meine Unterbringung einen ganz außerordentlichen Glücksfall bedeute.

Jedes Wochenende verbrachte ich in Marbach und einmal in der Woche fuhr ich auch abends nach Hause, um mich zusätzlich zu verproviantieren. Die Fahrt mit der Schmalspurbahn von Marbach nach Heilbronn durchs Bottwartal dauerte volle drei Stunden, wobei allerdings ein einstündiger Aufenthalt in Beilstein einzurechnen war. Die Fahrgäste eilten dann einem in der Nähe des Beilsteiner Bahnhofs gelegenen Wirtshaus zu, wo man einen ausgezeichneten Apfelmost bekam. Nach ein paar Wochen erklärte aber der Wirt, das würde uns so gefallen, ihm seinen guten Most wegzusaufen, und nun gab er nichts mehr ab. Ungemütlich war die Fahrt, wenn es regnete, denn die Dächer der Eisenbahnwagen waren vom Tieffliegerbeschuß durchlöchert. Man spannte deshalb auf seinem Sitz den Schirm auf. Meist war dies jedoch wegen der Überfüllung der Züge nicht möglich. Von Heilbronn bis Auenstein waren die Ortschaften vollgestopft mit Evakuierten aus Heilbronn. Im Bottwartal füllte sich der Zug mit Hamsterern, die mit Säcken und Kisten bepackt einstiegen. Ungemütlich war es auch, wenn ich abends zur Winterszeit von Heilbronn nach Marbach fuhr, da sich in den Wagen keinerlei Beleuchtung befand. [VII/27-29]

Die Entnazifizierung der deutschen Bevölkerung, soweit sie der natio-
nalsozialistischen Ideologie verbunden war, Mitglied in der National-
sozialistischen Deutschen Arbeiterpartei oder in einer ihrer Gliede-
rungen war, wurde von den vier Sieger- und Besatzungsmächten zuerst
auf der Konferenz von Jalta im Februar 1945 und dann beim Potsdamer
Abkommen im August 1945 beschlossen. Ziel der Entnazifizierung war,
das deutsche Volk vom Einfluss des Nationalsozialismus und des Mili-
tarismus zu befreien. Führend in der Festlegung der gesetzlichen Be-
stimmungen war die amerikanische Seite. Die Amerikaner erarbeiteten
das „Gesetz zur Befreiung von Nationalsozialismus und Militarismus".
Dieses Gesetz strebte eine Säuberung von nationalsozialistischem Ge-
dankengut und von dessen parteipolitischen Vertretern, wo immer sie
in der Zeit der Nazi-Herrschaft aktiv oder auch nur passiv beteiligt
waren. Als besondere Bereiche wurden benannt: Gesellschaft, Kultur,
Presse, Wirtschaft, Rechtsprechung und Politik.

In der deutschen Bevölkerung waren von der Entnazifizierung sechs
Millionen Bürger und Bürgerinnen direkt betroffen. Diese Betroffenen
wurden eingeteilt in: Hauptschuldige (beispielsweise Kriegsverbre-
cher), Belastete (aktive Eiferer, Militaristen und Nutznießer), Minder-
belastete, Mitläufer, Entlastete.

Zur Durchführung der Verfahren wurden Spruchkammern einge-
setzt. Diese waren häufig nicht mit Berufsjuristen besetzt, sondern mit
politisch unbelasteten und angesehenen Bürgern. Die Spruchkammern
nahmen am 13. Mai 1946 ihre Tätigkeit auf.

Die sogenannten Sühnemaßnahmen beinhalteten nach dem Urteils-
spruch einer Spruchkammer: mehrjährige Internierung, Gefängnis,
Einzug des Vermögens, Verlust des Amtes, Berufsverbot, Geldbußen,
Aberkennung des Wahlrechtes, Aberkennung von Pensionsansprüchen.
Durch die Spruchkammern wurden außerdem 806 Todesurteile ausge-
sprochen, davon wurden 486 vollstreckt.
Der Deutsche Bundestag beendete die Spruchkammerverfahren mit
der Verabschiedung des Entnazifizierungsschlussgesetzes vom 1. Juli
1951. Die einzelnen Bundesländer haben dies in ihren Landesparla-
menten anschließend nachvollzogen.

Die Besetzung der Spruchkammern

Indessen liefen die Entnazifizierungsverfahren an. Auf Befehl der Amerikaner setzte man in Stuttgart ein sogenanntes Befreiungsministerium
ein, an dessen Spitze ein alter Sozialdemokrat aus dem Remstal namens
Kamm trat, ein Mann, von dem die Öffentlichkeit bis dahin nichts gehört hatte und der nach Erledigung seiner Aufgabe auch rasch wieder
in der Anonymität versank. In den Kreisstädten wurden Spruchkammern eingerichtet. An manchen führten politisch unbelastete Juristen
den Vorsitz. Solche standen freilich nur in ungenügender Zahl zur Verfügung, weil die meisten Richter und Staatsanwälte auch bei der Partei
gewesen waren und man die Nichtbelasteten unter ihnen jetzt bei den
ordentlichen Gerichten dringend benötigte. So waren die Spruchkammern vorwiegend mit Laien besetzt. Laien stellten ebenso durchweg
die Beisitzer. In der Regel waren diese sehr einfache, ungebildete Leute,
welche nur deshalb zu diesem Amt geeignet erschienen, weil sie selbst
keiner Gliederung der Partei angehört hatten und weil sie gegen alles,
was mit dem Nationalsozialismus zusammenhing, einen tiefen Groll
hegten. Natürlich war ihre Objektivität durch die Enge ihres Horizonts
und durch die geistigen Scheuklappen, die sie trugen, stark gefährdet.
Deshalb waren die von den Verfahren Betroffenen im allgemeinen froh,

wenn sie hörten, daß ein Berufsrichter den Vorsitz an der Spruchkammer führte, welche für sie zuständig war. Immerhin ein Vertrauensbeweis für die deutschen Berufsrichter! [VII/39]

Die Vorbereitung und das Ergebnis des eigenen Verfahrens

Um mich darüber, wie diese Verfahren durchgeführt wurden, näher zu erkundigen, suchte ich Ilse Beisswanger auf, die nun selbst Vorsitzende einer Spruchkammer in Stuttgart war. Ihre Dienststelle befand sich in einem arg mitgenommenen Haus inmitten der fast völlig zerstörten Stuttgarter Weststadt. Sie gab mir bereitwillig Auskunft. Trotzdem hatte ich das Gefühl, daß sie mich für einen Sünder hielt, der ganz zu Recht für seine Fehler nun Sühne leisten müsse. Ich fühlte mich aber ganz und gar nicht als ein armer Sünder, sondern eher als ein unschuldig Verfolgter. Hatte ich nicht den Nationalsozialismus glühend gehaßt! Und nun sollte ich noch gar als Nationalsozialist büßen! Als Beschuldigter mußte ich mich verteidigen, also alles heranziehen, was zu meinen Gunsten sprach. Und je mehr ich das tat, desto mehr setzte sich in mir die Überzeugung fest, daß ich tatsächlich engelrein sei, desto mehr wuchsen in mir der Grimm und die Selbstbemitleidung darüber, daß ich nun Beschuldigungen ausgesetzt war, die mir durchaus ungerechtfertigt erschienen.

Die vom Entnazifizierungsgesetz Betroffenen sammelten Bescheinigungen von unbelasteten Personen, in denen bezeugt wurde, daß sich die Betroffenen während des 3. Reiches einwandfrei verhalten hätten. Man nannte diese Bescheinigungen spöttisch „Persilscheine". Eine solche Bescheinigung ließ ich mir von Dekan Spohn ausstellen, welcher, nachdem sein Pfarrhaus im Bombenkrieg zerstört worden war, in der Marienanstalt in Stuttgart eine Unterkunft gefunden hatte. Er bestätigte mir, daß ich unter der nationalsozialistischen Herrschaft treu meinen religiösen Pflichten nachgekommen sei. Dennoch war sein Zeugnis in einem etwas distanzierten Ton gehalten. Offenbar hatte er mir noch nicht vergessen, daß ich nach der Machtergreifung Hitlers nicht mehr bei der Stammtischrunde im St. Vinzenzhaus erschienen war.

Mein einstiger Referendar, Rechtsanwalt Klett, mit dem ich in der Nazi-Zeit viel zusammenarbeitete, hatte einen glänzenden Aufstieg genommen. Er war von der Militärregierung zum Oberbürgermeister von Stuttgart eingesetzt worden. Das Zeugnis eines solchen Mannes mußte besonderes Gewicht haben. Ich beschloß, auch von ihm eine Bescheinigung zu erbitten und begab mich eines Tages zu ihm. Als Rathaus diente damals ein älteres, vornehmes Privatgebäude an der Silberburg, das unversehrt geblieben war. In der Umgebung desselben sah es allerdings wüst aus. Als ich das Haus betreten hatte und im Vestibül stand, glaubte ich mich in eine andere Welt versetzt. Die Steintreppe war mit einem dicken Teppich belegt. Grün-livrierte Hausdiener gingen umher. Oben auf der Treppe aber stand mein Klett wie ein kleiner Napoleon. Welche Veränderung war in der kurzen Zeit mit ihm vorgegangen. Nichts schien mehr an den früheren Rechtsanwalt zu erinnern als das Fliegenschlipschen, das er immer noch trug. Jedoch begrüßte er mich sehr freundlich. Er sagte, daß er gerade jetzt schnell zu der Militärregierung in die Staffelbergstraße[98] fahren müsse und forderte mich auf, ihn zu begleiten; im Auto könnten wir die Sache miteinander besprechen. Und so geschah es. Wenige Tage später erhielt ich von ihm eine Bescheinigung zugesandt, in der meine Wirksamkeit als Staatsanwalt während des 3. Reiches so lobenswert geschildert wurde, daß ich mir als der reinste Widerstandskämpfer vorkam. Auch noch von einer Reihe anderer unbelasteter und angesehener Persönlichkeiten verschaffte ich mir solche Zeugnisse.

Während nach dem Entnazifizierungsgesetz Richter an einem Sondergericht als Belastete eingestuft wurden, so daß sie nur durch den Nachweis von Milderungsgründen eine günstigere Qualifikation erreichen konnten, stellte die Beschäftigung bei der Anklagebehörde bei einem Sondergericht an sich keine besondere Belastung dar. Die Amerikaner standen offenbar auf dem Standpunkt, daß ein Richter auf Grund seiner Unabhängigkeit eine schwerere Verantwortung getragen habe als ein Staatsanwalt, der überall in der Welt den Weisungen seiner vorgesetzten Behörde folgen müsse, wobei sie nur vergaßen, daß die richterliche Unabhängigkeit im 3. Reich lediglich auf dem Papier gestanden hatte. Jedenfalls glaubte ich, gute Aussicht zu haben, wenn nicht ganz, so doch ziemlich gerechtfertigt aus dem Entnazifizierungsverfahren hervorzugehen.

Mein Verfahren war bei einer Ludwigsburger Spruchkammer anhängig. Oberstaatsanwalt Franz legte Wert darauf, daß es möglichst rasch durchgeführt werde, weil dies die Voraussetzung dafür war, daß ich in meinem Beruf wieder voll eingesetzt werden konnte. Er gab mir ein Schreiben an den öffentlichen Ankläger mit, in dem er um Beschleunigung bat. Ich überbrachte es dem Ankläger, der im Zivilberuf kaufmännischer Angestellter eines Industriebetriebs war. Er empfing mich kühl und arrogant: „Staatsanwalt sind Sie! Nun sind Sie eben auch einmal nicht Ankläger, sondern selbst Angeklagter!" Augenscheinlich machte es ihm Vergnügen, mich seine Macht fühlen zu lassen.

Da ich nur formal belastet war und keine besonderen Beschwerden gegen mich eingegangen waren, fand in meiner Sache keine mündliche Verhandlung statt. Vielmehr wurde mir ein schriftlicher Bescheid zugestellt. In demselben wurde ich zwar nur als „Mitläufer" eingestuft. Es wurde mir aber eine Sühneleistung von 2000 Reichsmark auferlegt mit der Begründung, daß dies angesichts meiner Parteizugehörigkeit seit 1933 und meiner finanziellen Verhältnisse angemessen erscheine. Mit den von mir vorgelegten Entlastungszeugnissen setzte sich der Bescheid überhaupt nicht auseinander. Ich war empört.

Einige Heilbronner und Stuttgarter Kollegen waren zusammen mit mir durch das Spruchkammerverfahren gegangen und man hatte sie, obwohl sie als Amtswalter oder bei der SA Dienst getan und sich dabei recht aktiv gezeigt hatten, mit 200 bis 300 Reichsmark davonkommen lassen. Als ich meinen Bescheid Felix Walter vorzeigte, der damals noch lebte, sagte dieser lachend: „Das habe ich ja gar nicht gewußt, daß Sie so ein Nazi waren." Den Heilbronner Parteigenossen hielt man freilich bei ihrer Spruchkammer zugute, daß sie unter der Fuchtel des berüchtigten Kreisleiters Drauz gestanden und durch Zerstörung ihrer Heimstätten bereits einen erheblichen Teil ihrer Schuld abgebüßt hatten.

Die Höhe der mir zudiktierten Geldbuße wog im Hinblick auf die eingetretene Geldentwertung finanziell nicht schwer. Durch ihr Ausmaß wurde aber ich, der ich in meinem Innern den Nationalsozialismus so sehr verabscheut hatte, moralisch tief getroffen. Sollte ich diesen Makel auf mir sitzen lassen?

Von den Spruchkammern wurden vor ihren Entscheidungen bei den Bürgermeistern der Orte, wo die Betroffenen ihre Wohnsitze hatten, Erkundigungen über sie eingezogen. Ich vermutete nun, daß ich von dieser Seite angeschwärzt worden sei. Daß man bei der Marbacher Stadtverwaltung nicht gut auf mich zu sprechen war, hatte ich ja schon genugsam erfahren. Dafür lagen keine politischen Gründe vor, eher konfessionelle, und besonders der Neid, welchen viele Marbacher wegen meines Grundbesitzes gegen mich hegten. Der neue Bürgermeister Schenk hatte meinen alten Feind, den früheren Geometer und jetzigen Oberregierungsrat Lutz, als besonderen Berater aufs Rathaus genommen – trotz der tiefen politischen Kluft, die beide trennte, denn Lutz war wegen der Rolle, welche er im 3. Reich gespielt hatte, erheblich belastet. Schenk glaubte eben, die große Erfahrung, die Lutz in Gemeindeangelegenheiten besaß, nicht entbehren zu können. Ich zweifelte nicht, daß Schenk ihm auch sonst sein Ohr lieh. Und Lutz war ein schlauer Fuchs. Sicher war sein Einfluß auf Schenk bei der Abfassung der Äußerung, die letzterer bei der Spruchkammer über mich abgegeben hatte, für mich von nachteiligen Folgen gewesen. So waren jedenfalls meine damaligen Gedanken.

Zunächst wollte ich gegen meinen Sühne-Bescheid Widerspruch

einlegen. Ich war aber gut beraten, daß ich dies schließlich doch unterließ. Selbst wenn ich damit Erfolg gehabt hätte, wären wohl Jahre vergangen, bis endlich über meinen Einspruch entschieden worden wäre.
Ein Beamter konnte jedoch nicht in sein Amt wieder eingesetzt werden,
solange das Entnazifizierungsverfahren gegen ihn noch lief. Dadurch,
daß mein Verfahren so früh und rasch abgerollt war, konnte ich mich
im Vergleich zu vielen andern sogar noch als bevorzugt betrachten,
wenngleich die andern später mit verhältnismäßig geringeren Sühne-
leistungen davonkamen. [VII/39-42]

Beurteilung der Entnazifizierungsverfahren

Ich war einer von Millionen, die ein Entnazifizierungsverfahren über
sich ergehen lassen mußten. Rechnet man den unmittelbar Betroffenen
ihre Angehörigen, welche die Folgen mitzutragen hatten, hinzu, so sah
sich wohl die Mehrheit des deutschen Volkes in einen Anklagezustand
versetzt. Dabei waren die meisten, welche vom Säuberungsgesetz betroffen wurden, entweder schon im Jahr 1933 der Partei beigetreten, als
der Durchschnittsbürger noch nicht voraussehen konnte, was nachher
geschah, oder in den folgenden Jahren unter hartem Druck zum Eintritt
in irgendeine Gliederung der Partei gezwungen worden. Letzteres galt
vor allem von den Beamten. Sie waren mit ihrer ganzen Existenz vom
Staat, welcher damals von der Partei total beherrscht wurde, abhängig
gewesen. Und was hatten sie eigentlich getan? Vielleicht hatten sie als
Amtswalter Mitgliedsbeiträge kassiert oder als SA-Männer bei befoh-
lenen Aufmärschen mit ihren Stiefeln die Erde gestampft, meist wider-
willig und grollend, weil sie die karg bemessene Freizeit viel lieber
ihren Familien gewidmet hätten. Dazu kamen die Verführten, vor allem
junge Leute oder naive Idealisten, die – von der Propaganda erdrückt –
im besten Glauben gehandelt hatten. Diejenigen, welchen man wirklich
eine Schuld an den Greueln des Nazi-Regimes vorwerfen konnte, stellten unter den Betroffenen sicher nur eine verschwindende Minderheit

dar. Mochten dann schließlich viele – ähnlich wie ich – glimpflich davonkommen, die vorausgegangenen Monate, ja Jahre der Ächtung und
Existenzbedrohung wogen schwer.

So war im Jahr 1947 im Volk die Entnazifizierung das Gesprächs-
thema Nr. 1. Wenn ich mich während des Wochenendes in Marbach
aufhielt, erschienen bei mir fortgesetzt Bekannte, die mich baten, ihnen
durch Anfertigung von Schriftsätzen usw. in ihren Entnazifizierungsverfahren zu helfen. Auch für Richter beim Sondergericht und schwerer
belastete Kollegen sollte ich entlastende Äußerungen abgeben, was mir
manches Kopfzerbrechen verursachte. Nachdem ich selbst als bloßer
„Mitläufer" aus dem Spruchkammerverfahren herausgekommen war,
hatten meine Äußerungen für sie immerhin einiges Gewicht. Wie sollte
ich, der ich doch eigentlich zu ihnen gehörte, nicht ihr Verhalten im
3. Reich in den schönsten Farben schildern und dabei die weniger schönen unterdrücken und dennoch nicht geradezu lügen! Ihr Ansinnen
schlankweg abzulehnen, wäre mir als der Gipfel der Unkollegialität erschienen.

Man sieht, welches Theater diese Entnazifizierung war. Nur in völ-
liger Unkenntnis von der Wirklichkeit, in der die Menschen unter der
nationalsozialistischen Herrschaft lebten, konnte man ein solches Verfahren gegen alle, die irgendwie in die Nazi-Organisationen verstrickt
worden waren, erdacht haben. Aber wie sollten die Amerikaner und die
Emigranten etwas von dem wirklichen Leben der Deutschen während
des 3. Reiches wissen! Zwar hatten nicht alle Emigranten schon 1933
Deutschland verlassen; aber auch diejenigen, welche noch länger im
Nazi-Reich lebten, hatten sich während dieser Zeit in einem streng abgeschlossenen Ghetto befunden. Von dem, was außerhalb dieses Ghet-
tos geschah, hatten sie allenfalls nur die Außenseite gesehen. Wären sie
damals in der gleichen Lage wie der deutsche Durchschnittsbürger gewesen, so hätten sie sich sicher auch nicht anders als dieser verhalten.

Natürlich gab es Ausnahmen. Aber der Durchschnittsmensch hat wenig Talent zum Heldentum und zum Martyrium. Letzteres setzt überdies in der Regel eine religiöse Bindung voraus und solche Bindungen hatte man schon lange vor dem 3. Reich mit Vorbedacht unterwühlt und es hatten dies oft gerade diejenigen getan, die sich jetzt als Verfolgte des Nazi-Regimes und als heldenmütige Widerstandskämpfer aufspielten. Ich habe unter ihnen, besonders unter den Kommunisten, manchen kennengelernt, der einen musterhaften Kreisleiter abgegeben hätte, wenn er sich nicht vor der Machtergreifung Hitlers für die andere Seite entschieden hätte. [VII/42-44]

Einzelfälle bei der Entnazifizierung

Mein harmloser Vetter Friedrich Lepp, der als Studienrat 1933 eben auch der Partei beigetreten war, mußte jahrelang warten, bis er endlich entnazifiziert wurde und wieder in den Genuß seines Gehalts gelangte, obwohl er sicher zu keiner Zeit eine Freude an dem Nazi-System gehabt hatte.

In besonders kläglicher Lage befand sich mein Vetter Alfred Stängle, der Oberinspektor bei der Stadt Stuttgart gewesen war, ein stilles, ängstliches, ewig kränkelndes Männchen. Er hatte sich um Politik nie gekümmert und war 1933 auch nicht der Partei beigetreten, bis er schließlich 1938 nicht mehr umhin konnte, dies doch noch zu tun, um nicht in seiner Beamtenstellung schwere Nachteile zu erleiden. Aber auch dann weigerte er sich noch, ein Parteiamt zu übernehmen, nicht gerade aus politischen oder weltanschaulichen Motiven, sondern weil es ihm bei seiner Schüchternheit widerlich war, als Amtswalter aufzutreten und weil er im Hinblick auf seinen Gesundheitszustand zusätzliche Belastungen nicht ertragen zu können glaubte. Am Ende zwang man ihn durch brüske Drohungen doch dazu, als Amtswalter Mitgliedsbeiträge zu kassieren. Wegen dieser „aktiven" Tätigkeit war er nun aus seiner Beamtenstellung entlassen worden und wußte nicht, wie er seine drei kleinen Kinder ernähren sollte. Durch meine Verbindung mit Oberbürgermeister Klett gelang es mir endlich, seine Wiedereinstellung zu erreichen. Inzwischen war aber seine Krankheit, durch fortgesetzten Kummer verschlimmert, so fortgeschritten, daß er nicht mehr lange seiner Arbeit nachgehen konnte und schon bald eines frühen Todes verstarb.

Besser ging es seinem Bruder Karl, dem Lederfabrikanten, dem es gelang, die Einsetzung eines Treuhänders in seinem Betrieb dadurch zu verhindern, daß er den zuständigen Behörden vorschwindelte, nicht er, sondern seine Schwester Emma, die politisch unbelastet war, sei die eigentliche Eigentümerin und Leiterin seines Geschäfts, obwohl dieselbe in keiner Weise an demselben beteiligt war.

Recht prekär war um jene Zeit auch die Situation meines Bundesbruders Friedrich. Er war natürlich ebenfalls aus seinem Amt entlassen worden. Sein Haus in Heilbronn lag in Trümmern. Trotzdem war er nach dem Krieg wieder von Stuttgart nach Heilbronn übergesiedelt. Ein Bekannter von ihm hatte im Untergeschoß eines halbzerstörten Hauses einen Laden eingerichtet und Friedrich angestellt. Dort verkaufte er nun Kinderwagen und ähnliche Dinge. Da er vielen Parteiorganisationen angehört und zuletzt noch den Führer des württembergischen Rechtswahrerbundes, Rechtsanwalt Glück, vertreten hatte, war er formal hoch belastet und wartete deshalb verständlicherweise mit Unruhe auf sein Entnazifizierungsverfahren. „Du mußt sehen, daß Du entlastet wirst", sagte ich zu ihm. Und tatsächlich gelang ihm dies dank des Einflusses vieler Heilbronner, die unbelastet waren und sich für ihn verwendeten, denn er erfreute sich in seiner Vaterstadt großer Beliebtheit. Angesichts seiner charaktervollen Haltung während des 3. Reiches wurde er nach meiner Ansicht mit vollem Recht entlastet. Nun stand seinem neuen Aufstieg in der beruflichen Laufbahn nichts mehr im Wege. [VII/44 f.]

Denunziationen und heitere Intermezzi

Neben meiner Kanzlei, durch eine leichte Schiebetür von ihr getrennt, befand sich ein Saal, in dem Verhandlungen der Heilbronner Spruchkammer abgehalten wurden. So wurde ich unfreiwilliger Zuhörer bei vielen solchen Verhandlungen und konnte oftmals feststellen, welche Rolle dabei Denunziationen aus persönlicher Feindschaft oder Geschäftsneid spielten.

Es gab bei der Entnazifizierung aber auch heitere Intermezzi. Auf dem Lerchenberg neben dem Gebäude, in welchem die Staatsanwaltschaft untergebracht war, lag eine herrschaftliche Villa, in der die Spruchkammer ihren Sitz aufgeschlagen hatte. Eines Tages erschien nun bei mir der Heilbronner Amtsrichter Wild, der als ehemaliges Parteimitglied aus seinem Amt entlassen worden war, und bat mich, mein Diensttelefon zu einem Gespräch mit der Spruchkammer, bei der eben sein Verfahren schwebte, benützen zu dürfen. Eifrig sprach er dann in das Telefon hinein und beteuerte dabei seine antinationalsozialistische Gesinnung, um schließlich, natürlich ganz unbeabsichtigt, das Gespräch mit dem gewohnten, jetzt allerdings verpönten Gruß „Heil Hitler!" zu beenden. [VII/45]

Neue Sorgen

Ich war jetzt entnazifiziert. Dies bedeutete aber keineswegs, daß ich nun automatisch wieder in meine Stelle als Staatsanwalt einrückte. Darüber hatte letztlich die Militärregierung zu entscheiden. So blieb ich bis auf weiteres juristischer Hilfsarbeiter. Zwar wurden regelmäßig ehemalige Parteimitglieder, welche – wie ich – als „Mitläufer" eingestuft worden waren, nach einiger Zeit abermals in ihre Ämter eingesetzt, jedoch sicher war dies nicht. Und gerade jetzt traten Ereignisse ein, die neue Sorgen vor mir auftürmten.

Da war mein Bekannter, der Erste Staatsanwalt Dr. Bogenrieder, der zuletzt den Oberstaatsanwalt Bäuchlen, den Vorstand der Anklagebehörde beim Sondergericht, vertreten hatte. Bäuchlen hatte zwar selbst neben dem ihm übergeordneten Oberstaatsanwalt Link nicht viel zu vermelden gehabt. Aber immerhin! Bogenrieder war ein Bundesbruder und Freund von Gebhard Müller, der nach dem Krieg der Justiz von Württemberg-Hohenzollern vorgesetzt worden war. Als nun in der amerikanischen Zone sämtliche ehemalige Parteigenossen aus den Beamtenstellungen entfernt wurden, war Bogenrieder nach Südwürttemberg ausgewichen und dort von Gebhard Müller zum Amtsrichter in Haigerloch eingesetzt worden, da ja in der französischen Zone die Entnazifizierung nicht so scharf wie in der amerikanischen durchgeführt wurde. Diese Bevorzugung Bogenrieders erregte natürlich den Neid seiner weniger glücklichen Kollegen.

Eines Tages teilte ein Rechtsanwalt, dessen Praxis geschlossen worden war, weil er der Partei angehört hatte, diesen Fall der Militärregierung in Tübingen mit, wobei er nicht vergaß, darauf hinzuweisen, daß Bogenrieder Staatsanwalt bei der Anklagebehörde beim Sondergericht gewesen war. Darauf wurde Bogenrieder nicht nur sogleich aus seinem Amt entfernt, sondern auch von den Franzosen verhaftet und in Tübingen herumgeführt mit einer Schärpe um den Leib, auf welcher aufgedruckt war: „Ich bin ein Kriegsverbrecher.“

Im Gefängnis teilte er die Pritsche mit dem Marbacher Bäckermeister Öhler, der während des Krieges zur Wehrmacht eingezogen und als Wachmann in ein Kriegsgefangenenlager versetzt worden war. Dort hatte er befehlsgemäß auf einen fliehenden Franzosen geschossen und – da er nicht gerade zu den Klügsten gehörte – auch gezielt, so daß der Franzose tot auf der Strecke geblieben war.

Der Fall Bogenrieder soll, wie ich hörte, um ein Haar den Sturz Gebhard Müllers von seinem Ministeramt zur Folge gehabt haben. Mich aber, der ich auch Staatsanwalt bei der Anklagebehörde beim Sondergericht gewesen war, erfüllte dieser Vorgang mit großer Besorgnis.
[VII/45 f.]

Zeugenvernehmung im Nürnberger Prozess gegen Cuhorst

Gegen Ende des Jahres 1946 erregte die Nachricht, daß gegen Cuhorst ermittelt wurde und daß derselbe zusammen mit andern Nazi-Richtern vor das Nürnberger Tribunal gestellt werden sollte, in mir und meinem Kollegen Frey neue Unruhe. Hatten wir beide doch beim Sondergericht jahrelang mit diesem Mann zusammengearbeitet.

Eines Tages im Januar 1947 erhielten wir eine Vorladung nach Stuttgart, wo wir von dem amerikanischen Ermittlungsrichter in dieser Sache als Zeugen vernommen werden sollten. Die Vernehmung fand in einem Gebäude in der Gaisburgstraße statt. Gertrud begleitete mich an diesem Morgen nach Stuttgart und wartete in einem in der Nähe gelegenen Café auf mich. Sie wollte sogleich erfahren, wie die Sache für mich ausgehen werde. Wenn man auf irgendeine Weise in derartige Verfahren bei der Militärregierung verwickelt wurde, konnte man sehr schnell von der Rolle des Zeugen in diejenige des Beschuldigten hinüberwechseln und wir rechneten mit der Möglichkeit, daß ich nach Abschluß meiner Vernehmung verhaftet werden könnte. Oft wurden auch Zeugen einfach in Haft genommen, weil man befürchtete, daß sie sonst verschwinden könnten.

Der Ermittlungsrichter, der mich vernahm, war ein Major Einstein, ein emigrierter deutscher Jude, offenbar ein Jurist. Er empfing mich mit den Worten: „Aha! Sie sind der Mann, auf den Cuhorst so wütend ist." Dies erschien mir zunächst verwunderlich, denn trotz gelegentlicher kleiner Reibereien war ich im allgemeinen mit Cuhorst doch ganz gut ausgekommen. Ich war geneigt, die Bemerkung Einsteins für einen Vernehmungstrick zu halten, um mir die Zunge zu lösen, denn schließlich war ich in solchen Dingen ja erfahren.

Dann frug er mich, an welchen Todesurteilen Cuhorsts ich als Staatsanwalt beteiligt gewesen sei. Ich war auf der Hut, erwähnte aber den Fall Wirbel, welcher mir als der unverfänglichste erschien, da es sich bei ihm um rein kriminelle Handlungen eines schwer vorbestraften

Verbrechers gehandelt hatte. „Aha! Der Fall Wirbel! Das ist ja wohl der schlimmste Fall, den wir dem Sondergericht Stuttgart vorzuwerfen haben." Ich fiel aus allen Wolken, erlaubte mir aber, zu bemerken, daß Wirbel doch ein alter Zuchthäusler und Gewohnheitsverbrecher gewesen sei. „Sie stehen also auf dem nationalsozialistischen Standpunkt, daß solche Leute ohne Rücksicht auf das Gesetz zu liquidieren seien", entgegnete der Ermittlungsrichter. Dann fuhr er fort: „Sie haben in diesem Fall den Grundsatz des ,ne bis in idem'[99], der in allen Kulturstaaten gilt, gröblich verletzt." Ich wußte nun, daß er damit auf die Tatsache anspielte, daß Wirbel, bevor ich ihn anklagte, wegen einiger kleiner Diebstähle rechtskräftig verurteilt worden war, welche – wie sich nachträglich herausstellte – zu einem großen Komplex von Straftaten gehörten, wegen dem ich Anklage gegen ihn erhob. Ich erklärte: „Mit dieser Rechtsfrage habe ich mich in der Anklageschrift am Anfang des Ermittlungsergebnisses unter Anführung der einschlägigen Reichsgerichtsentscheidungen eingehend auseinandergesetzt und dieselbe entsprechend der höchstrichterlichen Rechtsprechung entschieden. Bitte, lesen Sie in der Anklageschrift nach!" Einstein ließ den großen Aktenbund herbeischleppen. Wie ich nun sah, hatten diese Akten ausnahmsweise den Bombenkrieg überstanden. Dies war mein Glück. Der Major blätterte in den Akten herum. Schließlich brummte er: „Ja, Sie haben ein paar Entscheidungen zitiert, die von den nazistischen Senaten des Reichsgerichts stammen." „Man wird es einem Staatsanwalt kaum zum Vorwurf machen können, wenn er sich an die Rechtsprechung des höchsten Gerichts hält", sagte ich. Nun ließ Einstein den Fall Wirbel auf sich beruhen.

Er setzte die Vernehmung fort: „An welchen weiteren Todesurteilen waren Sie beteiligt?" Der bisherige Gang der Dinge hatte mich noch vorsichtiger gemacht. Was die drei Todesurteile betraf, an denen ich mitgewirkt hatte, wollte ich nur diejenigen angeben, die dem Vernehmungsrichter ersichtlich schon bekannt waren. Aber, was wußte er und was nicht? Einstein drängte: „Sie haben noch an weiteren Todesurteilen mitgewirkt." Ich durfte ihn nicht mißtrauisch machen. „Jawohl", erklärte ich, „an dem Todesurteil gegen einen Mann, der eine Anzahl von Kindern genotzüchtigt hat." „Wie hieß dieser Mann?" Anscheinend wußte er dies nicht. Der Angeklagte war ein Elsässer gewesen, also ein Ausländer, und es war eine bekannte Tatsache, daß die Amerikaner auf Urteile gegen Ausländer besonders negativ reagierten. „Ich kann mich an den Namen nicht mehr erinnern." „Besinnen Sie sich!", befahl Einstein. „Es fällt mir eben ein, daß er mit dem Vornamen Clemens hieß; an seinen Nachnamen kann ich mich aber mit dem besten Willen nicht mehr erinnern." Das war eine Lüge, denn ich wußte, daß er Marcel König geheißen hatte. Einstein legte mir nun eine Liste vor, auf der die Namen der von Cuhorst zum Tode Verurteilten aufgeschrieben waren, soweit die Ermittlungsbehörde von ihnen Kenntnis hatte. Da stand auch der Marcel König. Eifrig durchmusterte ich die Liste. Ich konnte aus ihr ja ersehen, von welchen Todesurteilen des Sondergerichts die Amerikaner Kenntnis hatten. Schließlich gab ich die Liste zurück und schüttelte den Kopf. „Und an welchen Todesurteilen haben Sie sonst noch mitgewirkt, solange Sie beim Sondergericht waren?" „An keinem", sagte ich. Dies war nicht ganz unwahr, denn als ich das erste Todesurteil beim Sondergericht hatte beantragen müssen, war ich ja noch nicht offiziell der Anklagebehörde beim Sondergericht zugeteilt gewesen. Der Name dieses Angeklagten stand nicht auf der Liste. Dieser Fall war also der Ermittlungsbehörde offenbar nicht bekannt.

Die weitere Vernehmung drehte sich um das allgemeine Verhalten Cuhorsts als Richter. Hier gab ich wahrheitsgemäß Auskunft. Ich kritisierte die zynischen Bemerkungen, die er in den Verhandlungen zu machen pflegte, hob aber zugleich seine Unbestechlichkeit hervor. „Ob Cuhorst korrupt war, interessiert uns nicht", warf Einstein ein. Wenn ich entlastende Momente für Cuhorst vorbrachte, wurde der Vernehmungsrichter ärgerlich; er nahm derartige Bekundungen nicht in sein

Protokoll auf. Dagegen versuchte er mit allen Mitteln, mir belastende Aussagen zu suggerieren. Lehnte ich diese ab und erklärte ich, daß dieser oder jener Punkt, in welchem er Vorwürfe gegen Cuhorst erhob, nicht stimme, so herrschte er mich an: „Sie gehören also auch zu der verschworenen Gemeinschaft!" Als deutscher Staatsanwalt war ich stets gehalten gewesen, ebenfalls die zugunsten des Beschuldigten sprechenden Umstände zu ermitteln. Davon war hier keine Rede. Es schien mir, als ob die Vernehmungsmethoden Einsteins bedenklich an diejenigen der Gestapo erinnern würden. Auf die Todesurteile, an denen ich beteiligt war, ging er nicht weiter ein; sie schienen ihn nicht mehr zu interessieren, und er nahm auch nichts hierüber ins Protokoll auf.

Am Schluß gab es aber dennoch einen heftigen Zusammenstoß. Um Cuhorst zu belasten, hatte Einstein einige Aussagen ins Protokoll diktiert, die ich gar nicht gemacht hatte. Als ich nun das Protokoll unterschreiben und seinen Inhalt eidesstattlich versichern sollte, erklärte ich, daß ich dies nicht gesagt habe und es deshalb auch nicht unterschreiben könne. Da schrie Einstein auf mich ein: „Was, Sie wollen behaupten, daß ich das Protokoll verfälscht habe." Ich sagte, daß ich das nicht behaupte; anscheinend habe er meine Aussagen mißverstanden. Einstein weigerte sich, das Protokoll richtigzustellen und ich weigerte mich, es in dieser Form zu unterschreiben. Es kam zu einem längeren, erregten Auftritt. Wütend ging Einstein im Zimmer auf und ab und schimpfte auf mich ein. Meine Lage schien recht bedrohlich zu werden. Wenn Einstein mir den Rücken kehrte, blinzelte mir das deutsche Schreibmädel, welches das Protokoll in die Maschine schrieb, aufmunternd zu und es war verwunderlich, wie sehr mich die kleine Geste des jungen Mädchens damals in meiner Haltung bestärkte. Schließlich ließ sich der amerikanische Major herbei, eine widerrufende oder wenigstens doch abschwächende Erklärung von mir ins Protokoll aufzunehmen. Nun unterschrieb ich in dem Bestreben, aus der allmählich unerträglich werdenden Situation herauszukommen. Höchst ungnädig wurde ich entlassen.

Nachträglich bekam ich Bedenken, ob ich mich durch den Druck des Vernehmungsrichters nicht doch zu allzu ungünstigen Äußerungen über Cuhorst habe drängen lassen und dieser Gedanke versetzte mich in eine große Gewissensunruhe. Meine Kollegen vom Sondergericht, die ebenso wie ich von Einstein vernommen worden waren, erzählten mir nachher, daß es ihnen dabei nicht besser als mir ergangen war und daß sie unter den gleichen Skrupeln litten.

Kurz darauf wurde ich von dem Rechtsanwalt Mandry in Stuttgart, dem Verteidiger Cuhorsts, noch einmal vernommen. Natürlich lagen dabei die Verhältnisse anders als bei meiner Vernehmung durch Einstein, für mich jedenfalls bei weitem nicht so gefahrvoll. Aber auch bei dieser Vernehmung geriet ich in Konflikte. Mandry kniete ebenfalls zäh auf mir herum und wollte das Gegenteil von dem aus mir herauspressen, was ich zuvor bei Einstein ausgesagt und eidesstattlich versichert hatte. Und auch diesmal sollte ich meine Aussagen an Eidesstatt versichern. Damals faßte ich eine heftige Abneigung gegen die Methoden des angelsächsischen Strafprozesses, bei dem ein Zeuge in eine so peinliche Zwickmühle gerät.

Vor dem Nürnberger Tribunal brauchte ich nicht zu erscheinen; für so wichtig wurden meine Aussagen nicht erachtet. Einige meiner Kollegen wurden aber dorthin vorgeladen. Dabei gab es einen Eklat. Ein junger Richter namens Dinkelacker, der früher wegen seiner Schüchternheit von den Kollegen oft belächelt worden war, widerrief in der Verhandlung die Aussagen, die er bei Einstein gemacht hatte, und erklärte, daß diese erpreßt worden seien. Ein Sturm der Entrüstung gegen diesen frechen Nazi-Richter ging durch den deutschen Blätterwald.

Cuhorst aber wurde freigesprochen. Später ließ mich Mandry die Gründe des Nürnberger Urteils, die ihm maschinenschriftlich in deutscher Übersetzung zugestellt worden waren, soweit sie Cuhorst betrafen, durchlesen. Ich kann danach nur die Objektivität der Nürnberger Richter bestätigen. Einleitend wurde die Lage der deutschen Richter während der Nazi-Herrschaft geschildert. Dann hieß es, daß sich in dieser Lage die Richter verschieden verhalten hätten. Die einen hätten, um gut angeschrieben zu sein, den unmenschlichen Tendenzen willfährig nachgegeben. Andere hätten, selbst unter Gefahren, das Möglichste an Rechtsstaatlichkeit noch zu retten versucht. „Zu letzteren gehörte Cuhorst." Das war nach meiner Ansicht des Lobes für Cuhorst beinahe etwas zu viel. Wenn aber der ehemalige Vorsitzende des Stuttgarter Sondergerichts vor dem Tribunal der Sieger in Nürnberg Glück gehabt hatte, so erging es ihm vor der Spruchkammer, vor die er anschließend von seinen deutschen Landsleuten gestellt wurde, um so übler. Ihr Spruch war für seine Zukunft schlechthin vernichtend.

Nach meiner Vernehmung durch Major Einstein war ich auf das Schlimmste gefaßt. Wenn in Heilbronn vor dem Gebäude, in dem die Staatsanwaltschaft untergebracht war, ein amerikanischer Jeep hielt, fürchtete ich, nun abgeholt und in Haft genommen zu werden. Doch nichts dergleichen geschah. Im Gegenteil: Am 1. April 1947 wurde ich von der Militärregierung wieder in mein Amt als Staatsanwalt eingesetzt, freilich nicht in Stuttgart, sondern in Heilbronn und nur auf Widerruf wie alle Beamte, die Parteigenossen gewesen waren. [VII/46-50]

Zugewanderte Staatsanwälte bei der Staatsanwaltschaft Heilbronn

Im Lauf des Jahres 1947 wurde der Kreis der Beamten und Angestellten der Staatsanwaltschaft Heilbronn etwas größer. So tauchte bei uns ein Staatsanwalt aus Oberschlesien auf, ein Heimatvertriebener. Obwohl er ebenfalls bei der Partei gewesen, jetzt aber entnazifiziert war, spielte er sich als radikaler Antifaschist auf. Dazu gehörte damals noch nach dem Wunsch der Militärregierung, daß man nicht nur gegen die Nazis wetterte, sondern auch den deutschen Militarismus beschimpfte. Und auf letzteres spezialisierte sich der Oberschlesier, was ihm um so leichter fiel, als er das Glück gehabt hatte, während des Krieges nicht zur Wehrmacht eingezogen worden zu sein. Als er einmal in einer Hauptverhandlung gegen ein paar kleine Diebe, die Kriegsteilnehmer gewesen waren, die Staatsanwaltschaft vertrat, verstieg er sich in seinem Plädoyer dazu, die deutsche Wehrmacht als eine „Hochschule des Verbrechens" zu bezeichnen. Gleich bei seinem ersten Gespräch mit mir erklärte er, daß er baldmöglichst aus dem Staatsdienst auszuscheiden gedenke. Er sei nicht so dumm, sich als Entgelt für seine Arbeit mit entwerteter Reichsmark abspeisen zu lassen. Er müsse in der Lage sein, zu kompensieren, um sich neuen Hausrat anzuschaffen, und diese Möglichkeit habe er als Beamter nicht, wohl aber als Rechtsanwalt. Er verwirklichte nach kurzer Zeit diesen Entschluß. Auf weitere Sicht schlug dieser Schritt nicht zu seinem Vorteil aus.

Ein anderer Neuling, ein junger Heimatvertriebener aus Ostpreußen, wurde als Assessor bei der Staatsanwaltschaft Heilbronn angestellt, weil er nach seinen Papieren die zweite juristische Staatsprüfung abgelegt hatte und nicht bei der Partei gewesen war. Es zeigte sich jedoch bald, daß seine Rechtskenntnisse sehr dürftig waren. Oberstaatsanwalt Franz sagte einmal im Vertrauen recht besorgt zu mir: Er zweifle, ob die von dem jungen Mann vorgelegten Urkunden echt seien und ob er überhaupt Jura studiert habe. Es kam nämlich in jener Zeit vor, daß nicht nur falsche Ärzte, sondern auch falsche Staatsanwälte auftraten. Schließlich erwies sich, daß das mangelhafte juristische Wissen des jungen Mannes keinen kriminellen Hintergrund hatte. Als wieder mehr und bessere Fachkräfte für den Justizdienst zur Verfügung standen, wurde er, der ja noch nicht ständig angestellt war, wieder aus dem Justizdienst entlassen. Er machte dann ein Rechtsanwaltsbüro auf, mußte aber auch diesen Beruf nach wenigen Jahren liquidieren, weil er sich an einer noch sehr jungen Schreibkraft unsittlich verging und deshalb bestraft wurde. [VII/51 f.]

Sachbearbeiter für Delikte gegen Bewirtschaftungsgesetze

Ich wurde wiederum vorwiegend als Sachbearbeiter von Delikten gegen die Bewirtschaftungsgesetze betraut. Es waren immer noch die gleichen Gesetze, die ich schon als Staatsanwalt im 3. Reich anzuwenden hatte. Bei meiner Berufstätigkeit lastete jetzt nicht mehr der schwere Gewissensdruck auf mir, der bisher seinen Grund darin gehabt hatte, daß im Hintergrund immer die Möglichkeit lauerte, ich könnte gezwungen werden, wegen eines solchen Delikts die Todesstrafe zu beantragen, was ich mit meinem Gewissen nicht vereinbaren zu können glaubte.

Abgesehen von diesem schwerwiegenden Punkt befriedigte mich allerdings meine Tätigkeit auf diesem Gebiet jetzt fast noch weniger als zuvor. Gewiß war es angesichts der bestehenden Versorgungslage dringend notwendig, die Bewirtschaftung der Verbrauchsgüter aufrechtzuerhalten, um schwerste Nöte von der Bevölkerung abzuwenden. Es standen jedoch nun den Strafverfolgungsbehörden und den Gerichten nicht mehr die Mittel zur Verfügung, diese Gesetze gerecht gegen jedermann anzuwenden. Derartige Bewirtschaftungsgesetze werden nicht durch alte sittliche Normen, welche im Bewußtsein des Volkes tief verwurzelt sind, untermauert, wie dies im allgemeinen bei den sonstigen Strafgesetzen der Fall ist. Deshalb galt ein Verstoß gegen sie in der öffentlichen Meinung mehr oder weniger als ein Kavaliersdelikt. Daß solche Gesetze trotzdem eingehalten werden, ist nur durch Strafen zu erzwingen, die so streng sind, daß die Gesetzesübertretung auch für einen wagemutigen Geschäftsmann ein zu großes Risiko darstellt. Wie hätte man sich aber zu einer solchen Strenge aufschwingen können, nachdem die grotesken Übertreibungen des Nationalsozialismus das Pendel nun nach der entgegengesetzten Seite hatten ausschlagen lassen! Die staatlichen Eingriffe in das Geschäftsleben gehen eigentlich contra naturam; nur derjenige ist ein guter Geschäftsmann, der Vorteile für sich herauszuschlagen versteht. Wo die Bewirtschaftungsgesetze Lücken aufweisen, wird sich deshalb der aufgestaute Geschäftstrieb durch dieselben hindurchzuschleichen versuchen. Solche Lücken aber mehrten sich gewaltig infolge der Beschneidung der deutschen Gerichtsbarkeit durch die Militärregierung und infolge der Pressionen, welche mächtige Wirtschaftsgruppen in zunehmendem Maße auf höhere Verwaltungsstellen ausübten. Zudem hatte man aus diesen Stellen bewährte alte Beamte entlassen und sie durch Leute ersetzt, denen nicht nur die Fähigkeiten und die Erfahrungen, sondern oft auch die erforderlichen charakterlichen Eigenschaften für ein solches Amt mangelten. Den Staatsanwaltschaften fehlte es an gut geschulten Ermittlungsbeamten.

Gewerbliche Schwarzschlachtungen von Metzgern waren besonders schwer nachzuweisen. Im 3. Reich hatte man zur Aufklärung solcher Delikte die Zollfahndungsstelle herangezogen, welche für diese Aufgabe einen ausgezeichneten, hochspezialisierten Beamtenstab besaß. Nach dem Zusammenbruch weigerte sich aber die Zollfahndungsstelle, auf diesem Gebiet, das für sie nach der längst erfolgten Aufhebung der

Schlachtsteuer sachfremd geworden war, weiterzuarbeiten. Die vorhandenen Polizisten waren hiefür nicht ausgebildet und standen den Methoden raffinierter gewerblicher Schwarzschlächter hilflos gegenüber. So kam es, daß jetzt derartige Schwarzschlächter und Schieber beinahe risikolos Hunderte von Zentnern Fleisch verschieben konnten, während ein kleines Bäuerlein, das einmal ein Kalb schwarzschlachtete und deshalb von bösen Nachbarn angezeigt worden war, eine verhältnismäßig hohe Strafe zu erwarten hatte.

Kurz: Die Kleinen hängte man und die Großen ließ man laufen. Daß darunter das Ansehen der Justiz schwer leiden mußte, ist selbstverständlich. Die Kreise der sozialistischen Linken posaunten laut in die Welt hinaus, der Schleichhandel und das Schiebertum müßten rücksichtslos unterbunden werden. Wenn es sich jedoch darum handelte, den Strafverfolgungsbehörden die erforderlichen Mittel dazu in die Hand zu geben, schrien sie empört, man wolle wieder nazistische Methoden einführen.

Es liegt in der Natur der Sache, daß Bewirtschaftungsgesetze kompliziert sind und daß Verstöße gegen sie rechtlich und tatsächlich schwierige Fragen aufwerfen. Dabei handelt es sich bei diesen Vorschriften meist um Zeitgesetze, da sie ja der wechselnden Versorgungslage angepaßt werden müssen. Hier ist es besonders notwendig, daß die Strafe der Tat auf dem Fuße folgt. Fast stets geht aber ein umfangreiches Verfahren dieser Art in die Berufungsinstanz. Wenn dann die Berufungsinstanz gesprochen hat, müßte angesichts der verwickelten Rechtslage ein Rechtsanwalt schon von allen guten Geistern verlassen sein, wenn er nicht irgendeinen Revisionsgrund ausfindig machen könnte. Darauf wird das Berufungsurteil vom Revisionsgericht wieder aufgehoben und das Spiel geht von neuem an. Kommt endlich ein rechtskräftiges Urteil zustande, so bezieht es sich auf Verhältnisse, die längst überholt und historisch geworden sind.

Derartige Verfahren müßten nach Möglichkeit in einer einzigen Instanz erledigt werden. Sie müßten deshalb Sondergerichten zugewiesen werden, die mit besonders ausgewählten und spezialisierten Richtern und Staatsanwälten zu besetzen wären. Ein Vorschlag, solche Gerichte zu schaffen, hätte aber einen Entrüstungssturm entfacht. Schon an das Wort „Sondergericht" heftete sich in weiten Kreisen der Bevölkerung ein Gefühl des Schreckens und der Abscheu, weil die Sondergerichte im 3. Reich auch für die Aburteilung politischer Delikte zuständig gewesen waren.

Auf Grund meiner Erfahrungen gelangte ich zu der Überzeugung, daß staatliche Eingriffe in den Güteraustausch mit einem liberal-demokratischen Rechtsstaat, wie ihn die Amerikaner nun in unserem Land aufzubauen bemüht waren, im Prinzip nicht zu vereinbaren sind und daß diese Staatsform mithin nur für wohlhabende Völker geeignet ist, in denen sich der Güteraustausch durch das Gleichgewicht an Angebot und Nachfrage auf dem freien Markt von selbst regelt. Wo ein Notstand eintritt, kann ein solches Staatswesen nicht mehr funktionieren. In einem solchen Fall muß der Staat sich mit Entschiedenheit ganz anderer Mittel bedienen, wenn er die Bevölkerung nicht einer Hungersnot preisgeben will. Der Liberalismus auf wirtschaftlichem Gebiet ist dann völlig unmöglich. [VII/52-54]

Ein Verfahren gegen den Leiter des KZs in Vaihingen/Enz

Ich hatte aber nicht nur Verstöße gegen die Bewirtschaftungsgesetze zu bearbeiten, sondern es wurden mir auch andere Verfahren zugewiesen. Vertretungsweise hatte ich in einem Verfahren gegen den Leiter des kleinen Konzentrationslagers, das sich während des 3. Reiches in Vaihingen/Enz befand, zu arbeiten. Wenn ich mich noch recht erinnere, hieß er Walther. Mit ihm hatte ich ja schon vor dem Krieg einen Strauß ausgefochten. Ich konnte mich nun davon überzeugen, daß auch dort scheußliche Grausamkeiten vorgefallen waren.

In der Hauptverhandlung durfte ich als ehemaliger Parteigenosse in derartigen Verfahren mit politischem Einschlag die Anklage nicht vertreten. Trotzdem wurden mir von Oberstaatsanwalt Franz gerade solche heikle Verfahren mit Vorliebe zugeteilt, weil er wußte, daß ich in meinem Innern ein Gegner des Nationalsozialismus gewesen war und weil er eine hohe Meinung von meinen staatsanwaltschaftlichen Fähigkeiten hatte. [VII/54]

Ein Verfahren gegen einen Angehörigen der „Leibgarde" des Kreisleiters Drauz

Als im Frühjahr 1945 bereits der Endkampf um Heilbronn begonnen hatte, umgab sich der berüchtigte Kreisleiter Drauz mit einer kleinen Leibgarde. Durch diese ließ er noch in den allerletzten Kriegstagen Männer erschießen oder aufhängen, die sich in irgendeiner Weise den Wahnsinnsbefehlen der Nazis widersetzt hatten. So war auch ein biederer Bürger von Ödheim umgebracht worden. In einem Verfahren gegen einen Angehörigen der Drauz'schen Leibgarde, die auf Befehl des Kreisleiters diese Tat ausgeführt hatte, mußte ich die Ermittlungen führen. Die näheren Umstände sind aber inzwischen meinem Gedächtnis völlig entschwunden. [VII/54]

Ein Verfahren gegen den stellvertretenden Ortsgruppenleiter in Binswangen

Noch sehr deutlich erinnere ich mich dagegen an einen anderen Fall, in welchem die Ermittlungen gleichfalls in meiner Hand lagen. Ich besitze noch die Abschrift des Urteils, welches in dieser Sache ergangen ist. An dem Dorf Binswangen in der Nähe von Heilbronn vorbei waren am Schluß des Krieges die amerikanischen Einheiten in Richtung Weinsberg vorgestoßen. Die Bevölkerung von Binswangen stand auf den Straßen herum und gab ihrer Freude darüber Ausdruck, daß der Krieg für sie jetzt überstanden sei. Einige Bauern fingen damit an, eine Panzersperre, welche von der Wehrmacht oder dem Volkssturm inmitten des Ortes aufgestellt worden war, abzubauen. Zwei deutsche Soldaten, die schon Zivilkleidung angelegt hatten, standen dort vor ihren Quartierhäusern; auch sie waren froh, daß sie den Krieg überlebt hatten.

Da erschien der stellvertretende Ortsgruppenleiter, der sich vorher vom Volkssturm gedrückt hatte, und bedrohte die Leute, welche die Panzersperre beseitigen wollten. Einer der beiden Soldaten mischte sich ein und bedeutete dem stellvertretenden Ortsgruppenleiter, daß es nun mit seiner Macht zu Ende sei. Dieser beschimpfte den Soldaten als Fahnenflüchtigen und Landesverräter. Beide wurden handgemein. Dabei zog der Ortsgruppenleiter seine Amtswalterpistole und schoß dem Soldaten in die Hand. Darauf holte derselbe aus seinem Quartier seine Wehrmachtspistole. Als der Soldat, die Pistole in der blutenden Hand haltend, wieder auf die Straße heraustrat, gab der Ortsgruppenleiter einen Schuß auf ihn ab. Der Soldat taumelte zu Boden. Als er bereits im Kandel lag, gab der Ortsgruppenleiter noch zwei weitere Schüsse auf ihn ab. Der Soldat war auf der Stelle tot. Sogleich anschließend schoß der Ortsgruppenleiter ebenfalls auf den nahe dabeistehenden anderen Soldaten. Auch dieser brach tot zusammen. Der Ortsgruppenleiter machte Notwehr, eventuell vermeintliche Notwehr oder Überschreitung der Notwehr in Bestürzung, Furcht und Schrecken geltend. Auch der zweite Soldat habe ihn angreifen wollen.

Die Szene hatte sich am hellen Mittag vor einer Menschenmenge abgespielt. Zahlreiche Zeugen wurden vernommen, die übereinstimmend bekundeten, der zweite Soldat sei in den Kopf geschossen worden. Während aber die einen behaupteten, der Einschuß sei in der Stirne und der Ausschuß am Hinterhaupt gewesen, behaupteten die andern ebenso fest, es sei umgekehrt gewesen. Die Kontroverse war erheblich, denn wenn die Einschußstelle am Hinterhaupt war, so mußte sich der Soldat auf der Flucht befunden haben, als der Schuß auf ihn abgegeben worden war. Dann kam Notwehr keinesfalls in Betracht, wohl aber, wenn die Einschußstelle auf der Stirn war.

Es blieb mir nichts anderes übrig, als die Leiche wieder ausgraben zu lassen. Die Identität der Leiche wurde einwandfrei festgestellt. Doch was ergab sich da! Dem Soldaten war überhaupt nicht in den Kopf geschossen worden, sondern offenbar in die Brust. Diese Erfahrung belehrte mich wieder einmal, wie unsicher ein Zeugenbeweis sein kann. Der Ortsgruppenleiter, welcher erst 1937 der Partei beigetreten, dann jedoch sogleich aus der katholischen Kirche ausgetreten war, wurde von der Strafkammer zu 14 Jahren Zuchthaus verurteilt. [VII/54 f.]

Ein Verfahren gegen den ehemaligen Oberstaatsanwalt in Heilbronn

Unter anderem wurde mir ein Ermittlungsverfahren gegen den ehemaligen Heilbronner Oberstaatsanwalt Schliz wegen Rechtsbeugung übertragen. Schliz entstammte einer jener angesehenen Familien, die man in Heilbronn als die „Hautevolee" bezeichnete.

Während des 3. Reiches lebte in Heilbronn ein „alter Kämpfer", dessen Name mir entfallen ist; derselbe erlangte im Krieg als Führer eines SS-Sonderkommandos im Osten eine traurige Berühmtheit. Dieser üble Bursche hatte schon vor dem Krieg ein junges Mädchen vergewaltigt und Oberstaatsanwalt Schliz hatte unter dem Druck der Partei das hiewegen bei der Staatsanwaltschaft Heilbronn anhängig gewesene Verfahren eingestellt. Darin wurde nun die Rechtsbeugung erblickt. Meine Ermittlungen dehnten sich in die Länge, besonders deshalb, weil sich Schliz in Wildbad, in der französischen Zone, aufhielt und bedenklich erkrankt war. Schliz starb, bevor sie zum Abschluß kamen. [VII/55 f.]

Ein Verfahren wegen der Judenpogrome in Schwäbisch Hall

Schließlich wurde mir im Sommer 1947 ein sehr umfangreiches Verfahren wegen der Judenpogrome und der Niederbrennung der Synagogen in Schwäbisch Hall und in Braunsbach[100] in der sogenannten Kristallnacht vom 9. auf 10. November 1938 übertragen. Es richtete sich gegen mehr als 70 Beschuldigte. Ich fühlte mich in meiner Rolle recht unbehaglich, denn wenn in dieser Sache eine Panne passierte, so mußte natürlich ich als ehemaliger Parteigenosse der Sündenbock sein. Und dies konnte meine Existenz kosten, da ich ja nur als Staatsanwalt auf Widerruf angestellt war und in derartigen Verfahren eigentlich gar nicht eingesetzt werden durfte. Oberstaatsanwalt Franz bestand aber darauf, daß ich dasselbe zu bearbeiten habe; nur in der Hauptverhandlung sollte der Erste Staatsanwalt Nothardt, der nicht bei der Partei gewesen war, die Anklage vertreten.

Die Angelegenheit war deshalb besonders heikel, weil bei der amerikanischen Militärregierung in Heilbronn – wie auch sonst – Juden die maßgebenden Posten innehatten. Man durfte voraussetzen, daß dieselben verständlicherweise von starken Rachegefühlen erfüllt waren. Meist handelte es sich bei ihnen um deutsche Juden, welche während der Nazi-Herrschaft nach den USA emigriert waren. Wenn sie in den Behörden der Militärregierung eine so große Rolle spielten, so fand darin wohl die bedeutende Machtstellung, welche das Judentum in den Vereinigten Staaten überhaupt besitzt, ihren Niederschlag. Außerdem mögen die deutschen Sprachkenntnisse dieser Juden und ihre Vertrautheit mit den deutschen Verhältnissen sie für solche Stellungen empfohlen haben. Auch die Gewährung von Lizenzen für Presse und Rundfunk lag vorwiegend in ihren Händen. So hatten sie die Möglichkeit, für die künftige Entwicklung der öffentlichen Meinung in Deutschland von vornherein die Weichen in ihrem Sinn zu stellen.

Für die deutsche Justiz zeigte die amerikanische Militärregierung im allgemeinen nur dann ein besonderes Interesse, wenn es sich um strafrechtliche Sühnemaßnahmen für Untaten der Nationalsozialisten handelte, vor allem dann, wenn sich diese Untaten gegen Juden gerichtet hatten. Im übrigen war die Militärregierung bestrebt, die Macht der Polizei zugunsten der Justiz zurückzudrängen, wobei sie manche Mißgriffe beging. Anscheinend hatte sich bei den Amerikanern schon seit der ersten Hälfte des 19. Jahrhunderts, als viele politische Flüchtlinge aus Deutschland nach den Vereinigten Staaten auswanderten, die Meinung festgesetzt, daß Deutschland ein Polizeistaat sei, und nun glaubten sie, daß diese Struktur des deutschen Staatswesens Hitler den Weg geebnet habe. In Wirklichkeit war es wohl eher umgekehrt. Hitler kam es zugute, daß die schwache Weimarer Republik über eine wenig schlagfertige Polizei verfügte, die bei der Staatsführung einen allzu geringen Rückhalt fand. Was die Staatsanwaltschaften und die Gerichte anbetraf, so war es ein Steckenpferd der Militärregierung, mit Vehemenz auf die Abkürzung der Untersuchungshaft zu drängen, während sie selbst ehemalige Nationalsozialisten ohne Gerichtsurteile jahrelang in Internierungslagern festsetzte.

Nun saßen in dem mir übertragenen Ermittlungsverfahren einige meiner Beschuldigten schon ziemlich lange in Untersuchungshaft. Oberstaatsanwalt Franz fürchtete, dadurch mit der Militärregierung in Konflikt zu geraten und wies mich an, denjenigen, der sich am längsten in Untersuchungshaft befand, auf freien Fuß zu setzen. Meine Einwendung, daß die Militärregierung Nazis, die Juden mißhandelt hatten, mit anderen Maßen messen würde als sonstige Beschuldigten und daß vielmehr die Gefahr bestehen würde, daß sich die Staatsanwaltschaft durch die Freilassung des betreffenden Beschuldigten Rügen zuziehen könnte, fanden bei ihm kein Gehör. So mußte ich den Mann aus der Untersuchungshaft entlassen. Prompt lief bei der Heilbronner Militärregierung eine Beschwerde der Israelitischen Kultvereinigung gegen den Staatsanwalt ein, der solches verfügt hatte. Mein wackeliger Amtssessel schien bedenklich ins Wanken zu geraten. Er fiel aber doch nicht um.

Oberstaatsanwalt Franz bestand darauf, daß ich trotz allem das Verfahren gegen die Synagogenbrandstifter weiterführen müsse. Tatsächlich befand sich dasselbe in einem Stadium, in dem es durch einen Referentenwechsel sehr gehemmt worden wäre. Ich erklärte aber, daß ich zur weiteren Bearbeitung nur dann bereit sei, wenn meine Person nach außen hin überhaupt nicht mehr in Erscheinung trete. Man einigte sich dahin, daß die Ermittlungen auch weiterhin vollständig in meiner Hand liegen sollten, daß aber der Erste Staatsanwalt Nothardt, der nicht bei der Partei gewesen war, alle meine Schreiben, die von der Staatsanwaltschaft hinausgingen, unterschreiben müsse.

Der Hauptbeschuldigte war der frühere Kreisleiter Bosch von Schwäbisch Hall, der dort Volksschulrektor gewesen war. Auch unter meinen übrigen Beschuldigten befanden sich etliche Lehrer. Daß Lehrer, besonders Volksschullehrer, in den Parteiorganisationen stark hervortraten, war eine allgemein bekannte Tatsache. Dies mochte verschiedene Gründe haben. Der einstige Kampf der Volksschullehrer gegen die geistliche Schulaufsicht hatte in weiten Kreisen dieses Standes eine antikirchliche Stimmung hervorgerufen, die immer noch nachwirkte. Dieser Stimmung kam die betont feindliche Einstellung des Nationalsozialismus gegen die Kirche und das Christentum entgegen. Auch litten, wie ich in meinem Bekanntenkreis feststellen konnte, nicht wenige Volksschullehrer an einem Minderwertigkeitskomplex, den sie dadurch, daß ihnen ein Parteiamt eine gewisse Machtstellung verschaffte, kompensieren konnten. Andererseits dürften die Lehrer, die ja die Jugend in nationalsozialistischem Geist erziehen sollten, einem besonderen Druck von oben ausgesetzt gewesen sein, durch den sie in die Parteiorganisationen hineingedrängt wurden. Draußen auf dem Land erschien der Lehrer als der relativ gebildetste Mann im Dorf – der Pfarrer kam ja von vornherein nicht in Betracht – oft geradezu als prädestiniert für das Amt eines Ortsgruppenleiters. Im übrigen stand mein Hauptbeschuldigter Bosch in dem Ruf, als Kreisleiter zu den anständigsten seinesgleichen gehört zu haben.

Der Kreisleiter Bosch wurde in der fraglichen Nacht etwa um 23.30 Uhr entweder von der SA-Gruppe Neckar oder von dem Reichspropagandaamt, Gaustelle Stuttgart, antelefoniert und es wurde ihm mitgeteilt, daß über Nacht eine Protestaktion gegen Juden stattfinden müsse:

Die jüdischen Geschäftshäuser seien zu demolieren und die Synagogen anzuzünden; bis spätestens um 9 Uhr am nächsten Morgen sei Vollzugsmeldung zu erstatten. Bosch alarmierte dann den Ortsgruppenleiter, den Obersturmbannführer der SA und den Leiter des NSKK und gab ihnen Anweisungen, die von oben an ihn gelangten Befehle durch diese Gliederungen der Partei ausführen zu lassen, wobei er erklärte, daß der in der Altstadt befindliche israelitische Betsaal nicht angezündet werden dürfe, weil sonst die Gefahr bestünde, daß sich der Brand in dem dicht gebauten Viertel weiter ausbreite. Auch wies er den Leiter der Schutzpolizei und den Kommandanten der Feuerwehr an, die Aktionen nicht zu stören. Den Oberbürgermeister und den Landrat benachrichtigte er erst, als die Aktionen schon in vollem Gang waren.

Die Leiter der genannten Parteiorganisationen riefen die ihnen unterstellten Männer, soweit sie erreichbar waren und als geeignet erschienen, in Zivil zusammen und nun setzten die Ausschreitungen ein. Der Versuch einer Gruppe, die Synagoge in Hall-Steinbach durch Anzünden von Papier in Brand zu setzen, mißlang zunächst, worauf ein „Spezialtrupp" der SS mit Hilfe von Benzin dieses Werk vollbrachte. Indessen waren verschiedene Haufen nacheinander in das Haller Bethaus eingedrungen, hatten das Gold in der Bundeslade und die gefüllte Opferbüchse geplündert und das Innere gründlich demoliert. Ein Teil der Einrichtungsgegenstände wurde auf den Marktplatz geschleppt und dort öffentlich verbrannt. Daneben her gingen Zusammenrottungen vor den jüdischen Geschäftshäusern und Wohnungen der Stadt, wobei Ladenfenster eingeschlagen und das Mobiliar größtenteils zerstört wurden. Personen kamen bei dem Pogrom nicht zu Schaden. Offenbar war von der Parteispitze der Befehl ausgegeben worden, die Gewalttätigkeiten nur gegen Sachen zu richten. Eine Gruppe von Parteileuten wurde in einem Privatauto nach dem zum Kreis Hall gehörigen Dorf Braunsbach gebracht, um auch dort die Synagoge anzuzünden. Sie stand morgens 5.30 Uhr in Flammen.

Es war in diesem Fall erforderlich, eine gerichtliche Voruntersuchung zu führen, was ich auch beantragte. Am Morgen des 24. Dezember 1947 kamen die Akten aus der Voruntersuchung an mich zurück. Die Voruntersuchung hatte in Anbetracht des Umfangs des Verfahrens nicht übermäßig lange, der Heilbronner Militärregierung aber viel zu lange gedauert. Sie ließ die Staatsanwaltschaft wissen, daß sie sich wegen der Verzögerung beschwerdeführend an den General Clay wenden werde, falls die Anklage nicht noch bis Ende des Jahres, also binnen einer Woche, erhoben werde. Damit war mir eine beinahe unlösbare Aufgabe gestellt. Zwar lief das Verfahren bei der Staatsanwaltschaft offiziell nicht unter meinem Namen, ich zweifelte jedoch nicht, daß bei Nichteinhaltung dieser Frist ich als ehemaliger PG der Blitzableiter sein und dann mit ziemlicher Sicherheit meine Anstellung abermals verlieren würde. So fuhr ich an jenem Nachmittag mit zwei riesigen Koffern voll Akten mit dem Bottwartalbähnchen heim nach Marbach zur Feier des Weihnachtsfestes.

Den Heiligen Abend verbrachte ich mit meiner Frau, meiner Mutter, meiner Schwiegermutter und meinen Schwägerinnen Marga und Li. Letztere war nach der Vertreibung zunächst in die Eifel verschlagen worden, inzwischen aber nach Stuttgart zu Marga gezogen. An diesem Weihnachtsabend erschienen außerdem noch Gertruds Schwester Anne und ihr Mann, die nach Kriegsende aus Argentinien abgeschoben worden waren und sich nun in einem Lager bei Ludwigsburg aufhielten. Anscheinend hatte mein Schwager während des 3. Reiches in Argentinien als nationalsozialistischer Agent gewirkt. Schon im nächsten Jahr kehrte das Ehepaar wieder nach Südamerika zurück.

Wir feierten den Heiligen Abend unter dem mit spärlichen Kerzen bestückten Tannenbaum auf gewohnte Weise, indem wir einige Weihnachtslieder sangen und Geschenke austauschten, welche in Anbetracht der Zeitverhältnisse freilich nur symbolische Bedeutung haben konnten. Dann zog ich mich in mein Zimmer zurück und arbeitete fast die ganze

Nacht hindurch an meinem Synagogenbrandprozeß. Das gleiche tat ich an den beiden folgenden Feiertagen. Nur bei den Mahlzeiten war ich für meine Angehörigen sichtbar. Es war dies das letzte Weihnachtsfest, das meine Mutter erlebte.

Immerhin konnte ich dann entsprechend dem Verlangen der Militärregierung die Akten mit meiner 25 Seiten umfassenden Anklageschrift noch vor Ablauf des Jahres der Strafkammer übersenden. Dort dauerte es aber länger als ein Jahr, bis die Hauptverhandlung stattfand und wohl noch länger, bis nach der Urteilsfällung das schriftliche Urteil abgesetzt war. Die Hauptursache für diese Verschleppung lag in der Person des Referenten. Es war dies ein junger Richter namens Bischof, der aus Sachsen stammend nach Kriegsende in Heilbronn aufgetaucht war. Er war als Sachbearbeiter herangezogen worden, weil, was die nationalsozialistische Vergangenheit anbetraf, es damals in Heilbronn keinen Richter gab, der eine so saubere Weste wie er aufweisen konnte. Dieser Mann war intellektuell nicht unbegabt, litt allerdings an einem pathologischen Mangel an Entscheidungskraft. Die von ihm verschuldete Verschleppung in dieser Sache hatte zur Folge, daß er aus dem württembergischen Justizdienst wieder ausscheiden mußte. Über den Ausgang des Verfahrens habe ich nichts Näheres erfahren, weil ich zur Zeit der Urteilsfällung nicht mehr in Heilbronn weilte.[101] [VII/56-60]

Die Währungsreform eröffnet normale Verhältnisse

Wenige Wochen nach dem Tod meiner Mutter [im Mai 1948] wurde die Währungsreform durchgeführt. Sie war der Beginn der Wende in Westdeutschland. Die Reichsmark hatte ihren inneren Wert weitestgehend verloren. Zwar rechnete man nicht wie einst im Jahr 1923 mit Milliarden und Billionen. Aber wer wollte diese Mark als Entgelt für Sachwerte in Zahlung nehmen? Nun trat an die Stelle der Reichsmark die von der Militärregierung geschaffene Deutsche Mark. Zunächst sah man, wie arm man geworden war. Am 20. Juni 1948 wurde jedem Bürger ein Kopfgeld von 40 DM ausgefolgt. Dann wurden die Löhne und Gehälter in DM ausgezahlt.

Und wie mit einem Schlag änderte sich das Leben in Westdeutschland. Nicht alles, aber sehr vieles, was bisher im Verborgenen gestapelt worden war und nur von Besitzern von Sachwerten im Wege des illegalen Tausch- und Schwarzhandels hatte erworben werden können, kam nun auf den Ladentisch. In Heilbronn eröffnete eine Gastwirtschaft nach der anderen ihren Betrieb. Man konnte sich um Geld ein so gutes Essen bestellen, wie man ein solches seit vielen Jahren nicht mehr genossen hatte, und dazu sogar Wein trinken. Vor den Ruinen wurden Holzbuden aufgebaut und in ihnen Waren angeboten, wie man sie kaum je [?] noch hatte zu sehen bekommen. Dies alles mutete einen wie ein Wunder an. Aber man gewöhnte sich rasch an das Wunder. [VII/67]

Ehemalige Kollegen gehen in die große Politik

Viele meiner Bekannten, die nicht der nationalsozialistischen Partei beigetreten waren, stiegen nun in die Politik ein und nahmen einen glänzenden Aufschwung. Hier ist an erster Stelle Carlo Schmid zu nennen, welcher die Nazi-Herrschaft in Tübingen als Landgerichtsrat und Privatdozent für Völkerrecht überstanden hatte. Seine negative Einstellung zum Nationalsozialismus war in den Juristenkreisen des Landes weithin bekannt. Er verhielt sich aber doch klug und vorsichtig, so daß eigentliche Verfolgungshandlungen gegen ihn nicht ergriffen wurden. Das gleiche gilt auch von den andern Männern, die hier von mir erwähnt werden. Carlo Schmid schloß sich der Sozialdemokratie an, einer Partei, mit der ihn manche Anschauungen verbanden, in die er aber seiner ganzen Persönlichkeit nach doch nicht so recht hineinpaßte. War er doch ein ausgesprochener Individualist. Als Halbfranzose war es für ihn ein großer Vorteil, daß er seinen Wohnsitz in der französischen Zone hatte. Die französische Militärregierung setzte ihn schon früh an die Spitze der südwürttembergischen Verwaltung. Als nun über den Parlamentarischen

Rat die Bildung der Bundesrepublik in Gang kam, verlegte er seine politische Aktivität auf die höhere Ebene, wo sich ihm ein weiterer Wirkungskreis zu eröffnen schien. Tatsächlich kam auch in den folgenden Jahren Carlo Schmids Namen in Deutschland in aller Mund. Der Weg in die obersten Ränge der Macht wurde ihm allerdings schon dadurch versperrt, daß die CDU 20 Jahre lang an der Regierung blieb. Damit hatte er wohl nicht gerechnet. In seiner Partei wurde er zwar als Wahllokomotive geschätzt. Im übrigen aber stieß er dort doch auch – und nicht ohne Grund – auf manches Mißtrauen. So wird seine Laufbahn für ihn wohl mit einer gewissen Enttäuschung abgeschlossen haben.

Gebhard Müller war in allen seinen charakteristischen Wesenszügen das gerade Gegenteil von Carlo Schmid: klug, aber nicht genial. Er war sparsam bis zu einem Anflug von Schäbigkeit, nüchtern, ungemein fleißig, zuverlässig und gewissenhaft. Sein Geist schweifte nicht in weiten Dimensionen. Er war fest verwurzelt in seinem katholischen Glauben, in dem er erzogen worden war und den er durch sein anfängliches theologisches Studium noch tiefer in sein Bewußtsein aufgenommen hatte. So ging er zielklar und nahe an den Realitäten seinen Weg. Als Sohn eines katholischen Volksschullehrers war er ein hervorragendes, aber zugleich typisches Gewächs des schwäbischen Stammes. Im ganzen gesehen hat er in der deutschen Geschichte zwar keine glänzenden, aber doch wohl bleibendere Spuren als Carlo Schmid hinterlassen. Im Sommer 1948 wurde er Ministerpräsident von Südwürttemberg.

In diesem kleinen Staat mit seiner treukatholischen oberschwäbischen Bevölkerung hatten die Landtagswahlen der CDU eine unanfechtbare Mehrheit erbracht. Entsprechend sah nun dort auch die Liste der Minister aus. Als Kultminister stellte sich Sauer vor, der einst in Tübingen viel in unserem Haus verkehrt hatte, der Sohn eines Ravensburger Bankdirektors, das geistige Produkt der Tübinger katholischen Verbindung Guestphalia, ein kleiner, freundlicher Mann mit bescheidenen Geistesgaben.

Da war Dr. Weiß als Landwirtschaftsminister, der während des Krieges im Getreidewirtschaftsverband angestellt gewesen war. In einem Verfahren wegen Kriegswirtschaftsverbrechen, in dem ich der Ankläger war, trat er als Sachverständiger auf. Während der Beratungspause flüsterte mir ein SD-Mann, der als Aufpasser der Verhandlung beiwohnte, zu: Dieser Mann sei als Gegner des Nationalsozialismus bekannt; in seiner Wohnung werde die Hakenkreuzfahne im Clo aufbewahrt. Sehr viel später, im Jahr 1964, lernte ich Dr. Weiß bei einer Wallfahrt nach La Salette näher kennen. Offenbar war er ein glühender Verehrer der Hl. Jungfrau von Fatima. Es schien mir jedoch, als ob er einen ziemlich engen und kleinkarierten Katholizismus repräsentiere. Nach Ablauf seines kurzen Ministeramts ist Dr. Weiß wieder in der Anonymität verschwunden.

Gleichsam als Außenseiter wurde Dr. Renner als Justizminister in das südwürttembergische Kabinett aufgenommen. Er war mit mir zusammen Referendar in Tübingen gewesen und hatte dann nach meiner Erinnerung bis Kriegsende als Rechtsanwalt in Reutlingen praktiziert. Als Jurist fiel er weder in positiver, noch in negativer Weise auf. Wie er dazu kam, der Sozialdemokratie beizutreten, ist mir nicht bekannt. Irgendwelche spezifische, persönliche Eindrücke hat der etwas untersetzte, in seinem Aussehen ziemlich derb wirkende Mann bei mir nicht hinterlassen.

In der amerikanischen Zone, in Württemberg-Baden, waren es vorzugsweise alte Politiker der Weimarer Zeit, welche nach dem Zusammenbruch die Zügel des sich neu bildenden Staatswesens ergriffen und versuchten, dort weiterzumachen, wo sie 1933 gescheitert waren. Hier ist in erste Linie der Liberale Reinhold Maier zu nennen, mit dem ich einst als junger Staatsanwalt, als Maier noch in Stuttgart sein Rechtsanwaltsbüro betrieb, vor Gerichten manches Geplänkel ausgefochten hatte. Im 3. Reich war er für mich verschwunden. Damals trennte er sich von seiner nichtarischen Frau und ließ sie mit ihrer Tochter in die

Emigration ziehen. Nun wurde er Ministerpräsident des neuen Landes. Maier war dem Lebensgenuß zugetan, wobei er sich freilich auf den reichlichen Genuß von Remstalweinen beschränkte. Im Remstal war er besonders verwurzelt und von dort aus wob sich so etwas wie ein volkstümlich-legendärer Schimmer um sein Haupt. Im übrigen war er ein pfiffiger Schwabe, dem auch Intrigen nicht fremd waren. So gelang es ihm 1953 nach Bildung des Südweststaats, die im wesentlichen ein Verdienst Gebhard Müllers war, diesen trotz des großen Wahlsiegs der CDU aus der Regierung hinauszukatapultieren und an seine Stelle zu treten, freilich nur auf kurze Zeit.

Reinhold Maier war es wohl, welcher seinen Gesinnungsfreund Wolfgang Haußmann als Justizminister aufbaute. Haußmann hatte mit mir studiert und war im juristischen Staatsexamen als bescheidenes Schlußlicht über die Hürden gekommen. Auch er übte während des 3. Reiches eine Rechtsanwaltspraxis in Stuttgart aus. Solange ich Staatsanwalt beim Sondergericht war, verteidigte er einmal eine von mir wegen Kriegswirtschaftsverbrechen angeklagte Frau aus Rottweil. Einige Tage vor der Hauptverhandlung erschien Wolfgang Haußmann bei mir in meiner Kanzlei und zeigte dabei alle Anzeichen tiefer Bedrückung und Angst. Er fragte mich, ob er nicht fürchten müsse, sich schweren Maßregelungen auszusetzen, wenn er es wage, eine Angeklagte vor dem Sondergericht zu verteidigen. Davon war in Wirklichkeit keine Rede, zumal der hier in Frage stehende Fall ohne den geringsten politischen Einschlag war. So gelang es mir, ihn zu beruhigen. Ich ersah aber daraus, welch seltsame Vorstellungen vom Sondergericht selbst unter den Rechtsanwälten herrschten. Ich halte Wolfgang Haußmann für einen durchaus anständigen Menschen, der – wie die meisten – weder ein Genie, noch ein Held ist. Seine hervorgehobene Stellung erbte er gleichsam von seinem Vater und seinem Onkel.[102]

Der Regierung von Baden-Württemberg, welcher Reinhold Maier vorstand, gehörte auch der frühere Oberbürgermeister Frank von Ludwigsburg an. Er war kurz vor der Machtübernahme durch Hitler gegen meinen damaligen Kollegen Kohlhaas zum Stadtvorstand gewählt worden. Als ich einmal zu Anfang des 3. Reiches meine staatsanwaltschaftliche Tätigkeit in Ludwigsburg ausübte, lernte ich ihn kennen. Er trug damals eine Parteiuniform. Nach dem Krieg verlor er wegen seiner Parteizugehörigkeit seinen Posten und machte in Ludwigsburg ein Rechtsanwaltsbüro auf, das alsbald bestens florierte. Während dieser Zeit hatte ich fast jede Woche beim Amtsgericht Marbach mit ihm zu verhandeln. Indessen war er der demokratischen Partei beigetreten, was ihm sein Ministeramt einbrachte. Er genoß in der Bevölkerung viel Vertrauen und dies nicht zu Unrecht. Ich habe Frank, der schon äußerlich einen stattlichen Eindruck machte, als einen klugen Juristen und einen hochanständigen Menschen kennengelernt. Er zog sich verhältnismäßig bald wieder aus dem aktiven politischen Leben zurück.

Den Innenminister Ulrich, einen Sozialdemokraten, lernte ich einmal dadurch kennen, daß ich bei der Einweihung einer neuen Schule in Marbach ihm und seiner Frau gegenübergesetzt wurde und das Ehepaar den ganzen Nachmittag und bis über die mitternächtliche Stunde hinaus zu unterhalten hatte. Ulrich war zu dieser Feier gekommen, weil er zu Marbach besondere Beziehungen hatte. Er war einst Lehrling und Geselle in der Druckerei der „Marbacher Zeitung" gewesen. Man merkte ihm an, daß er von des Gedankens Blässe nicht angekränkelt war und mit naivem Vergnügen seine neue hohe Stellung genoß, dabei aber der einfache Mann aus dem Volk geblieben war, der sich populär zu geben verstand. Er vertilgte eine Unzahl von „Viertele", immer wieder von seiner Gattin zum Maßhalten aufgefordert. Dies hatte zur Folge, daß seine Kontaktfreudigkeit und gute Laune immer mehr überschäumte und schließlich die Grenzen erreichte, die man einem Minister – auch einem demokratischen Minister – gerade noch zubilligen kann.

Mein ehemaliger Referendar-Vater Biedermann wurde nun Senatspräsident und Vorsitzender des Strafsenats des Oberlandesgerichts Stuttgart. Welch merkwürdige Blasen aus dem Geist eines hochintelligenten Menschen oft aufsteigen, erlebte ich, als ich einmal während des Krieges in Tübingen die Anklage in einem Schwarzschlächterprozeß zu vertreten hatte. Dabei traf ich Biedermann während der Beratungspause auf dem Gang und kam mit ihm ins Gespräch. Biedermann war Vegetarier. „Sehen Sie", sagte er zu mir, und zwar nicht im Scherz, „ich habe es immer gesagt: Die Metzger sind ein krimineller Berufsstand."

Auch für meinen Freund Eberhard Bopp, der sich bis dahin mit seiner Familie als Rechtsanwalt, für welchen Beruf er keinerlei Eignung mitbrachte, recht kümmerlich durchgeschlagen hatte, brachen nun bessere Zeiten an. Er wurde in den Staatsdienst übernommen und endigte seine Laufbahn als Ministerialdirigent im Badisch-Württembergischen [sic] Kultministerium. [VII/72-75]

Millionen von Heimatvertriebenen suchen eine neue Heimat

Was das Gesicht Westdeutschlands am meisten veränderte, war die Einschleusung von Millionen Heimatvertriebenen aus dem Osten, eine Völkerwanderung, wie sie Europa seit mehr als eineinhalb Jahrtausenden nicht mehr erlebt hatte. Natürlich führte dies zunächst zu erheblichen Spannungen in der Gesellschaft, die sich im konkreten Fall meist an der Wohnungsnot entzündeten. Die Eingesessenen empfanden die „Neubürger", wie die Heimatvertriebenen anfänglich meist genannt wurden, als unerwünschte Störenfriede, während sich bei den letzteren Neidkomplexe breitmachten.

Wenn gleichwohl die Integrierung der riesigen Masse von Vertriebenen verhältnismäßig schnell gelang, so hatte dies verschiedene Gründe. Einmal war seit der Reichsgründung im Jahre 1871, besonders aber infolge des Zentralismus des 3. Reiches, bereits eine Aufweichung der Stammesgegensätze eingetreten, vor allem in den Großstädten, wozu noch die allgemein fortschreitende Mobilität der Industriegesellschaft beitrug.

Weiter trat der Umstand hinzu, daß die Eingesessenen und die Neu-ankömmlinge, unbeschadet der verschiedenen Dialekte, die e i n e deut-sche Sprache redeten und in der gleichen nationalen Tradition erzogen worden waren. Schließlich hatten ja die Ereignisse der Kriegs- und Nachkriegszeit auch die Eingesessenen aus ihren Lebensgewohnheiten herausgerissen. Überall stand man vor einem Neuanfang. Insofern war die Situation nach dem 2. Weltkrieg eine ganz andere als nach dem 1. Weltkrieg.

Am wichtigsten aber war, daß es bald nach der Währungsreform zu einem überraschenden Aufblühen des Wirtschaftslebens kam, was die soziale Eingliederung der neuen Bevölkerungsteile ungemein erleich-terte. Diese ergriffen die Chancen, die sich ihnen boten, mit Ungestüm. Wenn der Mensch vor das Nichts gestellt ist, werden in ihm ungeahnte Vitalitäten und Aktivitäten entfesselt. Jedenfalls stellten die Fähigkeit zur Integrierung der vielen Millionen Heimatvertriebenen und der sich anschließende märchenhafte wirtschaftliche Aufschwung die ungebro-chene Lebenskraft des deutschen Volkes ebenso glänzend unter Beweis wie die Klugheit der damaligen Regierung.

Wenn heute manche junge Leute bedauern, daß man versäumt habe, die Gelegenheit zu ergreifen, auf den Trümmern der alten eine ganz neue Gesellschaftsordnung aufzubauen, die sie als eine bessere erträu-men, so denken sie nicht daran, daß es damals schlechthin um das Über-leben ging und daß die Anstrengungen, die erforderlich waren, um die elementarsten Lebensbedürfnisse zu befriedigen, alle ideologische Wünsche völlig in den Hintergrund drängten. [VII/75 f.]

Der Beginn der Ära Adenauer

Man trat nun ein in die lange Ära Adenauer, in der die CDU die Regie-rung der Bundesrepublik stellte. Die CDU war die einzige wirklich neue politische Gruppierung, die sich nach dem Sturz der Nazi-Herrschaft gebildet hatte, während die anderen Parteien, die sich nun wieder etablierten, im Grunde die gleichen geblieben waren, die sie vorher gewesen waren.

Wenn man die Geschichte der vergangenen 400 Jahre in Deutschland betrachtet, so war dieselbe wesentlich bestimmt durch den Streit der Konfessionen, sehr zum Unheil unserer Nation. Es wäre wohl auch Hitler nicht so leicht gefallen, seine Macht in unserem Land aufzurichten, wenn ihm von Anfang an eine gemeinsame Front der christlichen Konfessionen gegenübergestanden hätte.

Nun machte man in der CDU einen dicken Strich unter die unselige Vergangenheit und entschloß sich zu einem wirklichen Neuanfang. Die Verfolgung beider Konfessionen durch Hitler hatte sie endlich zu einer Einheitsfront, wenigstens auf politischem Gebiet, zusammengefügt. Zwar hatten die Nationalsozialisten die Marxisten, soweit es sich um deren Führungseliten handelte, noch radikaler verfolgt und unterdrückt, als ihnen dies bis zu ihrem Sturz hinsichtlich der Kirchen möglich gewesen war. Aber dies geschah doch mehr oder weniger an der Oberfläche. Die breiten Massen, welche sich früher zu den marxistischen Parteien gehalten hatten, vollzogen verhältnismäßig leicht die Schwenkung zum Nationalsozialismus oder haben denselben, der ihnen ja auch manche soziale Vorteile brachte, wenigstens ohne erheblichen Widerstand hingenommen. Der sogenannte Kirchenkampf hingegen hat weite Volkskreise tief aufgewühlt, wenn sich dies auch oft hinter einem durch die Taktiken der Nationalsozialisten und der Kirchenleitungen gewobenem Tarnvorhang abspielte. Nun empfanden viele Deutsche das Christentum in seiner politischen Vertretung als die eigentliche Alternative zu dem, was zuvor gewesen war, und dieses, freilich vage Gefühl schlug sich in den Wahlergebnissen nieder.

Es war für die damalige Zeit wohl richtig, daß sich die Adenauer-Regierung für die sogenannte freie Marktwirtschaft entschied, also für das kapitalistische System. Ihre Hauptaufgabe war es ja, die noch obwaltenden Notstände möglichst rasch zu überwinden und den Wiederaufbau mit möglichster Schnelligkeit voranzutreiben. Indem sie der Privatinitiative freie Bahn gab, entfesselte sie im Wirtschaftsleben gewaltige Energien.

Ich bezweifle aber, ob es richtig war, an diesem System auch dann noch stur festzuhalten, nachdem diese ersten Aufgaben im wesentlichen gelöst waren. Zwar bedingen sich der politische und der wirtschaftliche Liberalismus gegenseitig mit einer gewissen Notwendigkeit und es war psychologisch verständlich, daß nach dem furchtbaren Zwang, den man unter der nationalsozialistischen Herrschaft zu erdulden hatte, das Pendel nun nach der Gegenseite ausschlug. Jeder Zwang erschien anrüchig.

Die Freiheit des einzelnen muß aber am Gesamtwohl seine Grenzen finden und es ist der Grundirrtum des Liberalismus, daß er glaubt, die egoistische Betätigung Privater werde zwangsläufig in das Gesamtwohl ausmünden. Die ungeheure Macht, welche die moderne Technik in die Hand des Menschen legt, darf nicht auf die Dauer den gesellschaftlichen und wirtschaftlichen Interessengruppen ausgeliefert werden. Sie muß unter höheren Gesichtspunkten gelenkt, gezügelt und in den Dienst eines wahren Menschentums gestellt werden. Wenn es die Not der Zeit zunächst auch erforderte, das Hauptaugenmerk auf das Wirtschaftsleben zu richten, so kann der CDU doch der Vorwurf nicht erspart bleiben, daß sie allzu lange und allzu ausschließlich in dieser Blickrichtung verharrte. [VII/76 f.]

Im letzten Teil der Aufzeichnungen des Bandes VII „Nachkriegszeit"
geht es dann noch um Persönliches, Familiäres, um Begebenheiten in
der Stadt Marbach am Neckar, bei Gericht und um die katholischen
Geistlichen der Kirchengemeinde Hl. Familie. Auffallend ist, dass die
Aufzeichnungen recht plötzlich abbrechen. Es ist zu vermuten, dass ein
Teil davon verlorengegangen oder entfernt worden ist.

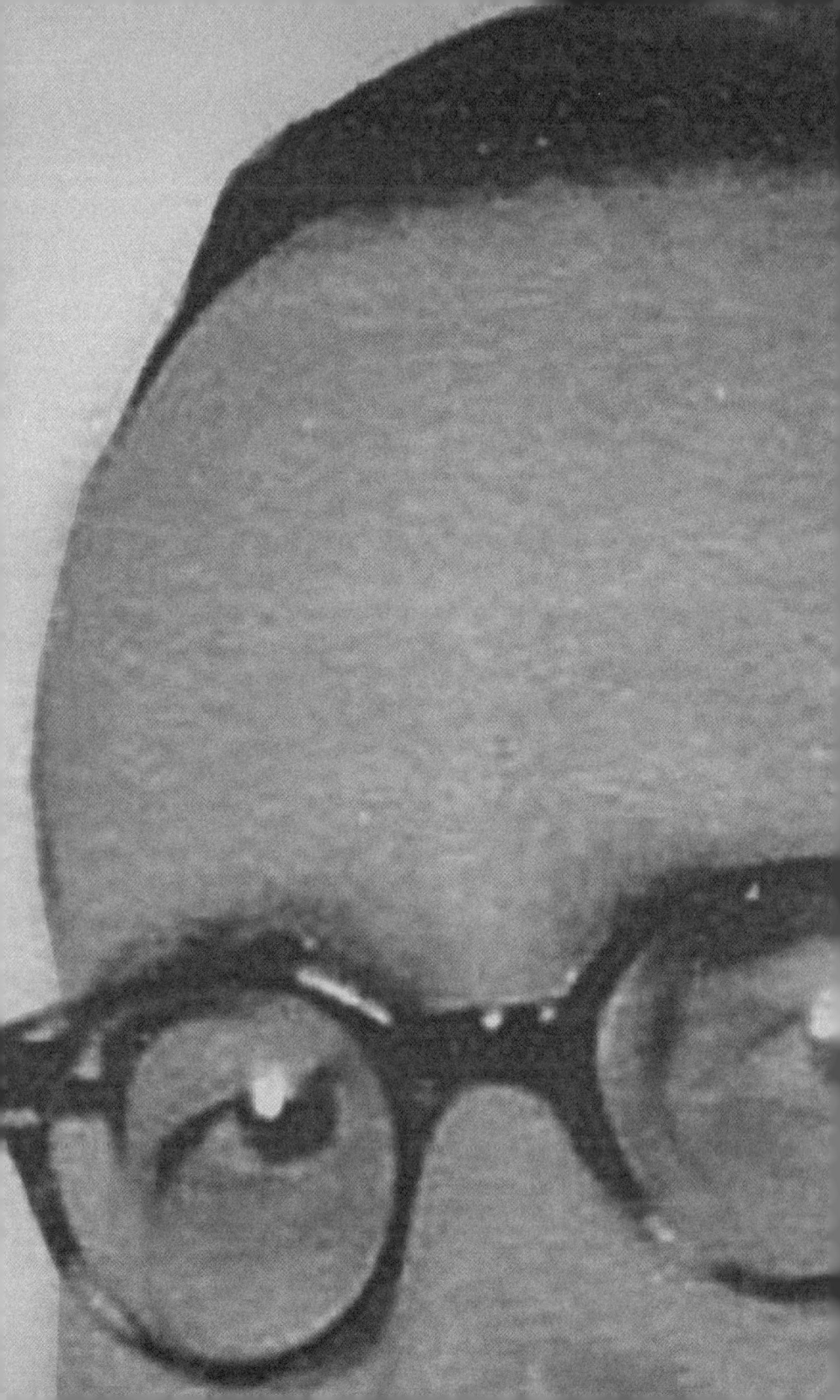

THOMAS SCHNABEL

EIN STAATSANWALT ERINNERT SICH –

EINE HISTORISCHE EINORDNUNG

Die Niederlage Deutschlands im 1. Weltkrieg brachte auch in Württemberg das Ende der Monarchie und die Einführung der Republik. Allerdings verliefen die Veränderungen im Land noch behutsamer als im übrigen Reich. Württemberg blieb – allen politischen und wirtschaftlichen Katastrophen zum Trotz – ein relativ stabiles Land. Im Land dominierte ab Mitte der zwanziger Jahre eine Mitte-Rechts-Koalition aus Zentrum, DNVP (in Württemberg Bürgerpartei) und Württembergischem Bauern- und Weingärtnerbund. Die radikalen Parteien von rechts und von links blieben im Land immer weit unter ihrem jeweiligen Reichsdurchschnitt.

Die württembergische Justizpolitik besaß eine für die Weimarer Republik und selbst für das Land außergewöhnliche Kontinuität. Von 1920 bis 1933 stellte das katholische Zentrum den Minister – von 1919 bis 1923 Eugen Bolz, den nachmaligen Innenminister und Staatspräsidenten, und von 1923 bis 1933 Josef Beyerle, den Vorsitzenden des Zentrums im Land. Im überwiegend evangelischen Württemberg stand die Justiz in der Weimarer Republik ständig unter katholischer Leitung.

Eine weitere Besonderheit stellte die universitäre Ausbildung dar. Fast alle Juristen im Land hatten ihr Studium in Tübingen absolviert, einer Universität, die vor 1933 dafür gesorgt hatte, dass jüdische Deutsche oder Sozialisten keine Lehrstühle erhielten. Normalerweise organisierten sich die Studenten – Studentinnen gab es nur wenige und sie spielten im Staatsdienst dieser Jahre keine Rolle – in Verbindungen, die meist konfessionell und/oder national bis nationalistisch geprägt waren.

So entstand eine relativ homogene Juristenschaft, die allerdings vor 1933 durchaus offen war für Außenseiter wie Fritz Bauer[1] oder Julius Marx[2]. Fritz Bauer wurde als jüdischer Württemberger, Sozialist und Führer des Stuttgarter Reichsbanners zum jüngsten Amtsrichter des Landes.

Nun fehlt bisher eine Untersuchung der württembergischen Justiz insgesamt oder der Richter, wie sie für Baden bereits vorliegt.[3] Dennoch können wir aufgrund der bisher bekannten Quellen davon ausgehen, dass die Richter und Staatsanwälte konsequent gegen kommunistische Rechtsvorstöße vorgingen. Umgekehrt gibt es bisher keine Hinweise, dass die württembergische Justiz auf dem „rechten Auge" ausgesprochen blind war, wie dies der Justiz während der Weimarer Republik insgesamt zu Recht vorgeworfen wird. Dies mag auch damit zusammenhängen, dass sowohl die radikalen Deutschnationalen zu Beginn der Weimarer Republik als auch die Nationalsozialisten am Ende im Vergleich zu anderen Teilen des Reichs in Württemberg relativ schwach waren.

So konnte Justizminister Beyerle in einer Diskussion im März 1930 im Stuttgarter Landtag die Position der Regierung erläutern: „Ich bin mir und zwar gerade in einer Zeit der Gärung und der Unsicherheit durchaus **bewußt, welche große Verantwortung der Justizverwaltung gegenüber dem Volk auferlegt ist. Und wir im Justizministerium wollen nach wie vor bestrebt sein, soweit es mit den Mitteln der Dienstaufsicht und der sonstigen Justizverwaltungsmöglichkeiten geschehen kann, die Rechtspflege als einen Hort der Sicherheit, der Ruhe und der Festigkeit in all dem Gärenden und Wechselnden der Gegenwart zu erhalten.** Wir betrachten es als eine außerordentlich wichtige Aufgabe, das Vertrauen zwischen Rechtspflege und Volk zu festigen."[4] Dafür gab es Beifall im Parlament.

Das württembergische Justizministerium vertrat konsequent demokratische und rechtsstaatliche Positionen und bekämpfte deshalb jede Gefährdung durch radikale Gruppierungen. Leider war dies während der Weimarer Republik keine Selbstverständlichkeit. So trat Beyerle 1930 auch für das Weiterbestehen des 1922 nach der Ermordung von Reichsaußenminister Walter Rathenau durch Rechtsradikale beschlossenen Republikschutzgesetzes ein. Damit sollte die Republik weiterhin die Möglichkeit haben, gegen rechtsradikale Republikgegner vorzugehen, „solange nicht in dem zu erwartenden Allgemeinen deutschen

Strafgesetzbuch die Tatbestände, auf die sich das Republikschutzgesetz bezieht, geregelt sind".[5] Dieses Eintreten für das Weiterbestehen des Republikschutzgesetzes ist umso bemerkenswerter, als die DNVP dies ablehnte, deren Minister im Kabinett diese Position aber offensichtlich mittrugen.

Auf derselben Linie lag die Ablehnung des umfassenden Amnestiegesetzes der Reichsregierung im Dezember 1932. Die geschäftsführende Landesregierung sah damit den Rechtsstaat gefährdet, die gesamte Rechtsprechung in Frage gestellt. Justizminister Beyerle hielt eine umfassende Amnestie als Schlussstrich unter eine Zeit gewaltsamer Spannungen jedoch für gerechtfertigt. Allerdings sah für ihn die deutsche Situation am Ende des Jahres 1932 völlig anders aus. „Stehen wir nicht vielmehr immer noch mitten drinnen im politischen und wirtschaftlichen Ringen, in politischer und wirtschaftlicher Hochspannung? Ist nicht die kommunistische Bewegung offen am Werke, planmäßig die Spannungen zu verschärfen? ... Sind die Kommunisten nicht dabei, die durch die Not verbitterten Menschen zur Verletzung der Gesetze geradezu aufzureizen? ... Wird in solcher Zeit eine Amnestie von dieser Tragweite nicht den Zweck jeder Strafgesetzgebung und jeden Strafvollzuges – abschreckend, eindämmend, ernüchternd zu wirken – unwirksam machen, ja geradezu **gefährdete Menschen zu neuen Rechtsbrüchen geneigt machen?**"[6] Allerdings bekam Beyerle zu diesem Zeitpunkt für seine Ausführungen nur noch Beifall von seiner eigenen Fraktion.

Beyerle machte in dieser Rede aber ebenso klar, dass für ihn die Hauptgefahr für den Rechtsstaat von den Kommunisten und nicht von den Nationalsozialisten ausging. Während die Kommunisten für eine gewaltsame Revolution eintraten, hatte Hitler 1930 im sogenannten Ulmer Reichswehrprozess geschworen, nur legal nach der Macht zu streben. Möglicherweise stand Beyerle freilich auch unter dem Eindruck der Reichstagswahlen vom November 1932, bei denen die Nationalsozialisten erstmals seit 1928 wieder Stimmen verloren hatten, während der Aufstieg der Kommunisten, wenn auch auf deutlich geringerem Niveau, unaufhaltsam schien.

Die Nationalsozialisten kamen mit der Ernennung Hitlers zum Reichskanzler durch Reichspräsident von Hindenburg am 30. Januar 1933 legal an die Macht. Auch danach wahrten sie den legalistischen Schein. Mit Hilfe von Reichspräsident Hindenburg, der sich auf Artikel 48 der Weimarer Reichsverfassung stützte, wurden mit zwei Verordnungen „zum Schutz des deutschen Volkes" (4. Februar 1933) und „zum Schutz von Volk und Staat" (28. Februar 1933) wesentliche Grundrechte bereits außer Kraft gesetzt. Die KPD und ihre Funktionäre wurden spätestens nach dem ihnen fälschlicherweise zur Last gelegten Reichstagsbrand vom 27. Februar im ganzen Reich gnadenlos verfolgt.

Die Reichstagswahl vom 5. März 1933, die in Württemberg, im Unterschied zu weiten Teilen des Reichs, noch einigermaßen frei war, hatte der NSDAP in Verbindung mit ihren deutschnationalen Koalitionspartnern eine knappe Mehrheit im Reichstag gebracht. Danach ging die Gleichschaltung des Reichs schnell und weitgehend reibungslos vonstatten. Am 23. März 1933 stimmte der Reichstag mit Zweidrittelmehrheit für das „Gesetz zur Behebung der Not von Volk und Reich", das sogenannte Ermächtigungsgesetz, das Hitler alle Macht übertrug. Nur die Sozialdemokraten hatten dagegen gestimmt. Die Kommunisten waren bereits ausgeschaltet. Zwei Wochen später, am 7. April 1933, wurde das „Gesetz zur Gleichschaltung der Länder mit dem Reich" verkündet, das die Selbständigkeit der Länder beendete. Von nun an hatten von Hitler eingesetzte sogenannte Reichsstatthalter das Sagen. Sie waren gleichzeitig die jeweiligen Gauleiter. Partei- und Staatsspitze waren seither auch auf Länderebene in einer Hand.

In Württemberg versuchte man zunächst noch, in Verkennung von Hitlers Zielen, parlamentarische Gepflogenheiten aufrechtzuerhalten. Schon am 6. März begannen Koalitionsverhandlungen in Stuttgart zwischen NSDAP, DNVP und Bauernbund. Nachdem die Querelen innerhalb der NSDAP von Hitler zugunsten von Gauleiter Murr gelöst worden waren, wurde dieser am 15. März 1933 vom Landtag zum Staatspräsidenten gewählt.[7] In den meisten anderen deutschen Ländern wurden von Berlin aus Reichskommissare eingesetzt.

Aber bereits wenige Wochen später wurde Murr zum Reichsstatthalter ernannt. Sein innerparteilicher Konkurrent, Christian Mergenthaler, wurde Ministerpräsident und Kultminister, zunächst sogar noch Justizminister. Letzteres Ressort trat er allerdings später an Innenminister Jonathan Schmid ab.

Auch in der Justiz spiegelte sich die für das Frühjahr 1933 typische Mischung aus Verfolgung von Gegnern sowie williger Selbstanpassung und Opportunismus. Schon Ende März hatte der neue NS-Justizminister alle Mitglieder der KPD und ihrer Hilfsorganisationen aus Laienrichterstellen entfernt sowie jüdische Richter, Staats- und Amtsanwälte von der Mitwirkung an Strafprozessen ausgeschlossen.[8]

Am 23. März 1933 wurde Fritz Bauer im Amtsgericht Stuttgart in seinem Dienstzimmer verhaftet und in das Konzentrationslager Heuberg gebracht. Mit ihm wurde der ebenfalls beim Amtsgericht tätige Assessor Kohler als SPD-Mitglied verhaftet.[9] Fritz Bauer blieb acht Monate in Haft und emigrierte Ende 1935 nach Dänemark, wo seine Schwester bereits seit 1934 lebte.[10] Er überlebte den 2. Weltkrieg in Schweden. Nach Kriegsende wartete er vergeblich auf einen Ruf aus Württemberg, in den dortigen Justizdienst zurückzukehren. Als Braunschweiger und später hessischer Generalstaatsanwalt schrieb er dann deutsche Rechtsgeschichte unter anderem mit dem Auschwitzprozess. Außerdem trug er maßgeblich zum Prozess gegen Adolf Eichmann bei, dem Organisator des Massenmordes an den europäischen Juden.

Während Fritz Bauer als Führer des Stuttgarter Reichsbanners und SPD-Mitglied verhaftet worden war, erfolgte die Entlassung von Richter Robert Bloch im August 1933 nur aufgrund seiner jüdischen Herkunft. Am 13. Juli 1942 wurde er nach Auschwitz deportiert und ermordet. Die Richter Ernst Einstein, Egon Gottschalk, Otto Kaulla, Alfred Marx, Walter Richheimer, Wilhelm Schwabacher und Gustav Stössel wurden nach 1933 aus ihren Staatsämtern gedrängt, konnten aber emigrieren oder starben vor der Deportation. Dazu kam noch eine große Anzahl jüdischer Rechtsanwälte, die ebenfalls zunehmend aus ihrem Beruf verdrängt und, soweit sie nicht rechtzeitig fliehen konnten, ermordet wurden.[11]

Gleichzeitig drängten immer mehr Richter und Staatsanwälte in die NSDAP, die vor 1933 nur wenige Mitglieder im Justizbereich gehabt hatte. „Ende April forderte der Ausschuß des Württembergischen Richtervereins seine Mitglieder zum Eintritt in die NSDAP auf. Eine Zurückhaltung in politischer Hinsicht sei nach Überwindung der Parteipolitik nicht mehr am Platz. Es gelte nunmehr, sich offen zur NS-Bewegung zu bekennen.“[12] Im Umfeld dieser Aktivitäten trat auch Otto Kleinknecht der NSDAP bei.

Der frühere Präsident des Oberlandesgerichts Stuttgart (1980-1989), Günther Weinmann, beschrieb in einem Rückblick auf die Tätigkeit des Oberlandesgerichts zwischen 1933 und 1945, wie die betroffenen Richter in den Nachkriegsjahrzehnten „über diese bösen Jahre“ schwiegen und ganz offensichtlich auch nicht danach gefragt werden wollten. Umso deutlicher fiel sein eigenes Urteil aus. „Es ist bedrückend und beschämend zu erfahren, welchen Verirrungen nicht wenige Teile der deutschen Beamten- und Richterschaft erlegen sind. Auch lässt sich bei der Rückschau der zwingende Eindruck nicht verwischen, dass die deutsche Justiz der 30er Jahre den unheilvollen politischen Kräften einer totalitären Staatsführung, die eine Diktatur an die Stelle des Rechts setzte, fachlich und moralisch nicht gewachsen war. Beim Juristenstand wirkte sich der vor 1933 vielfach vorhandene Mangel an Staatsbewußtsein, am richtigen Verhältnis zur demokratischen Staatsidee sowie das schwach entwickelte Verständnis für die Bedeutung des Rechtsstaats verheerend aus.“[13]

Neben dieser schnellen Anpassung an die neuen politischen Verhältnisse überrascht aber auch die innerhalb weniger Monate erreichte
Form von Verehrung von Hitler – oder sollte man besser von Kriecherei
sprechen – und die Umkehrung der bisherigen Rechtsordnung. Auf
einer Bezirkstagung des Bundes nationalsozialistischer Juristen in Ravensburg feierte der Bezirksobmann bereits Ende November 1933 „Hitler als einen der größten Rechtsschöpfer Deutschlands".[14] Anfang
Februar 1934 forderte der Gaugruppenleiter des Bundes in Stuttgart
von den jungen Gerichtsreferendaren, „dem deutsch-germanischen
Denken und deutschen Rechtsbewußtsein maßgebende Geltung zu verschaffen".[15]

Allerdings räumte Justizminister Schmid noch Ende 1934 bei der
Amtseinführung des neuen Ellwanger Landgerichtspräsidenten ein,
dass ein Teil der württembergischen Richterschaft die Zeichen der
neuen Zeit noch nicht richtig erkannt habe und den Beweis „seiner **nationalsozialistischen Ausrichtung** schuldig sei".[16] Er hoffte jedoch auf
Änderungen.

Für diese Veränderungen verlor er aber zu diesem Zeitpunkt bereits
die Zuständigkeit. Schon im Sommer 1934 war die Justizausbildung
reichseinheitlich geregelt worden, wobei die preußischen Verhältnisse
als Muster galten, während die süddeutschen Besonderheiten keine Be-
rücksichtigung mehr fanden. Dies führte zu einem vehementen Protest
des württembergischen Justizministers beim Reichsstatthalter. „Die Jus -
tizausbildung ist das Versuchsobjekt für die Justizverreichlichung. Die
Justizverreichlichung ist der Vorläufer der übrigen Verreichlichung. Die
kulturelle und rassische Zurücksetzung Württembergs geht parallel mit
den Versuchen, Württemberg zu einer preußischen Kolonie zu machen.
Das hat mit Nationalsozialismus nichts zu tun und ist, gemessen an der
Zustimmung des Schwäbischen Volkes, gefährlich. Es gilt jetzt entschieden, weiteres Unheil zu verhüten und der machtgierigen preußischen Bürokratie, die prozentual weniger nationalsozialistisch ist als

die schwäbische Halt zu gebieten. Die Justiz ist zur Zeit gefährdetes Kampfgebiet und bedarf der schleunigen und dringenden Unterstützung der höchsten Landesstelle."[17] Die Verreichlichung der Justiz beklagte im Übrigen auch Otto Kleinknecht.

Die „höchste Landesstelle" unterstützte diesen Protest jedoch nicht. Ende 1934 wurde das württembergische Justizministerium aufgelöst und bis 31. März 1935 abgewickelt. Danach wurde die württembergische Justiz von Berlin aus geführt und kontrolliert. Für Aufgaben im Land waren dann noch der Stuttgarter Oberlandesgerichtspräsident und der Stuttgarter Generalstaatsanwalt zuständig.[18]

Bei der Polizei dauerte die Verreichlichung etwas länger, war aber 1936 ebenfalls abgeschlossen. Damit waren die Exekutivorgane des Staates und die Judikative unter zentraler Berliner Kontrolle. Föderale „Reservatrechte" auf Widerruf gab es vor allem noch im Bildungsbereich, bei der Kirchenpolitik und ebenso in einzelnen Rechtsbereichen wie dem Notariatswesen. Zu der befürchteten Reichsreform kam es bis 1939 nicht. Danach dominierte der Krieg zunehmend alle Bereiche des Lebens. Zu grundlegenden Reformen kam es deshalb nicht mehr.

Schon wenige Wochen nach Hitlers Kanzlerschaft wurde auch die Rechtsprechung bereits grundlegend politisiert. Am 21. März 1933 richtete die Reichsregierung in allen Oberlandesgerichtsbezirken Deutschlands Sondergerichte ein. Dabei stützte sie sich auf eine Notverordnung des Reichspräsidenten vom 6. Oktober 1931. Allerdings war in dieser Notverordnung die Reichsregierung nur prinzipiell ermächtigt worden, Sondergerichte zu bilden, „zur Aburteilung bestimmter strafbarer Handlungen in Bezirken, in denen ein Bedürfnis dafür hervortritt".[19] Erst Reichskanzler Franz von Papen nutzte diese Ermächtigung zur Bildung von Sondergerichten am 9. August 1932. Freilich wurden diese Sondergerichte nur bei „den Landgerichten der Oberlandesgerichtsbezirke Königsberg, Breslau, Kiel, Hamm und Düsseldorf und bei den Landgerichten in Berlin und Elbing" gebildet.[20] Außerhalb Preußens entstan-

den keine Sondergerichte und nicht einmal in allen Oberlandesgerichtsbezirken Preußens. Bereits am 19. Dezember 1932 löste Reichskanzler Kurt von Schleicher die kurz zuvor gebildeten Sondergerichte
wieder auf.[21] Insofern war die Bildung der Sondergerichte im März
1933 im gesamten Reich eine neue Form der Justiz, gerade im Süden
Deutschlands.

Die Sondergerichte sollten der Vereinfachung und Beschleunigung
der Verfahren dienen. Deshalb wurden die Rechte der Angeklagten
drastisch eingeschränkt und die Rechte der weisungsgebundenen
Staatsanwaltschaften deutlich gestärkt. „Die folgenreichste Einschränkung der Rechte des Angeklagten lag allerdings darin, daß ein Urteil
des Sondergerichts mit der Verkündung des Urteilsspruchs sofortige
Rechtskraft erhielt und daß der Verurteilte kein weiteres Rechtsmittel
gegen die Entscheidung besaß.“[22]

Mit der Schaffung der Sondergerichte wurde auch jede Kritik an der
neuen Führung unter drakonische Strafen gestellt. „Wer vorsätzlich eine
unwahre oder gröblich entstellte Behauptung tatsächlicher Art aufstellt
oder verbreitet, die geeignet ist, das Wohl des Reichs oder eines Landes
oder das Ansehen der Reichsregierung oder einer Landesregierung oder
der hinter diesen Regierungen stehenden Parteien oder Verbänden schwer
zu schädigen, wird, soweit nicht in anderen Vorschriften eine schwerere
Strafe angedroht ist, mit Gefängnis bis zu zwei Jahren und, wenn er die
Behauptung öffentlich aufstellt oder verbreitet, mit Gefängnis nicht unter
drei Monaten bestraft.“[23] Damit war eine kritische freie Meinungsäuße-
rung ab März 1933 unter Strafe gestellt. Gleichzeitig erließ die Reichsregierung eine Amnestie für alle nationalsozialistischen Straftäter, die,
wie es hieß, „im Kampf um die nationale Erhebung des deutschen Volkes“ straffällig geworden waren. Darunter fielen auch Mörder.[24]

Allerdings waren juristische Praktiker mit den Möglichkeiten dieser
ersten Heimtückeverordnung noch nicht zufrieden und regten deshalb
eine Verschärfung der Verordnung an. Dies geschah mit dem „Gesetz

gegen heimtückische Angriffe auf Staat und Partei und zum Schutz der Parteiuniform" vom 20. Dezember 1934. Kritisiert worden war vor allem, „daß böswillige Schmähungen und hetzerische Äußerungen über leitende Persönlichkeiten des Staates und der Partei, über ihre Anordnungen und die von ihnen geschaffenen Einrichtungen straflos blieben oder allenfalls nur auf Grund der allgemeinen Strafvorschriften gegen Beleidigungen mit unzulänglicher Strafe geahndet werden konnten, obwohl sie an gefährlicher Wirkung hinter strafbaren Behauptungen tatsächlicher Art nicht zurückblieben".[25]

Was damit jedoch genau gemeint war, blieb bewusst offen. Gehässige, hetzerische oder von niedriger Gesinnung zeugende Aussagen unterlagen ebenso einer subjektiven Bewertung wie die Einschätzung, ob diese Aussagen geeignet waren, „das Vertrauen des Volkes zur politischen Führung zu untergraben". Deshalb wurde dieses Gesetz auch nur auf Anordnung des Reichsjustizministers im Einvernehmen mit dem Stellvertreter des Führers angewandt.[26] Damit war der Willkür Tür und Tor geöffnet.

Dies war aber bereits beim sogenannten Röhmputsch vom 30. Juni bis 2. Juli 1934 aller Welt vor Augen geführt worden. In diesen Tagen hatte Hitler seine innerparteilichen Gegner in der SA, aber auch führende Konservative durch die SS ermorden lassen. Polizeiliche oder juristische Ermittlungen gab es natürlich nicht. Die Morde wurden nachträglich als angebliche Staatsnotwehr durch Gesetz vom 3. Juli 1934 für rechtens erklärt. Hitler verstand sich von nun an, wie er in einer Rundfunkansprache Mitte Juli 1934 erklärte, als oberster Gerichtsherr des deutschen Volkes. Carl Schmitt, der sogenannte Kronjurist des Dritten Reichs, lieferte dann noch mit seiner Schrift „Der Führer schützt das Recht" eine formaljuristische Rechtfertigung. Hitler war schon zu diesem Zeitpunkt an kein Gesetz und kein Verfahren mehr gebunden. Der Rechtsstaat mit seinen dezentralen Strukturen war Ende 1934 bereits abgeschafft – und dies in aller Öffentlichkeit.

Nun gab es zweifellos auch im Dritten Reich, zumindest bis 1939, Rechtsbereiche, die weitgehend ohne spezifisch nationalsozialistische Gesetze und Verordnungen zur Entscheidung gelangten. Zum einen waren aber zahlreiche Richter und Staatsanwälte weitgehend linientreu oder überzeugte Nationalsozialisten, die, soweit sie Karriere machen wollten, jeden Anschein von Resistenz vermeiden wollten, vermutlich auch immer wieder im vorauseilenden Gehorsam entschieden, auch wenn dies von Parteidienststellen (noch) gar nicht gefordert worden war. Gleichfalls passten sich die Rechtsanwälte, von wenigen rühmlichen Ausnahmen abgesehen, den neuen Gegebenheiten an, zumal sie von der Ausschaltung ihrer jüdischen Kollegen grundsätzlich profitierten, da die Zahl der Fälle nicht entsprechend zurückgegangen war. Zum anderen wurden aber immer mehr Lebensbereiche vom Totalitätsanspruch des Regimes und seiner Rassenideologie bestimmt.

Die Entrechtung der jüdischen Deutschen begann bereits am 7. April 1933 mit dem sogenannten Gesetz zur Wiederherstellung des Berufsbeamtentums, das die Handhabe bot, nicht nur politisch missliebige Beamte gegen ihren Willen und ohne konkrete Vorwürfe aus dem Amt zu entfernen, sondern auch jüdische Deutsche allein aufgrund ihrer angeblichen Rassenzugehörigkeit. In den Folgejahren verschärfte sich der Druck immer mehr. Einen ersten Höhepunkt erreichten die antisemitischen Verfolgungen im September 1935 mit den Nürnberger Gesetzen. Damit verloren jüdische Deutsche die bürgerliche Gleichberechtigung. Sie wurden zu Bürgern zweiter Klasse. Mit dem „Gesetz zum Schutz des deutschen Volkes und der deutschen Ehre" wurden Ehen zwischen „arischen" und jüdischen Deutschen verboten und außereheliche Beziehungen unter drakonische Strafe gestellt. Letzteres war jedoch nur mit breiter Unterstützung der Bevölkerung durchzusetzen, da die Polizei nicht in der Lage gewesen wäre, ohne Denunziation von Nachbarn erfolgreiche Ermittlungen durchzuführen. An Denunziationen mangelte es aber nicht.

Anfänglich tat sich die württembergische Justiz mit diesen Verfahren noch schwer und entsprach mit ihren Urteilen nicht den nationalsozialistischen Erwartungen. Dabei wurde in der örtlichen Presse mit voller Namensnennung der Betroffenen breit berichtet. Der Sicherheitsdienst erstellte Mitte 1936 sogar eine Liste von „unverständlichen Gerichtsurteilen" seit dem 1. Januar, obwohl bereits zu diesem Zeitpunkt Strafen bis zu 18 Monaten Gefängnis verhängt worden waren. Allerdings berücksichtigten die Gerichte noch mildernde Umstände. „Zusammenfassend", so klagte der Sicherheitsdienst, „kann festgestellt werden, daß in keinem der vorliegenden Fälle die gesetzlichen Möglichkeiten auch nur annähernd ausgeschöpft worden sind. Zuchthausstrafen wurden bis heute überhaupt noch nie ausgesprochen, obwohl deren Verhängung auf Grund des Tatbestandes durchaus möglich wäre."[27]

Im Herbst 1936 verurteilte dann das Stuttgarter Landgericht einen jüdischen Arzt zu zwei Jahren Zuchthaus. Seine Geliebte bekam wegen Erregung öffentlichen Ärgernisses sechs Monate Gefängnis. Der Staatsanwalt hatte sechs Jahre Zuchthaus für den Arzt bzw. 18 Monate Gefängnis für die Geliebte gefordert. Die „Flammenzeichen", das antisemitische Hetzblatt Württembergs forderte aufgrund dieses „milden" Urteils sogar die „Einrichtung von Strafkammern nur für Verbrechen gegen die Rassenschutzgesetze".[28] Dazu kam es nicht, da in den Folgejahren die Anzahl der neuen Fälle stark zurückging, da die Ghettoisierung der jüdischen Württembergerinnen und Württemberger immer mehr zunahm.

Die zunehmende Entrechtung der jüdischen Deutschen erfolgte in erster Linie auf dem Weg der Gesetze und Verordnungen.[29] Aber auch zahlreiche Gerichtsentscheidungen trugen ihren Teil zur gnadenlosen Umsetzung dieser Vorschriften bei.[30] 1938 eskalierte die Ausgrenzung der jüdischen Deutschen aus der „Volksgemeinschaft". Ärzte verloren ihre Approbation, Rechtsanwälte ihre Zulassung und die Reisepässe wurden mit einem großen „J" versehen. Nach der Ausweisung von etwa

17 000 teilweise seit Jahrzehnten in Deutschland lebenden jüdischen Polen, erschoss Herschel Grynszpan, dessen Familie ebenfalls abgeschoben worden war, in Paris den Gesandtschaftsrat vom Rath. Dies nahmen die Nationalsozialisten zum Anlass, nachdem es zunächst einige wilde Pogrome gegeben hatte, vom 9. bis 11. November 1938 im gesamten Reich Ausschreitungen zu organisieren. In aller Öffentlichkeit wurden Hunderte von Synagogen zerstört, unzählige jüdische Geschäfte geplündert, mehr als 25 000 jüdische Männer in Konzentrationslager verschleppt und zahlreiche Menschen ermordet.

Dabei handelte es sich um klare Rechtsverstöße, ohne dass Staatsanwaltschaften und Gerichte aktiv wurden. Gebhard Müller, der spätere baden-württembergische Ministerpräsident, hatte als Richter an dem Tag, an dem die Synagoge in Göppingen-Jebenhausen angezündet wurde, zufällig Bereitschaftsdienst. Da die Synagoge in der Nähe seiner Wohnung lag, eilte er an den Tatort, wie er Jahrzehnte später schilderte. „Ich habe vergeblich versucht, die Feuerwehr, die zur Stelle war, den Landrat und Polizeidirektor zum Eingreifen zu veranlassen. Ich habe den Herren dann gedroht, ich würde Anzeige erstatten. Das hatte aber auch keinen Erfolg. ... Ich habe damals an die Staatsanwaltschaft einen dienstlichen Bericht verfaßt und Anzeige wegen erschwerten Landfriedensbruchs, Brandstiftung usw. erstattet, aus der allerdings nichts geworden ist. Das war wahrscheinlich mit ein Grund, warum man meine Versetzung von Göppingen betrieben hat."[31]

Müller wurde nach Stuttgart versetzt, was er selbst eher als Bevorzugung empfand. Diese kleine Episode macht jedoch auch deutlich, wie das Eintreten für rechtsstaatliche Selbstverständlichkeiten (Anzeige wegen erschwerten Landfriedensbruchs, Brandstiftung etc.) schon 1938 zur Ausnahme geworden war und wie sich die Justiz bereits an den Unrechtsstaat gewöhnt hatte.

Eine völlig neue Dimension erreichte die Unrechtsjustiz mit dem Überfall Deutschlands auf Polen am 1. September 1939 und dem damit verbundenen Beginn des 2. Weltkrieges. Das Trauma der NS-Führung war der Zusammenbruch des Kaiserreichs am Ende des 1. Weltkrieges. Dies galt für die Nationalsozialisten um Hitler ebenso wie für die verbliebenen, ehemals deutschnationalen Minister wie Reichsjustizminister Franz Gürtner.

Schon wenige Tage vor Kriegsausbruch hatte Hitler die Kriegssonderstrafrechtsverordnung im Reichsgesetzblatt veröffentlichen lassen. Darin wurde in Paragraph 5 die „Zersetzung der Wehrkraft" mit der Todesstrafe bedroht, wobei Wehrkraftzersetzung im Verlaufe des Krieges vor allem vom Volksgerichtshof immer breiter ausgelegt wurde und zu Tausenden von Todesurteilen führte.[32]

Am 4. September 1939 trat die Kriegswirtschaftsverordnung in Kraft, die zahlreiche neue Tatbestände schuf und die bereits bestehenden Strafandrohungen verschärfte. Damit beschäftigte sich Otto Kleinknecht im Rahmen seiner Tätigkeit am Sondergericht Stuttgart in erster Linie. Darunter fielen Schwarzschlachtungen ebenso wie Diebstähle und Schwarzmarktgeschäfte, um nur die wichtigsten Delikte zu nennen. Das Sondergericht war auch bei diesen Delikten für das gesamte Land Württemberg zuständig.

Einen Tag später wurde die „Verordnung gegen Volksschädlinge" erlassen. Darin ging es um kriegsspezifische Vergehen wie „Plünderung im freigemachten Gebiet", „Verbrechen bei Fliegergefahr" und „Gemeingefährliche Verbrechen", die zu einer Schädigung der Widerstandskraft des deutschen Volkes führten. Gleichzeitig wurde die Ausnutzung des Kriegszustandes als strafverschärfend betrachtet und die Beschleunigung des sondergerichtlichen Verfahrens eingeführt. Die Aburteilung sollte ohne Einhaltung von Fristen erfolgen, „wenn der Täter auf frischer Tat betroffen ist oder sonst seine Schuld offen zu Tage liegt".

Der übliche Strafrahmen sollte deutlich überschritten werden, „wenn dies das gesunde Volksempfinden wegen der besonderen Verwerflichkeit der Straftat erfordert". Plünderungen und „Gemeingefährliche Verbrechen" wurden ausschließlich mit dem Tode bestraft, „Verbrechen bei Fliegergefahr" konnten auch mit hoher oder lebenslänglicher Zuchthausstrafe geahndet werden.

Im Dezember 1939 kam dazu noch die Verordnung gegen Gewaltverbrecher. Hiermit wurde der Anwendungsbereich der Todesstrafe gegen Vergewaltiger, Bank- und Straßenräuber erheblich ausgeweitet. Gleichzeitig wurde auch hier ein uraltes Rechtsstaatsprinzip beseitigt. Die Verordnung galt „auch für Straftaten, die vor ihrem Inkrafttreten (der Verordnung, T. S.) begangen sind". Seit römischen Zeiten konnte man nur nach Gesetzen bestraft werden, die zur Tatzeit in Kraft waren.[33]

Die Begründung für diese drakonischen Strafvorschriften lieferte Justizminister Gürtner am 24. Oktober 1939 bei seiner Schlussansprache auf der Tagung der Sondergerichtsvorsitzenden und der Sachbearbeiter für Sondergerichtsstrafsachen im Reichsjustizministerium in Berlin. „Die Gesetzgebung müsse ‚vom ersten Tag des Krieges an ihre ganze Erfindungskraft' aufbieten, um den Willen des Rechtsbrechers, der die Kriegsverhältnisse für sein egoistisches und verbrecherisches Tun ausnutzen wolle, zu brechen und damit jene parasitären kriminellen Erscheinungen zu bekämpfen, die im Weltkrieg zum Zusammenbruch der Heimat mehr beigetragen hätten, ‚als die schlechtesten Nachrichten, die von der Front selbst gekommen sind'. Durch ‚die straffe, und wenn sie so wollen, harte Rechtsprechung, die diese Gesetze zum Teil erzwingen, zum Teil möglich machen', müsse eine Vermehrung der Kriminalität bei längerer Kriegsdauer verhindert werden; denn ‚ähnlich wie bei einer Truppe ..., bei der nicht von vornherein mit den härtesten Mitteln die Aufrechterhaltung der Disziplin durchgesetzt wird, genau so ist es im gesamten deutschen Volk'."[34]

Durch die enorme Ausweitung der Straftatbestände stieg auch die Fallzahl stark an, so dass sich bis Ende 1942 die Zahl der Sondergerichte im „Großdeutschen Reich" von 26 auf 74 erhöhte, obwohl die

Verfahrensdauer zu Ungunsten der Angeklagten dramatisch verkürzt worden war und sich Gerichte und Staatsanwaltschaften schon im Vorfeld über das Strafmaß abstimmten, wie dies auch Kleinknecht für das Sondergericht Stuttgart berichtete.

Insgesamt sprachen der Volksgerichtshof über 5200 und die Sondergerichte weitere ca. 11 000 Todesurteile aus, die fast alle auch vollstreckt wurden. „Zum Vergleich: In den 25 Jahren von 1907 bis 1932 sind – einschließlich dem Ersten Weltkrieg (!) – in Deutschland insgesamt 1547 Angeklagte zum Tode verurteilt, aber nur 393 hingerichtet worden (sie nun freilich fast alle wegen besonders abscheulicher Kapitalverbrechen) ... Und noch ein Parameter: Im faschistischen Italien führt Benito Mussolini 1931 die Todesstrafe wieder ein. Bis 1943, als sich das politische Ende des Duce abzuzeichnen begann, sind für Italien aber lediglich 156 Todesurteile zu addieren, von denen 88 vollstreckt worden sind."[35] Dabei muss berücksichtigt werden, dass damals in allen Staaten die Todesstrafe existierte. Auch nach 1945 wurden in Deutschland noch Menschen für Kapitalverbrechen von deutschen Gerichten zum Tode verurteilt und hingerichtet, auch in Südwestdeutschland.

Eine besonders mörderische Bilanz hatte die Wehrmachtsjustiz aufzuweisen. Sie verhängte im 2. Weltkrieg mindestens 25 000 Todesurteile, von denen zwischen 18 000 und 22 000 vollstreckt wurden. Das entsprach nahezu dem fünfzigfachen der Todesurteile zwischen 1907 und 1932 mitsamt dem 1. Weltkrieg und den Unruhen nach 1918. „Der Ort der Wehrmachtjustiz in der deutschen Strafrechtsgeschichte ist charakterisiert durch die Bilanz ihrer Todesurteile".[36] Auch hier verdeutlicht ein Vergleich die Dimension dieser mörderisch-maßlosen Justiz. „Die USA fällten im Zweiten Weltkrieg insgesamt 763 Todesurteile, 146 wurden vollstreckt. Die Zahl aller von den westlichen Alliierten vollstreckten Todesurteile betrug etwa 300."[37]

Inwieweit die Mitglieder der Sondergerichte und der dazu gehörenden Staatsanwaltschaften freiwillig dort tätig waren, lässt sich heute

nicht mehr in jedem Einzelfall feststellen. Kleinknecht deutet einen gewissen Druck an, weist aber ehrlicherweise darauf hin, dass er mit dieser Abordnung nicht unzufrieden war, weil ihm damit der Einsatz an
der Front erspart blieb. Gleichzeitig hatte er nicht mit politischen Verfahren im engeren Sinne zu tun, was ihm seinen Entschluss erleichterte.

Auf der anderen Seite schaute das Reichsjustizministerium darauf,
dass möglichst linientreue Vertreter des Systems in diesen NS-Gerich-
ten tätig waren. Gebhard Müller, der selbst in dieser Zeit Amtsrichter
in Württemberg war, stellte im Rückblick lakonisch fest: „Niemand
wurde gezwungen, etwa am Sondergericht tätig zu sein."[38]

Trotz der enormen Ausweitung der Straftatbestände, der erheblichen
Verschärfung der Strafen und des Ausbaus der Sondergerichtsbarkeit,
sprachen für Hitler die Juristen, die er grundsätzlich ablehnte und in
Tischgesprächen auch einmal in die Nähe von Verbrechern rückte,
immer noch zu milde Urteile. So häuften sich die Interventionen aus
Berlin zur Verschärfung ergangener Gerichtsentscheidungen. Gleichzeitig stiegen die Fälle, in denen die Gestapo die Beschuldigten, meist
ausländische Arbeiter, einfach ermordete.

Anfang 1942, der Blitzkrieg gegen die Sowjetunion war im Winter
1941 vor Moskau gescheitert und eine lange Dauer des Krieges drohte,
kritisierte Hitler die Justiz und die Juristen immer häufiger. Am 26.
April 1942 nutzte er seine Rede vor dem letztmals versammelten
Reichstag „zu einem scharfen Angriff auf Rechtsprechung und Richter.
Er kündigte darin an, er werde bei Urteilen, die er nicht billige, ‚ein-
greifen und Richter, die ersichtlich das Gebot der Stunde nicht erken-
nen, ihres Amtes entheben'; dazu ließ er sich vom Reichstag eine
förmliche Vollmacht erteilen, die ihn von der Bindung an ‚bestehende
Rechtsvorschriften' befreite."[39] Diese Rede wurde von den Juristen vor
Ort sehr deutlich wahrgenommen. Sie löste zum Beispiel bei Otto
Kleinknecht „tiefe Niedergeschlagenheit" aus.

Das Reichsjustizministerium war von der Kritik Hitlers an der Justiz vorab aus der Reichskanzlei informiert worden. Justizminister Gürtner war 1941 gestorben. Die beiden Staatssekretäre Franz Schlegelberger und Roland Freisler hatten bereits Ende März 1942 an die Oberlandesgerichtspräsidenten und Generalstaatsanwälte appelliert, dafür zu sorgen, dass die Justiz Hitlers Wünsche erfülle. Dazu diente auch eine gesteigerte Berichtspflicht sowohl innerhalb der Gerichtsbezirke als auch nach Berlin. Außerdem führte der neue Justiz-Staatssekretär Curt Rothenberger Anfang Mai 1942 die sogenannte Vor- und Nachschau ein. „Er verlangte, über alle Sachen, ‚bei denen die Möglichkeit eines gewissen Gegensatzes zwischen formalem Recht und unmittelbarem Volksempfinden oder nationalsozialistischer Anschauung besteht', rechtzeitig unterrichtet zu werden, um sie mit den beteiligten Richtern vorher zu besprechen.“[40] Das Ziel war eine von Berlin aus gelenkte Justiz.

Dies genügte Hitler aber noch nicht. Im August 1942 wurde Schlegelberger in den Ruhestand versetzt und der bisherige Vorsitzende des Volksgerichtshofs Georg Thierack zum neuen Justizminister ernannt. Roland Freisler übernahm dessen Position beim Volksgerichtshof, wo er mit seinen Hasstiraden, seiner entwürdigenden Verhandlungsführung und seinen mörderischen Urteilen vor allem gegen Widerstandskämpfer zum bis heute bekanntesten Richter des Dritten Reichs aufstieg.

Thierack führte sich unmittelbar nach seinem Amtsantritt auf einer Konferenz der führenden Richter und Staatsanwälte des Landes Ende September mit markigen Worten ein. „Meine Herren, sagen Sie Ihren Richtern und Staatsanwälten: hart sein, barbarisch hart sein um des Volkes willen, aber weich sein in den kleinen Sachen des Lebens. Was habe ich schon für einen Unfug erlebt! Zuchthaus um kleiner Sachen willen und nicht die nötige Härte, wo es notwendig ist. Wo muß man denn hart sein? Hart sein muß man bei allen Sachen, die jetzt im Kriege eine besondere Gefahr in sich tragen, vor allen Dingen, wie es der Führer bezeichnet, bei der sog. Seuchengefahr. Eine solche Gefahr ist z. B. die Straftat in der Verdunklung. ... Auch bei großen Schiebereien keine

Gnade, ganz gleich, wer vor Ihnen steht. Aber seien Sie vernünftig gegenüber den kleinen Leuten, die irgend mal etwas kaufen, natürlich müssen sie bestraft werden. Da fehlt noch die einheitliche Linie. Seien Sie lieber mal zu hart in den großen Fällen als zu milde."[41]

Gerade diese fehlende „einheitliche Linie" führte zu einer großen Rechtsunsicherheit, wie der Stuttgarter Oberlandesgerichtspräsident Küstner in seinem Bericht vom 4. Dezember 1943 an den Justizminister in Berlin beklagte. „Es ist ein kleines Körnchen Wahrheit daran, wenn gelegentlich scherzhaft übertrieben gesagt wird, eine bestimmte Äusserung könne mit allen Strafen, von einer Geldstrafe bis zur Todesstrafe geahndet werden."[42]

Dieser angestrebten Vereinheitlichung dienten die ab 1. Oktober 1942 vertraulich erscheinenden sogenannten Richterbriefe, von denen alle Behördenleiter jedem Richter oder Staatsanwalt „gegen Empfangsbescheinigung" Kenntnis geben sollten. Im Einführungserlass des Reichsjustizministers vom 7. September 1942 wird die Schizophrenie nationalsozialistischer Rechtspolitik deutlich. Zum einen wies Thierack auf die formale Unabhängigkeit der Richter bereits im ersten Satz hin. „Ich will, kann und darf nicht den Richter ... anweisen, wie er im Einzelfall zu entscheiden hat." Einschränkend fuhr er dann fort. „Ich kann ihm daher eine bestimmte Rechtsauffassung nicht befehlen, sondern ihn lediglich davon überzeugen, wie ein Richter der Volksgemeinschaft helfen muß, um einen in Unordnung geratenen oder zur Ordnung reifen Lebensvorgang mit Hilfe des Gesetzes zu ordnen oder zu regeln."

Die Richterbriefe sollten nicht zu einer Bevormundung der Richter führen. „Sie sollen vielmehr nur eine Anschauung davon geben, wie sich die Justizführung nationalsozialistische Rechtsanwendung denkt, und auf diese Weise dem Richter die innere Sicherheit und Freiheit geben, die richtige Entscheidung zu finden." Darüber hinaus sollten die Richterbriefe alle wichtigen Entscheidungen enthalten. Der Justizminister wollte dann die für die Volksgemeinschaft vorbildlichen Entscheidungen hervorheben und an anderen Urteilen aufzeigen, „wie eine bessere Entscheidung hätte gefunden werden können und müssen".[43]

Insgesamt erschienen zwischen dem 1. Oktober 1942 und dem 1. Dezember 1944 21 Richterbriefe, die auch sehr viele alltägliche Kriegsprobleme behandelten wie den Streit um das Erbe gefallener Soldaten, Ehescheidungen im totalen Krieg, Aufhebung eines Mietverhältnisses, Unterhaltspflicht und Kinderlandverschickung, Berufung des Vormunds für die Kinder eines gefallenen Soldaten oder den Ehebruch mit Kriegerfrauen. Daneben ging es um die weitere Diskriminierung der noch im Reich lebenden jüdischen Deutschen, mehrfach um sogenannte Volksschädlinge, um die Verweigerung des Deutschen Grußes durch ein Schulkind, die Bekämpfung sogenannter Asozialer oder um das sogenannte gesunde Volksempfinden.[44]

Die Richterbriefe stießen bei den Empfängern in Württemberg auf große Zustimmung, wie der Oberlandesgerichtspräsident Ende 1943 nach Berlin berichtete. „Ihre Autorität war von Anfang an so gross, dass sie vereinzelt sogar – trotz der Vertraulichkeit! – als Beleg in den Urteilsgründen zitiert wurden, was ich selbstverständlich sofort abgestellt habe."[45] Vermutlich spiegelt diese Zustimmung zu den Richterbriefen aber auch die Unsicherheit vieler Richter über die von oben gewünschten Urteile wider. Mit dem Bezug auf die Richterbriefe in den Urteilsgründen fühlten sich viele sicher vor Kritik vorgesetzter Dienststellen oder von NS-Publikationen. Es überrascht deshalb auch nicht, dass der Oberlandesgerichtspräsident davon berichtete, dass viele Kollegen auf den nächsten Richterbrief warteten, in der Hoffnung, darin Empfehlungen für Entscheidungen zu finden, die bei ihnen anstanden.

Küstner wies jedoch zugleich auf einen SD-Bericht hin, der seinen Einschätzungen widersprach. Darin hieß es, „dass die Richterbriefe zwar im allgemeinen Anklang finden, dass aber doch eine Anzahl von Richtern die Briefe als einen Beeinflussungsversuch und als einen Eingriff in die ‚richterliche Unabhängigkeit' ansehen und deshalb ablehnen".[46]

Dies klingt durchaus plausibel, auch wenn dies kein Richter seinem Oberlandesgerichtspräsidenten direkt ins Gesicht gesagt haben wird.

Ganz ähnlich klang es in dem Bericht des württembergischen Generalstaatsanwalts Wagner an den Reichsjustizminister vom 31. Mai 1943. Wagner sprach von den Richterbriefen als einem Hilfsmittel in dieser Zeit, „in der das gesunde Volksempfinden und die Notwendigkeiten des Kriegs näher denn je die Richtschnur für den Strafausspruch bilden müssen, ..., das für die Lenkung der Rechtsprechung als kaum noch entbehrlich empfunden wird", zumal die Möglichkeiten zur Selbstschulung und zur Aussprache unter Kollegen kaum noch gegeben wären. Außerdem würde in den Fachzeitschriften die „entscheidende Frage der Strafzumessung" meist nicht behandelt. Aber nicht nur das gesunde Volksempfinden und die Notwendigkeiten des Krieges sollten berücksichtigt werden. Vielmehr strebte Wagner auch noch eine „nationalsozialistische Strafzumessung" an. Er lobte die Richterbriefe über alle Maßen, weil so die Rechtsprechung gelenkt würde, „insbesondere dadurch, dass der Richterbrief die erforderlichen Vergleichsmaßstäbe bietet und Beispiele für eine sach- und zeitgemässe nationalsozialistische Strafzumessung gibt".[47]

Wie weit die Justiz in politischen Strafsachen bereits herabgesunken war, zeigt die Begeisterung Küstners über die neue Einrichtung des „Gerüchtespiegels". Gerade die obersten Justizbehörden hätten das größte Interesse, „möglichst rasch über die neu auftauchenden Gerüchte und ihre Quellen informiert zu werden". Neben dem Interesse an der jeweiligen politischen Lage, gab es hingegen auch handfeste Interessen vor allem der Sondergerichte an diesen Informationen. „Wenn z. B. in einer Wehrkraftzersetzungs- oder Heimtückesache der Angeklagte Zahlen nennt über die Menschenverluste bei den Terrorangriffen auf Hamburg oder über die Verluste in Stalingrad, so kann der Richter zwar zu einem Urteil kommen, ohne dass er die wirklichen Zahlen kennt; es kann aber doch von Bedeutung sein, ob die vom Angeklagten genannten

Zahlen etwa der Wirklichkeit nahe kommen oder phantastisch übertrieben sind."[48]

Gleichzeitig beklagte sich der Oberlandesgerichtspräsident darüber, dass er und der Generalstaatsanwalt bis vor wenigen Monaten die vertraulichen Berichte der württembergischen SD-Leitstelle an das Berliner „Reichssicherungshauptamt" (!) in Abschrift erhalten hätten. Wegen Papiermangels und Personalknappheit sei die Übermittlung der Berichte eingestellt worden. Der Oberlandesgerichtspräsident bat das Justizministerium, derartiges Informationsmaterial wieder zugänglich zu machen.[49] Das war mangels einer freien Presse durchaus sinnvoll. Gleichzeitig spiegelt aber die Weigerung des SD, seine Berichte auch weiterhin den obersten Juristen im Land zur Verfügung zu stellen, den Stellenwert der Justiz in den Augen des Reichssicherheitshauptamtes und der SS wider. Zwei weitere Kopien dieser Berichte waren trotz Papiermangels und Personalknappheit auch 1943 kein wirkliches Problem für den SD.

Allerdings half diese Anbiederung der Justizspitzen an die nationalsozialistischen Erwartungen nichts. Politik, Partei, Polizei und SS fühlten sich zunehmend nicht mehr an gesetzliche Vorgaben gebunden. So unterrichtete Küstner am 6. November 1940 den Reichsjustizminister über die umlaufenden Gerüchte zur „Ausmerzung Geisteskranker in Grafeneck", der offensichtlich auch Kriegsteilnehmer zum Opfer gefallen waren. Nun gehe das Gerücht um, dass jetzt die Alten und Gebrechlichen ermordet werden würden. „Man sollte das Rechtsempfinden der Bevölkerung nicht unterschätzen. Die Bevölkerung fragt, geht das mit **rechten** Dingen zu, wer ist verantwortlich, welche Sicherheiten bestehen, dass nicht zu weit gegangen wird? usw. Ein **klares** Wort, eine klare Regelung scheint mir dringend geboten."[50] Küstner beklagte die Heimlichkeit der Aktion, nicht das Morden an sich.

Im selben Bericht weist Küstner auch auf die zunehmende Selbstjustiz von Parteiorganen hin, wie zum Beispiel das öffentliche Kahlscheren von deutschen Frauen, denen ein Verhältnis zu einem

Kriegsgefangenen oder Zwangsarbeiter unterstellt wurde. Zwar räumte der Oberlandesgerichtspräsident ein, dass die Bevölkerung weithin Verständnis für diese Brandmarkung habe, aber gleichzeitig kritisierte er diese „Justiz neben der eigentlichen Justiz". Es handle sich „um eine Justiz, die mit ihrem Urteil und dessen Vollstreckung nicht wartet bis der von Gesetzes wegen zuständige Richter die Sache untersucht und sein ‚Schuldig' gesprochen hat. Dieses Nebeneinander ist untragbar."[51]

Zu diesem Zeitpunkt zählten Urteile nur noch dann, wenn sich Polizei, SS und NSDAP daran nicht störten. So berichtete Küstner von einem Kreisleiter im Land, der einem vom Sondergericht freigesprochenen Angeklagten in dieser Angelegenheit eine Buße für eine nationalsozialistische Wohlfahrtsorganisation abverlangte. Andere Kreisleiter versuchten, rechtskräftige Zivilurteile in ihrem Sinne umzuändern. Ein anderer Kreisleiter hatte sich dahingehend geäußert, dass er der höchste Richter in seinem Kreis sei und ein Kollege von ihm meinte, ein Gerichtsurteil habe nichts zu bedeuten. „Der Einzelfall mag nicht besonders schwerwiegend sein; aber auch hier ist deutlich ein bewusstes Zurückdrängen der Justiz zu erkennen zum Schaden nicht nur der Justiz, sondern auch der Allgemeinheit."[52] Ebenso schildert Otto Kleinknecht in seinen Erinnerungen immer wieder diese Einflussnahmen der NSDAP auf Gerichtsentscheidungen. Es überrascht allerdings, dass sich Küstner nach mehr als sieben Jahren Diktatur unter Hitler ernsthaft über das Zurückdrängen der Justiz wunderte. Dies begann ja bereits 1933 mit den willkürlichen Verhaftungen, Misshandlungen und Ermordungen von politischen und rassischen Gegnern.

Zu dieser öffentlich wahrnehmbaren Willkür gehörte auch die Erschießung von Menschen durch die Polizei, die angeblich Widerstand geleistet hatten, wie dies der Reichsführer der SS, Heinrich Himmler, immer wieder öffentlich bekannt gab. An diesen Widerstand glaube in der Bevölkerung jedoch niemand, wie Küstner Anfang November 1940 nach Berlin berichtete. Zwar nehme niemand persönlichen Anteil an dem Schicksal der Erschossenen, da es sich in der Regel um „Gewohnheitsverbrecher" handle. Allerdings frage sich die Bevölkerung, „auf welchem Gesetz dies beruhe und wozu die Justiz eigentlich da sei". Küstner betonte zu Recht, dass es hierbei um eine Frage gehe, die an die Wurzeln der Justiz „und nicht bloss der Justiz rührt".[53] Erkennbare Konsequenzen hatte diese Einsicht aber nicht.

Wie selbstverständlich diese Erschießungen ohne Urteil geworden waren, zeigte der Bericht des Stuttgarter Generalstaatsanwalts Wagner vom 31. Mai 1941 an den Reichsjustizminister. Danach hatte Mitte Mai 1941 ein Polizeibeamter in SS-Uniform vor Oberstufenschülern des Eberhard-Ludwigs-Gymnasiums[54] und der Dillmann-Oberschule in Stuttgart einen Werbevortrag für die Polizeilaufbahn gehalten. Dabei führte er unter anderem aus, dass die Staatsanwaltschaft „in absehbarer Zeit der Polizei angegliedert werde". Diese Entwicklung sei nur durch den Krieg aufgehalten worden. Außerdem ging er auf die in der Presse erwähnten Erschießungen wegen Widerstands ein. Die Gerichte könnten nur dann verurteilen, „wenn ein sicherer formeller Beweis gegen den Täter erbracht worden sei, was für die Polizei nicht in gleicher Weise gelte; man dürfe jedoch nicht glauben, dass solche Erschiessungen durch die Polizei ohne vorherige Prüfung erfolgten, es werde im Gegenteil jeder einzelne Fall vorher ganz eingehend geprüft".[55]

Leider ist nicht überliefert, ob der Referent etwas über die Art dieser Prüfung ausführte. Diese mörderische Willkürpraxis der Polizei fand nicht heimlich, sondern in aller Öffentlichkeit statt. Gängige Praxis war auch, dass Verurteilte nach der Verbüßung ihrer Strafe ohne weitere juristische Prüfung in ein Konzentrationslager gebracht und dort misshandelt und/oder ermordet wurden. Eine Trennung in Exekutive und Judikative funktionierte schon lange nicht mehr. Im Dritten Reich bestimmten nicht Gesetze und Gerichte über das Schicksal von Widerstandskämpfern und straffällig Gewordenen, sondern Polizei, SS, Partei auf örtlicher und regionaler Ebene sowie die zentralen Stellen in Berlin.

Dies wurde auch nicht geheim gehalten, sondern war allgemein bekannt
– wenn auch nicht in allen Einzelheiten.

Trotz dieser klaren Vorgaben und Gängelungen, Einmischungen und
neuen Verordnungen hatten Richter und Staatsanwälte vor allem an den
normalen Gerichten, aber, wie Kleinknecht auch darstellt, selbst an den
Sondergerichten Möglichkeiten, sich für oder gegen die Angeklagten
einzusetzen. Gebhard Müller stellte im Rückblick sogar die Behauptung
auf, dass man als Richter dem Nationalsozialismus nicht erliegen
musste, „wenn man Gewissen, Charakter und Mut hatte. Es war auch
möglich, in dieser richterlichen Tätigkeit unendlich viel für diejenigen
zu tun, die ungerecht verfolgt wurden."[56] Ob allerdings, wie Müller
ebenfalls vermutete, ein großer Teil der württembergischen Richterschaft dem Nationalsozialismus nicht erlegen war, bedarf sicherlich
noch weiterer Untersuchungen, zumal es einer Definition bedarf, ab
wann ein Richter dem Nationalsozialismus erlegen war.

Prominentester Richter in Württemberg war zweifellos der Vorsitzende des Stuttgarter Sondergerichts und Senatspräsident beim Oberlandesgericht Hermann Cuhorst, über den Otto Kleinknecht breit und
differenziert berichtet. Das Stuttgarter Sondergericht war trotz des wachsenden Arbeitsanfalls während der zwölf Jahre der nationalsozialistischen
Herrschaft für das gesamte Land Württemberg zuständig. Demgegenüber
hatte man im benachbarten Baden im Februar 1941 zusätzlich zum Sondergericht Mannheim auch in Freiburg ein Sondergericht geschaffen, das
in etwa das Gebiet des späteren Südbaden umfasste.[57]

Cuhorsts „Ruf" hatte sich bis in die USA herumgesprochen, sodass
er zu den Angeklagten im Nürnberger Juristenprozess 1947 gehörte.
Von den 16 Angeklagten hatten neun im Reichsjustizministerium in führender Position gearbeitet (darunter drei Staatssekretäre) und vier waren
am Volksgerichtshof tätig gewesen. Von den zahlreichen Richtern und
Staatsanwälten an Sondergerichten standen in Nürnberg nur drei vor
Gericht, darunter auch Hermann Cuhorst.[58] Justizminister Thierack

hatte 1946 in britischer Kriegsgefangenschaft Selbstmord begangen und Roland Freisler, der Vorsitzende des Volksgerichtshofs, war bei einem Luftangriff im Februar 1945 in Berlin ums Leben gekommen.

Es gab vier Anklagepunkte, die sich vor allem darum drehten, dass sich die Beschuldigten vorsätzlich und wissentlich mit anderen zu einer Verschwörung und Übereinkunft zusammengefunden hätten, „um Kriegsverbrechen und Verbrechen gegen die Menschlichkeit zu begehen".[59] Zusammengefasst wurde den Juristen die bewusste Teilnahme vorgeworfen, „an einem über das ganze Land verbreiteten und von der Regierung organisierten System der Grausamkeit und Ungerechtigkeit unter Verletzung der Kriegsgesetze und der Gesetze der Menschlichkeit, begründet im Namen des Rechts und der Autorität des Justizministeriums und mit Hilfe der Gerichte. Der Dolch des Mörders war unter der Robe des Juristen verborgen."[60]

Cuhorst hatte gegen Ende des Krieges sowohl mit dem Reichsjustizministerium als auch mit Parteistellen aus den unterschiedlichsten Gründen Probleme. Deshalb verbrachte er die letzten Kriegsmonate bei der Wehrmacht. Außerdem waren die Akten des Sondergerichts Stuttgart bei den Luftangriffen im Juli und September 1944 weitgehend vernichtet worden. „Auf Grund des vorliegenden Beweismaterials", so das amerikanische Gericht in seinem Urteil, „ist es der Spruch dieses Gerichtshofes, daß der Angeklagte Cuhorst nicht in einer über jeden Zweifel erhabenen Weise der Schuld an den Verbrechen überführt ist, die unter Anklage gestellt sind, und daß er deshalb von allen gegen ihn vorgebrachten Anschuldigungen freigesprochen wird."[61] Allerdings waren zahlreiche Urteile des Sondergerichts Stuttgart in der NS-Presse breit besprochen worden und deshalb der Öffentlichkeit bekannt.[62]

Der Freispruch Cuhorsts erregte großes Aufsehen und wie beim Freispruch des früheren Reichswirtschaftsministers und Reichsbankpräsidenten Hjalmar Schacht beim Nürnberger Kriegsverbrecherprozess ein Jahr zuvor[63], ließ das Befreiungsministerium von Württemberg-

Baden auch Cuhorst verhaften und vor eine Spruchkammer stellen. In ihrem Urteil räumte die Kammer zwar ein, dass er nicht korrupt und sein Verhältnis zur Parteiführung nicht ganz ungetrübt gewesen war. Ebenso betonte sie, dass sich Cuhorsts rüder Verhandlungsstil nachweislich nicht „in übermäßig harten oder systematisch zweifelhaften Urteilen niederschlug".

Trotzdem verurteilte sie ihn Ende November 1948 in einem öffentlich sehr beachteten Verfahren als Hauptschuldigen zu viereinhalb Jahren Haft sowie empfindlichen Sühnemaßnahmen. In der Urteilsbegründung hieß es: „‚Wenn der Betr(offene) schließlich selbst das Opfer (!) dieser Entwicklung (der Instrumentalisierung und Lenkung der Justiz) geworden ist, als sie ein Ausmass angenommen hatte, das selbst er (...) als nicht mehr tragbar ansah, so kann das (...) das Mass seiner menschlichen und politischen Verantwortung nicht nennenswert herabsetzen (...).' Am Ende kam die Kammer zur Auffassung, daß ‚(...) der Betr(offene) der NS-Gewaltherrschaft ausserordentliche politische und propagandistische Unterstützung gewährt und aus ihr auch für seine Person nicht unerheblichen Nutzen gezogen hat.'"[64]

Cuhorst akzeptierte dieses Urteil nicht, sondern ging in Revision. Im Unterschied zu der damals schon üblichen Praxis wurde seine Strafe nicht ermäßigt, sondern mit dem Urteil vom 14. Juli 1949 sogar noch auf sechs Jahre verschärft.[65] Da er als Hauptschuldiger auch keinen Anspruch mehr auf Ruhestandsbezüge hatte, klagte er zunächst ergebnislos durch alle Instanzen und verlegte sich schließlich auf ein Gnadengesuch. Dieses Gesuch wurde Ende der sechziger Jahre auch verworfen, da sich Cuhorst inzwischen infolge einer Erbschaft in guten finanziellen Verhältnissen befand. Mit über 90 Jahren starb Hermann Cuhorst am 5. August 1991, ohne dass er sich öffentlich jemals kritisch zu seinem eigenen Tun im Dritten Reich geäußert hatte.[66]

Das konsequente Vorgehen gegen Cuhorst in der Nachkriegszeit überrascht insofern, als es ziemlich einzigartig war im Umgang mit belasteten Juristen, aber auch mit anderen führenden Funktionsträgern des Dritten Reichs. Hjalmar Schacht, der politisch bedeutend größere Schuld auf sich geladen hatte als Cuhorst, war in Württemberg-Baden nach seinem Freispruch in Nürnberg 1946 sofort verhaftet und 1947 zunächst auch als Hauptschuldiger eingestuft und zu acht Jahren Arbeitslager verurteilt worden. Doch bereits am 1. September 1948 wurde er von einer anderen Spruchkammer als Entlasteter eingestuft, da er Verbindungen zum militärischen Widerstand gehabt hatte. Damit war für Schacht, einem der Totengräber der Weimarer Republik und einem der wichtigsten Unterstützer Hitlers in den dreißiger Jahren, die Rückkehr ins öffentliche Leben und ins Bankgeschäft möglich.[67]

Cuhorsts Bemühungen um Rehabilitation sind verständlich, wenn man weiß, dass Verurteilte im Nürnberger Juristenprozess nach kurzem Gefängnisaufenthalt üppige Pensionen erhielten wie die beiden NS-Staatssekretäre Franz Schlegelberger und Curt Rothenberger oder der oberste Ankläger beim Volksgerichtshof Ernst Lautz. In einer Zeit, als ein Facharbeiter gerade einmal 400 Mark im Monat verdiente, waren deren Pensionen zwischen 1342 und 2894 Mark ein Hohn für alle Justizopfer des Dritten Reichs, die meist mit sehr bescheidenen Entschädigungen abgespeist wurden.[68] Auch die Witwe von Roland Freisler erhielt selbstverständlich die Pension einer Staatssekretärswitwe, da Freisler im Berufseinsatz während des Krieges umgekommen war. Dasselbe galt für Lina Heydrich, die Witwe von Reinhard Heydrich, des 1942 bei einem Attentat in Prag umgekommenen Leiters der Judenvernichtung, die selbst überzeugte Nationalsozialistin war und dies auch nach 1945 blieb.

Die „Prominenz" Cuhorsts und sein Freispruch in Nürnberg haben möglicherweise dazu geführt, dass die übrigen Sonderrichter in Stuttgart bisher kaum beachtet wurden, obwohl auch sie für zahlreiche, uns heute unverständliche Urteile verantwortlich waren und zumeist nach dem Krieg weiterhin in der württembergischen Justiz beschäftigt blieben. Dazu gehörte unter anderem auch der Stellvertreter Cuhorsts, Al-

fred Bohn, der nicht der NSDAP beigetreten war und deshalb im Entnazifizierungsverfahren als „entlastet" eingestuft und als Staatsanwalt
weiterbeschäftigt wurde. Zwar behielt er seinen Titel Landgerichtsdirektor, füllte diese Funktion jedoch nicht mehr aus.[69]

1994 hatte Alfred Streim, der damalige Leiter der Zentralen Stelle
der Landesjustizverwaltungen zur Aufklärung nationalsozialistischer
Verbrechen, die Tätigkeit der Sondergerichte in drei Phasen gegliedert:
„(1.) Die Bekämpfung des Widerstandes der politischen Gegner in der
revolutionären Phase der nationalsozialistischen Herrschaft (1933/34),
(2.) die Verfolgung von ‚Meckerern' sowie ‚Artfremden' (Juden) wegen
Verstoßes gegen die ihnen auferlegten Lebensführungsregeln und
(3.) nach Kriegsbeginn die Ausdehnung dieser Verfolgung auf ‚Fremd-
völkische' aus den besetzten Ostgebieten sowie parallel hierzu die Aburteilung bestimmter ‚Tätertypen', die sich durch die Begehung
‚gemeingefährlicher' Verbrechen nach nationalsozialistischer Rechts-
anschauung von der Volksgemeinschaft weitgehend entfernt oder ausgeschlossen hatten.

In jeder Phase waren die Sondergerichte jedoch Terrorinstrumente
zur Durchsetzung, Festigung und Sicherung des NS-Regimes und seiner
Weltanschauung, auch noch gegen Ende des Krieges."[70]

Allerdings muss klar sein, dass im Dritten Reich nicht nur die Sondergerichte nationalsozialistische Rechtsprechung ausübten. Alle Bereiche der Justiz unterlagen den politischen Prämissen. „Recht ist im
Dritten Reich der Wille der politischen Führung. Recht ist ein Instrument des Machthabers. Dieser Grundsatz wird in sich folgerichtig im
gesamten nationalsozialistischen Recht der Verbrechensbekämpfung
verwirklicht. Strafrecht dient der Politik, Strafrecht ist Strafpolitik. Der
Richter wird zum Gehilfen der Staatsführung."[71] Dies gilt auch für Bereiche wie die Privatrechtsordnung, die lange Zeit als eher unpolitisch
galt. Bernd Rüthers hat in seiner Habilitation sehr eindrücklich klarge-
stellt, wie auch dieser Bereich der Rechtsprechung von der nationalso-

zialistischen Ideologie und ihren menschenverachtenden Zielen durchdrungen war.[72]

Die überzeugten Nationalsozialisten und Rassenfanatiker stellten jedoch nicht das Gros der Juristen in der NS-Zeit. So sah es auch der überzeugte Regimegegner Richard Schmid. Er war im Dritten Reich zunächst noch als Rechtsanwalt in Stuttgart tätig, wurde 1940 vom Volksgerichtshof wegen Vorbereitung zum Hochverrat zu drei Jahren Zuchthaus verurteilt und überlebte die letzten Jahre des Regimes als landwirtschaftlicher Hilfsarbeiter. 1945 wurde er Generalstaatsanwalt des neu gebildeten Landes Württemberg-Baden und von 1953 bis 1964 Oberlandesgerichtspräsident in Stuttgart.

Schmid hatte sich vor und nach 1945 intensiv mit der Justiz im Dritten Reich auseinandergesetzt. 1965 hielt er dazu einen Vortrag und äußerte sich auch zu den Richtern in der NS-Zeit:

„Was mich bei der jahrelangen Beschäftigung mit diesen Sachverhalten erschüttert hat, war die sich immer deutlicher bestätigende Tatsache, daß die Richter, die diese Urteile zu verantworten haben, in der Regel durchaus keine überzeugten Nationalsozialisten waren, sondern politisch farblose, oft ehrgeizige Beamte, gefügige gehorsame Juristen guter bis bester beruflicher Qualifikation, die sich auch nach dem Krieg als beruflich tüchtig erwiesen haben. Es sind dem Typus nach die Leute, die in den Dienstzeugnissen als überdurchschnittlich begabt und tüchtig bezeichnet zu werden pflegen. Es waren durchweg im Privatleben manierliche Leute, keineswegs Freisler-Typen. Außer dem Motiv, ihre Laufbahn zu fördern, dürfte in vielen Fällen auch die Befreiung vom Wehrdienst eine Rolle gespielt haben. Bei den Wehrdienstfähigen war die Einberufung übrigens – nach meinen Feststellungen – die einzige Maßnahme, die im Falle einer Weigerung, bei einem solchen Sondergericht oder beim Volksgerichtshof Dienst zu tun, drohte. Es sind nur in ganz wenigen Fällen Pensionierungen vorgekommen; das war das Äußerste."[73]

Bis auf den Ehrgeiz trifft diese Beschreibung ebenfalls auf Otto

Kleinknecht zu, der seine Angst vor einer Einberufung sehr ehrlich als Grund für seine Bereitschaft angibt, seiner Verwendung am Sondergericht in Stuttgart zuzustimmen.

Noch kritischer als die Richter wurden im Rückblick die Staatsanwälte gesehen. Karl Siegfried Bader, ein entschiedener Gegner des Nationalsozialismus und erster Generalstaatsanwalt im Land Baden in Freiburg, drückte dies in einem Aufsatz von 1947 sehr drastisch aus. „Allen Weisungen, rechtlichen und absurden, zugänglich erwies sich die hierarchisch aufgebaute Staatsanwaltschaft, die geradezu zur Einbruchstelle des Nazitums in der Rechtspflege wurde. Das stand am Ende der Entwicklung eines halben Jahrtausends deutscher Juristenschaft."[74] Da Bader auch maßgeblich auf studentische Hörer und die Referendare seines (süd)badischen Ausbildungsbezirks nach 1945 einwirkte, wollte er mit seinem Aufsatz, wie er im Vorwort ausführte, „Wege zur Wiedergewinnung rechtsstaatlichen Denkens und rechtsstaatlicher Lebensformen" aufzeigen.[75]

Bei einer Betrachtung der bundesdeutschen und südwestdeutschen Nachkriegsjustiz lassen sich, neben den bezahlten Pensionen für extrem belastete NS-Juristen, zudem zahlreiche, erschreckende Kontinuitäten in personeller, aber auch inhaltlicher Hinsicht aufzeigen. Das Bundesjustizministerium und der Bundesgerichtshof waren in den fünfziger und sechziger Jahren, teilweise sogar noch in den siebziger Jahren, von Juristen geprägt, die in der Zeit zwischen 1933 und 1945 sehr engagierte und erfolgreiche Juristen gewesen waren.[76]

Vor allem das 1951 beschlossene sogenannte 131er-Gesetz führte zu einer weitgehenden Reintegration der nach 1945 aus ihren Ämtern entlassenen NS-Beamten. „Es gab, vor allem nach einer Novellierung im August 1953, allen NS-Staatsdienern einen Rechtsanspruch auf Wiedereinstellung und außerdem auch das Recht, ihre Bezüge für die Zeit der Nichtbeschäftigung nachzufordern. Ausgenommen waren lediglich Gestapo-Agenten und Beamte, die man im Entnazifizierungsverfahren als Haupttäter eingestuft hatte."[77] Leider ist für die baden-württembergische Justiz nicht bekannt, wie viele Richter und Staatsanwälte nur aufgrund dieses Gesetzes wieder in den Staatsdienst zurückkehren konnten. Nach dem Krieg hatte es, wie Kleinknecht ausführlich darstellt, erhebliche Probleme bei der Stellenbesetzung gegeben, was, neben der allgemeinen Schlussstrichmentalität, zu der wachsenden Nachsicht bei der Einstellung von NS-belasteten Richtern und Staatsanwälten beigetragen haben mag.

Allerdings greift diese ausschließliche Sichtweise auf die Reintegration der alten NS-Juristen nach Artikel 131 Grundgesetz wohl zu kurz, auch wenn es, wie eingangs erwähnt, noch keine Untersuchung über die württembergische Justiz nach 1945 gibt – ebenso wenig übrigens für die Jahrzehnte davor. Im Unterschied zu Württemberg erschien 2003 eine ausgezeichnete Untersuchung über die badischen Richter zwischen 1919 und 1952. Da Nordbaden und Nordwürttemberg seit 1945 von den Amerikanern zusammengelegt worden waren, spricht manches dafür, dass sich die Entwicklung in Württemberg wohl nicht wesentlich von derjenigen in Baden unterschied.

Zunächst lohnt sich ein Blick auf das neue Spitzenpersonal. Justizminister von Württemberg-Baden wurde Josef Beyerle, der letzte demokratische Justizminister Württembergs bis 1933, der sich als Richter durch die zwölf Jahre gerettet hatte. Bis 1933 beim Zentrum, gehörte er 1945 zu den Mitbegründern der CDU. Generalstaatsanwalt in Stuttgart wurde Richard Schmid, ein Verfolgter des NS-Regimes. Die Position des Oberlandesgerichtspräsidenten übernahm Hermann Steidle, der seit 1928 als Oberlandesgerichtsrat in Stuttgart tätig gewesen war. Er war nicht der NSDAP beigetreten und stand der evangelischen Landeskirche sehr nahe.[78]

Zu diesem neuen juristischen Spitzenpersonal gehörte auch Robert Perlen, der Steidle zunächst als Landgerichtsdirektor in Stuttgart Ende 1945 und dann 1950 als Präsident des Oberlandesgerichts Stuttgart und des Staatsgerichtshofes folgte. Als jüdischer Deutscher erhielt er 1938 Berufsverbot als Rechtsanwalt und 1944 drohte ihm die Deportation. Es gelang ihm, in Winnenden unterzutauchen und so mit seiner Frau das Dritte Reich zu überleben. Nach dem Krieg setzte er sich als Vorsitzender der Gesellschaft für christlich-jüdische Zusammenarbeit ab 1948 für eine Versöhnung zwischen christlichen und jüdischen Deutschen ein. Nach seiner Pensionierung übernahm er die Abteilung Wiedergutmachung im baden-württembergischen Justizministerium.[79]

Ihre Vorgänger hatten teilweise das Ende der nationalsozialistischen Herrschaft nicht überlebt. Nach der Zerstörung von Karlsruhe und Stuttgart 1944 hatten sich die Oberlandesgerichte nach Sinsheim und Ravensburg zurückgezogen. Otto Kleinknecht ging, wegen einer Erkrankung, zu seinem Glück nicht mit seinen Kollegen nach Oberschwaben. Dort wurden die Richter und Staatsanwälte nach der Befreiung übel misshandelt, Generalstaatsanwalt Wagner wurde sogar zu Tode geprügelt. Oberlandesgerichtspräsident Otto Küstner überlebte die Haft in Ravensburg, wurde aber nach 1945 nicht mehr beruflich aktiv. Der überzeugte Nationalsozialist und Karlsruher Oberlandesgerichtspräsident Heinrich Reinle hatte sich Anfang 1945 in seinem Dienstzimmer erschossen.[80]

Zusammen mit Richard Schmid fuhr Gebhard Müller, als Delegierter des Justizministers in der französisch besetzten Zone Württemberg-Hohenzollern und späterer Ministerialdirektor im Justizministerium in Tübingen, 1945 von Ort zu Ort, um die Justizbehörden wieder in Gang zu bringen. Im Oktober 1945 war man dann wieder so weit, „daß die Vereidigung der ersten Richter, Staatsanwälte, Rechtsanwälte usw. stattfinden konnte und die Justiz wieder notdürftig an allen Orten einschließlich der Notariate, was besonders wichtig war, in Gang kam".[81]

In der amerikanischen Zone griffen die Amerikaner entschieden durch. Alle NSDAP-Mitglieder wurden zunächst unabhängig von ihrer individuellen Verstrickung automatisch entlassen. Dies traf auch Otto

Kleinknecht, obwohl er einstweilen weiterbeschäftigt worden war. Mit der Entnazifizierung wurde zunächst eine gewisse Säuberung der Justiz erreicht und die unbelasteten neuen Spitzenkräfte taten ein Übriges, um bis auf weiteres belastete Richter und Staatsanwälte von ihren alten Positionen fernzuhalten. Es gab also anfänglich kein „weiter so". Otto Kleinknecht kritisierte verständlicherweise diese Säuberung ausschließlich nach dem formalen Kriterium Parteimitgliedschaft als Betroffener dezidiert. Seine Behauptung, dass deshalb manch fragwürdige Figur installiert worden sei, bedarf der historischen Überprüfung.

Michael Kißener spricht vor allem in Südbaden 1945/46 von bemerkenswerten Erfolgen. Aber dabei blieb es nicht. „Mannigfache gesetzliche Regelungen außerhalb des Verantwortungsbereiches der Justiz, demographische Veränderungen und nicht zuletzt der politische Wille zur Reintegration der politisch belasteten Teile der Bevölkerung (und der Beamten mit Paragraph 131 GG, T. S.) machten diese Bemühungen z. T. zunichte, wenngleich eine detaillierte Analyse der Berufswege von NS-Juristen in Baden belegt, dass diese Richter, selbst wenn sie in den Justizdienst zurückkehren konnten, in aller Regel keine einflussreichen Stellungen mehr erreichten."[82]

Im Landtag von Württemberg-Baden waren die Justiz, ihr Personal und ihre Urteile immer wieder Gegenstand von lebhaften Diskussionen. Dabei betonte Justizminister Beyerle Ende 1947, dass es in allen Spitzenpositionen der Justiz, „vom Oberrat einschließlich aufwärts", lediglich einen einzigen Mann gebe, „der früher Parteimitglied war, der aber als entlastet herausgekommen ist. Alle anderen hohen Richter und Staatsanwälte sind nicht Parteimitglieder gewesen. Wir haben nur in den unteren Stellen Mitläufer, und es wird sowohl in Württemberg wie in Baden das Verhältnis halb und halb sein, Nichtparteigenossen und Mitläufer". Allerdings verwies Beyerle auf die Zwänge bei der Besetzung amtlicher Stellen. „Wir können in der Justiz nur fachlich vorgebildete Leute mit den amtlichen Funktionen betrauen. Wir sind nicht in der Lage, wie das bei andern Verwaltungen möglich ist, auch aus dem freien Leben heraus geeignete Persönlichkeiten auf Richter- oder Staatsanwaltstellen zu setzen, sondern wir sind an die gesetzlichen Vorschriften und Voraussetzungen über die Befähigung zum Richteramt gebunden."[83]

Allerdings musste sich Beyerle bereits Ende Februar 1949 vor dem Landtag von Württemberg-Baden erneut gegen den Vorwurf wehren, dass mehr als 80 % der höheren Beamten im Justizdienst politisch belastet seien. Dem widersprach Beyerle – freilich nur in Nuancen. „Es ist richtig, daß in der Justizverwaltung in der Statistik eine Zahl von über 70 % vorkommt; das ist aber bei den gehobenen Beamten und hat hier seinen Grund vor allem in dem Notariat, wo wir eben die Leute, die sich im Notariat bewährt hatten und diese speziellen Kenntnisse aufweisen, wenn wir überzeugt sein durften, daß sie nicht politische Aktivisten waren, nach und nach, vielfach dem dringenden Wunsch der Bevölkerung entsprechend, wieder hereingenommen haben in ihre Aufgabe. Im Richterdienst sind es zwar auch etwas über 50 %, aber entfernt keine 80 % (Möller: Das langt uns auch!)."[84]

Auf zwei weitere Faktoren in der Nachkriegszeit wies Richard Schmid 1965 hin, der die bundesdeutsche Justiz sehr kritisch betrachtete und sich auch mit der Justiz in der Weimarer Republik auseinandergesetzt hatte. Den positiven Unterschied machte Schmid an zwei Entwicklungen fest, nämlich an den alliierten Eingriffen in die Justiz nach 1945 und am neu geschaffenen Bundesverfassungsgericht. „Die Justiz in den Ländern der Bundesrepublik hat sich recht gut angelassen, was ich so erklärt habe, daß, anders als 1918, eine deutliche historische Zäsur, ein Ruck nach vorwärts stattgefunden hat, der auch der Beamten- und Richterschaft bewußt gemacht wurde, durch Okkupation, Denazifizierung, Auflösung des Beamtenverhältnisses. Unser Bundesverfassungsgericht hat dazu das Nötige gesagt, wie überhaupt dieses Gericht ein Hauptverdienst an den positiven Tendenzen unserer Rechtsprechung hat, weil es mit der Wertordnung des Grundgesetzes sehr deutlich ernst machte. In der übrigen Rechtsprechung hat sich jene Wertordnung, nämlich der Vorrang des Menschen, des Einzelmenschen, noch nicht so deutlich durchgesetzt."[85]

Seine Kritik machte Schmid vor allem an Entscheidungen des damaligen Bundesgerichtshofs fest, der im Unterschied zum Bundesverfassungsgericht einige Richter in seinen Reihen hatte, die zwischen 1933 und 1945 sehr aktiv gewesen waren. So hatte zum Beispiel der erste Präsident des Bundesgerichtshofs Hermann Weinkauff zwischen 1937 und 1945 als Reichsgerichtsrat gewirkt[86] und der spätere Senatspräsident Paulheinz Baldus war vor 1945 im Reichsjustizministerium und in der Reichskanzlei tätig gewesen.[87]

Die Auswirkungen der Entnazifizierung lassen sich auch bei Otto Kleinknecht nachweisen. Am 7. August 1945 beantragte der neue Generalstaatsanwalt Richard Schmid mit Zustimmung des neuen Landesdirektors für Justiz Josef Beyerle bei der amerikanischen Militärregierung zusätzliche Kräfte „als rechtskundige Hilfsarbeiter" für die anstehende Wiedereröffnung der Staatsanwaltschaft Stuttgart. Vor 1945 arbeiteten 25 Staatsanwälte bei dieser Behörde. Nun standen gerade noch vier zur Verfügung, die nicht Mitglied der NSDAP gewesen waren. Zudem hätten sich in den Monaten vor dem Zusammenbruch „umfangreiche Fälle wegen Verfehlungen gegen die Kriegswirtschaft und die Verbrauchsregelung" angehäuft, deren Erledigung ohne weitere Fachkräfte nicht möglich war.

Schmid schlug drei Juristen vor, die alle ab 1. Mai 1933 Mitglied der NSDAP geworden waren. „Die Herren Otmar Halder und Otto Kleinknecht ... sind aber nicht politisch aktiv gewesen. Sie haben auch nach Auffassung der Auskunftspersonen, die mit ihnen amtlich zu tun hatten, insbesondere von Verteidigern, ihr Amt nicht in nationalsozialistischem Sinne geführt, sondern im Gegenteil in einem gewissen Masse dem von oben ausgeübten Druck widerstanden oder ihm ausgewichen."[88]

Die Amerikaner waren mit diesem Vorschlag zunächst einverstanden. Doch bereits Anfang November 1945 endete diese Tätigkeit der ehemaligen NSDAP-Mitglieder bei der Staatsanwaltschaft Stuttgart. In den folgenden Monaten war Otto Kleinknecht damit beschäftigt, „Persilscheine" für sein Entnazifizierungsverfahren zu besorgen, die seine politische Einstellung im Dritten Reich belegen sollten. In dieser Zeit hatte er keine laufenden Einkünfte. Am 15. Oktober 1946, also beinahe ein Jahr nach seiner Entlassung, stufte ihn die Spruchkammer Ludwigsburg als Mitläufer ein und verurteilte ihn zu einem Sühnebeitrag von 2000 RM, was etwa einem Viertel seines steuerpflichtigen Gesamteinkommens 1943 entsprach

In der Begründung ihres Urteils betonte die Spruchkammer, dass Otto Kleinknecht nur kurze Zeit als Blockwalter bzw. Blockwart der NSDAP tätig gewesen war und in dieser Zeit weder politische noch propagandistische Aktivitäten entwickelt hatte. „Die Erklärungen des Justizministeriums in Stuttgart, sowie des Ausschusses der pol. Parteien besagen, dass der Betroffene politisch nie hervorgetreten ist. Dies wird ihm auch durch zahlreiche Entlastungszeugnisse glaubwürdiger Personen bestätigt, so dass seine Parteizugehörigkeit nur als eine formelle angesehen werden kann."[89]

Damit konnte Kleinknecht wieder in den Justizdienst im Lande zurückkehren. Angesichts seiner geringen, formalen Belastung, seines kontinuierlichen Bekenntnisses zum katholischen Glauben auch in der Zeit des Nationalsozialismus und der Tatsache, dass er zwischen 1933 und 1945 trotz seiner ausgezeichneten Zeugnisse keine „Karriere" gemacht hatte, war seine Verbitterung über diese Behandlung verständlich. In den Folgejahren wurden immer mehr „furchtbare Juristen" ebenfalls als Mitläufer eingestuft, da im aufkommenden Kalten Krieg auch auf westalliierter Seite kein Interesse mehr an einer grundlegenden Entnazifizierung bestand. Vermutlich wird dies, wie einige Hinweise in seinen Erinnerungen zeigen, bei Otto Kleinknecht keine große Begeisterung ausgelöst haben.

In den fünfziger Jahren begann man sich in der Bundesrepublik, und gerade auch im besonders erfolgreichen Südwesten, im einsetzenden Wirtschaftswunder einzurichten. 1953 waren die Entnazifizierungsakten in Baden-Württemberg mit Zustimmung aller Parteien gesetzlich von jeder Benutzung ausgeschlossen worden. 1955 hatte Bundeskanzler Konrad Adenauer mit seinem Besuch in Moskau die letzten deutschen Kriegsgefangenen zurückgebracht und die Bundesrepublik war der NATO, dem westlichen Verteidigungsbündnis, beigetreten. In diesen Jahren wurden auch die letzten, von den Westalliierten nach 1945 verurteilten deutschen Kriegsverbrecher vorzeitig aus der Haft entlassen. Damit schien die „unselige Vergangenheit" tatsächlich zu vergehen.

Diese Vergangenheit ließ sich aber nicht verdrängen. Ende 1955 setzten Ermittlungen zu Erschießungen von Tausenden von jüdischen Litauern ein, nachdem der dafür verantwortliche ehemalige Polizeidirektor von Memel auf seine Wiedereinstellung in den Öffentlichen Dienst geklagt hatte. Im Laufe der Ermittlungen erkannten die Staatsanwälte die Dimension des Verfahrens, das 1958 als Ulmer Einsatzgruppenprozess in die Geschichte einging.[90] Als Folge dieses Verfahrens wurde auf Anregung des Stuttgarter Generalstaatsanwaltes Erich Nellmann, die vom baden-württembergischen Justizminister Wolfgang Haußmann aufgegriffen wurde, die Ludwigsburger Zentralstelle zur Verfolgung nationalsozialistischer Verbrechen gegründet, die inzwischen weltweit als vorbildlich für die Verfolgung staatlicher Verbrechen gilt.[91]

Die DDR hatte immer wieder versucht, die Bundesrepublik mit Aktenveröffentlichungen als sicheren Hafen für NS-Verbrecher darzustellen. Dazu gehörte ein publikumswirksamer Prozess gegen Hans Globke, den Kommentator der Nürnberger Rassengesetze und Staatssekretär in Adenauers Kanzleramt, in Ostberlin oder die Vorwürfe gegen den Vertriebenenminister Theodor Oberländer, die diesen schließlich zum Rücktritt zwangen. Am 23. Mai 1957 startete die DDR „ihre vielleicht erfolgreichs -

te Propagandaoffensive gegen die Bundesrepublik. Auf einer ‚internationalen Pressekonferenz' in Ost-Berlin präsentierte Professor Albert Norden (der Chefpropagandist der SED, T. S.) eine Broschüre mit den Namen von 118 Juristen im bundesdeutschen Justizdienst: ‚Gestern Hitlers Blutrichter – Heute Bonner Justiz-Elite'. Bis Ende 1959 wurden alle sechs Monate 200 weitere NS-Juristen ‚enttarnt' – 200, 400, 600, 800 und schließlich 1000 ‚Blutrichter im Dienst des Adenauer-Regimes'".[92]

Im Unterschied zu manch anderen Kampagnen der DDR waren die Angaben, von ganz wenigen Ausnahmen abgesehen, korrekt. Zunächst wollte die Bundesrepublik die Vorwürfe als kommunistische Hetzkampagne darstellen und Stellungnahmen dazu vermeiden. Vor allem in Großbritannien stießen die Angaben der DDR auf großes Interesse und damit wuchs der Druck auf die Bundesrepublik, sich dieser Sache anzunehmen und die Einzelfälle zu überprüfen.

Auch in Baden-Württemberg wurde eine „Kommission zur Überprüfung von Vorwürfen gegen Richter und Staatsanwälte wegen ihrer früheren Tätigkeit bei Sondergerichten usw." eingerichtet. Ihr gehörten die beiden Oberlandesgerichtspräsidenten Richard Schmid, Stuttgart und Max Silberstein, Karlsruhe an[93] sowie der Stuttgarter Landgerichtspräsident Hans Neidhard. Dabei wurden vor allem Urteile des Sondergerichts Stuttgart dahingehend überprüft, „ob sie Anlass zu beamtenrechtlichen Massnahmen gegen die beteiligten Richter und Staatsanwälte geben können".[94]

Otto Kleinknecht tauchte in einer „Liste der Richter und Staatsanwälte faschistischer Sondergerichte" auf. Über ihn hieß es „**früher:** Staatsanwalt am Sondergericht Stuttgart, **heute:** Oberamtsrichter in Marbach".[95] Auch im Braunbuch der DDR über die „Kriegs- und Naziverbrecher in der Bundesrepublik und in Westberlin" fand Otto Kleinknecht nochmals Erwähnung.[96]

Kleinknecht erläuterte Ende Mai/Anfang Juni 1961 in zwei umfangreichen Schriftsätzen die Hintergründe für die drei Todesurteile, die er auf Weisung des Justizministeriums in Berlin während seiner Tätigkeit beim Sondergericht Stuttgart beantragt hatte. Die betroffenen Angeklagten wurden alle zum Tode verurteilt und im Beisein von Otto Kleinknecht in Stuttgart auch hingerichtet. Es handelte sich um einen einschlägig vorbestraften Mann, der sich an mehreren Kindern vergangen hatte sowie einen ebenfalls einschlägig vorbestraften Mann, der in Oberschwaben unter Ausnutzung der Verdunklung zahlreiche Einbruchsdiebstähle begangen hatte. Im dritten Fall ging es um die Todesstrafe für einen vorbestraften Dieb, der als Fahrer mehrere Wagenladungen Stoffe sowie einige Rundfunkgeräte gestohlen und auf dem Schwarzmarkt weiterverkauft hatte. Dieser Fall spielte auch im Nürnberger Juristenprozess eine Rolle. Der amerikanische Ermittler, Major Einstein, verhörte Kleinknecht und machte ihm dazu Vorwürfe. „Als ich anhand des Ermittlungsergebnisses der sehr ausführlichen Anklageschrift nachweisen konnte, daß ich zu diesem Problem unter Anführung von Reichsgerichtsentscheidungen eingehend Stellung genommen hatte, gab Major Einstein sich zufrieden."[97]

Wie in seinen Erinnerungen betonte Otto Kleinknecht noch 1961, dass die Todesstrafe in diesem Fall nicht vermeidbar gewesen wäre. Auch 16 Jahre nach Kriegsende und zwölf Jahre nach dem Verbot der Todesstrafe im Grundgesetz verteidigte er diese Form der Strafe. Sie sei, „aus der Sicht der damaligen Notzeit gesehen, sachlich gerechtfertigt" gewesen.[98] Die Ausführungen von Kleinknecht überzeugten auch die Kommission, die aus Nazigegnern bestand. „Oberamtsrichter Kleinknecht hat dargetan, dass er durch bindende Weisung seines Dienstvorgesetzten und dieser durch die Weisung des Reichsjustizministeriums zu dem Antrag auf Todesstrafe unabweisbar gehalten war. Dies ist glaubhaft und soweit nur denkbar, belegt. Infolgedessen sind irgendwelche Massnahmen gegen den jetzigen Oberamtsrichter Kleinknecht nicht geboten."[99]

Da sich der Bundestag nicht auf eine Grundgesetzänderung einigen konnte, die eine Entlassung der nachweislich belasteten Richter und

Staatsanwälte ermöglicht hätte, wurde das Richtergesetz am 14. Juni 1961 dahingehend verändert, dass belastete Richter und Staatsanwälte auf eigenen Antrag und bei vollen Bezügen in den vorzeitigen Ruhestand gehen konnten. Zwar wurde allen Betroffenen, die bis 1962 den Antrag nicht gestellt hatten, mit Disziplinarmaßnahmen gedroht. Da sich der Gesetzgeber jedoch nicht über die Disziplinarmaßnahmen einigen konnte, passierte nichts. Insgesamt erwartete man von 149 Richtern und Staatsanwälten einen entsprechenden Pensionsantrag, den bis Juni 1962 135 tatsächlich gestellt hatten.

Am 10. September 1962 berichtete Bundesjustizminister Wolfgang Stammberger dem Bundestag, dass nunmehr 149 Richter und Staatsanwälte, „die in der Zeit vom 1. September 1939 bis zum 9. Mai 1945 als Richter oder Staatsanwälte an der Strafrechtspflege mitgewirkt haben, ... aus Anlaß der wegen dieser Tätigkeit gegen sie erhobenen Vorwürfe ausgeschieden (sind) oder ... ihre Versetzung in den Ruhestand beantragt" haben. Acht Richter und vier Staatsanwälte, „von denen erwartet wurde, daß sie einen Antrag nach (Paragraph) 116 des Deutschen Richtergesetzes stellen würden, haben von dieser Möglichkeit keinen Gebrauch gemacht".[100] Außer einer Prüfung der zwölf Einzelfälle konnte Stammberger dem Bundestag keine weiteren Maßnahmen ankündigen. Damit war die Angelegenheit erledigt und kein NS-Richter wurde von einem bundesdeutschen Gericht für seine Urteile und Strafverfahren in der Zeit des Nationalsozialismus verurteilt.

Erst 1995 räumte der Bundesgerichtshof in einem Verfahren gegen einen ehemaligen Richter des Obersten Gerichts der DDR eine eigene Mitschuld daran ein, „dass die Strafverfolgung von NS-Richtern wegen ‚Rechtsbeugung in Tateinheit mit Kapitalverbrechen' ausgeblieben war". Die „Selbstamnestierung der bundesdeutschen Justiz" bezüglich der NS-Verbrechen war geglückt. Allerdings zeigt der Fall Otto Kleinknecht, dass es notwendig ist, die Einzelfälle zu untersuchen, um einen genauen Überblick zu erhalten. Dazu wäre es jedoch notwendig, zu de-

finieren, was der Begriff „belastete Juristen" im Sinne des Richtergesetzes von 1961 bedeutet.[101]

Die Beschäftigung mit den württembergischen Richtern und Staatsanwälten von der Weimarer Republik bis zur Bundesrepublik zeigt ein
erschreckendes Bild, das sich allerdings nicht wesentlich von anderen
Funktionseliten unterscheidet. 1933 kam es zu einer reibungslosen Anpassung der Justiz an die neuen Verhältnisse und das neue Rechtssys-
tem. Auch wenn es wohl nur wenige überzeugte Nationalsozialisten
unter den Richtern und Staatsanwälten gab, so scheint die Zahl der NS-
Gegner auch in ihren Reihen verschwindend klein gewesen zu sein. Der
Rechtsstaat hatte keine Verteidiger. Der Zusammenbruch 1945, der Aus-
tausch der Spitzen der Justiz und die Entnazifizierung stellten im Unterschied zu 1918 einen erheblichen Einschnitt dar. Trotzdem blieben
die positiven Ansätze der Nachkriegszeit stecken, als die alten NS-Beamten ab 1951 wieder eingestellt werden mussten. Einzig das Bundesverfassungsgericht sorgte mit seinen Urteilen dafür, dass der Bruch von
1945 nicht im „weiter so" verschwand.

Eine selbstkritische Auseinandersetzung mit den eigenen Urteilen
und dem eigenen Handeln sucht man ebenfalls vergebens. Die Erinnerungen von Otto Kleinknecht stellen insofern eine Besonderheit dar, als
ein Staatsanwalt bei einem Sondergericht einen Einblick in sein Denken
und Handeln während des Nationalsozialismus gibt und dabei die eigenen Schwächen nicht ausspart. Gleichzeitig zeigen sie sehr eindrücklich, warum die Nationalsozialisten so leichtes Spiel hatten – auch bei
Juristen, von denen sie abgelehnt wurden. Insofern erzählt Otto Kleinknecht von den Möglichkeiten und Grenzen der Staatsdiener im Dritten
Reich, weit über den Justizbereich hinaus.

ANHANG

ANMERKUNGEN

Otto Kleinknecht

„Im Sturm der Zeiten" – Aus den Erinnerungen eines württembergischen Staatsanwalts 1929 bis 1949

1 Alle kursiv gesetzten Hinweise, unter anderem die erläuternden Einführungen zu einzelnen Kapiteln ebenso wie sämtliche Überschriften, und damit auch das Inhaltsverzeichnis, stammen von Walter J. Elser. Zur weiteren Verfahrensweise dieser Edition siehe unten im Anhang.

2 Die Hinweise in eckiger Klammer an jedem Kapitelende sind Fundstellennachweise, zusammengestellt von Walter J. Elser. Sie verweisen auf die durchnummerierten und paginierten Erinnerungen von Otto Kleinknecht, hier also Band V, S. 286 f.

3 Mit „heute" meint Otto Kleinknecht die Zeit ab seinem Ruhestand 1966 bis in die 1970er-Jahre, in denen er seine Tagebucheinträge bearbeitete und maschinenschriftlich übertrug.

4 Sling [alias Paul Schlesinger], Richter und Gerichtete. Gerichtsreportagen aus den zwanziger Jahren, Berlin 1929.

5 Oberstaatsanwalt a. D. Hermann Cuhorst verstarb 1937. Sein Sohn ist Hermann Albert Cuhorst.

6 Heinrich Wandt, 1: Etappe Gent – Streiflichter zum Zusammenbruch, Berlin [1920]; 2: Erotik und Spionage in der Etappe Gent, Berlin 1928.

7 Paul Elwert/Manfred Hagen, Mechtildis – Roman aus einer Frauenanstalt, Leipzig [1930].

8 Das umgangssprachlich „weiße Dragoner" genannte Dragonerregiment „Königin Olga" war bis 1919 ein Regiment des württembergischen Heeres gewesen.

9 Die österreichische Zeitschrift „Schö-

nere Zukunft – katholische Wochenschrift für Religion und Kultur, Soziologie und Volkswirtschaft" wurde von dem Publizisten Joseph Eberle herausgegeben. Deren Hauptleserschaft befand sich in Deutschland. 1941 wurden Eberle und das gesamte Personal der Zeitschrift wegen „Störung und Zersetzung der Erziehungsarbeit des Führers" verhaftet. Nach Eberles Einlieferung in ein Konzentrationslager wurde die „Schönere Zukunft" als erste der großen, religiösen Zeitschriften verboten.

10 Die von Richard Nikolaus Coudenhove-Kalergi als „Pan-Europa" bezeichnete Idee eines vereinten Europas schlug führende europäische Geister in ihren Bann wie die Staatsmänner Konrad Adenauer, Bruno Kreisky und Aristide Briand oder den Schriftsteller Franz Werfel und den Wissenschaftler Albert Einstein.

11 Kleinknecht nimmt hier Bezug auf eine enttäuschte Liebe.

12 Karl Nesch war Mieter im Hause Kleinknecht in Marbach.

13 Silvio Gesell war Begründer der Freiwirtschaftslehre, Finanztheoretiker und Sozialreformer.

14 Herman Wirth, niederländischer Geisteswissenschaftler, war Mitbegründer der Forschungsgemeinschaft Deutsches Ahnenerbe der SS. Wirth erkannte die Fälschung der Ura-Linda-Chronik nicht und propagierte deren Echtheit in seiner 1933 erschienenen Publikation (Herman Wirth, Die Ura-Linda-Chronik. Übersetzt und mit einer einführenden geschichtlichen Untersuchung herausgegeben, Leipzig 1933).

15 Die auf Fälschungen beruhenden Protokolle der Weisen von Zion sind ein antisemitisches Pamphlet, das zu Beginn des 20. Jahrhunderts erstellt wurde.

Sie vermitteln den Anschein, geheime Dokumente eines Treffens jüdischer Weltverschwörer zu sein.

16 Artur Dinter war Gründer der Deutschen Volkskirche, die eine „arisch-heldische Lehre Jesu" verkündete, mit dem Ziel, die christliche Lehre zu „entjuden".

17 „Volk ohne Raum" wurde erstmals 1926 in München publiziert und bis 1933 220 000 mal verkauft, weitere 330 000 Exemplare kamen bis 1944 hinzu. Während der nationalsozialistischen Herrschaft wurde das Buch Schullektüre. Sein Titel hat Eingang in den Jargon des Nationalsozialismus gefunden.

18 Der Roman von Erich Maria Remarque „Im Westen nichts Neues" schildert die Schrecken des 1. Weltkrieges aus der Sicht junger Soldaten. In Buchform erschien diese literarische Verarbeitung der traumatischen Erlebnisse der Kriegsteilnehmer im Januar 1929 und wurde noch im selben Jahr in zahlreiche Sprachen übersetzt. Die Nationalsozialisten versuchten in einer Rufmordkampagne, Remarque und sein Werk zu diskreditieren.

19 Hans F.[riedrich] K.[arl] Günther ist der Verfasser unter anderem von „Rassenkunde des deutschen Volkes", „Kleine Rassenkunde Europas" und „Rassenkunde des jüdischen Volkes". Der als „Rassegünther" oder „Rassenpapst" bekannt gewordene Professor gilt als einer der Urheber der nationalsozialistischen Rassenideologie.

20 Der Schwank in drei Akten „Hasenklein kann nichts dafür" stammt von Hans Mahner-Mons und wurde auch verfilmt.

21 Hermann Albert Cuhorst wurde 1933 Senatspräsident des Oberlandesgerichts Stuttgart, ab Oktober/November 1937 hatte er dann die Leitung des Stuttgarter Sondergerichts inne.

22 Der Stuttgarter Jurist Dr. Fritz Bauer war Richter und Staatsanwalt und maßgeblich für die Aufarbeitung der Verbrechen des NS-Regimes verantwortlich. In

den 1950er-Jahren setzte er sich für die positive Würdigung der Widerstandskämpfer des 20. Juli ein und spielte als Generalstaatsanwalt eine wesentliche Rolle beim Zustandekommen der Frankfurter Auschwitzprozesse.

23 Die in Stuttgart erscheinende Schwäbische Tagwacht, die Tageszeitung der SPD, wurde 1933 von den Nationalsozialisten verboten.

24 Das Hauptwerk des Kultur- und Geschichtsphilosophen Oswald Spengler ist die 1918 erschienene Publikation „Der Untergang des Abendlandes".

25 Studentenverbindung Rothenburg.

26 Anlässlich eines Urlaubs im Odenwald.

27 In der Presse und Öffentlichkeit erregte der „Barmat-Kutisker-Skandal" großes Aufsehen, zwei ursprünglich getrennte Skandale in der Weimarer Republik, die in der damaligen Öffentlichkeit häufig gemeinsam genannt wurden. 1924 wurde Iwan Baruch Kutisker unter dem Vorwurf von Vermögensdelikten zum Schaden der Preußischen Staatsbank verhaftet und 1926 wegen Betrugs und Bestechung verurteilt. Auch Julius Barmat wurden betrügerische Geldgeschäfte und zusätzlich Beamtenbestechung zur Last gelegt. Er kam 1924 ins Gefängnis und wurde zusammen mit seinem Bruder Henry 1928 verurteilt. Die NSDAP wertete diesen Skandal in der Endphase der Weimarer Republik gemeinsam mit anderen Vorwürfen als Beleg dafür, der Staat sei eine „Juden"- und „Schieberrepublik".

28 Heimfahrt von einer Urlaubsreise.

29 Die Zeit von 1925 bis Januar 1933 wurde bei den Nationalsozialisten als „Kampfzeit" bezeichnet. „Alte Kämpfer" war eine Benennung für NSDAP-Mitglieder, die der Partei bereits vor dem 30. Januar 1933 beigetreten waren.

30 Otto Kleinknecht heiratete am 31. August 1933 Gertrud Assmann.

31 Aus dem fünfwöchigen Krankenhausaufenthalt entlassen, kam Kleinknecht

nach Marbach in recht elendem
Zustand.

32 Maria Zelzer, Weg und Schicksal der
Stuttgarter Juden – Ein Gedenkbuch,
hrsg. von der Stadt Stuttgart, Stuttgart
1964, S. 266: „Nach dem Gesetz zur
Wiederherstellung des Berufsbeamtentums vom 7. April 1933 mußten die jüdischen Amtsrichter Dr. Fritz Bauer, Dr.
Robert Bloch, Dr. Ernst Einstein, Alfred
Marx, Gustav Stössel und der Erste
Staatsanwalt Walter Richheimer aus
ihren Ämtern scheiden." Einstein ging
in die USA und starb dort 1962; Stössel
ist nach dem Krieg in Stuttgart nachgewiesen (Zelzer, ebd., S. 464).
Günther Weinmann, Das Oberlandesgericht Stuttgart von 1933 bis 1945, in:
Eberhard Stilz (Hrsg.), Das Oberlandesgericht Stuttgart, 125 Jahre 1879-2004,
Villingen-Schwenningen 2004, S. 37-
62, hier S. 43: „Im Oberlandesgerichts-
bezirk Stuttgart verloren auf Grund
dieses Gesetzes und anderer nazistischer
Gewalttaten schon 1933/34 mindestens
die zwölf nachfolgend genannten Kollegen ihren Arbeitsplatz bzw. ihre Pensi-
onsrechte": Dr. Fritz Bauer, Dr. Robert
Bloch, Dr. Ernst Einstein, Dr. Egon
Gottschalk (gestorben in Sao Paulo), Dr.
Otto Kaulla, Alfred Marx, Walter Richheimer (gestorben in den USA), Dr.
Schwabacher, Ludwig Stern (gestorben
in den USA), Gustav Stössel, Fritz
Glück (gestorben als Richter in Israel),
Manfred Laupheimer (gestorben 1944 in
Auschwitz).

33 Erster Staatsanwalt Walter Richheimer
ging 1939 in die USA (Zelzer, wie Anm.
32, S. 464).

34 Dr. Robert Bloch starb 1942 in Auschwitz (Zelzer, ebd.); Weinmann (wie
Anm. 32), S. 43 hingegen gibt 1943 an.

35 Alfred Marx lebte nach dem Krieg als
Landgerichtspräsident a. D. in Stuttgart
(Zelzer, ebd.).

36 Dr. Otto Kaulla ging in die USA und
verstarb dort (Zelzer, ebd.).

37 Unter König Friedrich I. von Württemberg war Karoline (Chaile) Kaulla Hof-
faktorin.

38 Geometer Lutz hatte wegen einer
Grundstücksangelegenheit eine Auseinandersetzung mit Kleinknecht.

39 In Stuttgart gibt es heute die Straßen
„Im Oberen Kienle" und „Im Unteren
Kienle".

40 Adolf Hitler stiftete am 9. November
1933 den „Blutorden". Damit wurden
die Teilnehmer des Hitlerputsches vom
9. November 1923 ausgezeichnet. Später wurde der Kreis der Geehrten stark
ausgeweitet.

41 Schwäbischer Ausdruck für „nur nicht
übertreiben".

42 Schwester von Gertrud Kleinknecht.

43 Anlässlich eines Wanderurlaubs Ende
August bis Anfang September 1935.

44 Seit Januar 1929 war Dr. Ilse Beisswanger Amtsrichterin am Amtsgericht Stuttgart.

45 Kleinknecht verwendet in seinen
Erinnerungen unterschiedliche Schreib-
weisen: Oberlandesgerichtsrat bzw.
Oberlandgerichtsrat sowie Oberlandesgericht bzw. Oberlandgericht.

46 Der sogenannte Antimodernisteneid
wurde 1910 von Papst Pius X. eingeführt und wandte sich gegen als „Mo-
dernismus" bezeichnete Lehren.

47 Weinmann (wie Anm. 32), S. 49: Von
März 1933 bis September 1937 leitete
Flaxland das Sondergericht, „offenbar
jedoch nicht so, wie die NS-Partei, Gauleiter Wilhelm Murr und das Reichsjustizministerium dies erwartet hatten,
zumindest aber ‚unauffällig'. Mit der
Zeit wurde Landgerichtsdirektor Flaxland aus NS-politischer Sicht untragbar,
zuletzt angeblich wegen seiner Weigerung, das Hauptverfahren gegen einen
angeklagten jüdischen Kaufmann zu eröffnen. Er bat am 13. September 1937
‚von sich aus' um seine Versetzung und
wurde danach als Vorsitzender einer
Strafkammer beim Landgericht Stuttgart

verwendet." Als Nachfolger wurde von Oberlandesgerichtspräsident Dr. Otto Küstner der Zivilsenatsvorsitzende Hermann Cuhorst vorgeschlagen. Cuhorst wurde dann am 21. September 1937 zum Sondergerichtsvorsitzenden berufen.

48 Karl Barchet war Bankdirektor in Stuttgart und mit Gretel Brosig verheiratet. Die Ehepaare Barchet und Kleinknecht waren Wandergenossen.

49 Max Miller, Die Söflinger Briefe und das Klarissenkloster Söflingen bei Ulm im Spätmittelalter, Würzburg-Aumühle [1940].

50 Kleinknecht war nach der Machtergreifung Hitlers nicht mehr zum katholischen Stammtisch im St. Vinzenzhaus gegangen.

51 Die Erinnerungsstätte Matthias Erzberger des Hauses der Geschichte Baden-Württemberg in Münsingen-Buttenhausen gedenkt seiner.

52 Kleinknecht meint hier sicherlich den Schriftsteller Rolf Hochhuth und dessen Theaterstück „Der Stellvertreter" von 1963, wo die Rolle von Papst Pius XII. angesichts des Holocaust kritisch beleuchtet wird.

53 Der Evangelische Bund wurde 1886 zur Wahrung der deutsch-protestantischen Interessen gegründet und stellt noch heute einen der größten protestantischen Verbände in Deutschland dar.

54 Mit der „Los-von-Rom-Bewegung" wird eine im Wesentlichen politisch motivierte Strömung in Österreich um 1900 bezeichnet. Sie intendierte die Förderung des Konfessionswechsels von der römisch-katholischen zur evangelischen bzw. alt-katholischen Konfession und wurde von deutschnationalen Kräften getragen.

55 Die „Bekennende Kirche" bzw. „Bekenntnisfront" 1934 bis 1945 war die Widerstandsbewegung der evangelischen Kirche gegen die nationalsozialistische Weltanschauung und die Bewegung der „Deutschen Christen".

Ziel der „Deutschen Christen" war die „Gleichschaltung" der Kirche mit dem NS-Staat und der nationalsozialistischen Ideologie.

56 Alfred Rosenberg hatte 1930 sein Buch „Der Mythus des 20. Jahrhunderts" veröffentlicht.

57 Heinz Mundinger ist der Stiefsohn von Karl Nesch.

58 Die Schlacht um die norwegische Hafenstadt Narvik fand in mehreren Phasen von April bis Juni 1940 statt.

59 Am 10. Mai 1940 hatte das Deutsche Reich die Westoffensive gegen Frankreich eröffnet.

60 Adolf Hitler berief Roland Freisler erst am 20. August 1942 zum Präsidenten des ab 1934 bestehenden Volksgerichtshofs, des höchsten Gerichts des NS-Staats für politische Strafsachen. Bis zu seinem Tod am 3. Februar 1945 in Berlin war Freisler Präsident des Volksgerichtshofs. Freisler ist verantwortlich für Tausende von Todesurteilen in Schauprozessen.

61 Am 20. August 1942 trat Dr. Otto Georg Thierack das Amt des Reichsministers der Justiz an.

62 Pius XII. war vom 2. März 1939 bis zum 9. Oktober 1958 Papst der römisch-katholischen Kirche.

63 Im August 1941 wurde der Spielfilm „Ich klage an" (Regie: Wolfgang Liebeneiner) uraufgeführt. Der Propagandafilm war als Werbung für den nationalsozialistischen Krankenmord intendiert.

64 Johann Reichhart war der letzte bayerische Henker. Reichhart vollzog nicht nur in Bayern Hinrichtungen, sondern auch in Sachsen, Thüringen und Württemberg sowie ab 1933 an den zentralen Hinrichtungsstätten München, Dresden und Stuttgart.

65 Die Hinrichtungen mit Fallbeil fanden im Lichthof des damaligen Justizgebäudes Urbanstraße 18 bis zu dessen Zerstörung im September 1944 statt; dazu

auch Weinmann (wie Anm. 32), S. 51.

66 Die Protokolle des Reichstags geben für den 26. April 1942 die Rede Hitlers vor dem Reichstag wieder: „Ich werde nicht eher ruhen, bis jeder Deutsche einsieht, daß es eine Schande ist, Jurist zu sein." Beim Beschluss des Reichstags vom 26. April 1942 ging es letztlich um die endgültige Gleichschaltung des Verwaltungsapparats und die uneingeschränkte Durchsetzung des Führerbefehls. Unter anderem wurden Teile des Beamtengesetzes von 1937 und Bestimmungen über die Stellung der Richter faktisch aufgehoben.

67 Kleinknecht meint hier die Kleber Post in Saulgau.

68 Cuhorst war Vorsitzender in einem Gerichtsverfahren gegen Robert Scholl, dem Vater der Geschwister Scholl. 1917 wurde Scholl in Ingersheim an der Jagst Bürgermeister und war von 1920 bis 1930 Bürgermeister in Forchtenberg. 1932 zog die Familie nach Ulm, wo Robert Scholl eine Kanzlei als Steuerberater und Wirtschaftsprüfer unterhielt. 1942 wurde er wegen kritischer Äußerungen über Hitler – er nannte ihn „Geißel Gottes" – zu vier Monaten Gefängnis verurteilt und mit einem Berufsverbot belegt. Weinmann (wie Anm. 32), S. 51 spricht von einer Anklage der Eheleute und einer der Töchter Scholz im Jahr 1943, bei der Vater Scholl wegen „Rundfunkverbrechens" zu einer 18-monatigen Gefängnisstrafe verurteilt wurde. Von Juni 1945 bis 1948 war Robert Scholl dann Oberbürgermeister der Stadt Ulm.

69 Durch die sogenannten Polenerlasse vom 8. März 1940 schuf die NS-Regierung per Polizeiverordnung ein rassistisch begründetes Sonderrecht. Die „Polenstrafrechtsverordnung" vom 4. Dezember 1941 verschärfte noch die Ungleichheit zwischen Deutschen sowie Polen und Juden. Schon bei kleinsten

Vergehen wurde die Todesstrafe verhängt. Vgl. dazu auch Alfred Streim, Zur Bildung und Tätigkeit der Sondergerichte, in: Thomas Schnabel (Hrsg.), Formen des Widerstandes im Südwesten 1933–1945. Scheitern und Nachwirken, Ulm 1994, S. 237-258, hier S. 252 ff.

70 „Mild in der Methode, stark in der Sache."

71 Hermann Cuhorst wurde am 20. November 1944 seines Amtes enthoben und auf Anordnung von Reichsjustizminister Thierack zur Wehrmacht einberufen.

72 Bisweilen als „Himmlers Klostersturm" oder „Klostersturm der Nazis" bezeichnet. Himmler hatte von 1940 an in großem Umfang Klöster, Pfarr- und Schwesternhäuser sowie evangelische diakonische Einrichtungen in ganz Württemberg beschlagnahmt. Ziel war, rund 20 000 Umsiedler aus Osteuropa zur sogenannten Eindeutschung „in die deutsche Volksgemeinschaft" einzugliedern.

73 In das ehemalige Hotel Silber unweit vom Stuttgarter Charlottenplatz und Karlsplatz zog 1928 das Stuttgarter Polizeipräsidium inklusive der Abteilung der Politischen Polizei ein. Ab November 1933 nutzte die 1936 in Geheime Staatspolizei umbenannte Politische Polizei das Gebäude alleine. Das Haus der Geschichte Baden-Württemberg richtet hier einen „Erinnerungs- und Lernort" ein.

74 Ab Mai 1940 war Friedrich Mußgay (auch Mussgay) kommissarischer Leiter der Stuttgarter Gestapo und von Juli 1941 bis April 1945 offiziell bestallt. Als Leiter der Staatspolizeileitstelle Stuttgart fallen in Mußgays Dienstzeit die Deportationen der Juden aus Württemberg und Hohenzollern, an deren Organisation und Durchführung er maßgeblichen Anteil hatte. Mußgay beantragte beim Reichssicherheitshaupt-

amt in Berlin zahlreiche Hinrichtungen von polnischen und sowjetischen Zwangsarbeitern.

75 Rückreise von einem Urlaub bei Verwandten seiner Frau und den Schwiegereltern in Schlesien.

76 Kleinknecht hält bisweilen in seinen Erinnerungen die Chronologie nicht streng ein.

77 General der Infanterie Walter von Unruh wurde im November 1942 zum „Sonderbeauftragten für die Überprüfung des zweckmäßigen Kriegseinsatzes" nicht nur in der Wehrmacht, sondern auch in Staatsverwaltung und Partei ernannt. Seinem Bemühen, Personal für die Fronttruppen freizusetzen, verdankte er seinen Spitznamen „General Heldenklau".

78 Gemeint ist ein rechtskräftig ergangenes Urteil durch ein anderes Gericht.

79 Kleinknecht meint wohl die „Verordnung zur Ergänzung der Strafvorschriften zum Schutz der Wehrkraft des Deutschen Volkes", die auf den 25. November 1939 datiert. Unter anderem werden darin die Störung eines wichtigen Betriebs und Wehrmittelbeschädigung mit hohen Strafen belegt.

80 Auch hier hält Kleinknecht den chronologischen Ablauf seiner Erzählungen nicht strikt ein.

81 Der Reichskolonialbund (RKB) bestand zwischen 1936 und 1943 und war ein Sammelbecken aller zuvor für das Kolonialwesen tätigen Verbände; er war kein der NSDAP angeschlossener Verband.

82 Wie oben hält Kleinknecht auch hier den chronologischen Ablauf seiner Schilderungen nicht strikt ein.

83 Der Bruder von Gretel Brosig, verheiratete Barchet, war Erich Brosig.

84 „Ohne Zorn und Eifer", im Sinne von Wertfreiheit, ohne Parteilichkeit.

85 Ausführlicher dazu Weinmann (wie Anm. 32), S. 58: „Als Anfang April 1945 sich die Front Stuttgart näherte und die Räumung der Stadt erörtert wurde, setzten sich, gemäß Weisung des Reichsverteidigungskommissars und des Gauleiters Wilhelm Murr, Oberlandesgerichtspräsident Dr. Küstner, die Verwaltungsabteilung und Generalstaatsanwalt Otto Wagner, mit seiner Behörde nach Ravensburg ab. Zudem wurden noch etwa 100 Gefangene aus der Haftanstalt Stuttgart (per Fußmarsch) mitgenommen und im Gefängnis Ravensburg verwahrt. Ende April 1945 besetzten französische Truppen Ravensburg, die Gefangenen wurden freigelassen." Im Mai und Juni 1945 wurden Dr. Küstner, Generalstaatsanwalt Wagner und viele ihrer Mitarbeiter im Ravensburger Gefängnis inhaftiert. Weinmann, ebd., S. 58 f. schildert, wie einer der befreiten Gefangenen ein „unsagbares Schreckensregiment" führte. Generalstaatsanwalt Wagner wurde in der Nacht zum 11. Juni 1945 totgeprügelt.

86 Vetter Friedrich Lepp.

87 Erlenspiels und Gayers waren Nachbarn.

88 Vetter Karl Stängle.

89 Postinspektorgattin in Marbach.

90 Weiter oben schreibt Kleinknecht den Namen „Stehle".

91 Im November 1943 war wegen der Luftangriffe das Karlsgymnasium von Stuttgart nach Marbach verlegt worden. Der 13-jährige Schüler Ulrich Kommerell und seine Mutter waren im Hause Kleinknecht einquartiert gewesen (siehe dazu Kleinknecht, VI/240).

92 Eventuell meint Kleinknecht hier den SS-Stabsarzt und Forscher Dr. Karl Fahrenkamp, der in Pabenschwandt, einem Außenlager des KZ Dachau, Versuche an Gefangenen vornahm.

93 Das größte Kriegsgefangenenlager Süddeutschlands wurde im Mai 1945 durch die US-amerikanischen Streitkräfte im heutigen Heilbronner Stadtteil Böckingen auf freiem Feld eingerichtet. Im Mai, Juni 1945 war das Lager mit an die

150 000 Mann katastrophal überbelegt.
1947 war es Durchgangslager für
Kriegsgefangene und Lager für Zivil-
internierte im Zuge des Entnazifizie-
rungsprozesses.

94 Als „automatischer Arrest" wird die
Verhaftung bestimmter Personengrup-
pen ohne Einzelprüfung bezeichnet.

95 Von 1945 bis 1948 war die ehemalige
Flakkaserne im Ludwigsburger Stadtteil
Oßweil Internierungslager der Amerika-
ner.

96 „Nur nicht hetzen! Von Leuten, die hetzen, habe ich noch nie etwas gehalten."

97 Gosche: schwäbisch derb für „Mund".

98 Kleinknecht meint hier sicherlich die
Stafflenbergstraße.

99 Verbot, wegen derselben Tat zweimal
vor Gericht angeklagt zu werden.

100 Man spricht hier auch vom „Synagogen-
brandprozess". In der Nacht vom 9. auf
10. November 1938 wurden die Synagogen in Steinbach und Braunsbach angezündet. In Schwäbisch Hall wurden der
jüdische Betsaal verwüstet, jüdische Geschäfte und Privatwohnungen demoliert,
Bücher und Inventar öffentlich verbrannt sowie Bewohner misshandelt
(Kleinknecht schreibt hingegen unten,
Personen seien nicht zu Schaden gekommen).

101 Die Urteile im „Synagogenbrandpro-
zess" ergingen am 19. Juli 1948: Haupt-
angeklagter Kreisleiter Bosch wurde zu
zwei Jahren Zuchthaus verurteilt. Die
Mitangeklagten erhielten Gefängnisstra-
fen von sechs Wochen bis 14 Monaten
und sechs Angeklagte einen Freispruch.

102 Wolfgang Haußmann war der Sohn von
Conrad Haußmann, einem Reichstags-
abgeordneten der Weimarer Republik.
Der Zwillingsbruder von Conrad Haußmann war Friedrich, der als Rechtsanwalt, Politiker und einer der Führer der
Deutschen Volkspartei aktiv war.

Thomas Schnabel
Ein Staatsanwalt erinnert sich –
Eine historische Einordnung

1 Irmtrud Wojak, Fritz Bauer 1903–1968.
Eine Biographie, München 2009.

2 Alfred Marx, Das Schicksal der jüdi-
schen Juristen in Württemberg und
Hohenzollern 1933–1945, in: Die Justiz,
Juni 1965, S. 178-184; Juli 1965,
S. 202-211; August 1965, S. 245-247.

3 Michael Kißener, Zwischen Diktatur
und Demokratie. Badische Richter
1919–1952, Konstanz 2003.

4 Verhandlungen des Württembergischen
Landtags, 81. Sitzung vom 8. März
1930, S. 2007.

5 Ebd., S. 2004.

6 Verhandlungen des Württembergischen
Landtags, 32. Sitzung vom 20. Dezember 1932, S. 803.

7 Thomas Schnabel, Württemberg
zwischen Weimar und Bonn, Stuttgart
1986, S. 182.

8 Paul Sauer, Württemberg in der Zeit des
Nationalsozialismus, Ulm 1975, S. 65.

9 I. Wojak (wie Anm. 1), S. 113.

10 Ebd., S. 122 f.

11 Alfred Marx, Das Schicksal der jüdischen Juristen in Württemberg und Hohenzollern 1933–1945, Villingen 1965.

12 Staatsanzeiger vom 28. April 1933, zit.
nach P. Sauer (wie Anm. 8), S. 66.

13 Günther Weinmann, Das Oberlandesgericht Stuttgart von 1933 bis 1945, in:
Eberhard Stilz (Hrsg.), Das Oberlandesgericht Stuttgart, 125 Jahre 1879–2004,
Villingen-Schwenningen 2004, S. 37 f.

14 Ebd.

15 Ebd.

16 Ebd.

17 Ebd., S. 66 f.

18 Ebd., S. 67.

19 Reichsgesetzblatt Nr. 67 vom 7. Oktober
1931, S. 565.

20 Reichsgesetzblatt Nr. 54 vom 9. August
1932, S. 404.

21 Reichsgesetzblatt Nr. 80 vom 20. Dezember 1932, S. 550.

22 Bernward Dörner, „Heimtücke“: Das Gesetz als Waffe. Kontrolle, Abschreckung und Verfolgung in Deutschland 1933–1945, Paderborn 1998, S. 35.

23 Zit. nach ebd., S. 17.

24 Ebd., S. 19.

25 Ebd., S. 21.

26 Ebd., S. 22.

27 Th. Schnabel (wie Anm. 7), S. 554.

28 Ebd., S. 555.

29 Joseph Walk, Das Sonderrecht für die Juden im NS-Staat. Eine Sammlung der gesetzlichen Maßnahmen und Richtlinien – Inhalt und Bedeutung, Heidelberg 1981.

30 Vgl. einzelne Urteile in Ralph Angermund, Die geprellten „Richterkönige“. Zum Niedergang der Justiz im NS-Staat, in: Hans Mommsen/Susanne Willems (Hrsg.), Herrschaftsalltag im Dritten Reich. Studien und Texte, Düsseldorf 1988, S. 353-360.

31 Gebhard Müller blickt zurück. Festgabe des Landtags von Baden-Württemberg aus Anlaß des 80. Geburtstages von Professor Dr. Dres. h. c. Gebhard Müller, Stuttgart 1980, S. 11.

32 Vgl. dazu Roland Freisler (Hrsg.), Überblick über die wichtigsten Gesetze und Verordnungen seit Kriegsbeginn bis Ende 1940, Berlin 1941.

33 Hans Wüllenweber, Sondergerichte im Dritten Reich. Vergessene Verbrechen der Justiz, Frankfurt 1990, S. 27-30.

34 Lothar Gruchmann, Justiz im Dritten Reich 1933–1940. Anpassung und Unterwerfung in der Ära Gürtner, München 1988, S. 901.

35 H. Wüllenweber (wie Anm. 33), S. 41 f.

36 Manfred Messerschmidt, Die Wehrmachtjustiz 1933–1945, Paderborn 2005, S. 453.

37 Zit. nach Michael P. Hensle, Die Todesurteile des Sondergerichts Freiburg 1940–1945, München 1996, S. 30.

38 G. Müller (wie Anm. 31), S. 12.

39 Heinz Boberach (Hrsg.), Richterbriefe. Dokumente zur Beeinflussung der deutschen Rechtsprechung 1942–1944, Boppard am Rhein 1975, S. XVII f.

40 Ebd., S. XVIII.

41 Ebd., S. 452 f.

42 Bundesarchiv Koblenz R 22, Nr. 3387.

43 H. Boberach (wie Anm. 39), S. 1 f.

44 Ebd., S. VII-IX.

45 Bundesarchiv (wie Anm. 42).

46 Ebd.

47 Ebd.

48 Ebd.

49 Ebd.

50 Ebd.

51 Ebd.

52 Ebd.

53 Ebd.

54 Am Eberhard-Ludwigs-Gymnasium hatten in der Weimarer Republik unter anderem die Brüder Stauffenberg und Fritz Bauer ihr Abitur abgelegt.

55 Bundesarchiv (wie Anm. 42).

56 G. Müller (wie Anm. 31), S. 12.

57 M. Hensle (wie Anm. 37), S. 31 f.

58 Peter Alfons Steiniger/K. Leszczynski (Hrsg.), Fall 3. Das Urteil im Juristenprozeß gefällt am 4. Dezember 1947 vom Militärgerichtshof III der Vereinigten Staaten von Amerika, Berlin (Ost) 1969, S. 39 f.

59 Ebd., S. 40.

60 Ebd., S. 276.

61 Ebd., S. 276.

62 P. Sauer (wie Anm. 8), S. 343-345.

63 Vgl. dazu Franz Karl Maier, Ist Schacht ein Verbrecher? Anklageschrift des früheren öffentlichen Klägers bei der Spruchkammer Stuttgart. Mit einem Vorwort von Carl Severing und einem Kommentar von Uwe Wesel, Berlin 1988.

64 Stefan Baur, Rechtsprechung im nationalsozialistischen Geist. Hermann Albert Cuhorst, Senatspräsident und Vorsitzender des Sondergerichts

Stuttgart, in: Michael Kißener/Joachim Scholtyseck (Hrsg.), Die Führer der Provinz. NS-Biographien aus Baden und Württemberg, Konstanz 1997, S. 137.

65 Ebd., S. 138.

66 Ebd., S. 141.

67 Vgl. dazu Christopher Kopper, Hjalmar Schacht, Aufstieg und Fall von Hitlers mächtigstem Bankier, München 2006, S. 371-385.

68 Ingo Müller, Furchtbare Juristen. Die unbewältigte Vergangenheit unserer Justiz, München 1987, S. 211.

69 Fritz Endemann, Hermann Cuhorst und andere Sonderrichter. Justiz des Terrors und der Ausmerzung, in: Hermann G. Abmayr (Hrsg.), Stuttgarter NS-Täter. Vom Mitläufer bis zum Massenmörder, Stuttgart 2009, S. 338 f.; vgl. dazu auch im selben Band den Artikel von Gerhard Hiller, Walter Widmann, Paul Theodor Huzel ... und andere „Rasseschande"-Richter, S. 347-361.

70 Alfred Streim, Zur Bildung und Tätigkeit der Sondergerichte, in: Thomas Schnabel (Hrsg.), Formen des Widerstandes im Südwesten 1933–1945. Scheitern und Nachwirken, Ulm 1994, S. 255.

71 Gerhard Werle, Das Wirken der Strafjustiz im Nationalsozialismus, in: Recht im Nationalsozialismus. Bericht über die Tagung vom 5. bis 8. November 1990 in St. Johann-Lonsingen, hrsg. vom Justizministerium Baden-Württemberg und der Landeszentrale für politische Bildung Baden-Württemberg, Stuttgart 1993, S. 113.

72 Bernd Rüthers, Die unbegrenzte Auslegung. Zum Wandel der Privatrechtsordnung im Nationalsozialismus, 7. unveränderte, um ein neues Nachwort erweiterte Auflage, Tübingen 2012 (1. Auflage 1968).

73 Zit. nach Richard Schmid, Einwände. Kritik an Gesetzen und Gerichten, Stuttgart 1965, S. 242.

74 Karl Siegfried Bader, Die deutschen Juristen, Tübingen 1947, S. 14.

75 Ebd., S. 3.

76 Vgl. dazu die zahlreichen Beispiele bei I. Müller (wie Anm. 68), S. 212-221.

77 Ebd., S. 2.

78 Vgl. dazu Frank Raberg, Hermann Steidle, in: Baden-Württembergische Biographien Band III, hrsg. von Bernd Ottnad und Fred Ludwig Sepaintner, Stuttgart 2002, S. 389-391.

79 Vgl. dazu Frank Raberg, Robert Perlen, in: Baden-Württembergische Biographien Band II, hrsg. von Bernd Ottnad, Stuttgart 1999, S. 343-345.

80 Ortwin Henssler, 100 Jahre Gerichtsverfassung. Oberlandesgerichte Karlsruhe und Stuttgart 1879–1979, Stuttgart 1979, S. 52.

81 G. Müller (wie Anm. 31), S. 14.

82 M. Kißener (wie Anm. 3), S. 325 f.

83 Verhandlungen des Landtags von Württemberg-Baden, 56. Sitzung vom 18. Dezember 1947, S. 1383.

84 Ebd., 110. Sitzung vom 23. Februar 1949, S. 2661.

85 R. Schmid (wie Anm. 73), S. 243 f.

86 Richard Schmid, Letzter Unwille, Stuttgart 1984, S. 128 f.

87 I. Müller (wie Anm. 68), S. 218 f.

88 Staatsarchiv Ludwigsburg PL 530, Bü 56.

89 Staatsarchiv Ludwigsburg PL 902/15, Bü 11762.

90 Vgl. dazu Die Mörder sind unter uns. Der Ulmer Einsatzgruppenprozess 1958, hrsg. vom Haus der Geschichte Baden-Württemberg, Stuttgart 2008.

91 Vgl. dazu Hans H. Pöschko (Hrsg.), Die Ermittler von Ludwigsburg. Deutschland und die Aufklärung nationalsozialistischer Verbrechen, Berlin 2008.

92 Klaus Bästlein, „Nazi-Blutrichter als Stützen des Adenauer-Regimes". Die DDR-Kampagnen gegen NS-Richter und -Staatsanwälte, die Reaktionen der bundesdeutschen Justiz und ihre ge-

scheiterte „Selbstreinigung" 1957–1968, in: Helmut Grabitz/Klaus Bästlein/ Johannes Tuchel (Hrsg.), Die Normalität des Verbrechens. Bilanz und Perspektiven der Forschung zu den nationalsozialistischen Gewaltverbrechen, Berlin 1994, S. 408.

93 Vgl. dazu Reiner Haehling von Lanzenauer, Max Silberstein, in: Baden-Württembergische Biographien Band IV, hrsg. von Fred Ludwig Sepaintner, Stuttgart 2007, S. 349-351.

94 Staatsarchiv Ludwigsburg EL 300 V, Bü 263.

95 Belohnte Mörder. Bonn rehabilitiert 1155 Nazi-Kriegs- und Sonderrichter, hrsg. vom Ausschuss für deutsche Einheit, Berlin (Ost), o. J., S. 61.

96 Braunbuch. Kriegs- und Naziverbrecher in der Bundesrepublik und in Westberlin, hrsg. vom Nationalrat der Nationalen Front des demokratischen Deutschland, Dokumentationszentrum der staatlichen Archivverwaltung der DDR, Berlin (Ost) 1968, S. 164.

97 Staatsarchiv Ludwigsburg (wie Anm. 94).

98 Ebd.

99 Ebd.

100 Deutscher Bundestag, 4. Wahlperiode, Drucksache IV/634 vom 10. September 1962.

101 Vgl. dazu Torben Fischer/Matthias Lorenz (Hrsg.), Lexikon der „Vergangenheitsbewältigung" in Deutschland. Debatten- und Diskursgeschichte des Nationalsozialismus nach 1945, Bielefeld 2007, S. 98-100.

ABKÜRZUNGSVERZEICHNIS

av:	arbeitsverwendungsfähig
EVS:	Energie-Versogung Schwaben
Gestapo:	Geheime Staatspolizei, besaß als Instrument des NS-Staats weitreichende Machtbefugnisse bei der Bekämpfung politischer Gegner
GV-Heimat:	garnisonsverwendungsfähig Heimat (Tauglichkeitsbefund: beschränkt tauglich)
k.v., kv:	kriegsverwendungsfähig
KZ:	Konzentrationslager [Kleinknecht schreibt durchgehend „K.Z.-Lager"]
NSDAP:	Nationalsozialistische Deutsche Arbeiterpartei
NSKK:	Nationalsozialistisches Kraftfahrkorps
NSV:	Nationalsozialistische Volkswohlfahrt
PG:	Parteigenosse
SA:	Sturmabteilung, paramilitärische Kampforganisation der NSDAP
SD:	Sicherheitsdienst, Nachrichtendienst der NSDAP, zuständig für die Ermittlung von Gegnern des NS-Regimes
SS:	Schutzstaffel der NSDAP, Alleinzuständigkeit für sämtliche Konzentrationslager
UK-Stellung:	Unabkömmlichstellung während des 2. Weltkrieges bedeutete befristete oder widerrufliche Entlassung oder Nichteinziehung von Fachkräften

WALTER J. ELSER
LEBENSDATEN VON OTTO KLEINKNECHT

1901, 12. Juni:	Otto Karl Kleinknecht wird in Stuttgart, Stitzenburgstraße 5b, 3. Stock, geboren
1907, September:	Elementarschule (Gebäude hinter Wilhelmsrealschule Stuttgart)
1909, Herbst:	2 Jahre Vorschule (1 Jahr verlängert wegen langer Krankheit)
1911, Herbst:	Oberrealschule
1916, 2. April:	Konfirmation
1917:	ab Mai tägliche Tagebucheintragungen
1917, Sommer:	Einjähriges (Mittlere Reife)
1920:	Maturitas (Abitur)
1920, ab 26. Oktober:	Studium der Jurisprudenz an der Universität Tübingen und einlogiert bei einer Hausbesitzerin namens Benisch in der Herrenberger Straße
1921, 31. April:	Wohnungstausch zwischen Stuttgart und Tübingen, Umzug der Mutter nach Tod des Vaters nach Tübingen in die gemeinsame Wohnung Poststraße
1924, 9. Oktober:	Schriftliches Examen, Universität Tübingen
1924, 2. Dezember:	Mündliches Examen, Universität Tübingen, Gesamtnote: II b oben
1924, 24. Dezember, 8 Uhr:	Referendar beim Amtsgericht Tübingen
1927:	Zweites Staatsexamen, 3. Platz
1928, Januar:	Assessor beim Zivilreferat der Staatsanwaltschaft Stuttgart
1928, August:	Mutter zieht in das eigene Haus in Marbach
1928:	eigene Wohnung in Stuttgart, Obere Alexanderstraße
1928 Ende Dezember:	Konversion zur römisch-katholischen Kirche im Kloster Neresheim
1929, 1. Juni:	Versetzung zum Zivilreferat beim Amtsgericht Stuttgart
1929, 1. Juli:	Versetzung zum Strafreferat beim Amtsgericht Stuttgart
1930, Frühjahr:	Staatsanwalt bei der Staatsanwaltschaft Stuttgart
1933, 31. August:	Hochzeit in Reichenstein (Schlesien) mit Gertrud Assmann
1934, November:	Einzug in die erste gemeinsame Wohnung im Kienle, Stuttgart
1941, Juni:	Staatsanwalt im Referat der Abteilung 1 für Kriegswirtschafts - verbrechen bei der Anklagebehörde des Sondergerichts Stuttgart
1943, November:	Wohnsitz in Marbach am Neckar
1945, April:	Auszeichnung mit dem Kriegsverdienstkreuz
1945, 9. April:	Auflösung der Anklagebehörde beim Sondergericht Stuttgart
1945/46, Winter:	als ehemaliger PG 60 Tage Hilfsarbeiter
1946, 4. Juni:	Juristischer Hilfsarbeiter bei der Staatsanwaltschaft Heilbronn
1947, 1. April:	Staatsanwalt in Heilbronn
1948, 1. Dezember:	Amtsgerichtsrat in Marbach am Neckar
1951, 13. Juni:	Oberamtsrichter in Marbach am Neckar
1966, Juni:	Ruhestand
1983, 14. November:	Otto Karl Kleinknecht verstirbt in Marbach am Neckar

WALTER J. ELSER

LEBENSERINNERUNGEN VON OTTO KLEINKNECHT

Band I
Aus meiner Jugendzeit – Die Vorfahren
Seiten 1-121

Band II
Aus meiner Jugendzeit, ca. 1901-1915
Seiten 122-320

Band III
Aus meiner Jugendzeit, 1916-1920
Seiten 1-203

Band IV
Studienzeit in Tübingen, 1920-1924
Seiten 1-291

Band V
Jahre der Entscheidung, 1924-1933
Seiten 1-381

Band VI
Im Sturm der Zeiten, 1933-1945
Seiten 1-296

Band VII
Nachkriegszeit, 1945-1965/73 (der Schluss fehlt wohl)
Seiten 1-108

Band VIII
Datierte Tagebuchaufzeichnungen, 1926-1929 und 1941-1981
Seiten 1-242 (enthält Vermischtes)

EDITIONSPRINZIPIEN

Vornehmstes Ziel dieser Edition ist, den Autor möglichst authentisch wiederzugeben sowie dessen Sprachduktus und den Ton der Zeit zu bewahren.

Streichungen in Kleinknechts Tagebüchern waren unerlässlich, um den Rahmen dieser Publikation nicht völlig zu sprengen. Größere Auslassungen sind anhand der Fundstellennachweise ersichtlich. Kürzungen betreffen unter anderem Schilderungen privatester Natur wie engstes persönliches Umfeld, Krankheit oder ausgedehnte Urlaubsberichte. Darüber hinaus werden die umfangreichen philosophischen Überlegungen Kleinknechts nicht wiedergegeben.

Der besseren Lesbarkeit halber wurden Kleinknechts Lebenserinnerungen in Kapitel formiert; die kursiv gesetzten Überschriften stammen von Walter J. Elser. Die Abfolge der einzelnen Kapitel blieb unverändert.

Ebenfalls der Lesefreundlichkeit geschuldet sind die Absätze innerhalb der jeweiligen Kapitel, obwohl Kleinknecht selbst nur sehr wenige Absätze setzte.

Einführende Texte sind in kursiver Schrift wiedergegeben und stammen von Walter J. Elser.

Erläuternde Kurzhinweise innerhalb des Textes verfasste Walter J. Elser und sind in eckige Klammern gesetzt.

Kleinknecht hat auf seiner Schreibmaschine kein „ß" verwendet und durchgehend „ss" geschrieben, ansonsten hat er die alte Rechtschreibung eingehalten. Die alte Rechtschreibung wurde belassen und wo nötig korrigiert, der Buchstabe „ß" wurde der Einheitlichkeit halber wieder eingeführt.

Kleinknecht schreibt Zahlen fast durchgehend numerisch; diese wurden, der besseren Lesefreundlichkeit wegen, ausgeschrieben. Beibehalten wurden hier lediglich Kleinknechts Schreibungen für „3. Reich", „1./2. Weltkrieg" etc.

Kleinknechts stilistische Besonderheiten wurden, wo immer möglich, belassen. Dies betrifft beispielsweise seine Fragesätze, bei denen er kein Fragezeichen, sondern ein Ausrufungszeichen verwendet.

Stilistische bzw. dialektgefärbte Eigenheiten bei Pluralbildung oder Deklination (beispielsweise „die Nazi", „ihm wurde angerufen", „er telefonierte dem") wurden korrigiert.

Genitivbildungen schreibt Kleinknecht uneinheitlich, meist jedoch mit eingeschobenem „e" wie zum Beispiel „Krieges", „Volkes", „Reiches", „Staates", „Mannes", „Bundes". Dies wurde vereinheitlicht.

Anführungszeichen wurden in den meisten Fällen so belassen wie sie Kleinknecht gebraucht hat. Wenn Kleinknecht Anführungszeichen uneinheitlich gesetzt hat, wurden sie so vereinheitlicht, wie er sie mehrheitlich verwendet hat.

Wortwiederholungen wurden, wenn sie sehr gehäuft vorkamen, behutsam variiert.

Kleinere Verschreibungen von Kleinknecht, insbesondere bei Namen, wurden stillschweigend korrigiert.

ORTSREGISTER

PERSONENREGISTER

Haus der Geschichte Baden-Württemberg
Urbansplatz 2 · 70182 Stuttgart
Tel.: 0711 / 212-39 50 · Fax: 0711 / 212-39 59
E-Mail: hdg@hdgbw.de · www.hdgbw.de

Besucherdienst Tel.: 0711 / 212-39 89
E-Mail: besucherdienst@hdgbw.de

Südwestdeutsche Persönlichkeiten
Otto Kleinknecht
„Im Sturm der Zeiten" – Aus den Erinnerungen
eines württembergischen Staatsanwalts 1929 bis 1949
Herausgegeben vom Haus der Geschichte Baden-Württemberg
in Zusammenarbeit mit Walter J. Elser
1. Auflage, Ubstadt-Weiher 2016

Redaktion: Dr. Irene Pill, Wolfegg
www.irenepill.com

Reihengestaltung und Layout: Anja Harms, Oberursel
www.anja-harms.de

ISBN 978-3-89735-932-1

Bibliographische Information der Deutschen Bibliothek
Die Deutsche Bibliothek verzeichnet diese Publikation in der
Deutschen Nationalbibliographie; detaillierte bibliographische
Daten sind im Internet über https://portal.dnb.de/opac.htm abrufbar.
Diese Publikation ist auf alterungsbeständigem und säurefreiem Papier
(TCF nach ISO 9706) gedruckt entsprechend den Frankfurter Forderungen.
Alle Rechte vorbehalten.
© 2016 verlag regionalkultur

verlag regionalkultur
Ubstadt-Weiher · Heidelberg · Basel

Korrespondenzadresse:
Bahnhofstraße 2 · D-76698 Ubstadt-Weiher
Tel. 07251 36703-0 · Fax 07251 36703-29
kontakt@verlag-regionalkultur.de
www.verlag-regionalkultur.de